세계 영토분쟁의 과거와 현재

세계영토분쟁연구회

강원대학교 출판부

책을 내면서

과거부터 현재까지 한국을 비롯한 세계 곳곳에서는 영토를 둘러싼 첨예한 대립과 분쟁이 있어 왔다. 이러한 분쟁은 국가간의 외교적 노력에 의해서 또는 제3자의 중재에 의해서 해결되기도 하였다. 그리고 다른 한편으로는 국제법에 근거한 국제사법재판소의 판단에 의해서, 심지어는 전쟁이라는 무력적 수단에 의해서 종결되어 왔다. 그러나 현재에도 영토분쟁은 해결되지 못한 채 국가간, 민족간에 긴장과 갈등을 지속시키고 있다.

현재 영토문제와 관련해서는 학생들뿐만 아니라 일반인들도 많은 관심을 가지고 있지만 구체적인 영토 분쟁 사례와 해결 등에 관한 부분을 종합적으로 소개하는 책은 그리 많지 않다. 과거에 있었던, 그리고 현재 진행되고 있는 영토를 둘러싼 국가간, 민족간의 분쟁을 살펴보는 것은 현재 우리에게 시사하는 바가 클 것이다. 영토분쟁의 역사를 탐구하는 것은 영토에 대한 인식을 새롭게 하고, 그 과정에서 비판

적이고 창의적인 사고 능력을 향상시키며 현재와 미래의 문제에 대한 해결 능력을 증진할 수 있을 것이다.

영토문제와 분쟁에 관한 역사적, 현재적 사례들을 통하여 이에 대한 역사적 기원과 현대사적 의미를 살펴보고자 이 책은 기획되었다. 특히 강원대학교에서는 영토문제와 관련하여 이러한 교육적 측면을 인지하고 '영토분쟁의 과거와 현재'라는 융복합과목을 개발하였는데, 이는 영토문제를 대상으로 한 전국 최초의 대학 교양강좌이기도 하다.

이 책은 총 14개의 주제로 구성하였다. 우선 영토와 영토분쟁의 개념을 개괄적으로 이해하고 국제법상 영토의 취득과 분쟁해결을 관련된 부분을 서술하였다. 그리고 한국, 동양, 서양의 3주제로 구분하였는데, 한국 관련 주제는 한국의 영토 변천 이래 독도문제, 백두산정계비와 간도문제, 한국을 둘러싼 대륙붕과 이어도 문제 등을 다루었다. 동양 관련 주제는 센카쿠열도(댜오위다오)와 남쿠릴열도, 중국의 5대 공정, 만리장성을 둘러싼 역사적 분쟁, 남동아시아 영토 분쟁 등이다. 서양 관련 주제는 유럽의 영토분쟁 사례를 비롯하여 이스라엘과 팔레스타인 문제, 중남미 및 아프리카의 영토분쟁에 관하여 서술하였다.

세계 영토분쟁을 개괄적으로 다루고 알기 쉽게 정리하자는 목표로 책을 발간하였지만, 전문 서적이기보다는 개설서의 수준이다. 다만 이 책을 통해 우리 영토에 대한 관심이 높아지고, 더불어 세계의 국가와 민족에 대해 조금이나마 더 이해할 수 있는 계기가 되었으면 하는 기대를 가져본다.

끝으로 이 책이 나오기까지 많은 분들의 도움을 받았다. 우선 강원대학교 이러닝센터의 지원으로 이러닝 과목 개발을 동시에 진행하였다. 또한 강원대학교 교양과목 개편과 관련되어 융복합과목으로 선정되어 출판에 힘을 쏟을 수 있었다. 마지막으로 책을 출판해 준 출판사 및 모든 관계자 여러분께 감사를 드린다.

2014. 2

세계영토분쟁연구회 일동

CONTENTS

CONTENTS

01

영토와 영토분쟁

1. 영토의 개념과 법적 성격
2. 영토의 한계 획정
3. 영토의 취득과 변경
4. 영토분쟁의 개념과 발생 근원
5. 영토분쟁의 유형과 성격
6. 영토분쟁의 해결방법과 관련 국제법
7. 유엔(UN)의 영토분쟁 해결 노력

영토와 영토분쟁

배 재 홍

영토문제는 주권국가에게는 물리적으로나 심리적으로 매우 중요한 문제로 인식되어 왔다. 따라서 현대 국제체제에서 영토문제는 분쟁의 핵심적 원천이 되고 있다. 영토문제는 대부분의 경우 군사적 충돌을 포함한 심각한 분쟁으로 발전되고, 한번 발생한 영토분쟁은 장기간에 걸쳐 반복적으로 재현되는 특성을 갖고 있다.

세계 영토분쟁 데이터베이스를 구축하는 ICOW(The Issue Correlates of War)에 따르면 2007년 말 현재 조사된 유럽·아메리카·중동지역의 영토분쟁 사례는 총 413건이다. 이 가운데 318건은 어떤 식으로든 종결된 상태이고, 나머지는 아직도 미해결 상태로 진행 중이다. 아시아 지역을 비롯한 기타 지역의 영토분쟁 사례가 추가되면 미해결 영토분쟁 건수는 더욱 늘어날 것이다.

이처럼 영토는 민족적 정체성의 상징이자 국가적 자존심의 표상으로 받아들여져 영토분쟁은 국제 분쟁의 핵심적 원천이 되어왔다. 따라서 세계평화와 안정·번영을 위해서는 영토분쟁 문제가 반드시 해결되어야 한다. 이에 본 장에서는 영토와 영토분쟁을 이해하는데 도움이 되는 기초지식을 제공한다.

1. 영토의 개념과 법적 성격

국제법상 영토[領土 : Territory]란 국가가 그 임무를 수행하기 위하여 배타적 권력을 유효하게 행사하는 공간이다. 협의로는 육지만을 의미하나 광의로는 육지뿐만 아니라 영해(領海)와 영공(領空)도 포함한다. 대륙붕·접속수역·경제수역 등은 비록 국가가 일정한 관할권을 행사하지만 엄격한 의미의 영토로 볼 수는 없다. 특히 국가가 영유하고 있는 지역적 범위인 영토·영해·영공을 국가영역(國家領域)이라고 부르기도 한다.

그렇다고 국가 영토는 한 덩어리로 되어 있을 필요는 없다. 예를 들어 미국 영토인 알라스카는 캐나다를 사이에 두고 본토와 떨어져 있다. 하여튼 영토는 국가와 국민 사이를 연결하여 주는 주요한 요소이며, 국가 권력의 기초가 된다.

이러한 영토의 법적 성격에는 다양한 견해가 있다. 그 중 대표적인 견해를 살펴보면, 첫째 영토주체설이 있다. 이는 국가를 유기체로 보는 입장으로 영토를 국가인격의 구성 요소로 생각하여 영토를 국가와 거의 동일시하는 견해이다. 즉 영토가 국가의 본질이라는 것이다. 그러나 영토가 변경되어도 국가는 변하지 않는다는 점을 감안하면 영토와 국가를 동일시할 수는 없을 것이다.

둘째 영토객체설이다. 이는 국가와 영토 관계를 소유관계로 생각하는 입장이다. 다시 말해서 소유주가 자기 소유물에 대하여 행사하는 것처럼 국가도 그 영토상에서 모든 권리를 행사하는 것이다. 그러나 국가가 영토에 대하여 행사하는 권한은 주로 명령·통치권이며, 이는 소유권과는 성격이 다르다. 명령이란 인간에 대해서 하는 것이지 물건에 대해서는 할 수 없기 때문이다.

셋째 영토한계설이다. 영토는 국가 권력이 미치는 한계라고 보는 입장이다. 국가 권력과 영토와의 관계를 잘 설명하기는 하였으나 영토가 가진 법적 성격 전체를 설명한다기보다는 그 일면을 밝히고 있다고 하겠다.

넷째 영토관할권자격설이다. 영토는 국가가 권력을 행사하는 한계에 불과한 것이 아니라 국가가 그 관할권을 행사하는 근거 내지 자격이 된다는 견해이다. 영토한계설을 포함한 견해라고 하겠다.

2. 영토의 한계 획정

1) 육지의 국경선

육지 영토의 한계는 국경선으로 표시된다. 국경선은 중복되지 않는 선이고 또한 상호 배타적으로 나타난다. 이러한 국경 개념이 확립된 것은 대체로 프랑스 혁명 이후부터이다. 근대적 국경은 선이라는 측면에서 주요거점을 확보하는 중세적 변경지역 개념과는 다르다.

국경선을 결정하는 일반적인 방법은 인접국가들 간의 조약에 의하는 것이다. 이외에도 관습법상의 취득시효에 의해 유효한 국경선이 성립하기도 하고, 국제사법재판소나 중재재판소의 판결에 의해 국경선이 확정되기도 한다. 물론 과거 전쟁이 통용되던 시대에는 전승국이 일방적으로 국경선을 수정하기도 하였다.

그리고 국경선을 결정짓는 요소에는 자연적 요소와 인위적 요소가 있다. 보통 국가들이 국경선을 설정할 때에는 산맥 · 강 등 자연적 지형을 많이 이용한다[자연적 국경선]. 지형적 특색이 산맥일 경우는 산등성이나 물이 갈라지는 선을 기준으로 삼고, 강일 때에는 항행 가능한 수로의 중간선을 잡는다. 그러나 특별한 지형적 특색이 없는 경우에는 두 국가가 합의하여 경도 · 위도를 기초로 한 인위적인 선을 그을 수밖에 없다[인위적 국경선]. 특히 과거 제국주의 시대에는 아프리카에서 보듯이 열강들이 지형이나 민족 · 문화 등의 조건을 무시한 채 정치적인 이해관계에 따라 구획정리하듯이 직선으로 인위적인 국경선을 긋기도 하였다.

한편 식민지가 독립할 때에는 국경선 설정에 점령지보유원칙(Uti Possidetis)을 적용하기도 하였다. 점령지보유원칙(Uti Possidetis)이란 식민지가 독립할 때 식민지 당시의 행정구역을 기준으로 국경선을 설정하는 것을 말한다. 남미의 국가들이 스페인 식민지에서 독립할 때 1810년에 존재하던 행정구역을 기준으로 국경선을 설정한 후 1960년대 아프리카 국가들이 독립할 때에도 이 원칙을 적용하여 국경선을 설정하였다.

그런데 산맥 · 하천 등 자연적 지리 여건을 활용하는 자연국경의 개념은 17세기 말, 18세기 초에 등장한 자연법 철학의 영향으로 나타났다. 그러나 19세기 계몽주의의 등장으로 자연국경의 요소는 민족이라는 요소로 대체되기 시작하여 민족국경의 개념으로 전환되기도 하였다. 이러한 민족국경의 개념은 제1차 세계대전을 초래하였다는 비판을 받기도 하였다.

2) 바다의 국경선

영해의 범위는 18세기 이후 3해리가 일반적으로 통용되어 왔으나, 1960년 제2차 해양법 회의 이후 영해기준선으로부터 12해리를 기준으로 하고 있다. 영해기준선은 영해의 경계선을 확정하는데 기본이 되는 선으로 보통 가장 심한 썰물 때 노출되는 연안 모래땅의 끝을 연결한 통상기준선이 적용된다. 그러나 예외적으로 해안선의 굴곡이 심하거나 많은 섬이 밀집되어 있는 경우에는 적절한 점을 연결한 직선기준선을 채택할 수도 있다. 그리고 연안국의 거리가 가까운 경우의 경계 획정은 양쪽 영해기준선으로부터의 등거리 중간선을 그어 결정한다.

3) 하늘의 국경선

영공의 국경선에 관하여는 아직 명확한 원칙이 설정되어 있지 않다. 대체적으로 보아 대기권상공(Air Space)은 그 하부 국가의 관할권에 속하고,

외기권우주(Outer Space)는 이러한 배타적 관할권 밖에 있다고 할 수 있다. 그리고 대체로 이웃하는 나라들과의 영공 경계는 영토나 영해를 기준으로 획정하고 있다.

3. 영토의 취득과 변경

1) 영토 취득

비국가적 영토[무주지]의 경우 지리상의 발견 초기 이후 '발견에 의한 선점'이 취득의 요건이었다. 그러나 유럽 제국주의 여러 나라들 간에 식민지 확대를 둘러싼 경쟁이 치열해지고 분쟁이 빈번해져 발견에 의한 선점만 가지고는 취득의 효력을 주장할 수 없게 되자 18세기부터는 '유효한 점령'이 취득의 요건으로 확립되었다. '유효한 점령'이란 어느 국가가 국제법상 비국가적 영토[무주지]를 자기 관할권 아래 종속시키려는 의사를 가지고 이 지역에서 국가 기능을 평화적으로 수행할 수 있을 정도의 구체적 조치[예를 들어 충분한 규모의 군인이나 경찰 배치 등]를 취하여 점령을 수행하는 것을 말한다.

한편 특별한 사정으로 '유효한 점령'을 실현할 수 없는 경우에는 '지리적 연속성'이 취득 요건으로 주장되기도 하였다. 일정한 비국가적 영토가 그 관할권 취득을 주장하는 나라 영토의 자연적 연장이라고 생각되기 때문에 권리 주장의 자격이 있다는 논리이다. 그러나 판례는 이러한 지리적 연속성의 효과를 쉽게 인정하지 않고 있다.

2) 영토 변경

국가 영토는 고정되어 있는 것이 아니라 변경될 수 있다. 국가는 법적 현상일 뿐 아니라 동시에 사회적 · 정치적 · 역사적 · 지리적 현상이기 때문에 그 기초가 되는 어떤 요소에 변동이 생기면 그 국가의 의사에 따라 또는 그 의사에 불구하고 영토의 변경이 이루어지는 경우가 있다. 이처럼 국가 영토가 변경되는 경우는 매우 다양하다. 영토의 변경이 일어나게 되는 중요한 경우를 보면 다음과 같다.

① **양도[할양]** : 양도국가가 조약에 의하여 자기 영토 일부에 대한 권리와 자격을 다른 국가를 위하여 의도적으로 포기하는 것이다. 양도를 할 때 국민투표를 거쳐야 하는 경우도 있다. 그러나 무력행사가 금지되고 평화조약 자체의 효력이 의문시되는 오늘날의 국제사회에서 양도[할양]는 인정될 수 없다고 하겠다. 더구나 영토 보전의 원칙을 기본 원칙으로 삼는 현실 국제법상 양도[할양]는 그 합법성이 인정되기 어렵다.

② **병합과 합병** : 병합은 국가 A가 국가 B와 합쳐서 국가 B만 남고 국가 A는 사라지는 경우이고, 합병은 국가 A와 국가 B를 합쳐서 국가 C를 형성하고 국가 A · B가 모두 사라지는 경우이다. 그러나 실제에 있어서는 이 두 가지를 섞어서 사용하는 경우도 많이 볼 수 있다. 특히 병합의 경우는 과거 제국주의 시대에 많이 볼 수 있던 현상이다.

③ **취득시효** : 취득시효는 어떤 국가가 일정한 영토에서 오랫동안 계속적이고 평화적인 방법으로 그 권력을 행사한 경우, 이를 근거로 영토 취득을 인정받는 것이다. 원래의 영토국가가 오랫동안 항의를 하지 않아 권리 포기를 한 것으로 간주하는 것이다. 그러나 국제법상 시효기간에 관한 분명한 기준이 없어 적법한 취득 여부를 결정하기가 어렵다.

④ **정복** : 정복은 상대국 의사에 불구하고 무력행사를 통하여 상대국을 강제로 병합하는 것이다. 이 정복은 과거 국제법에서는 인정되었지만, 무력행사가 인정될 수 없는 오늘날에는 인정될 여지가 없다.

⑤ **국제정부의 결정** : 강대국들이 사실상의 정부 기능을 수행함에 의하여 영토 변경이 일어나는 경우이다. 예를 들어 두 차례의 세계 대전 후 연합국들의 결정에 의해 많은 신생국들이 출현하고 이에 따라 영토 변경도

많았다.

⑥ **국제기구에 의한 결정** : 유엔(UN) 등 국제기구의 결정으로 영토 변경이 일어나는 경우이다. 1925년 국제연맹 이사회는 터어키와 이라크의 국경분쟁에 개입하여 모술(Mossoul) 지역을 이라크에 주었고, 1947년 이탈리아와 연합국 간의 평화조약에 의해 유엔총회는 에르트리아(Erythria)를 에티오피아에 주었다.

4. 영토분쟁의 개념과 발생 근원

영토분쟁은 국제분쟁의 일부를 구성하는 것으로 국가 간에 일정 영토에 대한 주장이나 반대 주장 또는 국경선을 정하는 데에 따른 국가 간의 대립으로 정의한다. 이러한 영토분쟁은 국가 간에 자신들의 본토 혹은 식민지의 국경선 획정과 관련된 불일치가 발생할 때 또는 어느 일방이 상대국가의 본토 내지는 식민지의 일부 혹은 전부에 대한 주권을 행사하는데 있어서 상대국가의 권리를 부정할 때 발생한다.

영토분쟁이 발생하는 근원은 역사적으로 세계 국가들의 영토가 많이 변경되었기 때문이며, 또 식민지배 또는 전후 처리 과정에서 비롯된 것이다. 역사적으로 1816년 이래 1980년까지 이루어진 영토 변경 사례만 해도 총 770건에 달하며, 이 중 거의 3분의 1은 무력충돌을 수반한 경우이다. 그리고 역사적으로 가장 많이 영토가 변경된 세 시기는 식민지배 과정인 1878년 베를린회의 때와 전후처리 과정인 제1차 및 제2차 세계대전 직후 시기이다. 아울러 영토 변경 총 면적이 두드러진 시기는 제1차 및 제2차 세계대전 직후이고, 국가 간 영유권 이전이 가장 많았던 시기는 1878년과 제2차 세계대전 직후이다.

5. 영토분쟁의 유형과 성격

영토분쟁은 크게 영유권분쟁과 국경분쟁으로 구분된다. 영유권분쟁은 영토의 귀속과 배분에 관한 정치적 결정을 둘러싼 분쟁을 말하고, 국경분쟁은 이미 정치적으로 결정된 국경지역의 경계선 획정을 둘러싼 분쟁을 말한다. 또 영토분쟁은 지리적 구분에 근거해볼 때 내륙영토분쟁과 해양영토분쟁으로 대별할 수 있다. 내륙영토분쟁은 다시 내륙영유권분쟁과 내륙경계획정분쟁으로 나눌 수 있고, 해양영토분쟁은 해양도서영유권분쟁과 해양경계획정분쟁으로 구분할 수 있다.

한편 영토분쟁은 관련 당사국 사이에 존재하는 상황에 따라 5가지 유형으로 나눌 수 있다. 첫째 현재의 국경선을 획정지은 토대가 된 조약이나 합의를 어느 일방이 부정함으로써 발생하는 경우이다. 1950년 페루와 에콰도르 사이의 영토분쟁은 에콰도르가 현재의 국경선을 획정지은 1942년에 체결된 리오 프로토콜을 거부하고 페루 북쪽에 위치한 일정 영역에 대한 영유권을 주장하였기 때문에 발생하였다.

둘째 국경선을 획정 짓는 명확한 조약이나 합의가 없는 경우이다. 1949년에서 1961년까지 지속됐던 중국과 네팔 사이의 분쟁과 프레아 비헤아르 사원을 둘러싸고 벌어지는 태국과 캄보디아 사이의 분쟁이 이 경우이다.

셋째 당사자 일방이 타 국가의 영토를 점령하고 철수 요구를 거부하는 경우이다. 이스라엘의 골란고원[시리아]과 시나이반도[이집트]의 점령과 이에 대한 상대국가의 철수 요구에 대한 거부로 벌어진 분쟁이 이 경우이다.

넷째 어느 일방이 상대국 영토 일부의 영유권을 부정하는 경우이다. 캐시미르를 둘러싼 파키스탄과 인도 사이의 분쟁이 이 경우에 해당한다.

다섯째 특정 국가가 상대국가의 독립과 주권을 인정하지 않고 상대국가의 영토 일부 혹은 전부를 병합하려는 경우이다. 1960년 쿠웨이트가 독립하려고 할 때 이라크는 쿠웨이트가 역사적으로 자신의 일부였음을 주장하며 독립을 인정하지 않고 이를 병합하려고 하였다.

이러한 영토분쟁은 전부 아니면 전무(全無)라는 특성을 지닌다. 따라서 양보와 타협을 통한 문제해결 가능성이 대단히 적다. 이는 서로 공유하거나 쪼갤 수 없는 영토주권의 절대성이 가지는 특성 때문이다. 또 영토가 포함하고 있는 물질적 중요성 때문이다. 분쟁의 대상이 되는 영토는 전략적 물자 및 원유와 같은 귀중한 자원들이 매장되어 있는 경우가 많다. 또 영토 안에 살고 있는 사람들 또한 주권국가에게는 귀중한 자산이다.

또 분쟁의 대상이 되는 영토는 지정학적 의미에서 주권국가의 안보에 매우 중요한 경우가 많기 때문이고, 영토가 갖고 있는 심리적 중요성 때문이다. 문제가 되는 영토는 민족적 정체성의 상징이자 국가적 자존심의 표상인 경우가 많다. 이러한 이유로 영토분쟁에는 신성한 영토를 수호한다는 배타적인 국민감정이 개입되기 쉽다. 그 결과 사실판단이나 법리적 판단을 경시하는 비합리적 요소가 내재되기 쉽다. 여기다가 영토문제는 국가의 평판과 관련되어 있기 때문이다.

그리고 영토분쟁은 영토라는 공간적 특성상 인접한 국가 간에 발생하는 경우가 대부분이고, 한번 발생한 영토분쟁은 대부분 근본적으로 해결되기보다는 장기간에 걸쳐 반복적인 충돌을 야기하는 특성을 갖는다. 여기다가 영토분쟁은 폭발성과 심각성을 지니고 있다. 일단 영토문제가 당사국 사이에 현안으로 제기되면 당사국의 지도자들은 심각하게 받아들이고 타협보다는 상대방의 일방적 양보를 요구하는 성향이 있기 때문에 물리적[군사적]인 충돌로 치닫는 경우가 많다. 1648년부터 1987년까지 지구상에서 발생한 전쟁은 총 177건인데 이 중의 약 85%에 해당하는 149건이 영토문제와 관련된 것이다.

따라서 영토분쟁은 국제분쟁의 핵심적 원천이라 하겠다. 무력을 동반한 국제분쟁 중 79%에서 93%까지 영토문제와 관련된 분쟁이라는 주장이 제기되기까지 하였다. 한편 영토분쟁은 국내분쟁과는 달리 결과를 예측할 만한 분쟁해결 절차나 확고한 국제법적 규칙이 존재하지 않는다. 오늘날 국제사회에서 국제법은 개개 주권국가 간에 합의가 성립되고 합의한 국가만을 구속하기 때문이다. 따라서 국제사회에서 발생하는 영토문제들은 특성상 많은 유사성을 띠고 있음에도 국제법상 본질적으로 독립적인 사건으로 취급된다. 과거의 영토문제 해결 사례는 새로 발생한 영토문제 해결에 관한 절대적 지침이 될 수 없다.

6. 영토분쟁의 해결방법과 관련 국제법

영토분쟁은 그 원인과 방법이 다양하듯 관련 당사국이 영토분쟁을 해결하기 위해 선택할 수 있는 방법도 다양하다. 영토분쟁 해결에 어떤 특정한 방법은 없다. 2007년 기준 조사된 영토분쟁 413건 중 어떤 식으로든 종결된 318건을 대상으로 하여, 그 분쟁 해결 방법을 유형별로 구분해 보면 양자 간 협정[조약] 123건, 도전국의 포기 71건, 제3자 개입 69건, 국민투표 또는 분리 독립 22건, 도전국의 무력 점령 19건, 점유국의 포기 14건 등이다. 분쟁 해결의 주도권이 누구에게 있는가에 따라 영토분쟁 해결 방법을 분류 유형화하면 다음과 같다.

1) 일방 당사국에 의한 해결

① **군사적 점령과 방어[정복]** : 무력에 의한 영토 취득 방식인 정복을 의미한다. 하지만 20세기에 들어와 정복은 그 합법성이 전적으로 부정되어 영토분쟁 해결의 정당한 방법으로서의 지위를 상실하였다.

② **일방적 포기** : 경쟁적 주장을 하는 국가가 그 주장을 철회하거나 상대국가의 관할권 행사에 대해 승인 혹은 묵인하는 경우, 또는 상대국에 위임함으로써 분쟁이 해결되는 경우이다. 실제로 당사국 일방의 일방적 포기에 의해 영토분쟁이 해결된 사례는 많다. 한 경험적 연구에 의하면 도전국의 양보나 일방적 포기에 의해 영토문제가 해결된 사례가 종료된 전체 영토분

쟁 57건 중 43건(약 75%)이나 차지하고 있다.

③ **일방적 국내조치** : 영토를 점유하고 있는 국가가 상대국의 도전에 대응하여 일방적 국내조치를 취하여 영토주권의 배타성을 강화시킴으로써 영토분쟁의 발생요인을 감소시켜 나가는 방법이다. 이는 영토분쟁을 최종적으로 해결하기보다는 관리의 측면이 크다 할 것이다.

2) 쌍방 당사국에 의한 해결

① **직접교섭** : 영토분쟁 해결의 가장 기본적인 형태이자 영토분쟁 해결을 위해 다른 어떤 방법보다도 선행되는 절차이다. 그러나 직접교섭만을 통한 영토분쟁 해결은 쉽지 않다. 하지만 직접교섭은 문제의 쟁점을 확인할 수 있고, 문제 해결을 위한 절차를 진행시켜 나가며, 사태의 악화를 방지하는 효과를 갖고 있다.

② **조력된 교섭** : 제3자의 도움을 받아 교섭이 진행되지만, 문제 해결의 최종 결정권은 당사자에게 있다. 구체적으로 조력된 교섭은 당사국에게 제3자가 교섭분위기를 조성하기 위하여 통신시설이나 회담장소 등을 제공하는 알선, 당사국의 올바른 판단을 위해 기초적인 사실의 규명을 위한 과정으로서 사실조사 등이 여기에 해당된다. 오늘날 영토분쟁 해결에서 자주 사용되고 있는 방법이다.

③ **분쟁회피** : 쌍방의 묵시적 합의 하에 갈등 · 대립적 상황이 원천적으로 발생되지 않도록 하는 조치를 의미한다. 이는 문제의 원인을 해소하지 않는다는 점에서 해결보다는 관리의 측면이 크고, 언제라도 문제가 불거질 가능성이 있다는 점에서 불완전한 방법이다. 영토분쟁에서 당사자 모두를 만족시켜 줄 마땅한 대안이 없는 경우가 많은 만큼, 분쟁을 회피하는 것이 관련 당사자들이 선택할 수 있는 유력한 대안이 될 수도 있다.

3) 제3자에 의한 해결

① **중개** : 일반적으로 국제기구, 국가, 비정부기구[조직] 혹은 개인으로 이루어진 중개자가 실질문제에 대한 토의를 주선하고, 가능성 있는 해결방식과 절차를 권고함으로써 영토문제의 평화적 해결을 도모하는 방법이다. 중개자는 개인이 될 수도 있고, 중개위원회와 같은 조직이 될 수도 있다. 형식적인 면에서는 국제사회의 권위를 활용할 수 있다는 점에서, 내용적인 면에서는 관련 당사자들의 주도권을 보장한다는 면에서 국제분쟁 해결에 즐겨 사용되는 방법이다.

② **중재** : 당사국 간에 문제가 되는 사안을 중재에 회부하기 위한 합의에 근거하여 분쟁의 주제, 재판관 선임방법, 재판소에 부여할 권한, 사용될 언어, 적용할 법 원칙 등을 정하고 재판기관을 설치하여 문제의 해결을 도모하는 것을 말한다. 일반적으로 중재기구가 내린 판정은 당사자들에게 구속력을 가지지만, 당사자들은 판정에 이의를 제기하거나 무효를 주장할 수도 있고 판정의 해석에 이견을 보이거나 판정을 변경 또는 개정하기 위한 절차를 밟을 수도 있다. 현재 1899년에 체결된 헤이그 협약에 의해 상설중재재판소가 설치되어 활동 중이다.

③ **국제재판** : 국제법에 근거하여 설치된 재판소가 국제법의 원칙에 따라 문제가 되는 사안을 해결하기 위해 진행하는 재판 절차를 말한다. 중재와의 차이점은 분쟁 당사국이 재판관을 선정하는 것이 아니라 이미 구성된 국제재판의 재판관들에 의해 결정이 내려진다는 점이다. 국제재판은 당사국의 합의에 의해 성립되지만 국제법에 근거하여 당사국 주장의 정당성이나 합법성을 판결하게 된다. 판결이 확정되면 다시 다툴 수 없으며, 동일한 사건이 다시 소송상 문제가 되어도 당사자는 판결과 다른 주장을 할 수 없고, 법원도 다른 내용을 선언할 수 없기 때문에 종국적 효력이 발생되고 당사자들에게는 법적 구속력을 갖는다. 현재 유엔의 주요한 기관으로 국제사법재판소가 설치되어 있다. 그 외에도 기능적 지역적 성격의 재판소들이 있다.

④ **힘에 의한 제3자의 일방적 강제** : 특정 사안이 국제체제의 안전과 평화에 위협이 된다고 판단될 때 국제사회가 물리력을 동원하여 관리 및 해결하는 것을 의미한다. 이를 평화강제라 하는데, 집단 안전보장 이론에 근거한 힘의 사용을 포함하여 국제사회의 합의를 바탕으로 한 각종 형태의 힘의 사용을 포함한다.

한편 영토 관련 국제법은 당연히 존재한다. 하지만 이것이 조약의 형식으로 명확하게 규정되어 있는 것은 아니고 대부분 판례에 의한 관습법적 기준들이다. 따라서 영토 관련 국제법은 관습법의 속성상 그 내용이 모호하다. 영토분쟁에 관한 국제사법재판소 국제중재재판소 등의 판례를 종합해 보면 영토의 권원은 시효, 선점, Uti Possidetis 등의 법적 권원이 가장 우선한다. 법적 권원이 불명확한 경우 실효적 지배가 상대적 권원으로서 고려된다. 즉 상대적 권원은 법적 권원에 우선할 수 없다.

그러나 영토분쟁과 관련한 대다수의 국제 판례는 법적 권원의 모호함으로 인해 실효적 점유 행사의 상대적인 크기를 비교하여 분쟁을 해결하는 것이 일반적이다. 실효적 점유의 방법 및 정도에 대해서는 아직 일반적인 기준은 존재하지 않지만 최소한 영유 의사가 내재된 국가의 행위여야 한다는 것은 일반적으로 수락되고 있다.

그리고 영토분쟁 판결에서 적용되는 원칙으로는 '시제법(時際法) 원칙'과 '결정적 기일'의 원칙이 있다. 시제법 원칙은 영토 취득을 둘러싼 법적 근거 다툼이 있을 때 그 권원이 문제되는 당시에 유효했던 국제 법규에 입각하여 판단하고, 그 이전 법이나 현행법의 적용은 원칙적으로 인정하지 않는다는 원칙이다. 또 결정적 기일의 원칙은 영토분쟁의 해결을 위한 국제 재판에서는 어느 일정한 시점 즉 결정적 기일을 정해 그 이후에 일어난 일에 대해서는 증거 능력을 인정하지 않는다는 원칙이다.

7. 유엔(UN)의 영토분쟁 해결 노력

유엔은 안전보장이사회, 총회, 사무총장, 국제사법재판소 등의 기관을 중심으로 유엔에 제기된 영토분쟁을 해결하기 위하여 평화적 해결의 원칙과 무력 불행사의 원칙하에 다음과 같은 다양한 방법과 조치로 노력하고 있다.

① **당사국의 초청과 토의** : 당사국으로 하여금 그들의 입장을 서면으로 또는 출석하여 의견 표명을 할 수 있게 하는 것이다. 유엔의 문제 해결을 위한 첫 번째 방법이자 단계이다.

② **당사국에 대한 호소** : 유엔에 제기된 문제에 대하여 사태를 더 이상 악화시키지 말 것을 유엔의 의지를 모아 호소하는 것이다. 문제 해결을 위한 유엔의 첫 번째 직접적 조치이자 단계에 해당한다. 당사국의 권한 내에서 사태를 수습하고 계속적으로 유엔의 해당 기관에 통보하여 줄 것을 요청하는 것으로 유엔이 당사국에게 문제를 평화적으로 해결할 의무를 부과하는 것이다. 일반적으로 유엔의 해당 기관의 결의나 의장 성명의 형식을 취하게 된다. 당사국에 대한 호소는 최소한 일시적으로라도 사태의 악화를 방지하는 것을 직접적 목적으로 한다.

③ **권고** : 유엔에 제기된 문제의 해결을 위해 유엔이 구체적인 해결방법이나 수단 및 조건을 제시하는 것을 말한다. 권고에는 당사국에 대한 권고[쌍무적인 협상의 재개 권고, 실사위원회의 구성이나 중개 또는 조정의 권고, 중재재판이나 국제사법재판을 통한 문제 해결 권고], 유엔 체제 내의 관련기관에 대한 권고[유엔의 특정 기관은 유엔 체제 내의 다른 기관이 문제해결을 위해 활동하도록 권고] 등이 있다. 권고는 모든 경우 문제해결 절차나 수단 및 조건을 포함하고 있는 결의의 형태로 나타난다.

④ **제재** : 안전보장이사회의 전속 권한에 속하는 것으로 문제해결을 위해 유엔이 제시한 권고들이 이행되지 않을 경우 이를 강제할 수 있는 조치를 취하는 것을 의미한다. 제재는 모든 경우 문제해결 절차나 수단 및 조건

들이 구체적으로 포함된 결의의 형태를 띠게 된다. 제재에는 경제적, 외교적 조치와 군사적 조치 등으로 나눌 수 있다. 제재는 당사국 모두에게 가해지는 것이 아니라 문제를 촉발시킨 당사국이나 문제해결에 장애를 야기하고 있는 당사국을 대상으로 하는 것이 일반적이다.

⑤ **법적 해결** : 유엔의 사법 기관인 국제사법재판소는 판결을 통해 영토문제 해결을 도모한다. 당사국의 합의에 의해 재판소에 회부하여 일단 국제사법재판소의 판단을 요구하면 판결은 문제의 최종적 해결책이 된다. 재판은 관련 당사자의 동의에 의해서 성립되지만, 판결은 관련 당사자에게 법적 구속력을 갖는다.

【참고문헌】

- 고동회 · 이정록 · 노혜정 · 임수진, 《세계의 분쟁》, 푸른길, 2010.
- 김학린, 《유엔에서의 영토문제 논의현황과 사례분석》, 동북아역사재단, 2009.
- 배진수 · 윤지훈, 《세계의 영토분쟁 DB와 식민침탈 사례》, 동북아역사재단, 2008.
- 김승렬 · 박용희 · 문수현 · 이용재 · 김종법 · 최재희 · 민경현, 《유럽의 영토분쟁과 역사분 쟁》, 동북아역사재단, 2008.
- 유병화, 〈국제법상 영토의 개념 및 그 권한〉《영토문제연구》1(고려대 민족문화 연구소), 1983.

02

국제법상 영토의 취득과 분쟁해결

1. 국제법상 영토의 정의
2. 영토취득의 방식
3. 영토분쟁의 평화적 해결방법

국제법상 영토의 취득과 분쟁해결

김 한 택

최근 한반도와 동남지나해를 둘러싸고 있는 국가들간 영토분쟁논의가 계속되고 있는데, 우선 일본정부의 한국영토 독도에 대한 집요한 영유권주장, 한국의 이어도 기지 상공에 설정한 중국의 방공식별구역(ADIZ), 중국과 일본간 조어도(釣魚島, 중국명 다오위다오, 일본명 센카쿠열도)분쟁, 일본과 러시아간 쿠릴열도문제(북방 4개섬), 중국, 필리핀, 타이완, 베트남, 말레이시아, 브루나이 등이 영유권을 주장하고 있는 남사군도(南沙群島, Spratly Islands) 등을 들 수 있다.

2012년 5월 16일 영국 더럼대학교(Durham University) 국제경계연구소(International Boundaries Research Unit)에 따르면 세계도서영유권분쟁지역은 약 22곳에 이르는 것으로 파악된다고 한다('전 세계 영토 분쟁. 포클랜드에서 난사군도까지', 중앙일보, 2012년 5월 17일자 참조).

이 글에서는 이러한 영토분쟁을 이해하기 위해서 근본적으로 국제법상 영토의 정의와 영토취득의 방식 그리고 영토분쟁의 평화적 해결방법의 이해가 필요하다고 판단하여 영토분쟁에 관한 중요한 국제사례를 중심으로 설명하려고 한다.

1. 국제법상 영토의 정의 (Definition of Territory in International Law)

영토(領土, territory)는 한 국가의 주권(sovereignty)이 미치는 지역으로 영해(territorial sea), 영공(airspace)을 모두 포함한다. 현재 1982년 UN해양법협약 제3조는 "모든 국가는 12해리를 넘지 않는 한도 내에서 영해의 폭을 설정할 수 있는 권리를 갖는다."고 명시하고 있는데, 영해기선(baseline)에서 출발하는 12해리(1해리는 1,853 미터)를 의미한다. 영해기선의 안측을 내수(內水, internal waters)라고 하는데 영해의 내측 한계선 안에 존재하는 수역, 즉 항구, 만, 하구를 통틀어 일컫는 개념이다. 영해에서는 타국의 선박이 영토국 연안에 해(害)를 주지 않고 통항할 수 있는 무해통항권(無害通航權, right of innocent passage)이 인정되고 있는 반면에, 영해의 상공에는 타국 항공기의 무해통항권이 인정되지 않는다.

영토는 국제법상 국가(State)와 관련된 개념인데, 과연 국가가 무엇을 의미하는지에 관해서 이해를 할 필요가 있다. 그런데 이 문제는 일반인이 생각하는 것처럼 단순하지가 않다. 미국법률협회(American Law Institute)는 "국제법상 국가란 명확한 영토, 영구주민을 가지고, 정부의 통제 하에 있으면서 다른 실체와의 관계에 종사하거나 그러한 능력을 갖춘 실체"라고 정의하고 있다(Restatement of the Law 3rd., The Foreign Relations Law of the United States, vol. 1, §201). 1933년 "국가의 권리와 의무에 관한 몬테비데오 조약"(Montevideo Convention on Rights and Duties of States)도 제1조에 "국제법상의 인격으로서 국가는 아래의 자격 즉 (a) 영구 주민 (b) 명확한 영토 (c) 정부 및 (d) 다른 나라와 관계를 맺는 능력을 가지지 않으면 안 된다."라고 규정하고 있다(Wallace, 61). 따라서 국가는 매우 안정적인 정치적 공동체의 존재를 필요로 하며 일정한 지역을 지배하고 있지 않으면 안 된다. 과거의 실행에서 확실한 것은 매우 명확한 국경의 존재는 필요하지 않고, 중요한 것은 정치적 공동체가 실효적으로 확립되어 있어야 한다는 것이었다. 1913년 알바니아(Albania)는 확정된 국경이 결핍되었음에도 불구하고 몇몇 나라에 의하여 승인되었고, 이스라엘도 국경분쟁이 있었음에도 불구하고 UN에 가입되는 것이 허용되었다(Brownlie, 71). 1992년 1월 15일 크로아티아(Croatia)에 대한 유럽공동체와 그 회원국 그리고 오스트리아 및 스위스의 국가승인은 '시기상조의 승인'(premature recognition)이라는 비난을 받기도 했는데 크로아티아는 그 당시 그리고 몇 년이 지난 후에도 영토의 1/3을 지배하지 못했기 때문이다. 또한 보스니아-헤르체고비나(Bosnia-Herzegovina)에 대한 1992년 4월 6일 유럽공동체와 그 회원국에 의한 승인과 1992년 4월 7일 미국에 의한 승인도 시기상조의 승인이라는 비난이 있는데 그 이유는 당해 국가가 영토의 절반도 유효하게 통치하지 못했으며, 그와 같은 상황은 1995년 11월 데이턴(Dayton) 평화협정이 체결될 때까지 지속되었기 때문이었다(Shaw, 460-461).

영토에 대한 주권은 1928년 "팔마스 섬 사건"(Island of Palmas Case)에서 "일정한 장소에서 다른 나라를 배제하고 국가 기능을 행사하는 권한"이라고 하였다(1928 II United Nations Reports of International Arbitral Awards; 이하 UNRIAA, 829, 838). 그러나 국가권력이 필연적으로 무제한인 것은 아니고, 다른 나라도 조약이나 관습법에 의거하여 그 영토상에서 어느 정도의 부수적 권한을 행사할 수 있다. 그 좋은 예가 영토 통과권이다. 아울러 자국의 영토를 타국에 이전하는 권리는 영토주권의 존재를 시험하는 극단적인 예로서 그 행사 역시 조약에 의해 규율될 수 있다. 예를 들자면 1955년 국가조약에 의하여 오스트리아는 독일과 정치적 또는 경제적 공동체를 이루지 않는다는 데 동의한 바 있다. 그리고 1713년 유트레히트(Utrecht) 조약에 따라 영국은 지브롤터(Gibraltar)를 다른 나라에 넘기기 전에 스페인에 양도한다는 데 동의한 바 있다(Malanczuk, 147). 지브롤터는 지중해의 대서양 방향 입구로, 이베리아 반도 남부에 있는 영국의 해외 영토인데, 북쪽으로는 스페인의 안달루시아 지방과 접하고 있고, 지브롤터 바위가 주요한 지형지물이다. 면적은 6.8㎢이며, 인구는 약 3만 명 정도이다. 1704년 스페인 왕위 계승 전쟁 중에 영국과 네덜란드 연합군이 스페인에 속해있던 지브롤터를 점령하였다. 이곳에 관하여 스페인이 현재도 계속 영유권을 주장하고 있지만, 대부분의 주민들은 스페인으로 귀속되는 것을 반대하고 있다. 1967년과 2002년 주민투표에서 압도적 다수가 스페인 양도 및 공동주권 행사를 반대한 바 있다(위키백과 '지브롤터' 참조).

2. 영토취득의 방식(Modes of Acquisition of Territory)

전통적으로 영토에 대한 주권취득방법에는 여러 가지 형태가 있다. 이러한 분류방식의 근원은 재산취득에 관한 로마법(Roman Law)에서 유래하며, 이러한 유추방식은 과거에 영토주권이 개인 재산에 대한 소유권과 유사하게 간주되었다. 이것은 16-17세기에 걸쳐 국제법 이론이 발전하면서 절대적 주권이론이 영토를 군주의 개인적 소유물로 간주한 사실에서도 잘 이해할 수 있다. 그러나 정작 이렇게 유추된 사법적(私法的) 개념이 현대 국제법상 어떤 분야에서는 왜곡된 방법을 가져다주었다. 특히 사법적 개념은 마치 개인의 소유권 이전처럼 이미 존재하고 있는 국가 간에 영토의 이전이 발생함을 전제로 삼고 있는데, 국제법상 최근 추세를 보면 영토 이전은 식민지로 있던 지역이 국가로 새로이 형성되면서 나타나고 있다. 그 이유는 국제법상 영토는 국가성(statehood)에 있어서 중요한 요소이고, 국가 성립과 영토이전은 분리할 수가 없기 때문이다.

1) 양도(또는 할양, Cession)

양도란 보통 조약을 통하여 한 나라로부터 다른 나라로 영토를 이전하는 것이다. 만일 영토를 양도하는 국가의 권리에 결함이 있다면 영토를 이

전 받는 국가는 그 결함을 그대로 이어받게 된다. 이는 라틴 법언(法諺) "누구도 그가 가지고 있지 못한 것을 주지 못한다."(*nemo dat quod non habet*; Nobody gives what he dose not have)라는 문구에서도 나타난다. "팔마스섬 사건"에서 스페인은 미국과 스페인전쟁(Spanish American War)의 결과로 1898년 파리조약에 의해서 미국에게 필리핀 섬을 양도하였다. 이 파리조약에는 팔마스섬이 필리핀의 일부라고 규정되어 있었다(1928 II UNRIAA, 829). 따라서 미국은 그 섬을 인수받으려고 하였으나 네덜란드의 통치하에 있었던 것이다. 팔마스(Palmas 또는 Miangas)섬은 필리핀군도에서 두 번째로 큰 섬인 Mindanao섬에 있는 San Augustin 곶(cape)에서 남동쪽으로 약 50해리에 위치하고 있다. 팔마스섬은 길이 2마일 폭 3/4 마일이며 분쟁당시에 약 750여명의 주민이 살고 있었으며, 실제적으로는 전략적 가치나 경제적 가치는 없는 섬으로 알려졌다. 1906년 초 필리핀군도 모로(More)지방 총독이었던 미국의 우드(Leonard Wood)장군이 팔마스섬을 순시 중 네덜란드기가 게양된 것을 보고 상부에 보고하여 1906년 3월부터 교섭이 시작되었으나, 양국의 견해차이로 거의 19년에 걸친 긴 논의 끝에 양국은 마침내 1925년 1월 23일 동 문제를 상설중재재판소(PCA)의 중재재판에 의뢰한다는 중재협정을 체결하였다. 단독중재재판관으로는 후버(Max Huber)재판관이 선임되었는데, 그는 영역주권에 대한 실체법과 절차법을 검토한 후 3년만인 1928년 4월 네덜란드에게 유리한 판정을 내렸다.

이 사건에서 미국 측은 팔마스섬이 1898년 이전에 스페인에 속해 있었고, 미국은 스페인으로부터 이 섬을 양도받았다고 주장하였다. 후버재판관은 아무리 스페인이 그 섬에 대하여 주권을 원래 가지고 있었다고 하더라도 네덜란드는 이미 18세기 초부터 이 섬을 통치하고 있었기 때문에 스페인을 대신하여 주권을 가졌다고 판단하였다. 따라서 1898년 당시 스페인은 팔마스섬에 주권을 갖지 못하였고, 미국은 스페인으로부터 주권을 양도받을 수 없다고 하였다.

현재는 평화조약(또는 강화조약, peace treaty)의 체결 후에 수반되는 영토변경을 제외하고는 영토의 할양은 드문 일이 되었는데, 과거의 예를 들면 1803년 프랑스는 미국에게 6천만 프랑을 받고 루이지애나를 양도하였고, 1809년 영국은 잔지바르(Zanzibar)를 얻는 대신 독일에게 헬리골랜드(Heligoland)섬을 양도하였다. 그러나 현재 '자결권 원칙'(principles of self-determination)의 등장으로 국가 간 영토의 할양은 드문 일이 되어버렸다. 제2차 세계대전 후 식민지 민족들의 자결을 증진시키는 데 자결권 원칙이 UN의 주요한 목표 가운데 하나였는데, 1945년 51개 회원국으로 출발한 UN이 2011년 남수단(Republic of South Sudan)이 가입하여 2013년 현재 193개국이나 된 것은 동 원칙의 큰 성과라고 할 수 있다.

2) 선점(Occupation)

선점(先占)이란 무주지(無主地, *terra nullius*)에 대한 주권의 획득 방식이다. 무주지란 취득 바로 직전까지 어느 나라에도 속하지 않은 땅을 일컫는다. 이러한 무주지로서는 아예 처음부터 특정 국가에 속하지 않았거나 아니면 어떤 나라가 그 지역을 포기한 곳도 포함된다. 오늘날 무주지에 속하는 곳은 거의 존재하지 아니 한다. 그러나 오늘날까지 영토분쟁이 계속되는 곳을 보면 영토가 선점에 의해서 획득되던 몇 세기 전에 이미 그 원인이 있는 경우가 대부분이다. 몇 세기 전만 하더라도 유럽의 국제법학자들은 비유럽 사회를 국제법적 차원의 국가로 간주하기를 꺼려했고 따라서 경우에 따라서는 유럽인이 살지 않던 곳을 무주지라고 보기까지 하였다.

영토는 '실효적 지배'(effective control)하에 있을 때 점유되었다고 할 수 있다. 이러한 실효적 지배라는 요소는 선점되지 않은 상태의 땅이 희소해짐에 따라 국제법상 점점 엄격하게 요구되었다. 16세기에는 비점령 상태의 광활한 땅이 발견되었을 때에는 실효적 선점이란 개념은 상당히 자유롭게 해석되었다. 즉 단순한 '발견'(discovery)만으로도 국가에게 '미완성의 권리'(inchoate title)를 주었는데 이는 적당한 기간 내에 문제의 땅을 점령토록 선택권을 주는 대신 그 기간 동안 다른 나라는 그 곳을 점령하지 못하게 한 것이다. 그러나 시간이 지남에 따라 국제법은 점점 더 실효적인 지배를 수립토록 요구하기 시작했다. "팔마스섬 사건"에서 실효적 지배란 반드시 공개적이고 공식적이어야 하며 일정한 기간 동안 계속적이고 평화로운 국가권위의 제시가 포함되어야 한다는 원칙이 확립되었다(Wallace, 100-101).

선점의 전형적인 사례로 "클리퍼튼섬 사건(Clipperton Island)"(1932 American Journal of International Law, vol. 26, 390-394)을 들 수 있는데, 이는 프랑스와 멕시코 사이의 섬영유권 분쟁사건이다. 클리퍼튼섬은 태평양에 있는 환상적인 산호섬으로 파나마 서쪽으로 2,900㎞, 멕시코 남서쪽으로 2,090㎞ 떨어져 있는데 면적은 5㎢이고 길이는 8㎞ 정도이다. 명칭은 18세기 초 영국 해적 죤 클리퍼튼(John Clipperton)이 발견하여 기지로 삼은 데서 유래한다. 1858년 11월 17일 프랑스 정부의 고등 판무관인 해군 대위 드 케르뷔광(Victor le Coat de Kerwéguen)이 항해 중에 클리퍼튼 섬을 발견하고 이 섬에 대한 정보를 미국의 하와이 호놀롤루(Honolulu) 주재 프랑스 영사관에 보고서를 제출하였는데, 이 보고서에서 이 섬에 대한 주권은 프랑스 황제 나폴레옹 3세와 그 계승자에게 영원히 속한다고 선언하였다. 이 사실이 하와이 정부에 통고되고, 1858년 12월 8일자 호놀룰루의 신문 폴리네시안(The Polynesian)지에 영문으로 클리퍼튼섬에 대하여 프랑스의 주권이 이미 선포되었다는 사실이 게재되었다. 그 후 약 40년 동안 이 섬에 대해 프랑스 측이나 타국에서 주권의 적극적인 또는 명백한 행위 없이 아무런 분쟁이 없다가 1897년 11월 24일 프랑스는 이 섬에서 미국 샌프란시스코의 오세아니아 포스페이트 회사(Oceanic Phosphate Co.)를 위해 구아노(Guano, 바다새의 배설물이 퇴적하여 생긴 암석)를 수집하고 있었던 3명이 미국 국기를 게양한 것을 발견하였다. 이에 대하여 프랑스는 미국정부에 항의하였고, 1898년 1월 28일 항의를 받은 미국정부는 이들에게 어떠한 허가도 내준 적이 없고, 또 이 섬에 대하여 미국은 주권을 주장할 의도도 없다고 해명하였다. 그런데 이 사건이 진행되는 동안 1897년 12월 13일 멕시코가 영국이 이 섬에 대하여 야심을 가지고 있다는 정보를 접한 후 클리퍼튼섬에 군함 Democrata호를 파견하여 미국 국기를 회수하고 멕시코 국기를 게양하였다. 멕시코가 군대를 클리퍼튼섬에 파견하였다는 사실에 프랑스는 멕시코에게 이 섬에 대한 프랑스의 권리를 상기 시켰다. 이로 인해 멕시코와 프랑스 사이에 이 섬의 영유권 분쟁이 발생하게 되었으며, 1909년 3월 2일 이 사건은 이태리 왕 엠마누엘 3세(Emmanuel III)에게 중재재판이 의뢰되었고 1931년 1월 28일 프랑스가 승소한 사건이다.

중재재판관에 의하면 멕시코가 스페인으로부터 승계하여 영유하여 왔다고 주장하지만, 멕시코의 역사적 권리를 뒷받침할만한 이 섬에 대한 어떠한 주권의 발현도 없었으며, 1897년 원정 시까지 멕시코가 이 섬에 대해 주권행사를 한 일이 없었다는 것이다. 따라서 1858년에 프랑스가 이 섬에 대하여 주권을 선포할 당시 이 섬은 무주지였으며 선점의 대상이 될 수 있었다고 하였다. 또한 실효적인 지배에 관해서는 이것이 물론 국제법상의 확립된 원칙임은 인정하나 주민이 전혀 살고 있지 않는 지역인 경우에는 반드시 적극적인 주권행사를 할 필요가 없고, 프랑스가 이 섬에 대하여 취한 조치가 충분하였다고 언급하며 프랑스에게 승소판정을 내렸다.

무주지는 아니나 법적 지위와 주권이 아직 확정되지 않은 지역을 다룬 사건으로 1975년 ICJ의 "서부사하라에 관한 권고적 의견"(Western Sahara Case, Advisory Opinion)이 있다. 권고적 의견(Advisory Opinion)은 UN총회와 안전보장이사회, UN총회로부터 승인을 받은 UN의 다른 기관과 전문기구가 의뢰한 법적 문제에 관하여 국제사법재판소(ICJ)가 유권 해석을 내리는 것을 말하는데, 결정(Decision)과는 달리 법적 구속력이 없다. 그러나 대부분의 권고적 의견은 정치적인 영향을 미쳤을 뿐만 아니라 또한 대부분 이행되었고, 몇몇 권고적 의견은 국제법 발전과정을 중대하게 변경시킨 것들도 있다. 서부사하라 지역은 266,000㎢의 면적이나 세계에서 사람이 별로 살지 않는 지역 중 하나이기도 한데, 인구는 2013년 현재 약 50만 명에 이른다. 지리적으로 북쪽으로는 모로코, 동쪽으로는 알제리, 동쪽과 남쪽으로 모리타니가 자리 잡고 있다. 1956년 모로코(Moroco)가 독립하자 왕정을 복고하고 식민시대 이전에 유목민족이 국왕에 충성을 맹세한 것을 근거로 이 지역에 대한 영토주장을 하기 시작하였다. 모로코는 1963년 스페인을 '식민주의자'로 비난하면서 UN에 제소하였다. 그 후 1974년 스페인에서 민주화운동이 확산되어 정국이 혼란한 틈을 이용하여 모로코는 서부 사하라 국경지역에 군대를 집결시켜 스페인 정부에 압력을 가하였다. 그러나 1975년 ICJ가 모로코의 서부사하라에 대한 영유권 주장이 근거 없다는 권고적 의견을 판시하고, 주민투표를 통한 문제의 평화적 해결을 제시하였다. 이에 대해 모로코가 즉각 거부함으로써 ICJ의 권고적 의견은 반영되지 못하였다.

1976년 4월 모로코와 모리타니 사이에 영토분할이 있었는데, 1975년 2월에 사하라아랍민주공화국(SADR; Sahrawi Arab Democratic Republic)이란 이름으로 망명정부를 선언한 '폴리사리오 전선'(Polisario Front; 서부사하라 독립 추구 게릴라 단체)의 압력에 굴복하여 모리타니는 1979년 8월 자기가 차지한 지역의 모든 권리를 포기하였다. 그 후 모로코가 그 지역을 점령하여 행정적인 통제가 붕괴되었다. 1984년 아프리카통일기구(OAU)는 폴리사리오 전선을 공식 인정하였고, 이에 반발한 모로코는 OAU를 탈퇴한 바 있다. 현재 폴리사리오 전선은 현재 약 82개국으로부터 승인을 받고 있는데 반해, UN에서 모로코의 서부사하라 영유권을 인정하는 국가는 하나도 없는 실정이다(Wikipedia, 'Western Sahara' 참조).

1975년 10월 15일 ICJ의 권고적 의견의 내용을 살펴보면 ICJ는 서부사하라에는 비록 유목민이 살고 있지만 사회적 · 정치적으로 조직화된 하나의 부족의 형식을 유지하고 있었으며, 그들을 대표할 수 있는 권한을 가진 부족장이 있는 원주민들이 거주하고 있었고, 또한 스페인이 동 지역 부족장들과 조약을 체결했다는 사실은 스페인이 그들의 영토를 무주지로 여기지 않았다는 사실을 입증한다고 판시하였다. ICJ는 인구가 거주하지 않거나 아주 드물게 거주하는 지역에서는 매우 경미한 주권의 행사라도 권원을 확립할 수 있다고 밝혔다. 또한 스페인에 의해 서부사하라지역이 식민지로 되기 이전에 이 지역의 정치적, 군사적, 종교적, 재정적 실행에 관한 사항들을 보았을 때 모로코나 모리타니가 서부사하라와의 어떤 법적 관계가 있다고 보이지 않으므로 서부사하라가 스페인의 식민지가 된 시점에 모로코나 모리타니는 그 해당지역에 영토주권을 행사하지 않았다고 판시하였다(1975 ICJ Rep., 12, 31-37). ICJ의 서부사하라에 대한 권고적 의견은 탈식민주의, 즉 식민주의의 청산과 관련하여 식민지에서 신생 독립한 국가들의 국민들과 그들의 영토에 대한 법적 관계 및 그들이 향유해야 하는 국제법적 권리에 대한 하나의 이정표를 세운 것으로 평가 받고 있다.

때때로 국가들은 특정한 영역에 관해서는 비록 그 땅이 무주지라 할지라도 주권 주장을 하지 않도록 합의한 경우도 있다. 예를 들자면 1959년 남극조약이나 1967년 우주조약을 들 수 있다. 남극조약은 실제로 남극에 관심을 보이고 있는 모든 국가에 의해 비준되었으며, 남극에서 영유권을 동결하고, 남극에서의 이동이나 과학탐사의 자유를 보장하고 있다. 또한 당사국들은 상호간에 남극이 군사적 목적으로 사용되지 않도록 협력을 규정하고 있다. 남극은 또한 그곳의 자원과 환경을 보호할 목적으로 성립된 국제조약 하에 있는 곳으로, 국가관할권이원의 지역인 심해저 및 우주와 함께 '인류공동의 유산'(common heritage of mankind)원칙에 의하여 지배되는 '국제영역'(international commons)이 되어야 할 것이다(Malanczuk, 148-150). 우주조약에서도 제1조에 과학조사와 탐사의 자유를 선언하면서 제2조에 달과 천체를 포함한 외기권 우주를 '비전유의 원칙'(principle of non-appropriation)을 기초로 하는 '국제공역'(*res extra commercium*)을 선포하고 있다. 한편 1979년 달조약도 우주조약과 마찬가지로 달과 천체를 포함한 외기권 우주에 관하여 비전유원칙을 선언하면서 달과 그 천연자원을 '인류공동의 유산'으로 선언하고 있다.

3) 시효(Prescription)

선점과 마찬가지로 시효(時效)도 영토에 대한 실효적 지배에 기초를 둔다. 선점의 경우와 같이 실효적 지배는 주권체로서 행한다는 의도가 수반되어야 한다. 그러나 양자의 차이를 보면 시효는 다른 나라에 속해 있는 영토를 취득하는 반면, 선점이란 무주지를 취득하는 형태인 것이다. 따라서 시효에 의한 권리가 성립되기 위해 필요한 실효적 지배는 선점의 경우에 필요한 실효적 지배 보다 더 긴 시일을 필요로 한다. 다시 말하여 전부터 존재하던 주권의 소멸은 추정되지 않는 것이다. 영국법상 점유자(squatter)는 12년이 지나야 권리를 취득하도록 하고 있는데, 국제법도 이렇게 정해진 기간은 없지만 적어도 12년 이상은 되어야 할 것이다(Akehurst, 144-145).

영토 점유국의 실효적 지배는 영토 상실국의 '묵인'(acquiescence)에 의한 것이어야 한다. 즉 '항의'(protest)는 시효에 의한 취득 가능성을 배제하는 것이다. 이러한 점에서 "팔마스섬 사건"에서 중재재판관이 스페인정부는 네덜란드정부가 문제의 섬에 권력을 행사하고 있는데도 항의하지 않았다는 점을 강조한 이유를 알 수 있다(1928 II UNRIAA, 829, 868).

비록 선점과 시효가 이론적으로 서로 달리 설명될지는 몰라도 실제에 있어서는 구분이 상당히 모호하다. 왜냐하면 가장 논의의 대상이 되는 점이 문제의 땅이 무주지 였던가 아니면 어느 나라가 그곳에 들어서기 전에 이미 다른 나라의 주권 하에 예속되어 있었는가의 여부이기 때문이다. 예를 들자면 "팔마스섬 사건"에서 판결문은 과연 문제의 섬이 네덜란드가 통치를 행하기 전에 스페인의 주권 하에 있었는지의 여부를 분명히 해주고 있지 않다. 그리고 대부분의 사례집에서도 선점부분에 속한다고 분류된 사례는 시효에 관한 사례로 볼 수 도 있고, 또한 그 반대도 마찬가지이다. 이처럼 서로 경쟁되는 권력이 존재하는 경우에 재판소는 어떠한 형태의 취득방법에 의해 판정하기보다는 문제의 땅에 더 큰 실효적 지배를 행사하는 국가에게 유리하게 판정해 왔다.

예를 들어서 1933년 "동 그린란드 사건"(Eastern Greenland Case) (1933 PCIJ, series A/B, no. 53, 46)에서 상설국제사법재판소(PCIJ)는 덴마크에게 승소판결을 내렸는데, 그 이유는 덴마크가 노르웨이에 비해 더 확실하게 통치권을 행하고 있었기 때문이었다. 역사적으로 살펴보면 그린란드가 1380년부터 1814년까지 덴마크-노르웨이 연합국에 속해 있던 시절에는 아무런 분쟁이 없다가 1814년 키일(Kiel) 조약 제4조에 의해 덴마크-노르웨이 왕이 그린란드를 제외한 노르웨이 전 지역을 스웨덴에 할양하면서부터 문제가 발생하였다. 노르웨이가 스웨덴에 할양되었던 기간인 91년간 덴마크는 그린란드가 자국의 주권 하에 있다고 믿고 주권을 행사하였고, 타국도 이를 승인 한 바 있었다. 그러던 중 노르웨이가 스웨덴으로부터 분리되면서 섬 동부의 해상권과 수렵권을 요구하며 맞서다가 1931년 7월과 1932년에 선점을 선언하고 덴마크에 통보하였다. 사실 1915부터 1921년까지 덴마크는 각국에 대하여 그린란드의 덴마크 주권에 관해 승인을 구한 바 있었고, 1919년 7월 22일 노르웨이의 외무부장관 일렌(Ihlen)이 그린란드 문제의 처리에 대해 이의를 제기하지 않을 것을 언급한 바 있다(Malanczuk, 150-151). 결국 덴마크는 노르웨이의 선점조치를 무효라고 PCIJ에 제소하여 승소하였다. 그러나 재판소는 어떠한 형태에 의해 덴마크가 주권을 획득했는가는 밝히지 않았다(Malanczuk, 150-151). 결국 PCIJ는 1919년 파리 평화회의에 협상 중에 일렌(Ihlen)이 "그린란드 전반에 걸친 덴마크의 주권에 대한 일반적인 승인을 획득하기 위한 덴마크의 계획에 관하여 노르웨이 정부는 어떤 문제도 일으키지 않겠다는 구두선언도 노르웨이의 의무를 법적으로 구속한다."는 이유를 들어 판시하였는데, 조약법상 구두조약도 조약의 역할을 할 수 있음을 입증하는 사례이기도 하다(1933 PCIJ Rep., ser. A/B, no. 53, 69-71).

4) 자연적 변동(Operations of Nature)

한 나라는 자연적 변동에 의해서도 영토를 취득할 수 있다. 예를 들자면, 강줄기가 변한다든지 아니면 화산으로 인하여 내수나 영해 상에 새로운 섬이 생겨나는 경우이다. 그러나 이러한 현상은 매우 드물다고 할 수 있다.

5) 정복(Conquest)

전쟁에서 패배한 나라는 보통 조약에 의거하여 영토를 양도하였다. 아울러 조약이 없더라도 전통적인 법체계에서는 정복 자체로서 승리자가 그러한 권한을 가지게 되었다. 그러나 정복에 의한 영토의 취득은 전쟁이 완전히 끝나지 않는 한 법적으로 인정되지 않았다. 다시 말해서 전쟁이 완전히 끝난다는 것은 패배한 국가가 승리한 국가에게 영토를 양도하는 평화조약(또는 강화조약, peace treaty)을 맺던지 승리국의 권리를 인정하여야만 한다는 것을 의미한다. 평화조약이 없는 경우에는 전쟁이 완전히 종결되었다는 것을 다른 방법으로 증명하여야만 한다. 그 예로서 적국과 그의 동맹국의 모든 저항이 소멸되었다는 사실을 입증하는 것을 들 수 있다. 따라서 이러한 의미에서 독일이 제2차 세계대전 당시 폴란드를 합병한 행위는 무효였는데, 그 이유는 폴란드의 동맹국들이 계속 독일에 대항하였기 때문이다. 그리고 전승국이 영토를 취득할 수 있는 것은 오로지 전승국이 그렇게 원할 경우에 한한다. 제2차 세계대전 후에 연합국측이 모든 독일 영토를 점령하고 독일 측 동맹군을 퇴각시켰음에도 불구하고 명백히 독일을 합병할 의사가 없다는 점을 봐도 알 수 있다(Malanczuk, 151-152).

19세기 국제법은 국가가 정복행위에 의해 영토를 획득하는 자체를 인정하지 않을 수 없었다. 왜냐하면 그 당시 국제관습법은 국가가 전쟁하는 권리에 대하여 어떠한 제한도 가하지 않았기 때문이다. 20세기에는 점진적으로 국가가 전쟁할 수 있는 권리를 제한하려는 움직임이 있었고, 1945년

UN헌장의 제정으로 그 정점을 이루었다. 현재는 일반적 규범으로서 무력행사는 단지 정당방위와 같은 몇몇 예외를 제외하고는 불법화되었다. 이러한 혁명적인 법체계의 변화는 정복에 의해 영토를 취득할 수 있는 형태에 어떠한 영향을 미쳤을까?

침략국이 강제적으로 체결한 조약은 효력이 없다. 침략국은 다른 나라를 정복하여 그로 하여금 강제로 영토할양조약을 체결케 하여 영토를 취득할 수 없기 때문에, 침략국은 단지 정복 자체만으로는 영토를 획득할 수 없는 것이다. 몇몇 학자들은 그와 같은 병합은 다른 나라에 의하여 법적으로 인정받을 수 없다고 주장한다. 1931년 일본군은 당시 중국영토의 일부로 간주되던 만주지역에 '만주국'(Manchukuo)이란 허수아비 정권을 세웠다. 이에 대하여 대부분의 국가들은 일본이 중국에 대해 침략행위를 했다고 간주하였고, 특히 당시 미국 국무장관이었던 스팀슨(H. L. Stimson)은 "미국 정부는 침략행위에 의해 형성된 상황에 대해서는 승인하지 않는다."는 내용의 선언을 하였다. 그 다음해 국제연맹 총회는 "모든 회원국은 국제연맹규약이나 브리앙 · 켈로그(Briand-Kellogg) 조약(파리협약 또는 부전조약)에 어긋나는 수단에 의해 창출된 상황, 조약 또는 합의를 승인하지 않을 의무가 있다."는 내용의 결의를 채택한 바 있다. 그리고 UN 총회는 1970년에 채택된 "우호관계선언"(원 명칭은 'UN헌장에 따른 국가간의 우호관계와 협력에 관한 국제법원칙에 관한 선언', Declaration on Principles of International Law concerning Friendly Relations and Cooperation among States in Accordance with the Charter of the United Nations)결의문에서 "무력에의 위협이나 행사로서 얻어지는 영토취득은 정당하다고 인정되어서는 아니 된다."는 것이 국제법의 기본원칙이라고 천명하였다.

이상과 같은 결의들은 승인을 보류할 의무를 제시하고 있으나 이와 같은 방침에 국가들이 모두 동참한 것은 아니었다. 가령, 1936년 이태리가 에티오피아를 침공했는데, 이 행위는 3년 후 영국정부에 의해 '법적 승인'(*de jure* recognition)을 받았다. 또한 1940년 소련의 발트 해 주변국인 에스토니아(Estonia), 라트비아(Latvia), 리투아니아(Lithuania)를 합병하는 행위를 미국은 계속해서 인정하기를 거절했지만 영국정부는 '사실상 승인'(*de facto* recognition)을 한 바 있다. 결국 스팀슨(Stimson) 주의는 승인을 부여하는 행위를 전면 금지하지는 못하였고, 단지 승인행위를 지연시키는 역할을 했던 것이다(Malanczuk, 151). 그러나 허락되지 않은 무력사용에 의한 강제병합, 최근에 이라크가 쿠웨이트를 병합했을 때 이는 불법이며 인정될 수 없다는 입장에 많은 지지가 있었다. 1990년 8월 UN안전보장이사회는 결의 660과 662를 통하여 그와 같은 병합은 무효이며 국가들과 국제기구로 하여금 그 병합을 인정하지 말 것과 간접적인 승인으로 오인될 행동을 자제해 줄 것을 요구하였다(Wallace, 102-103).

6) 묵인(Acquiescence) · 승인(Recognition) · 금반언(Estoppel)

묵인, 승인 및 금반언은 엄밀한 의미에서 영토취득의 한 형태는 아니지만 영토취득에서 매우 중요한 역할을 한다. 양 당사국 모두 문제의 땅에 대하여 어느 정도의 권한을 행사할 수 있다는 것을 증명할 수 있을 때, 그 사건을 맡은 국제재판소는 다른 당사국으로부터 그의 권리를 인정받았다고 주장할 수 있는 국가에게 유리하게 판정할 수밖에 없다. 이러한 인정은 명백한 국가선언으로부터도 알 수 있지만, 묵인 즉 상대국의 통치행위에 대하여 항의를 하지 아니하는 행위로부터도 추론될 수 있다.

묵인과 승인은 '금반언'(禁反言, estoppel)을 발생시키기도 한다. 금반언이란 영국법상 증거에 관한 기술적인 규정인데, 당사자 일방이 어떤 사실에 관한 진술을 하고 다른 일방이 그를 믿고 일정한 행위를 취했을 때, 재판부는 만일 비록 그러한 선언이 거짓이라 할지라도 그것을 믿고 행한 당사자가 피해를 입을 경우에는 첫 번째 당사자로 하여금 그가 선언한 내용을 부인하는 것을 허용하지 않는다는 것이다. 이를 국제적 차원의 영토분쟁에 적용한다면, 어떤 영토에 관하여 타국의 권리를 승인한 국가는 그러한 승인을 믿고 타국이 일정한 행위를 이미 취한 경우 금반언 원칙에 의하여 더 이상 타국의 권리를 부인할 수 없게 된다(Malanczuk, 154-155). 1960년 태국과 캄보디아 간 "프레아 비헤아 사원 사건"(Temple of Prea Vihear Case)에서 ICJ는 캄보디아가 주장하는 사원지역의 국경선, 즉 1904년 조약에 의하여 설정되었던 합동국경획정위원회가 작성하였던 지도상 국경선을 태국이 자기의 행위로 인하여 승인하였다고 캄보디아에 승소판결을 하였다(1962 ICJ Rep., 6, 32). 이후 캄보디아는 ICJ가 해당 사원의 소유권을 인정한 만큼 주변 부지도 자국령이라는 입장을 고수하는 반면, 태국은 캄보디아의 사원 소유권은 인정하지만 약 4.6㎢에 달하는 주변 부지는 자국령이라고 주장하면서 상호 대립하였다.

이 사건의 발단을 살펴보면 다음과 같다. 1904년 당시 샴(Siam)으로 알려져 있던 태국과 캄보디아(Cambodia)의 보호국이었던 프랑스는 국경을 획정하는 조약을 체결하였다. 이 조약에 의하면 일차적으로 국경은 산맥의 분수령에 따라 획선하도록 합의되었고, 프랑스와 Siam 혼합위원회에 의해 수행되도록 하였다. 이 원칙대로 국경을 획정하였다면 프레아 비헤아 사원은 당연히 Siam에 속하는 영토 안에 위치하여야 했다. 그러나 Siam 정부는 지도제작을 할 충분한 수단이 없었고 프랑스의 지질전문가에게 지도의 제작을 요청하였는데, 그에 따라 제작된 지도에 의하면 이 문제의 사원은 캄보디아 영토에 위치하는 것으로 표시되었다. 1908년 프랑스에서 발행된 이 지도는 Siam과 프랑스 등 양국 정부를 포함한 여러 곳에 배포되었다. Siam 정부는 지도를 발간해 준 프랑스 정부에 감사를 표시하였으며, 양측은 수년 동안 이 사원이 캄보디아에 속한 것으로 전제한 공식적인 관계를 지속하였다. 그 후 태국은 1934년 측량 조사 결과 이 지도에 착오가 있는 것을 발견하였다. 그러나 태국은 이것을 수년 동안이나 전혀 문제 삼고 있지 않다가 1954년에 이 사원 지역에 국경 수비대를 배치하게 되었다. 1953년 프랑스로부터 독립한 캄보디아는 이 국경 문제를 협의하기 위해 태국과

접촉을 시도하였으나 태국이 이에 응하지 않자, 1959년 10월에 이 문제를 ICJ에 제소하였던 사건이다

2008년 6월부터 다시 분쟁이 시작되어 양국은 2011년 2월 해당 사원의 주변에서 충돌하여 10명의 희생자가 발생하였다. 2011년 4월 또 다시 교전이 발생하여 18명이 사망하고 4만 여명의 주민들이 피난하는 사건이 발생함에 따라 캄보디아가 2011년 4월에 다시 태국을 ICJ에 제소하였다. 이에 2013년 11월 11일 ICJ는 이 사원과 주변 땅에 대한 주권이 캄보디아에 있음과, 이 지역에 있는 태국 군인의 전원 철수를 판결하고, 1960년의 ICJ 판결을 재확인하였다.

시효의 경우 묵인과 승인은 결정적인 역할을 한다. 아울러 이 둘은 또 다른 영토취득 형태에도 관련이 있다. 예를 들어서 1933년 ICJ의 "동 그린란드 사건"(Eastern Greenland Case)에서 노르웨이는 동 그린란드를 선점에 의하여 취득했다고 주장하였다. 이러한 주장이 예정하는 내용은 동 그린란드는 노르웨이의 주장이 있기 전에는 무주지였다는 것이다. 그러나 노르웨이가 패소한 것은 우선 덴마크가 노르웨이의 동 그린란드에서 행한 통치권보다 더 강한 권력을 행사했기 때문이고 다음으로 노르웨이가 그 자신의 행위로서 문제의 땅에 대한 덴마크의 권한을 인정하였기 때문이다(1933 PCIJ, series A/B, no. 53, 68). 묵인과 승인은 역시 할양조약의 해석분야에서도 중요한 역할을 한다(Malanczuk, 155).

7) 시제법(Intertemporal Law)

영토취득을 지배하는 규범들은 세기를 넘기면서 바뀌는 경우가 있다. 이러한 현상은 어느 시대의 법이 영토에 관한 권리관계의 효력을 결정하는데 적용되는가 하는 시제법(時際法)의 문제를 야기 시킨다. 여기에 관해 일반적으로 인정되고 있는 견해는 영토취득의 효력은 주장되는 취득시점에 효력을 가졌던 법률에 의거한다는 것이다(Fitzmaurice, 5). 그러나 이러한

일반적 견해는 “팔마스섬 사건”에서는 어느 정도 손상되었다. 이 사건의 단독 중재재판관이었던 후버(Max Huber)는 다음과 같이 언급하였다.

> “권리의 창조와 권리의 존재라는 문제는 분명히 구별되어야 한다. 권리를 창조하는 행위가 그러한 권리가 생길 때 유효했던 법률에 구속된다는 원칙은 권리의 존재의 법률의 발전에 의하여 요구되는 조건들에 따라야 한다는 것이다.”

따라서 영토취득에 관한 법의 요구가 더욱 엄격해지기 때문에 계속해서 그의 권리를 유지하려는 나라는 더욱더 신경을 써야 한다(1928 II UNRIAA, 829, 845-846). 다시 말해서 그 나라는 같은 장소에서 계속 통치를 해야 하는 것이다. 후버재판관의 결정은 사실관계에 관한 한 정확하였다. 즉 스페인은 네덜란드가 시효에 의하여 권리를 취득하는 것을 막기 위해 팔마스섬에 더욱 그의 권력을 증대시켰어야만 했다. 그러나 좀 더 넓은 의미에서 볼 때 후버재판관은 스스로 영토 취득의 유효성이 취득 당시에 유효했던 법률에 의한다는 사실을 부정하게 된 것이다.

이러한 문제는 특히 정복에 기초하는 권리의 경우에 첨예하다. 과거에는 가능했지만 오늘날 정복은 국가에게 권리를 부여해주지 않는다. 그러면 과거 정복에 기초를 둔 권리관계는 오늘날 무효가 되는가? 이 경우 결과는 매우 복잡한 양상을 띠게 될 것이다. 즉 북미주는 기존에 살고 있던 인디언에게 돌려줘야 하며, 영국인들은 웨일즈(Wales)를 웨일즈인들에게 되돌려 주어야 할 것이다. 이러한 연관관계를 따져볼 때 왜 UN 총회가 1970년 “우호관계선언”을 채택할 당시 오늘날 정복에 의한 영토취득 금지조항이 UN헌장 채택이전의 영토의 권리관계에 영향을 미치지 아니하며 그 자체로서 국제법상 유효하다고 명시한 이유를 알게 될 것이다. 따라서 만일 A국이 B국의 영토일부를 19세기에 점령하였기 때문에 B국이 A국의 이러한 행위는 부당하다고 생각하여 다시 문제의 영토를 수복하려는 행위는 더 이상

용납되지 않는다.

1961년 인도가 고아(Goa)지방을 침공한 사건은 이를 위반한 경우를 보여주었다. 즉 포르투갈이 16세기에 무력으로 고아지방을 점령하였고, 인도는 독립하고 난 뒤 1947년 그 곳에 대한 포르투갈의 권리를 인정한 상황에서 분쟁이 발생하였다. 인도는 침략행위를 옹호하기 위해 분쟁발발 후 개최된 UN 안보리의 토론에서 포르투갈의 권리는 '식민지적 정복행위'(colonial conquest)에 기초하기 때문에 무효라고 주장하였다. 어쨌든 인도에 대하여 동정심을 가졌던 UN 대부분의 회원국들과 안보리는 인도를 비난하는 결의를 채택하지는 않았다(Malanczuk, 155-156).

8) 결정적 기일(Critical Dates)

어떠한 분쟁에 있어서는 일정한 기일 혹은 어떠한 기일이 사실을 평가하는 과정에서 중시되기도 한다. 결정적 기일이라 함은 영토주권의 소재가 결정적으로 확인되는 시점을 가리킨다. 결정적 기일이 언제인가를 결정하는 것은 당해 분쟁을 담당하는 재판소에 달려 있다(Wallace, 101). "동 그린란드 사건"(Eastern Greenland Case)에서 노르웨이 · 덴마크 사이의 분쟁은 이 지역의 선점을 공포하였던 1931년 7월 10일의 노르웨이의 선언에 의해 발생하였는데, 이 사건에서 재판소는 "그러나 주의하지 않으면 안되는 것은 결정적 기일은 1931년 7월 10일 이기 때문에…[덴마크는] 선점 직전의 기간에서 유효한 권원을 입증하면 충분하다(1933 PCIJ, series A/B, no. 53, 45)."고 언급하였다. "팔마스섬 사건"에서, 미국은 1898년 12월 10일의 할양조약에 기초하여 스페인의 계승자라고 주장하였지만 모든 것은 계승당시 스페인의 권리의 성질이 어떠한가에 달려 있는 것이다. "멩끼에 및 에끄레오(Minquiers and Ecrehos)섬 사건"(1953 ICJ Rep., 47)에서 재판소는 특별하게 결정적 기일을 선택하지 않았다. 멩끼에 및 에끄레오섬은 영국의 채널 제도(Channel Islands)의 하나인 Jersey와 프랑스 해안 사이에 있는 2개 군의 소도(小島) 및 암초들이다. 이 섬은 영국의 Jersey섬 남쪽18km, 프랑스 해안에서 약 27km에 위치해 있는 산호섬으로 가장 큰 섬인 Maitress에는 1명이 30년간 거주한 사실이 있다. 영국과 프랑스 양국은 멩끼에 및 에끄레오에 대한 영토 주권이 자국에게 있다고 주장하였고, 양 당사국은 1950년 12월 29일 특별합의(부탁합의)를 서명하여 1951년 12월 5일 동 분쟁을 ICJ에 부탁하였다. 이 사건의 쟁점은 멩끼에 및 에끄레오섬이 영국과 프랑스 양국 중 어느 국가의 소속인가를 가리는 문제였다.

이 사건에서 양당사국은 멩끼에 및 에끄레오섬에 대하여 무주지의 영유권 취득에 관한 분쟁이라는 성격은 갖고 있지 않다고 전제하였다. 영국정부는 역사적 권원이 1066년에 노르만디(Normandy)공 윌리엄(William, 1028- 1087)이 영국을 정복한데서 시작한다고 주장하였고, 이에 대해 프랑스 정부는 Jersey, Guernsey 등의 여러 섬들을 영국 왕이 계속해서 점유한 것을 다투지는 않았지만 1204년에 Normandy공의 영토가 해체된 후에도 영국 왕이 멩끼에 및 에끄레오섬을 점유했다는 사실을 부인하면서 동 사건 이후 프랑스 왕이 연안에 인접한 일부 기타 도서와 함께 이 2개의 도서를 점유했다고 주장하였다. 이 대립된 주장은 봉건시대의 진실한 상황이 무엇인가에 대한 불확실성과 이로 인한 논쟁의 여지가 있다는 견해에 근거하고 있는데, 여기에 대해 ICJ는 역사적 논쟁을 해결할 필요는 없다고 판단하고, 결정적으로 중요한 것은 중세 사건으로부터 연유된 간접적 추정이 아니라 멩끼에 및 에끄레오섬의 점유에 직접적으로 관계있는 증거가 무엇인가 라는 데에 있다고 판단하였다. ICJ는 멩끼에 및 에끄레오섬의 영유권에 대한 대립된 주장의 상대적인 힘을 평가해야만 하는데, 멩끼에 및 에끄레오섬은 13세기 초 영국왕이 점유하고 있던 Channel Islands 봉토의 일부분으로 간주되어 온 것이고, 이 군도는 14세기 초 관할권을 행사하고 있던 영국왕의 영유 하에 있었다고 판단하였다. 또한 ICJ는 19세기의 거의 대부분 그리고 20세기에 영국 정부가 이 군도에 대해 국가기능을 수행해 온 것을 인정하였다. 한편 프랑스 정부는 자국 정부가 이 군도에 대해 유효한 권원을 가진다는 증거를 제출하지 않았다. 따라서 재판소는 이 섬에 대한 영유권은 영국정부에 귀속하는 것으로 결론을 내렸다.

9) 우티 포시데티스(Uti Possidetis) 원칙

'Uti Possidetis'라는 말은 "네가 현재 가지고 있는 것과 같이 계속해서 가지고 있어라."라는 뜻이다. 이 원칙은 남아메리카에서는 1810년, 중앙아메리카에서는 1821년 당시 스페인의 행정구역에 따라 영토를 해결한다는 의미를 포함하고 있다. 라틴아메리카 지역에서 영역처분의 수단으로서의 동의는 이러한 간접적인 형식을 취하여 왔다. 이 지역의 실행에 의하면 스페인의 계승국가는 그들 상호간 그리고 후에는 브라질과의 분쟁에서 정치적인 의미의 무주지가 존재하지 않는 지역의 국경분쟁을 해결하기 위하여 독립된 공화국은 자국의 권원이 구 스페인제국 권원의 연장선상에 있다고 간주하였는데, 이 원칙은 다음과 같이 표현되어 왔다.

> "공통의 주권적 권력이 철회될 때, 국경획정의 일반원칙에 관하여 합의하는 것이 매우 필요하다. 그것은 무력사용을 피하고 싶다는 보편적인 열망이 있었기 때문이다. 여기서 채용되었던 원칙이 식민지적 Uti Possidetis였다. 즉 이 원칙은 한 국가를 구성하던 식민지적 실체에 따라서 식민지제도에 기초한 경계획정을 유지하는 것을 의미한다(Hyde, 499)."

이 원칙의 적용은 매우 만족할 만한 해결을 가져오지는 않았다. 왜냐하면 소유권 개념에 의해 많은 것이 결정되었기 때문이었고, 게다가 옛 스페인의 행정상의 경계가 늘 불명확하거나 입증곤란한 점이 있었기 때문이다. 이 원칙은 결코 명령적인 것이 아니었고 관계국은 영토해결의 기초로서 자유롭게 기타 원칙도 채용할 수 있다는 것에 유의해야 한다. 이 원칙은 아시아 및 아프리카의 국경과 관련하여 각 국 정부 및 재판소에 의하여 채용되어 왔는데, 최근에 적용된 예는 이전의 유고슬라비아의 영토에 관하여 새로운 국가가 탄생될 시기였다(Brownlie, 130).

10) 법적 · 정치적 주장(Legal and Political Arguments)

영토분쟁에서 법적 근거와 정치적 근거는 종종 함께 사용되고 있다. 따라서 경우에 따라서는 양자를 구별하기 힘든 때도 있는데 그 이유는 다음과 같다. 오로지 법적 근거에만 의존하는 국가는 정치적 측면에서 미흡하다는 불안감을 가지게 되고, 반대로 정치적 근거에만 의존하는 국가는 법적 측면에서 부족하다고 느끼기 때문이다. 이 외에도 영토분쟁은 감정문제까지로 비화되기 쉽기 때문에 아무리 별로 가치가 없는 땅이라 할지라도 사람들은 끝까지 싸워서 획득하려고 하기 마련이다. 따라서 이러한 상황에서 사람들에게 무엇이 법이고 법은 어떻게 지켜야 한다고 말하는 것은 무의미하다. 경우에 따라서는 법적 주장과 정치적 주장의 혼동을 의도적으로 행하기도 한다.

영토분쟁에서 가장 많이 쓰이는 정치적 주장은 '지리적 인접성'(geographical contiguity), '역사적 계속성'(historical continuity) 그리고 '자결권'(self-determination) 원칙 등이다. 이러한 원칙들의 기능과 의미는 북아일랜드(Northern Ireland) 경우를 살펴보면 쉽게 이해가 된다. 일반적으로 북아일랜드는 국제법상 영국(United Kingdom)의 일부라고 간주되고 있다. 그러나 아일랜드 공화국(Republic of Ireland)은 북아일랜드가 자국에 합쳐져야 한다고 주장하고 있는데 그 이유로서 문제의 땅이 지리적으로 볼 때, 하나의 형태를 이루고 있으며 그 외에도 1922년 전까지 몇 세기동안 하나의 정치적 단일체로서 통치되어 왔다는 역사적 계속성을 들고 있다. 그러나 이에 반하여 영국 정부는 북아일랜드의 대다수 주민이 영국의 일부로 남아있기를 바라고 있다고 반박하는데 이는 자결권의 원칙에 그 근거를 두고 있는 것이다. 그 이유는 북아일랜드 주민 중 다수가 영국에서 건너간 프로테스탄트계이고 소수는 원주민인 가톨릭계이기 때문인데, 그동안 가톨릭계는 영국 정부와 프로테스탄트계에 대항하기 위하여 IRA(Irish Republican Army:아일랜드 공화국군)를 조직하여 무력투쟁을 벌여왔다.

북아일랜드의 종교 갈등은 18세기 스코틀랜드 장로교인들이 17세기 올리버 크롬웰(Oliver Cromwell, 1599-1658)의 침공으로 영국의 식민지가 된 아일랜드에 이주하면서 시작되었다. 현재 북아일랜드의 얼스터(Ulster)에 이주 온 장로교인들은 가톨릭 신자들을 밀어내고, 인구의 대부분을 차지했으며, 이들의 후손들은 지금도 정치, 사회, 문화 모든 영역에서 기득권을 갖고 있다. 따라서 아일랜드 사람들은 수백 년이나 영국에서 온 개신교인들에게 차별과 억압을 받았고, 이들의 불만은 부활절 봉기(1916년), IRA 결성 등의 무장투쟁을 하였다. 2005년 IRA는 무장투쟁중단을 선언하면서, 현재는 무력충돌이 중단된 상태이다(위키백과, '북아일랜드' 참조).

영토분쟁에서 정치적 주장들은 그 자체로서 영토에 관한 법적 권리를 창조하지 못한다. "팔마스섬 사건"에 관한 중재재판에서 후버(Max Huber) 재판관은 "영해밖에 위치하는 섬이 단순히 육지가 그 섬 주변에서 가장 규모가 큰 대륙이라는 이유만으로 그 국가에 귀속된다는 실정국제법규의 존재는 확인할 수 없다(1928, II UNRIAA, 829, 854)."고 연속성에 관해 언급한 바 있다. 그러나 그렇다고 해서 이와 같은 주장이 전혀 법적으로 관련성이 없다는 것은 아니다. 다시 말해서 제닝스(R. Y. Jennings) 교수가 언급한 바와 같이 "인접성이란 단지 실효적 점령의 추측을 더해주는 증거 이상의 것은 아니다. 즉 이러한 추정은 상대국의 더 나은 증거가 있으면 깨어질 수가 있는 것이다(Jennings, 73)." 즉 인접성의 원칙은 국경선에 관한 사건에서 국제재판소에 의해 고려의 대상이 될 수 있다는 것이다.

그리고 이와 마찬가지로 자결권이라든지 역사적 계속성도 역시 참조된다. 아울러 문제되는 영토에 어떤 국가가 과연 적절히 통치를 하고 있는가에 의문이 제기될 때에는 거기에 살고 있는 주민의 국가에 대한 충성심이나 문제의 땅이 전통적으로 다른 통치세력의 한 부분이었다는 등의 주장이 당사국의 증거로서 사용될 수 있다(Malanczuk, 157−158).

11) 그 외 영토에 관한 부수적 권리(Minor Rights over Territory)

지금까지 한 나라가 영토에 대해 완전하고 배타적인 주권을 행사하는 상황에 관하여 살펴보았으나 이 외에도 드물기는 하지만 영토에 불완전한 권한을 행사할 수 있는 경우가 있다.

(1) 공동통치구역(Condominium)과 조차지(Leased Territory)

우선 두 국가가 공동으로 어떤 영토에 주권을 행사할 것을 합의하는 경우가 있다. 이러한 경우를 '공동통치구역'이라고 하는데 국내법상 공동소유형태(co−ownership)와 비슷하다. 영국과 이집트가 1898−1956년까지 수단(Sudan)에 대하여 공동통치한 바 있고, 태평양에 위치하고 있는 뉴헤브리디스(New Hebrides) 제도는 1887년 협약에 의해 프랑스와 영국의 공동통치구역이었다가 1977년 국내자치가 인정되고 1980년에 독립하였는데 현재는 바누아투(Vanuatu)라고 부른다(Marston, 395−398). 그리고 경우에 따라서는 한 국가가 다른 국가에게 그의 영토 일부를 '조차'(租借, lease)하여 주는 경우도 있다. 이러한 현상은 실제로 상당 기간 동안의 주권양도라고 볼 수 있는데 임대차계약이 계속 유효한 동안 임차국은 그 땅에서 완전한 주권을 행사할 수 있기 때문이다.

1997년에 기한 만료된 영국 식민지 일부인 '홍콩'(Hong Kong)은 중국으로부터 조차했던 땅이었고, 1999년 기한 만료된 '마카오'(Macau)는 포르투갈이 중국으로부터 조차한 땅이었다. 홍콩의 정식명칭은 '영국령 홍콩'이었으나 중국으로 반환 뒤부터 홍콩의 정식 명칭은 '중화인민공화국 홍콩특별행정구'(Hong Kong Special Administrative Region of the People's

Republic of China)이다. 1984년 12월 조인된 홍콩반환협정으로 중국은 1997년 홍콩에 대한 주권을 회복하였는데, 이 협정은 외교 · 국방 이외의 자치권을 부여하는 홍콩특별행정구 설치를 규정하였으며, 반환 후 홍콩의 헌법이 될 홍콩기본법은 사회주의와 자본주의가 병존하는 일국양제(一國兩制, One country, Two systems)를 50년 동안 유지한다는 것을 골자로 하고 있다. 한편 마카오의 정식 명칭은 '중화인민공화국 마카오특별행정구'(Macau Special Administrative Region of the People's Republic of China)이다. 1999년 12월 20일 마카오는 포르투갈에서 중국으로 주권이 반환되었다. '일국양제'의 원칙에 따라 마카오는 홍콩과 마찬가지로 행정과 입법, 사법권을 향유한다. 단 국방 및 외교는 제외된다.

그리고 국가는 조약을 맺어서 그의 영토 일부를 다른 나라가 통치하도록 권리를 주는 경우도 있다. 예를 들자면 1878년 베를린(Berlin) 조약은 영국에게 터키의 섬이었던 키프러스(Cyprus)섬을 통치할 수 있는 권한을 부여하고, 그 후 1923년 로잔(Lausanne)조약에 의해 터키는 영국이 키프러스섬을 병합하는 것을 승인하였다(Malanczuk, 158).

(2) 지역권(Servitudes)

국제법상 지역권(地役權) 문제가 대두되는 것은 어느 국가에 속하는 땅이 특수하게 다른 국가에 속하는 경우를 위해서 쓰여 지는 경우이다. 지역권에 의해 이익을 받는 국가는 관련 영토에서 일정한 권한(통과권이나 관개권 등)을 행사할 수 있게 된다. 따라서 지역권을 부여받은 국가는 문제의 땅을 요새화 한다든지 군사를 주둔시키는 행위 등을 하지 못하는 의무를 지게 된다. 이러한 지역권은 지역관습법에서 파생될 수도 있지만 일반적으로 조약에 의해 생기게 된다. 국제법상 '지역권'이란 개념은 로마법의 소유권(property)에서 빌려온 것이다. 그리고 많은 학자들이 이 개념을 국제법에 사용하는 것을 비판하고 있는데, 그 이유는 소위 국제법상의 지역권은 로마법상의 지역권을 지배하는 규정과 다르다는 것이다. 로마법상의 지역권의 주요내용(이는 현행 각 국 국내법 제도에도 관련되겠지만)을 보면, 그러한 용도에 쓰이는 땅의 소유권을 승계한 자는 지역권에 관련된 의무를 모두 계승하게 된다. 그리고 지역권이용의 권리를 승계한 자는 역시 지역권의 계속적인 향유를 주장할 수 있게 된다. 이러한 법논리가 국제적 차원에서도 동일하게 적용될 수가 있을까?

국제관계에서 계승국가(successor state)의 선임국가(predecessor state)가 안고 있던 영토상 의무의 승계문제에 관한 사례는 많다. 예를 들면 1932년 상설국제사법재판소(PCIJ)의 "상부 사보이와 젝스의 비관세지역 사건"(Free Zones of Upper Savoy and District of Gex Case; 일명 '비관세지역 사건')(1932 PCIJ, series A/B, case no. 46)에서 PCIJ는 프랑스정부는 사르디니아(Sardinia)로 부터 획득한 영토 내에서 사르디니아가 설정한 비관세지역을 계속 유지해야 한다고 판시한 바 있다. 본 사건은 역사적으로 나폴레옹 전쟁 후 비엔나 체제에서부터 제1차 세계대전 후 베르사유(Versailles)체제에 이르기까지 백 여 년의 기간 동안을 대상으로 하며 프랑스와 스위스 사이에 설정된 비관세지대와 관련하여 이를 폐지하고자 하는 프랑스와 이에 반대하는 스위스간의 분쟁이 그 대상이다. 양국은 오랜 분쟁을 해결하고자 특별협정을 맺어 1924년 PCIJ에 본 사안을 회부하였다.

'국제지역권'(international servitude)에서 이익향유에 관한 사례는 찾아보기 힘들다. 그러나 위에서 본 "비관세지역 사건"에서와 같이 의무가 "땅과 운명을 같이 한다면"(run with the land), 논리적으로 생각해 볼 때, 권리 또한 땅과 운명을 같이 한다고 볼 수 있다. 더욱이 만일 지역권에 관한 국가의 권리가 주권변화에 따라 소멸한다고 한다면 상당히 납득하기 어려운 결과를 가져 올 것이다. 예를 들어 어떤 지역의 주민이 인근 다른 나라의 하천으로부터 물을 얻는 등 경제적으로 의존한다면 이러한 인간생활은 문제되는 각 지역의 주권자가 어떻게 바뀌든 위협받지 말아야 한다.

국제지역권은 경우에 따라서 단지 한 나라를 위해서 존재하는 것이 아니라 여러 나라, 심지어는 국제공동체 전체를 위해 존속하는 경우도 있다. 예를 들어서 “아아랜드(Aaland)섬 사건”을 들 수 있는데, 1856년 러시아는 크리미아 전쟁(Crimean War) 이후 발트 해에 위치하는 아아랜드섬을 요새화하지 않을 의무를 조약상 명시하였다. 이 조약은 영국, 프랑스, 오스트리아, 프러시아, 사르디니아, 터키, 러시아가 서명한 일반강화조약(General Peace Treaty)의 부속서가 되었다. 이 섬은 스웨덴의 스톡홀름으로부터 그리 멀리 떨어지지 않았지만 정작 스웨덴은 이 전쟁에 참가하지 못했으므로 이 조약의 당사자는 아니었다. 1917년 볼셰비키 혁명이 일어난 후 핀란드는 러시아로부터 독립하였는데, 1918년 핀란드는 자국은 1856년 당사자가 아니기 때문에 Aaland섬은 자국에 예속시키고 이 섬을 요새화하기 시작하자, 이에 두려움을 느낀 스웨덴은 국제연맹 이사회에 이 문제를 제기하였다. 이사회는 이 사건을 법적으로 담당할 법률가위원회를 지명하였고 동 위원회는 “핀란드가 러시아의 의무를 승계하였으며, 이에 따라 스웨덴은 비록 1856년 조약의 당사자가 아니라 할지라도 그 조약의 효력을 향유할 수가 있다. 왜냐하면 1856년 조약의 목적은 유럽에 있어서의 힘의 균형을 유지하기 위해서이기 때문에 ‘직접 이해관계가 있는’ 모든 나라는, 스웨덴도 포함하여, 이 조약을 근거로 할 수 있다.”는 요지의 보고서를 제출하였다(1920 League of Nations, Official Journal, special supplement no. 3, 18-19).

국제지역권은 운하와 하천에서 특히 중요하다. 18세기에 각 국은 외국선박들이 자국 영토내의 수로를 사용하는 것을 금지하고 있었다. 이러한 정책으로 말미암아 하천 상부에 위치하고 있는 내륙국가들(landlocked states)이 고통을 받았는데 1815년 이후 여러 가지 조약이 체결되기 시작하였다. 조약에 따라 그 내용이 약간씩 다르지만 일반적으로 이러한 조약들은 대부분의 주요 하천에 대하여 모든 국가의 선박 또는 연안국가의 선박, 또는 조약 체약국의 선박에게 이용권을 허용하고 있다. 1888년 터키와 9개국 간에 체결된 콘스탄티노플(Constantinople)조약은 수에즈(Suez) 운하를 모든 국가의 선박이 이용할 수 있다고 선언하였다. 이와 비슷한 내용은 1901

년과 1903년 파나마(Panama) 운하 이용에 관한 미국, 영국과 파나마간의 조약에서도 찾아 볼 수 있다. 수에즈운하가 이집트에 의해 국유화된 후 이집트는 1957년 UN 사무총장에게 "콘스탄티노플 조약의 정신을 존중하며, 이집트와 그 외 조약체약국간에 조약해석에 관한 문제에 대하여 ICJ의 강제관할권을 인정한다."는 내용의 선언문을 기탁하였다(Malanczuk, 158-160; 김한택, 「국제법원론」 중 '영토취득'편 참조).

3. 영토분쟁의 평화적 해결방법 (Peaceful Settlement of Territorial Disputes)

국제분쟁의 해결방법에 관하여 UN헌장 제33조는 "어떠한 분쟁이라도 그것이 계속되어 국제평화와 안전의 유지를 위태롭게 할 우려가 있는 사건에 관하여 그 당사자는 우선 교섭, 심사, 중개, 조정, 중재재판, 사법적 해결, 지역적 기관 또는 지역적 협정의 이용, 기타 당사자가 선택하는 평화적 수단에 의한 해결을 하도록 하여야 한다."고 명시함으로써 그 방법을 제시하고 있다. 따라서 분쟁을 다루는 기술은 외교절차(diplomatic procedure)에 의한 방법과 사법재판(adjudication)에 의한 방법의 두 범주로 분류될 수 있다.

1) 외교적 해결방법(Diplomatic Procedure)

(1) 교섭(Negotiation)

교섭(交涉)은 분쟁해결방법 중 가장 간략하고 유용한 방법으로서 이해관계국이 직접 만나서 상호 다른 견해와 주장을 조정하는 방법이다. 교섭에 의한 분쟁의 처리는 전적으로 당사국간의 합의로 성립되며 어떠한 객관적 제한도 받지 않는다. 이런 점에서 분쟁해결을 위한 제3자의 개입을 필요로 하는 다른 평화적 해결방법과 구별된다. 칠레와 페루간 Tacna-Arica지역의 국경분쟁이 교섭에 의해서 해결되었다(최태현, 85).

(2) 주선(Good Offices)과 중개(Mediation)

국제분쟁의 당사자들이 교섭(negotiation)으로 분쟁을 해결할 수 없을 때, 제3자의 개입을 통해 당사자들이 뛰어넘지 못한 난국을 돌파하여 양측이 받아들일 수 있는 해결책을 마련할 수도 있다. 제3자의 이러한 개입은 여러 가지 형태로 나타나는데, 제3자가 분쟁 당사자들에게 지금까지 이용되지 않은 다른 대화 채널을 제공할 수도 있고, 단순히 중단된 교섭을 다시 계속할 것을 당사자들에게 권유할 수도 있다. 제3자가 하는 이러한 역할을 '주선'(周旋, good offices)이라고 한다. 이와는 달리, 제3자의 역할이 분쟁을 조사하고, 해결 방안을 당사자들에게 제시하는 것일 수도 있는데, 이런 식의 개입을 '조정'(調停, conciliation)이라고 한다. 제3자의 역할이 주선과 조정의 중간에 해당되는 것이 바로 '중개'(仲介, mediation)이다. 중개를 '거중조정'(居中調停)이라고도 한다.

중개는 한 명 혹은 여러 외부자들에 의해 제공됨으로써 국제분쟁이 더 이상 비화되지 않는 경우를 종종 보게 된다. 1982년 아르헨티나의 포클랜드(Falkland)섬 침공으로 인해 발생한 영국과 아르헨티나 간 "포클랜드섬 분쟁"에 대해 미국의 헤이그(Alexander Haig)국무장관이 먼저 중개에 나섰고, 당시 UN사무총장이던 케야르(Perez de Cuéllar)가 주선에 나섰다. 포클랜드 제도(Falkland Islands)는 남대서양에 있는 군도이다. 영국과 영유권을 다투고 있는 아르헨티나는 이 섬을 말비나스(Malvinas) 제도로 부른다. 지리적으로 남대서양에 위치하기 때문에 아르헨티나가 영유권을 주장하고 있지만, 1833년 영국이 무력 점령한 이후 실효적 지배를 해오고 있다. 1816년 아르헨티나가 스페인으로부터 독립하는데, 독립 당시에는 포클랜드 제도에는 사람이 살고 있지 않았다. 이때 영국이 포클랜드 제도를 바다표범과 고래잡이 산업의 기지로 만들고자 하였고, 영국계 정착민들이 유입되기 시작한다. 1826년 아르헨티나는 포클랜드 제도의 영유권이 아르헨티나에 귀속된다고 공식 선언하고, 1828년에 아르헨티나는 주둔군을 파견해서 관리한다. 1833년 영국은 전함을 보내서 포클랜드 제도를 군사력으로 점유하고, 이 제도에 거주하던 아르헨티나계 주민들과 관료들을 모두 강제로 퇴거시킨 후, 1,000명 이상의 영국인들을 이주시켰다. 포클랜드 전쟁은 1982년 4월 2일에 발발하였는데, 아르헨티나는 영국이 이 섬을 불법점거하고 있다며, 말비나스 제도를 회복하겠다고 선언하며 침공하였다. 영국이 이에 대응하며 전쟁이 발발되었고, 불과 50일 만에 영국의 승리로 분쟁은 종결되었다(위키백과, '포클랜드' 참조).

1971년 칠레와 아르헨티나가 비글 해협(Beagle Channel)에 있는 픽톤(Picton), 레녹스(Lennox), 누에바(Nueva) 섬에 대하여 영국정부에게 중재재판을 판정하기로 합의했는데, 1881년 경계조약을 해석함에 있어서 중재재판소는 1977년 4월 22일 만장일치로 3개의 섬들이 칠레에 속한다고 판정하였다. 그러나 아르헨티나는 1978년 1월 25일 성명서를 통해 재판소의 과도한 관할권행사를 이유로 판정이 무효라고 선언하였다. 이 사건은 역사상 국가가 중재합의에 의한 판정을 거부한 매우 드문 사건 중의 하나이다. 아르헨티나와 칠레 간 관계가 매우 악화되어 무력충돌의 위기까지 갔으나 교황 요한 바오로 II세의 중재로 1984년 마침내 외교적 해결을 보게 되었는데, 아르헨티나는 Cape Horn의 대서양 쪽을 칠레가 양보하는 조건으로 칠레의 3개 섬들에 대한 주권을 인정하였다(Boczek, 43-44). 동 사건에서 두 가톨릭 국가 간의 전쟁이 가져올 파장에 대한 우려에서 교황청이 미국의 막후 후원 하에 개입하게 되었는데, 남아메리카 문제에 대한 교황의 개입은 멀게는 5백년 전까지 거슬러 올라가는 전통이었다(Merrills, 29).

(3) 사실심사(Inquiry)

분쟁 당사자 간 사실문제에 관한 의견대립이 있는 경우, 믿을만한 관측자에 의하여 분쟁이 되는 사실을 명확하게 규명하는 소위 '사실심사'(혹은 사실조사, inquiry)라는 제도가 있다. 여기서 말하는 사실심사는 국가들이 논란이 되고 있는 문제가 독립된 제3자에 의해 조사되도록 하기 위해, 중재재판(arbitration) 등 다른 수단을 사용하는 대신에 특별한 합의를 통해 만든 기구를 이용하는 것을 의미한다. 따라서 이런 제도적 관점에서 말하는 사실심사는 1899년 헤이그 협약에 의해 도입된 '사실심사위원회'(commission of inquiry)라고 불리는 특수한 국제기구를 통한 분쟁해결 방법을 지칭한다. 1957년 온두라스와 니콰라과간 1958년 파나마와 쿠바간, 1960년 베네수엘라와 도미니카 공화국간 국경침입사건에 관한 UN 심사위원회의 역할은 성공적이었다(Bar-Yaacov, 122-123; 최태현, 89).

(4) 조정(Conciliation)

중개(mediation)가 그 본질상 교섭(negotiation)을 확장한 방법이라면, 조정은 제3자가 공식적인 법적 지위를 가지고 개입할 수 있도록 제도화한 점에서 사실심사(inquiry)나 중재재판(arbitration)과 비슷하다고 할 수 있다. 그리고 조정은 "당사자들에 의해 받아들여질 수 있는"(susceptible of being accepted) 조건을 모색할 뿐, 조정안이 당사자에게 구속력은 없다. 이 점은 조정이 중재와 매우 다른 점이고, 오히려 중개와 유사하다(Merrills, 62). 볼리비아와 파라과이간 Chaco 지역 국경분쟁이 조정에 의하여 해결되었다(Woolsey, 110-112; 최태현, 89; 김한택,「현대국제법-이론과 사례연구-」중 '국제분쟁의 평화적 해결'편 참조).

2) 사법적 해결(Adjudication)

(1) 중재재판(Arbitration)

국가들은 제도화되어 있는 재판에 의한 해결보다는 정치적 해결을 더 좋아한다. 더구나 재판 중에서도 제도가 비교적 잘 갖추어진 사법적 판결보다는 그보다 제도가 덜 갖추어진 중재재판을 더 선호한다. 그 이유는 제도화가 미비한 재판일수록 당사자의 의견이 강하게 반영되기 때문이다. 중재재판은 사실심사나 조정과는 달리, 중재의 결과로 나온 재정(裁定, 또는 판정 awards)은 구속력을 가진다. 그러므로 해석상의 문제나 재정의 무효주장 등이 제기되지 않는 한 재정으로 분쟁은 종식된다. 중재재판은 사법재판보다 유연성이 있으며 당사자들이 소위 '중재합의서'(compromis)라고 불리는 특별협정을 통해서 재판소의 소재지, 중재재판관의 선정, 그들의 자질에 대한 선택, 진행될 절차를 자유롭게 선택할 수 있는 장점을 가지고 있다. 또한 분쟁당사국간의 내부의 수치를 공개적으로 보여주지 않음으로서 중재재판절차에 대한 신뢰성을 가지고 있는 장점이 있다(Malanczuk, 293).

1899년 분쟁의 평화적 해결에 관한 헤이그협약은 중재재판에 관한 규정을 많이 담고 있고, '상설중재재판소'(Permanent Court of Arbitration; 약칭하여 PCA)의 설치를 규정하고 있다. 그러나 PCA는 고정된 판사들로 구성된 재판소가 아니기 때문에 진정한 의미의 재판소는 아니다. PCA는 체약국에서 추천된 국제법문제를 다룰 능력이 있고 높은 도덕적 명망을 갖춘 4명의 중재재판관(arbitrator)으로 구성된 명부(panel)를 가지고 있으며 체약국간에 분쟁이 발생할 경우 체약국이 이중에서 중재재판관을 선택할 수 있도록 하고 있다. 중재재판에 적용될 법규, 즉 재판의 준칙은 물론 국제법인데, 당사자들은 재판소가 고려하는 일정한 규칙을 적용시킬 것에 동의하거나, 중재합의서에 이것을 명시하는 경우도 있다. 이러한 경우 재판소는 명시된 규칙을 적용시켜야 한다.

PCA가 지금까지 다루었던 영토 및 해양분쟁사건으로 "팔마스섬 사건(네덜란드/미국, 1928)"과 "클리프튼섬 사건(멕시코/프랑스, 1931)"을 비롯하여 "국경 경계획정 판결(에리트리아/이디오피아, 2002), 에리트리아국 정부와 예멘공화국 정부간의 1996년 10월 3일자 중재합의에 따른 중재사건(에리트리아/예멘, 1998, 1999), 아르헨티나와 칠레 간 경계표지 62와 피츠로이 산 사이의 국경선에 관한 경계분쟁(아르헨티나/칠레, 1994), 이집트와 이스라엘 사이의 타바 내 경계 표식의 위치에 관한 사건(이집트/이스라엘, 1988), 비글해협에 관한 아르헨티나와 칠레 사이의 분쟁에 관한 사건(아르헨티나/칠레, 1977), 아르헨티나-칠레 국경 사건(아르헨티나/칠레, 1966), 인도-파키스탄 서쪽 경계선 관련 사건(Rann of Kutch)(인도/파키스탄, 1968), 벵갈 경계위원회 보고서의 해석에 관한 인도와 파키스탄 사이의 경계분쟁(인도/파키스탄, 1950), 온두라스 국경선 문제(과테말라/온두라스, 1933), 코스타리카와 파나마 사이의 국경 사건(코스타리카/파나마, 1914), 볼리비아와 페루간 국경 분쟁 사건(볼리비아/페루, 1909), 그리스바다르나 사건(노르웨이/스웨덴, 1909), 온두라스-니카라과 간 국경분쟁(온두라스/니카라과, 1906)" 등이 있다.

(2) 국제사법재판소(ICJ)

국제사법재판소(ICJ)는 UN의 6대 주요기관 중의 하나로서 국제연맹시대에 존재했던 상설국제사법재판소(PCIJ)를 계승한 세계재판소이다. ICJ의 규정(Statute)은 PCIJ의 규정을 본질적으로 그대로 계승하였으며, 또한 ICJ의 규칙(Rule)도 본질적인 수정 없이 PCIJ의 것을 그대로 답습하였다. ICJ의 재판관은 국적에 관계없이 덕망이 높은 자로서 각 국가에서 최고 법관으로 임명될 자격이 있거나 국제법에 정통한 법률가 중에서 선출되는 독립적인 재판관이다. 재판관은 15인이며, 2인 이상이 동일 국가의 국민이어서는 안된다. 재판관의 임기는 9년이며 재선될 수 있다. 3년마다 5명씩 개선하며, 임기가 종료된 경우에도 후임자가 충원될 때까지 계속 직무를 수행한다. 임기가 종료되지 않은 재판관의 후임으로 선출된 재판관은 전임자의 잔여 임기 동안만 재직한다. 재판소는 임기 3년의 소장 및 부소장을 선출하며, 재선될 수 있다. ICJ 규정에 달리 명문의 규정이 있는 경우를 제외하고는 원칙적으로 재판관 15인 전원이 출석하는 전원재판부에서 재판을 행하며, 전원재판부의 최소 정족수는 9인이다. 판결은 출석한 재판관의 과반수에 의하며, 가부동수인 경우에는 소장 또는 소장을 대리하는 재판관이 결정투표권(casting vote)을 행사한다. 분쟁 당사국의 국적을 가진 재판관이라도 특별한 기피 사유가 없는 한 재판에 참여할 수 있다. 이와 같은 국적재판관(national judge)은 자국 정부가 제기한 소송에서 심리에 참여할 권리를 보장받고 있다. 국적재판관이 없는 경우 당사국은 당해 사건에 한하여 1명의 임시재판관(*ad hoc* judge)을 임명할 수 있다. 이때 분쟁 당사국의 국민을 선정해야만 하는 것은 아니고 제3국인을 선정할 수도 있다.

재판소에 대한 소의 제기는 분쟁의 주체 및 당사국이 하는 특별협정의 통고 또는 서면신청에 의하여 이루어진다. 원칙적으로 ICJ 규정의 당사국이 소송능력을 갖는다. UN 회원국은 ICJ의 당연당사국이며, UN의 비회원국은 안전보장이사회의 권고에 따라 총회가 결정하는 조건으로 당사국이 될 수 있다. 분쟁 당사국이 합의하여 재판소에 재판을 부탁하여야 관할권을 행사할 수 있는 임의적 관할이 원칙이다. 예외적으로 재판소가 강제적 관할권을 행사할 수 있는 사유는 특정 조약을 맺으면서 강제적 관할에 관한 재판 조항을 삽입하거나 사전에 약정관할권의 동의가 있는 경우, ICJ규정 제36조 2항의 '선택조항'(optional clause)을 수락한 경우이다. 선택조항의 수락이란 일정 종류의 분쟁에 관하여 규정 당사국이 동일한 의무를 수락한 타방 당사국에 대하여 당연히 특별한 합의가 없이도 재판소의 관할권을 의무적으로 인정함을 선언할 수 있다는 것을 말한다. 재판소는 필요하다고 인정할 때 권리를 보전하기 위하여 '가보전조치'(또는 임시조치, interim measures)를 행할 수 있는 권한을 가진다. ICJ의 판결은 강제적이며 종국적이며 기판력을 지니고, 중재판결과 달리 ICJ의 판결은 집행력을 지닌다. 판결은 1심으로 종결되며 항소할 수 없다. 판결의 집행은 승소국의 자력구제 또는 UN총회 및 안보리 그리고 전문기관에 의한 집행이 가능하다.

ICJ가 다루었던 영토 및 해양분쟁사건으로 "망끼에 및 에끄레오 사건(프랑스/영국, 1953)"과 "프레아 비헤어 사원 사건(캄보디아/태국, 1961)"을 비롯하여 "흑해의 해양경계에 대한 사건(루마니아/우크라이나, 2009), 카리브해에서 니카라과와 온두라스 간의 영토 및 해양 분쟁에 관한 사건(니카라과/온두라스, 2007), 국경분쟁에 관한 사건(베넹/니제르, 2005), 리기탄과 시파단 도서의 주권에 대한 사건(인도네시아/말레이시아, 2002), 나이지리아와 카메룬 간의 육지 및 해양경계에 관한 사건(나이지리아/카메룬, 2002), 카타르와 바레인의 해양경계획정 및 영토문제에 관련한 사건(카타르/바레인, 2001), 카시킬리/세두두 섬 관련 사건(보츠와나/나미비아), 영토 분쟁에 관한 사건(리비아/차드, 1999), 영토분쟁에 관한 사건(리비아/차드, 1994), 나우루 인산염지대 사건(나우루/호주, 1989), 부르키나 파소와 말리공화국 간 국경분쟁에 관한 사건(부르키나 파소/말리, 1986), 특정 국경지역 주권에 관한 사건(벨기에/네덜란드, 1959)" 등이 있다. 권고적 의견으로는 "서부사하라에 관한 권고적 의견(1975)", "팔레스타인 점령지역내 이스라엘의 장벽 건설에 관한 권고적 의견(2004)" 등이 있다.

【참고문헌】

- 김채형, '클리퍼튼섬 사건', 국제해양분쟁사례연구 I–중재재판소판례, 해양수산부 · 사단법인 해양법포럼 (2004).
- 김한택, 국제법원론, 지인북스 (2010).
- 김한택, 현대국제법–이론과 사례연구–, 지인북스 (2007).
- 김한택, '팔마스섬 사건', 국제해양분쟁사례연구 I –중재재판소판례–, 해양수산부 · 사단법인 해양법포럼 (2004).
- 김한택, '아르헨티나와 칠레 간 협정', 국제해양분쟁사례연구 IV–양자협정사례–, 해양수산부 (2006).
- 김현수, '멩끼에 및 에끄레호 도서 영유권 사건', 국제해양분쟁사례연구 III–국제사법

재판소판례-, 해양수산부 (2005).
- 전순신, 판례연구 국제사법재판소(1947-1963년), 세종출판사 (1999).
- 최재훈, '서부사하라 사건', 현대국제법론-이한기박사 화갑기념, 박영사 (1978).
- 최태현, '외교적 방식에 의한 영토분쟁의 해결', 법학논총 제24집 제4호, 한양대학교 법학연구소 (2007).
- Akehurst, Michael, A Modern Introduction to International Law, 5th ed., George Allen & Unwin (1985).
- Bar-Yaacov, N, The Handling of International Disputes by Means of Inquiry, Oxford University Press (1974).
- Boczek Boleslaw Adam, Historical Dictionary of International Tribunals, The Scarecraw Press Inc. (1994).
- Brownlie Ian, Principles of Public International Law, 7th ed., Oxford University Press (2008).
- Epps, Valerie, International Law, 3rd ed., Carolina Academic Press (2005).
- Fitzmaurice, Gerald, The Law and Procedure of the International Court of Justice, 1951-54: General Principles and Source of Law, 30 British Yearbook of International Law (1953).
- Jennings, R. Y, The Aquisition of Territory in International Law, Manchester University Press (1963).
- Malanczuk Peter, Akehurst's Modern Introduction to International Law, 7th revised ed., Routledge (1997).
- Marston Geoffrey, United Kingdom Materials on International Law 1980, *British Yearbook of International Law* (1980).
- Merrills, J. G. International Dispute Settlement, 3rd ed., Cambridge University Press (1998).
- Shaw Malcom N, International Law, 7th ed., Cambridge University Press (2008).
- Wallace, Rebecca M. M. International Law, 5th ed., Sweet & Maxwell (2005).
- Woolsey, L. H, The Bolibia-Paraguay Dispute, 23 American Journal of International Law (1929).

03

한국의 영토 변천

1. 고조선의 강역
2. 삼국의 영토 분쟁
3. 삼국통일과 나당전쟁
4. 발해의 영토분쟁
5. 고려와 거란 분쟁
6. 고려 · 조선과 여진 분쟁

한국의 영토 변천

엄 찬 호

지구상의 평면을 국제법상으로 분류하면 국가영역과 그 밖의 부분으로 나뉘는데, 그 중 국가가 지배력을 미칠 수 있는 영역으로 육지와 섬 등의 토지로써 성립하는 것을 영토하고 하고, 영토를 기준으로 영수(領水) · 영해(領海) · 영공(領空)이 정해지는데, 이를 국가영역이라 한다.

영토의 경계를 국경이라 하며, 국경선은 당사국간에 특별한 합의가 있으면 그것에 의하여, 특별한 합의가 없으면 해양 · 하천 · 호수 · 산맥 등의 자연적 지형에 의하여 설정된다. 항행이 가능한 하천의 경우에는 하류로 향하는 항로의 중앙선, 항행이 불가능한 하천은 양쪽 강가에서 중앙선, 하천에 다리가 있을 때는 당사국간에 특별한 합의가 없는 한 다리의 중앙선이 국경선이 된다. 호수와 내해(內海)의 경우에는 조약에 의하여 국경선을 확정하는 것이 일반적이며, 조약이 없으면 양쪽 기슭에서 중앙점을 국경선으로 한다. 영토 내의 하천 · 호수 · 운하 등은 영토의 일부로 간주된다.

영토는 고정되어 있는 것이 아니고 무주지(無主地)의 선점, 지진 · 침식 등의 자연현상, 간척 · 매몰작업 등의 인위적 변경 및 국가간 영토교환, 매매 · 증여, 정복, 점령, 병합 등의 방법에 의하여 변경될 수 있다.

<헌법> 제3조에 "대한민국의 영토는 한반도와 그 부속도서로 한다."고 규정하여 우리 나라의 주권이 미치는 영토의 범위를 정하고 있다. 따라서

우리 나라의 영토는 휴전선 이북의 미수복지구를 포함하여 압록강과 두만강을 경계로 소련 및 중국과 국경을, 동 · 서 · 남방으로는 해안 및 도서로 정해진다.

이에 우리 나라의 영토는 남북으로는 최북단인 함경북도 온성군 유포진의 북위 43°1′부터 최남단인 제주도 남제주군 마라도의 북위 33°06′에, 동서로는 최동단인 경상북도 울릉군 독도의 동경 131°52′에서 최서단인 평안북도 용천군 마안도의 124°11′에 걸쳐 있고, 총 면적은 22만1000㎢이며, 부속도서는 제주도를 포함하여 약 3,300개이다.

우리 나라의 영토는 고조선 · 삼국시대에는 만주지방을 포함한 지역을 민족의 활동무대로 삼다가, 통일신라 · 고려시대에 걸쳐 변동과 함께 불명확하게 되었으나, 조선시대 세종 때 사군육진(四郡六鎭)의 개척으로 거의 현재와 같이 확정되었다.

그러나 1712년(숙종 38)에 간도(間島)지방의 영토귀속 문제를 해결하기 위하여 세운 백두산정계비의 해석을 통한 중국과의 국경문제, 1905년 시마네현(島根縣)의 고시를 이유로 자국영토라고 억지를 펴는 일본과의 독도문제 및 두만강 안의 녹둔도를 둘러싼 소련과의 영토분쟁 등의 문제가 해결되어야 할 과제로 남아 있다.

1. 고조선의 강역

고조선 시대의 우리의 강역은 요하를 중심으로 하는 산동반도 일대로부터 한반도에 걸쳐있는 광활한 지역이었다. 그러나 이후 역사의 전개속에서 이민족과의 끊임없는 부침으로 현재의 우리 영토는 한반도 이내로 축소되어 있다. 이러한 현재의 영역으로 확정되기까지의 우리나라의 영토 변천에 대해 알아 보자.

고조선의 강역에 대해서는 여전히 논란이 많다. 그러나 우선 염두에 두어야 할 점은 고대사회의 강역이라는 것을 지금의 영토개념과 같이 생각해서는 곤란하다는 점이다. 당시는 비슷한 혈통과 문화를 가진 사람들이 흩어져 살고 있는 지역 곧 하나의 문화권, 종족권을 이루고 있는 지역이라는 개념에서 강역을 이해해야 할 것이다. 따라서 고조선의 강역을 이해하기 위해서는 당시의 문헌자료와 고고학적 유물, 유적 등을 참고하여 종합적으로 살펴보아야 한다.

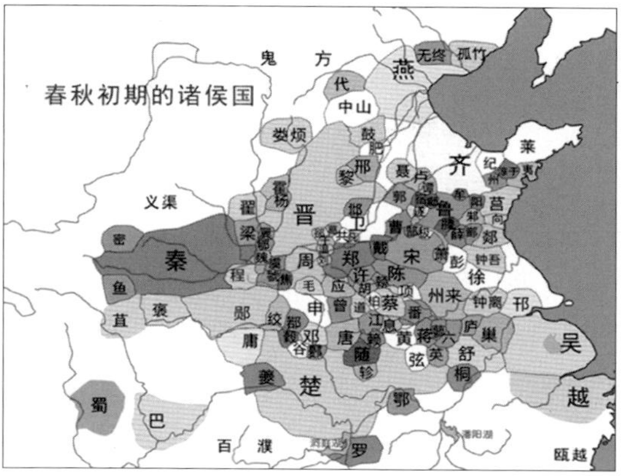

〈춘추시대 초기의 제후국〉

고조선에 관한 가장 이른 시기의 기록으로 흔히 ≪산해경(山海經)≫과 ≪관자(管子)≫를 들고 있다. ≪산해경≫의 해내북경(海內北經)에서 조선의 위치에 관해 "조선은 열양 동에 있고 바다 북쪽 산의 남쪽에 있다. 열양은 연에 속한다."라 기록하였다. 이 기사에 의거해 고조선의 초기 중심지의 위치를 비정하는 고찰들이 있어 왔다. 그런데 ≪산해경≫은 고대 중국의 지리서로서, 춘추시대에서 전한대에, 즉 서기전 8세기에서 서기전 1세기에 걸쳐 여러 지역에서 쓰여진 것들을 모은 것이다. 따라서 여기에서 말하는 조선이 어느 때의 상황인지에 대해서 알 수가 없다.

그리고 ≪관자>의 경우, 경중갑편(輕重甲篇)과 규도편(揆度篇)에서 춘추시대의 제(齊)와 조선간의 교역에 관해 언급하고 있다. ≪관자≫는 서기전 7세기 제의 재상인 관중(管仲)의 저술이라지만, 실제 주된 내용은 전국시대(서기전 402~서기전 221)의 제나라인들의 저술로서, 이를 관중의 이름에 가탁한 것이다. 따라서 ≪관중≫에서 언급한 제와 조선과의 교역에 관한 언급은 기원전 5세기 이전부터의 어떤 전승에 의거했을 수도 있으나, 구체적으로 어느 시기의 것인지는 알 수 없다.

조선에 관해 좀더 구체적으로 언급한 기록은 ≪사기≫와 ≪전국책(戰國策)≫ 등 한(漢) 초의 사서이다. ≪사기≫ 소진전(蘇秦傳)에 의하면, 소진이 연(燕)의 문후(文侯 : 서기전 361~서기전 333)에게 당시 연의 주변 상황을 말하면서 "연의 동방에는 조선 · 요동이 있고, 북쪽에는 임호 · 누번이 있으며."라고 하였다. 이를 통해 당시 조선이 연의 변경에서 멀지 않은 곳에 있었음은 알 수 있으나, 어느 시대인지도 알 수 없고 어느 지역을 말하는 지도 알 수 없다. 따라서 문헌자료만으로는 고조선의 강역을 이해할 수 없으므로 이를 바탕으로 고고학적 발굴성과를 대입해서 종합적으로 규명하는 것이 합리적일 것이다.

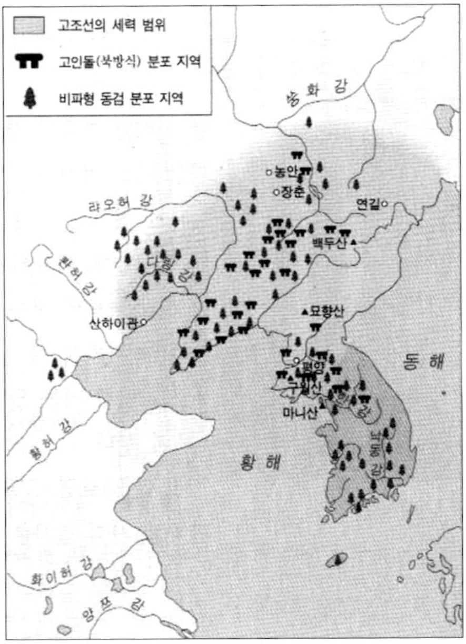

〈고조선문화의 분포〉

고조선은 청동기문화를 바탕으로 성립하였을 거라고 보기 때문에 우리나라의 청동기시대 대표적인 유적 · 유물인 고인돌과 동검의 분포도를 보면 고조선 강역을 이해할 수 있을 것이다. 우선 우리나라의 고인돌은 세계문화산에 등재될 만큼 한반도 주변지역에 광범위하게 분포되어 있는데, 특히 우리민족의 기원이 된 예맥족의 분포지였던 요동반도로부터 북으로는 송화강에 이르기 까지, 남으로는 한반도에 걸쳐 널리 분포하며 청동기 문화를 대변하고 있다.

다음 청동검은 비파형동검시기와 세형동검(한국식동검)시기로 나누어볼 수 있는데, 청동기 초기는 주로 비파형동검이 많이 이용되었고, 후기는 세형동검이 많이 이용된 것으로 나타나고 있다. 그런데 초기청동기 유물인 비파형동검은 멀리 발해만 서쪽에서부터 요동반도를 걸쳐 한반도에 이르기까지 분포하고 있으며, 특히 요하 유역에 집중적으로 많이 분포되어있다.

이러한 청동기문화를 통해 볼 때 고조선문화는 요서지역에서부터 한반도에 이르는 지역에 형성되어 있었던 것이다. 그러므로 문헌자료와 고고자료를 종합하여 볼 때 고조선의 강역은 요서지역부터 한반도 북부지역 까지를 포함한 지역으로 생각할 수 있다.

2. 삼국의 영토 분쟁

1) 근초고왕의 정복활동

근초고왕(近肖古王)은 백제 제13대 왕으로 일본의 ≪고사기 古事記≫에는 '조고왕(照古王)'으로, ≪일본서기 日本書紀≫에는 '초고왕(肖古王)'으로, ≪진서 晉書≫ 간문제기에는 '여구(餘句)'로 표기되어 있다.

즉위 후 왕권 강화 및 확립에 주력해 왕위 계승에서 초고왕계의 계승권을 확고히 하였다. 또 진씨(眞氏) 가문에서 왕비를 맞아들여 왕실을 지지하는 배경 세력으로 삼았다. 그리고 지방을 보다 효율적으로 통제하기 위해 영역을 나누어 지방 통치 조직을 만들고 지방관을 파견하는 담로제(檐魯制)를 실시하였다. 이로써 왕은 중앙 집권화를 보다 확고히 할 수 있었다.

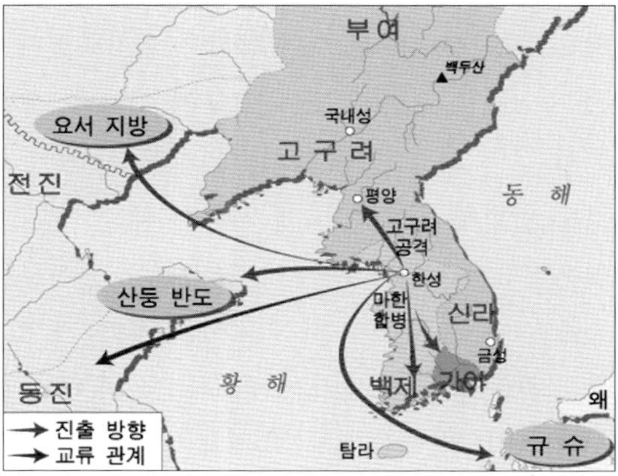

〈근초고왕대의 대외활동〉

한편, 왕권 확립을 바탕

으로 해 사방으로 정복 활동을 활발히 전개하였다. 남으로는 영산강 유역을 중심으로 백제의 세력권에서 이탈해 있던 마한의 잔여 세력을 경략 · 복속시킴으로써 전라도 지역 전부를 지배 영역으로 확보하였다. 그리고 낙동강 서쪽의 가야 세력에도 손을 뻗쳐 이들을 부용(附庸)하게 함으로써 백제의 영향권 내에 넣었다.

이렇게 남방 지역의 평정이 일단락된 뒤에는 북방으로의 진출을 도모하였다. 이러한 북진은 당시 남진 정책을 추구하던 고구려와의 대립을 불가피하게 만들었다. 양국의 군사적 충돌은 369년 치양성(雉壤城 : 지금의 황해도 배천)싸움에서부터 비롯되었으며, 그 절정은 371년에 벌어진 평양성(平壤城)싸움이었다. 이 싸움에서 왕은 태자와 더불어 정기(精騎) 3만 명을 거느리고 평양성을 공격해 마침내 고구려의 고국원왕을 전사시키고 대방고지(帶方故地)까지 차지하는 개가를 올렸다. 이리하여 백제는 사상 최대의 영역을 차지하게 되었다.

또 왕은 정복 활동과 더불어 대외 활동도 활발히 전개하였다. 우선 고구려에 대항하기 위해 신라와 형제와 같은 우호 관계를 맺음으로써 한반도에서 힘의 균형을 이루었으며, 중국의 동진(東晉)과도 외교관계를 수립해 동진으로부터 진동장군영낙랑태수(鎭東將軍領樂浪太守)에 책봉되기도 하였다.

한편, 중국이 호족(胡族)의 침입으로 분열된 시기를 이용, 요서(遼西) 지방으로 진출해 백제군(百濟郡)을 설치하였다. 백제의 요서 지역 진출은 요동 지역으로 진출해 오는 고구려 세력을 견제함과 동시에, 상업적인 측면에서 무역 기지의 확보라는 의미도 있었다. 이와 더불어 일본열도 방면으로도 활발히 진출해 백제 계통의 세력들과 긴밀한 관계를 가졌다. 백제와 일본열도 세력과의 관계에 대한 물적 증거로는, 일본의 이소노가미신궁(石上神宮)에 간직되어 온 '칠지도(七支刀)'가 있다. 이 칠지도는 당대의 금석문 자료로서 칼에 새겨진 명문(銘文)의 내용에 대해 여러 가지 설이 분분하지만, 내용의 핵심은 이 칠지도가 근초고왕 때 만들어졌고 백제의 후왕(侯王)인 왜왕(倭王)에게 하사된 것이었다고 할 수 있다.

2) 광개토왕의 정복활동

광개토태왕(廣開土太王)은 고구려 제19대 왕으로 재위기간 동안 영락(永樂)이라는 연호를 사용했으므로 재위시에는 영락대왕이라 일컬어졌다. 재위기간 동안 비록 그 구체적인 내용에 있어서는 ≪삼국사기≫와 <광개토왕릉비>가 어느 정도 다르게 기술하고 있지만, 시호[國岡上廣開土境平安好太王]가 의미하는 바와 같이 고구려의 영토와 세력권을 크게 확장시켰다.

먼저 예성강을 경계로 그 동안 일진일퇴를 거듭해 온 백제에 대해 즉위 초부터 적극적인 공세를 취하여, 392년 4만 병력을 거느리고 석현성(石峴城 : 開豐郡 北面 青石洞)을 비롯한 10개성을 빼앗았는가하면, 이어 난공불락의 요새임을 자랑하던 관미성(關彌城 : 예성강 하류설, 江華 喬桐島설 등이 있음.)을 불과 20여 일 만에 함락시켰다.

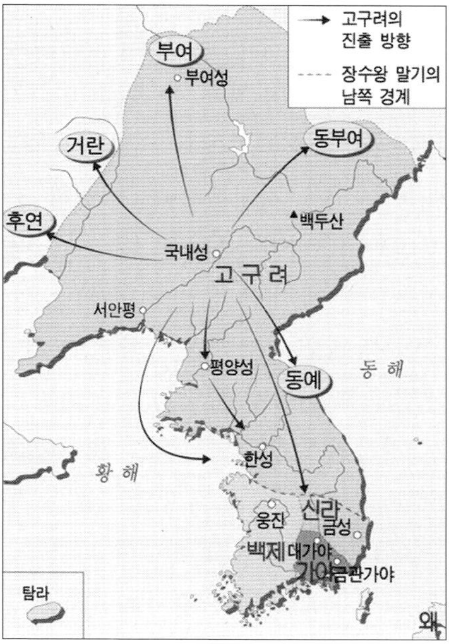

〈광개토왕의 세력확장〉

또, 빼앗긴 땅의 탈환을 위해 침공해 온 백제군을 394년에는 수곡성(水谷城 : 지금의 新溪)에서, 395년에는 패수(浿水 : 지금의 禮成江)에서 각각 격퇴하고 백제와의 접경지대에 7성을 쌓아 방비를 강화하는 한편, 396년에는 한강 너머에까지 진격하여 58성 700촌락을 공파했다.

또, 신라에 대해서는 친선관계를 맺고 영향력을 행사하기 시작하여 신라로 하여금 복속의 담보물로 인질을 보내게 했으며, 400년에는 왜구의 침입으로 위기에 처한 신라를 구원함으로써 영향력을 더욱 강화하였다. 이러한 남방으로의 세력확장과 함께 서방으로의 진출을 꾀하기도 했다.

당시 고구려의 서쪽에는 모용씨(慕容氏)의 후연국(後燕國)이 있었다. 후연과는 396년 모용보(慕容寶)가 후연왕으로 즉위하여 대왕을 '평주목요동대방이국왕(平州牧遼東帶方二國王)'에 책봉하는가하면 400년에는 후연에 사절을 파견하는 등 한동안 평화적인 관계를 유지했다. 그러나 400년 후연왕 모용성(慕容盛)이 소자하(蘇子河) 유역에 위치한 고구려의 남소성(南蘇城)과 신성(新城)을 침공해 옴으로써 양국관계는 파탄에 이른다.

이에 왕은 후연에 대한 보복전을 감행하여 402년에는 요하를 건너 멀리 평주(平州)의 중심지인 숙군성(宿軍城)을 공격, 평주자사(平州刺史) 모용귀(慕容歸)를 도망치게 했고, 404년에도 후연을 공격하여 상당한 전과를 올렸다. 이러한 과정에서 요동성(遼東城 : 지금의 遼陽)을 비롯한 요하(遼河) 이동 지역을 차지했으며, 후연왕 모용희(慕容熙)에 의한 405년의 요동성 침입과 406년의 목저성(木抵城 : 지금의 木奇) 침입을 격퇴함으로써 요하 이동 지역에 대한 장악을 더욱 확고히 하였다.

이 밖에도 392년에는 북으로 거란(契丹)을 정벌하여 남녀 500인을 사로잡고 거란에게 빼앗긴 고구려인 1만 인을 데리고 돌아왔으며, 395년에는 거란의 일부로 추측되는 비려(碑麗)를 친정하여 염수(鹽水) 방면의 부락 600~700영(營)을 격파하고 많은 가축을 노획하여 개선했다.

398년에는 소규모 군대를 파견하여 식신(息愼), 즉 숙신(肅愼)을 정벌하여 조공관계를 맺었고, 410년에는 동부여(東夫餘 : 豆滿江 하류 방면의 琿春說과 함남 남부와 강원 북부에 걸치는 永興灣 방면설이 있음.)를 친정하여 굴복시킴으로써 북쪽과 동쪽으로 영역 내지 세력권을 확장하였다.

이렇듯 정력적인 정복 사업을 펼친 결과, 재위기간 중 64성과 1,400촌락을 공파했으며, 고구려의 영역을 크게 팽창시켜 서로는 요하, 북으로는 개원(開原)에서 영안(寧安), 동으로는 혼춘(琿春), 남으로는 임진강 유역에 이르게 했다.

3) 진흥왕의 정복활동

진흥왕(眞興王)은 신라 제24대 왕으로 즉위 초에는 왕태후의 섭정을 받았으나 551년(진흥왕 12)에 개국(開國)으로 연호를 바꾸고, 친정(親政)을 시작하면서부터 적극적인 대외정복사업을 전개하였다.

550년에 백제와 고구려가 도살성(道薩城 : 지금의 충청남도 천안 또는 증평)과 금현성(金峴城 : 지금의 충청남도 전의)에서 공방전을 벌이고 있는 틈을 타 이듬해 병부령(兵部令)으로 임명된 이사부(異斯夫)로 하여금 두 성을 공격하여 빼앗게 하였다. 이렇게 확보된 한강 하류유역의 전초기지를 기반으로 그 해에 백제의 성왕과 연합해 고구려가 점유하고 있던 한강유역을 공격하였다. 그리하여 백제는 고구려로부터 한강 하류유역을 탈환하였다.

진흥왕은 거칠부(居柒夫)를 비롯해 구진(仇珍) · 비태(比台) · 탐지(耽知) · 비서(非西) · 노부(奴夫) · 서력부(西力夫) · 비차부(比次夫) · 미진부(未珍夫) 등 8명의 장군에게 명하여 한강 상류유역인 죽령(竹嶺) 이북 고현(高峴 : 지금의 철령) 이남의 10개 군을 고구려로부터 빼앗게 하였다. 553년에는 백제가 고구려로부터 탈환한 한강 하류유역의 전략적인 필요성을 절감하고, 동맹관계에 있던 백제를 기습공격해 이 지역을 점령하였다. 이로써 신라는 한강유역의 전부를 차지하게 되었다

또한 법흥왕의 가야에 대한 정복사업을 계승해 낙동강유역에까지 정복의 손을 뻗쳤다. 555년에는 비사벌(比斯伐 : 지금의 경상남도 창녕)에 완산주(完山州)가 설치되었다. 이 사실로 미루어보아, 이전의 어느 시기에 아라가야(阿羅加耶 : 지금의 경상남도 함안)와 비화가야(非火加耶 : 지금의 경상남도 창녕)지방이 신라에 의하여 점령되었음을 알 수 있다. 그리고 관산성전투에서 신라가 승리한 후에 백제와 연합했던 대가야는 사실상 신라에 복속된 처지와 다를 바 없게 되었다. 그런데 562년 백제의 신라공격에 힘입어 대가야가 신라에 대해 반란을 일으키므로, 이사부를 보내어 무력으로 정복하여 멸망시켰다.

이리하여 신라는 가야의 여러 나라를 완전히 정복하였으며, 낙동강유역 전부를 차지할 수 있게 되었다. 565년에 대야주(大耶州 : 지금의 경상남도 합천)를 설치하여 가야지역 통치의 본거지로 삼는 동시에 백제에 대한 방어의 전초기지로 삼았다. 이 밖에도 동북방면으로 북상해 556년에 비열홀주(比烈忽州 : 지금의 함경남도 안변)를 설치하고 사찬(沙飡) 성종(成宗)을 군주로 임명하였다. 이 곳을 근거로 하여 568년 이전 어느 시기에는 함흥평야까지 진출한 듯하다.

이와 같은 고구려 · 백제 · 가야에 대한 활발한 정복사업의 결과로 신라 역사상 최대의 영토를 차지하게 되었다. 그것은 창녕 · 북한산 · 황초령(黃草嶺) · 마운령(磨雲嶺)에 있는 4개의 순수관경비(巡狩管境碑)와 단양의 적성비(赤城碑)가 말해주고 있다.

3. 삼국통일과 나당전쟁

1) 삼국통일전쟁

삼국의 분립은 성읍국가의 발전 과정에서 자연적으로 나타난 현상이었다. 그러나 고대국가로 발전한 고구려 · 백제 · 신라에게는 국력을 다져 통일정부를 수립하는 것이 각기 숙원사업으로 등장하였다. 이러한 현상은 모든 고대국가에 있어 공통된 것이기도 하다. 모든 제국들은 대제국을 건설하기 이전에 먼저 민족을 통일하고, 그 통일된 힘

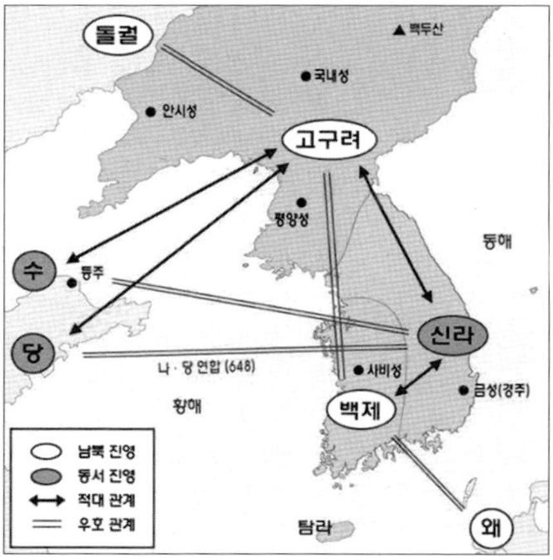

〈삼국통일기의 세력관계〉

으로 주위를 위압할 수 있을 때 비로소 다른 민족을 정복하고 지배 범위를 넓혀 나갈 수 있었던 것이다.

신라는 한강유역을 차지하고 당나라와 교섭하면서 여제동맹군으로부터 남북 양면으로 공격을 받고 있었다. 특히 의자왕의 대야성(大耶城 : 지금의 경상남도 합천) 침공은 신라를 위기에 몰아넣었다. 신라는 결국 고립을 면치 못하였고 양면으로 협공을 받고 있어 대당외교를 적극적으로 추진하였다. 당나라는 신라의 응원 요청을 받아들였고 양국이 동시에 군사를 일으켜 고구려를 공격한 것이 보장왕 3년의 전쟁이었다. 신라로서는 외교적 성공을 거둔 것이다. 이 때부터 신라는 보다 적극적인 대당외교를 벌여 드디어 나당연합군을 일으켜 백제 원정에 나섰고, 이어 고구려 원정도 실현하여 두 왕조를 무너뜨리고 삼국을 통일하게 되었다.

〈진흥왕대의 세력확장〉

신라는 당나라와 동맹하여 660년(의자왕 20) 드디어 백제를 공격하며 통일전쟁을 시작하였다.

신라군은 태자의 지휘하에 탄현을 넘어 백제로 진격하였고, 당군은 산둥반도(山東半島)를 출발, 덕물도(德勿島: 지금의 德積島)를 거

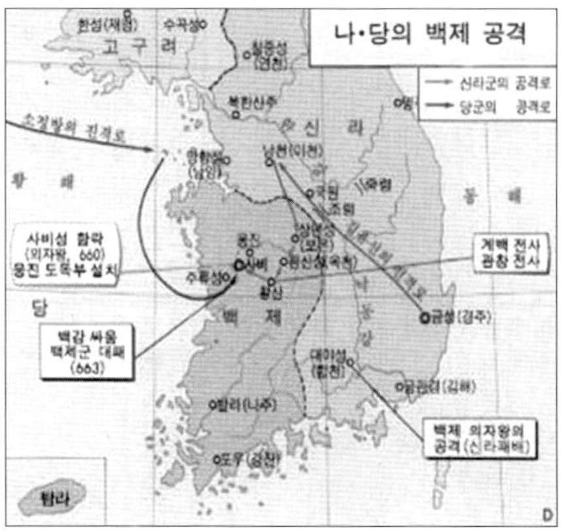

〈나당 연합군의 백제공격〉

쳐 백강(白江: 지금의 錦江)으로 들어왔다. 나당연합군은 7월 10일을 수도 사비성 공격의 날로 정하고 사비성 남방에서 합세하기로 하였다.

다급해진 의자왕은 군신회의를 열어 대책을 논의하였으나 의견이 일치하지 않으므로, 귀양간 흥수에게 사람을 보내 대책을 물었다. 흥수는 백강 어귀와 탄현을 지키라 하였다. 그러는 동안 신라군은 탄현을 넘어 황산(黃山 : 지금의 충청남도 연산)에 이르렀고, 당군은 백강으로 들어와 상륙하였다.

백제는 이미 백강과 탄현을 막을 기회도 놓쳤으므로 장군 계백(階伯)으로 하여금 우선 신라군을 저지하게 하였다. 당시 사비성에 있던 군대의 규모가 어느 정도였는지는 알 수 없으나 계백은 5,000명으로 결사대를 조직해 황산평야에서 신라군을 맞아 싸우기로 작전을 세웠다. 계백의 결사대는 신라군에게 많은 피해를 주었지만, 결국 싸움은 패배로 끝나고 연합군은 함께 수도로 진격하였다.

〈나당 연합군의 고구려공격〉

의자왕은 태자와 함께 사비성을 버리고 웅진성(熊津城)으로 피난하고 왕자 태(泰)가 왕이 되어 항전하였으나, 곧 성은 함락되고 의자왕은 돌아와 항복하였다. 이로써 백제는 건국한 지 31대 678년 만에 망하고 말았다.

나당연합군은 백제를 점령한 뒤 곧 고구려 원정길에 올랐다. 661년(보장왕 20) 8월 김유신이 이끄는 신라군과 소정방 등의 당군은 남북으로 고구려를 협공하였다. 이 때 신라군은 백제부흥군의 공격을 받아 그들과 싸우는 사이에 당군만이 평양성으로 진격하였다. 그러나 당군은 단독으로 평양성을 포위하여 7개월 동안 공격하였으나 이기지 못하고 후퇴하였다.

그 사이 고구려 지도층에 내분이 일어나자 나당연합군은 이 기회를 이용하여 다시 고구려 원정군을 일으켰다. 668년 6월 김인문(金仁問)이 거느린 신라군과 이세적(李世勣)이 거느린 당군이 고구려를 남북으로 공격하였다. 문무왕은 한성주(漢城州)까지 나와 신라군을 독려하였다. 결국 포위된 지 1개월 만인 9월 21일 평양성이 함락되고 보장왕이 항복하니, 고구려는 건국한 지 28대 705년 만에 멸망하게 되었다.

2) 나당전쟁

신라는 백제 · 고구려를 패망시키는 데 절대적 역할을 했지만 승전 대가는 아무 것도 없었다. 반면 당나라는 백제 땅에 웅진도독부(熊津都督府)를 두고 1만명의 당군을, 평양에 안동도호부(安東都護府)를 두고 2만명의 당군을 주둔시켜 직접 지배하려 하였다. 더욱이 663년에는 신라를 계림대도독부(鷄林大都督府)로, 문무왕을 계림주대도독(鷄林州大都督)으로 삼아 신라까지 지배하려는 야욕을 보였다.

이에 신라는 안승(安勝)을 고구려왕으로 추대하고 항당운동(抗唐運動)을 전개하였다. 신라는 고구려 부흥군을 이용해 동맹관계를 배반한 당나라에게 전쟁으로 응징하고 통일목적을 달성했으니 이것이 나당전쟁이다.

670년 3월 신라 장군 설오유(薛烏儒)와 고구려 부흥군의 장군 고연무(高延武)가 각각 군사 1만명씩을 거느리고 대동강을 건너서 당나라군을 공격함으로써 나당전쟁은 개전되었다. 이에 신라는 670년 7월 백제지역에 주둔하던 당군을 쫓아내기 위해 품일(品日)의 군대를 보내 63성(城)을 공략해 그 곳 백성을 신라로 옮겼고, 천존(天存) · 죽지(竹旨)의 군대가 7성, 군관(軍官)의 군대가 12성을 함락시켜 총 82성을 장악함으로써 백제의 대부분을 지배하였다. 671년 6월에는 죽지가 가림성(加林城 : 지금의 林川)을 거쳐 석성(石城)에서 당병 5,300명을 참살해 지금의 충청남도 일대를 장악하고 소부리주(所夫里州)를 설치함으로써 백제 전지역을 점령하였다.

한편, 고구려 부흥군을 진압하던 당나라 장수 고간(高侃)과 이근행(李謹

行)이 남하하자 신라는 평양부근에서 673년 9월 2천여 명의 당나라 군사를 전사시키는 전과를 올렸으나, 평양 근처의 우잠성이 당나라군에 함락되어 신라군은 후퇴하였다. 이리하여 나당전쟁은 675년에 이르러 절정에 달하였다. 당나라의 대병력이 침입한다는 정보를 듣고 신라는 9개 군단을 배치, 대기하였다. 같은 해 9월에 설인귀는 신라의 숙위학생이었던 풍훈(風訓)을 향도로 삼아 수군 · 육군을 거느리고 천성(泉城)으로 쳐들어왔다.

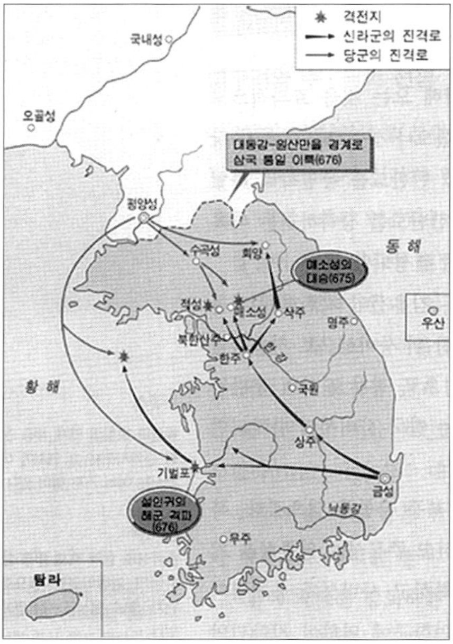

〈나당 전쟁〉

그러나 신라 장군 문훈(文訓) 등이 반격해 당나라군 1,400명을 전사시키고, 병선 40척을 빼앗고 말 1천필을 노획하는 대승리를 거두었다. 설인귀가 패퇴하자, 유인궤 등은 칠중성(七重城 : 지금의 積城)에서 돌아가고, 이근행이 당나라군을 총수했는데 20만명의 대군이었다. 이들이 남하해 같은 해 9월 29일에는 매초성(買肖城 : 지금의 楊州)에 주둔하였다. 신라군이 이를 맹공하자 이근행은 달아나고, 신라는 전마 3만 680필을 빼앗고 많은 무기를 노획하는 전과를 올렸다.

매초성 전투를 고비로 전세는 신라에 유리해 칠중성 · 적목성 · 석현성 등지에서 성주나 현령이 전사하기도 했으나 임진강 방면으로 북진하면서 18차의 전투에서 당나라군 6,047명을 전사시키고, 말 200필을 빼앗았다. 그러나 676년 7월 당나라군이 도림성(道臨城)에 침입해 현령 거시지(居尸知)가 전사하기도 하였다.

최후의 대회전은 같은 해 11월 기벌포 앞바다에서 설인귀 수군과의 접전

이었다. 처음은 사찬 시득(施得)이 패했으나, 22차의 접전 끝에 당나라군 4천여 명을 전사시킴으로써 대승을 거두었다. 이리하여 신라는 나당전쟁을 7년 만에 승리로 끝맺었다. 이로써 신라는 맹약을 배반한 당나라를 응징하고 자주권을 과시하게 되었다.

이에 당나라는 676년 안동도호부는 요동으로, 웅진도독부는 건안성으로 옮겼다. 결국 신라는 임진강에서 함경남도 덕원(德源)을 연결하는 선 이남의 땅을 차지하였다. 그러다가 735년부터는 대동강까지 영토를 확장하였다.

4. 발해의 영토분쟁

발해의 발전은 2대 무왕(武王) 때부터로 시호에서 알 수 있듯이 그는 정복군주였다. 727년 일본에 보낸 국서에서 고구려와 부여의 땅을 상당수 회복했음을 선언했다. 또 북쪽과 동쪽의 말갈 땅도 복속시켰으며, 남쪽의 대동강과 원산만 방면으로도 진출하여 신라의 경계심을 불러 일으켰다.

그의 활발한 정복 활동은 필연적으로 주변국과의 마찰을 야기했고, 마침내 발해가 당나라와 대결하는 국면으로 치달았다. 지금의 흑룡강(黑龍江, 러시아 아무르강) 주변에 살던 흑수말갈은 발해 세력이 자신에게 점차 다가오는 데에 불안을 느끼자 독자적으로 당나라에 사신을 파견하여 발해를 견제하려 했다. 당나라는 이를 호기로 삼아서 726년에 흑수주도독부를 설치하고 감독관을 파견했다. 무왕은 이런 조치가

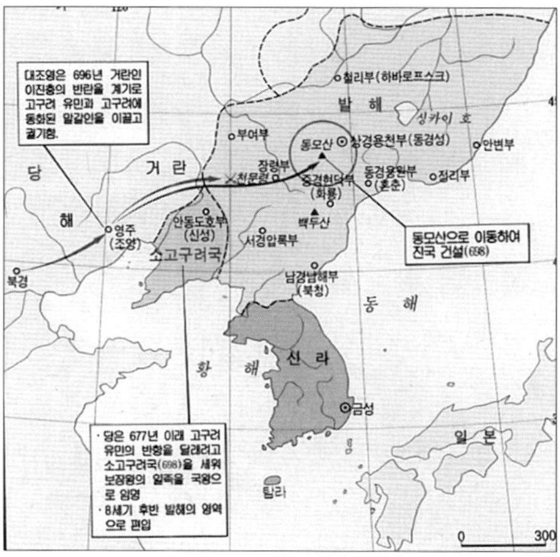

〈발해전성기의 강역〉

당나라와 흑수말갈이 앞뒤에서 협격하기 위한 것으로 생각하였고, 727년 일본에 사신을 처음 파견하여 국교를 수립함으로써 고립을 타개하고자 했다. 이로써 발해는 돌궐, 거란, 일본과 연합하고, 당나라는 신라, 흑수말갈과 연합하는 동아시아 세력 판도가 형성되었다.

이런 와중에 무왕은 동생 대문예(大門藝)와 장인 임아(任雅)를 보내 흑수말갈을 치게 했다. 그러나 동생은 당나라에 숙위했던 경험이 있어 당나라에 대적하는 것이 얼마나 무모한지를 잘 알고 있었으니, 수차례 간언하다가 결국 무왕의 분노를 샀다. 신변에 위험을 느낀 대문예는 당나라로 망명했고, 그의 송환을 둘러싸고 발해와 당나라 사이에 갈등이 일었다. 그러던 차에 무왕은 732년 9월에 발해 장군 장문휴(張文休)를 보내 등주(登州)를 공격하였고, 이듬해에는 거란과 연합하여 하북 지방을 공격함으로써, 마침내 국제전으로 비화되었다. 당나라는 군사를 보내 이를 격퇴하는 한편, 신라를 끌어들여 발해 남쪽을 공격하게 했다. 신라의 공격은 실패로 돌아갔지만, 전쟁이 종식된 뒤인 735년에 신라는 그 공로로 패강 이남의 영유권을 인정받았다. 발해도 735년에 당나라에 사죄하는 사신을 파견함으로써, 양국 간의 국교가 복원되었다.

그 후 818년 10대 선왕(宣王, 818~830)이 즉위하면서 다시 정복활동을 통하여 영토를 넓혔으니, "바다 북쪽의 여러 부락을 토벌해 영토를 크게 여는 데에 공이 있었다"고 한다. 이때 발해는 흑룡강(黑龍江) 유역까지 경략하여 흑수말갈을 통제하기에 이르렀다. 또 남쪽으로 요동지방과 대동강 방면으로도 진출했다.

이로써 발해의 강역은 어느 정도 확정되어 동으로는 연해주를 확보하여 동해에 연하게 되었고, 서로는 요동지역을 확보하여 요하지역까지 이르렀다. 북으로는 동북쪽의 이민족을 복속시켜 흑룡강 유역까지 이르게 되었고, 남으로는 대동강과 원산만을 경계로 신라와 경계를 연하게 되었다.

5. 고려와 거란 분쟁

고려가 건국된 10세기 초부터 멸망한 14세기 후반까지 대륙에서는 북방민족이 군사적 · 정치적으로 커다란 활약을 전개하였다. 북방의 유목 · 수렵 민족인 거란 · 여진, 그리고 몽고 등이 차례로 일어나 중원의 한민족을 압박하고 대륙의 지배권을 장악하였다.

고려는 건국 이후 오대(五代)로부터 송나라에 이르기까지 중국의 역대왕조에 대해 친선관계를 유지하였다. 특히 송나라와 문화적 · 경제적으로 밀접한 유대를 맺었다. 반면 북방민족인 거란이나 여진, 그리고 몽고는 야만시하고 대립정책을 견지하였다.

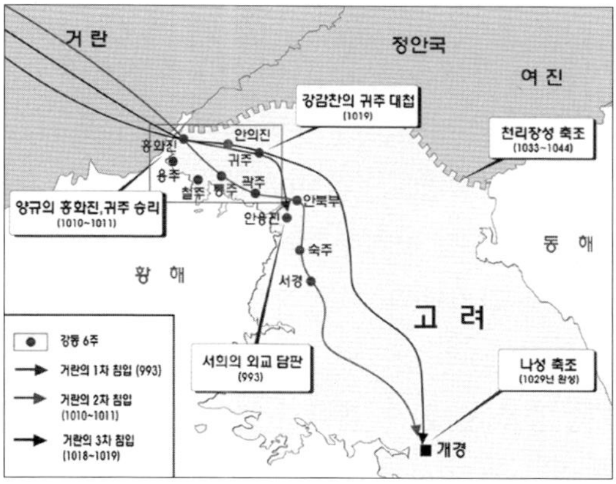

〈거란의 고려침입〉

태조는 발해의 유민을 받아들이고 북진정책을 강행해 청천강까지 국경을 확장시켰다. 또한 정종과 광종은 청천강 너머 압록강 사이에 여러 성진을 쌓아 북방에 대한 경계를 엄히 하였다. 그러한 상황에서 동북지방의 새로운 강자로 떠올라 발해를 멸망시킨 거란이 고려를 침략해 왔다.

거란의 제1차 침입은 993년에 있었다. 거란은 986년 먼저 압록강 중류지역의 정안국을 멸망시키고, 또 압록강 하류의 여진족을 경략해 991년 내원성(來遠城)을 쌓은 뒤 고려에 대한 침략을 시작하였다. 그 때 거란은 동경유수 소손녕(蕭遜寧)이 군사를 이끌고 고려의 서북변에 쳐들어왔는데, 고려군의 중군사(中軍使)로 출정한 서희(徐熙)가 그와 담판을 벌여 송나라와의 관계를 끊고 거란에 적대하지 않는다는 조건으로 거란군을 철수하게 하고 오히려 압록강 동쪽의 여진의 옛땅을 소유하는 권리를 얻게 되었다.

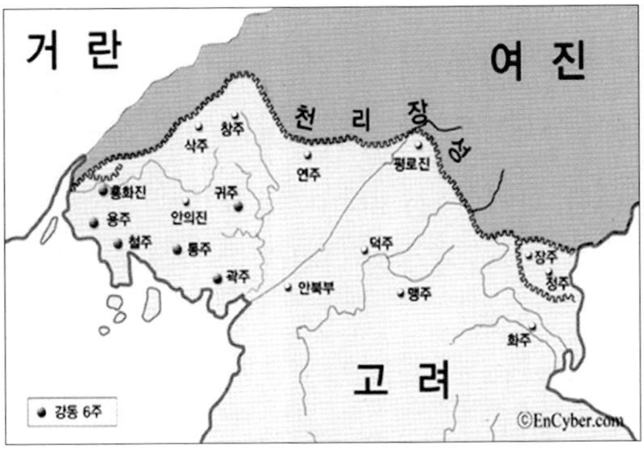

〈고려의 천리장성〉

거란군이 철수하자 고려는 압록강 이동의 여진을 토벌하고 거기에 여러 성을 쌓아, 이른바 강동육주(江東六州)를 소유하게 되었다. 이로써 고려의 국경은 압록강에 이르게 되었다. 거란은 고려가 강동육주를 점령하고 군사적 거점으로 삼은 데 불만을 갖고 그의 할양을 요구하다 거절당하자, 드디어 1010년 강조(康兆)의 정변을 구실로 제2차 침입을 해왔다.

당시 서북면도순검사(西北面都巡檢使) 강조는 목종의 모후 천추태후(千秋太后)와 김치양(金致陽)이 불륜의 관계를 맺고 왕위까지 엿보자 군사를 일으켜 김치양 일파와 함께 목종까지 시해하고 현종을 영립했는데, 거란의 성종(聖宗)은 강조의 죄를 묻는다는 핑계로 40만 대군을 이끌고 쳐들어왔다. 양규(楊規)가 흥화진(興化鎭)에서 거란군을 맞아 잘 싸웠으나, 강조가 통주(通州)에서 패해 포로가 되고 개경까지 함락되어 현종은 나주로 피난하였다. 그러나 거란은 다만 고려왕의 친조(親朝)를 조건으로 별다른 소득 없이 철군했는데, 그것은 그 때까지도 항복하지 않은 북계의 서경 · 흥화진 등 여러 성의 군사력을 두려워했기 때문이었다.

그 후 고려는 약속한 대로 국왕의 입조를 지키지 않았고, 거란은 이를 독촉했으나 현종은 병을 칭해 회피하였다. 그러자 거란은 본래의 목적인 강동육주의 반환을 강요했으나 역시 거절당하였다. 이에 1018년 소배압(蕭排押)으로 하여금 10만의 대군을 이끌고 제3차침입을 강행하도록 하였다. 그러나 상원수 강감찬(姜邯贊)이 흥화진에서 내침하는 거란군을 맞아 크게 무찌르고, 퇴각하는 적군을 구주에서 섬멸해, 거란의 침입은 완전히 실패하고 말았다.

6. 고려 · 조선과 여진 분쟁

고려가 많은 인력과 경비를 들여 북방에 대규모의 천리장성을 축조한 것은 거란뿐 아니라 여진에 대한 대비책이기도 하였다. 11세기 후반부터 북만주의 여진족인 완안부(完顔部)가 강성해져 여러 부족을 토벌하고 고려에 압력을 가해왔기 때문이다.

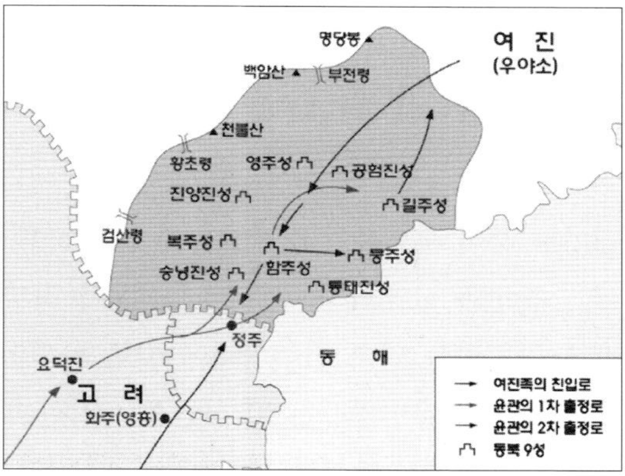

〈동북 9성〉

완안부에 의해 통일된 여진은 1104년 고려에 복속했던 여진족을 토벌해 함흥 지방을 아우르고 도망가는 자를 쫓아 정주관(定州關 : 지금의 定平)에 이르렀다. 고려도 임간(林幹)과 윤관(尹瓘)으로 그들을 치게 했으나 모두 패배하였다. 여진군은 기병인 데 비해 고려군은 보병으로 대적할 수 없었기 때문이었다. 이에 윤관의 건의에 따라 기병을 주축으로 한 별무반(別武班)을 조직해 신기군(神騎軍 : 騎兵) · 신보군(神步軍 : 步兵) · 항마군(降魔軍 : 僧兵)을 편성하고 대비를 서둘렀다.

1107년(예종2) 윤관에 의한 여진정벌이 단행되었다. 그 때 윤관은 17만의 대군을 이끌고 정주관을 출발해 함흥평야를 점령하고 9성을 쌓아 군사를 주둔시켜 지키니, 고려의 국경은 크게 북쪽으로 진출하게 되었다. 그러나 여진은 실지를 회복하기 위해 자주 침구하는 한편 사신을 보내어 환부를 애원하였다. 또 고려 내부에서는 윤관의 무공에 대한 시기 등이 겹쳐 1109년 9성을 여진에게 돌려주었다.

그 후 고려는 원나라의 침략을 받아 복속되면서 경계분쟁이 더 이상 야기되지 않았으나 원의 지배로부터 벗어난 공민왕대에 이르러 강력한 북진정

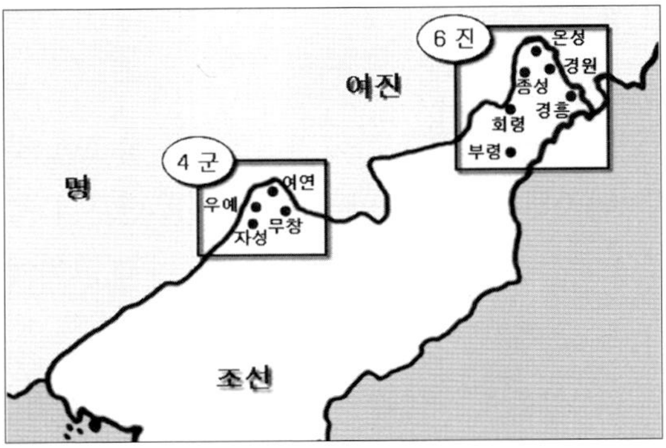

〈4군 6진〉

책을 취하며 북쪽으로 경계선을 확장하였다. 1356년 공민왕은 부원파 기철 일당의 근거지를 소탕하기 위해 인당을 보내 압록강을 건너 요양에 이르는 동팔참을 점령하였고, 동시에 쌍성총관부를 탈환하기 위해 유인우를 화주로 보내기도 하여 서북쪽의 경계선을 압록강 하류까지 확대하였다. 또한 1364년에는 삼선과 삼개의 부대를 마천령에서 격파함으로써 고려의 동북부 경계선은 마천령을 넘어 길주일대에 이르게 되었다. 이런 사이에 국경선이 차츰 북상하여 공민왕때는 길주(吉州) · 갑산(甲山)으로 이어진 후 강계의 압록강 하류에까지 넓혀졌다.

조선이 건국된 뒤에도 요동정벌의 논의가 있었으나 국제정세로 인해 성취하지 못하였고, 세종 때 군사정책으로 북방의 여진을 몰아내어 확대하였다. 조선 초기 여진의 갈래는 흑룡강 유역의 야인(野人), 두만강과 압록강 북쪽의 건주여진(建州女眞), 송화강 유역의 해서여진(海西女眞) 등이 있었다. 두만강 유역의 여진과의 관계를 보면, 태조 때부터 여진 경략에 착수, 세종 때 김종서(金宗瑞)에게 종성 · 온성 · 회령 · 부령 · 경원 · 경흥 등에 6진을 두게 하고 두만강으로 경계선을 확정하였다. 그리고 압록강 방면의 여진은 세종 때 최윤덕(崔潤德) · 이천(李蕆) 등에게 여연(閭延) · 자성(慈城) · 무창(茂昌) · 우예(虞芮) 등 4군을 설치하게 하여 압록강 상류 지역까지 경계선을 확장하였다.

한편 6진 설치로 압력을 받은 오도리족은 그 대부분이 압록강 방면 파저강(婆猪江) 부근으로 이주, 그 곳 우량하족의 추장이며 건주본위도독(建州本衛都督)인 이만주(李滿住)와 합류하였다. 그러나 두만강 북안에 잔류한 여진은 기회만 있으면 조선에 침입해 소란을 피웠다. 그리하여 1460년(세조 6)에는 신숙주(申叔舟)가 강원도 · 함경도체찰사로 우량하족의 본거지를 무찔렀고, 1491년(성종 22)에는 허종(許琮)이 우디거 여러 촌락을 소탕하였다.

그러나 4군이 설치된 지역은 방어하기가 어려워서 1458년에는 4군을 폐지하였다. 이러한 결과 조선의 북방경계선은 압록강과 두만강을 경계로 하여 여진과 서로 인접하게 되었다. 그 후로는 동아시아 국제정치질서의 확립과 국내 정치의 안정으로 더 이상의 북쪽 경계의 확장은 이루어지지 못하였다.

【참고문헌】

- 〈민족문화대백과사전〉, 한국학중앙연구원, 1991.
- 〈고등학교 역사부도〉, 교학사, 2001.
- 윤내현, 〈고조선의 강역을 밝힌다〉, 지식산업사, 2006.
- 이덕일, 〈고조선은 대륙의 지배자 였다〉, 역사의 아침, 2006.
- 송찬섭, 김남윤, 윤대원, 〈한국사의 이해〉, 한국방송통신대학교출판부, 2007.
- 유재춘, 남의현, 한성주, 〈근세 동아시아와 요동〉, 강원대학교출판부, 2011.
- 노계현, 〈조선의 영토〉, 한국방송대학교출판부, 1997.
- 안주섭, 이부오, 이영화, 〈영토한국사〉, 소나무, 2006.

【연표】

연도	주 요 내 용
BC 2333	고조선 건국
108	한의 침략으로 고조선 멸망
AD 371	백제 근초고왕의 고구려 평양성 공격으로 고국원왕 전사
404	고구려 광개토대왕 후연을 공격하여 요동지역 확보
555	신라 진흥왕 북한산을 순시하고 국경을 설정하여 진흥왕순수비를 세움
631	고구려 동북쪽 부여성에서 동남해에 이르는 천리장성 축조시작
660	나당연합군의 침략으로 백제 멸망
668	나당연합군의 침략으로 고구려 멸망
676	나당 전쟁으로 대동강이남에서 당세력을 완전히 축출하고 통일 완성
698	발해 건국으로 연해주까지 영토 확장
918	고려 건국으로 압록강이 이민족과의 경계가 됨
926	거란족의 침략으로 발해 멸망
993	거란의 고려 침략
1033	북쪽 경계에 천리장성 축조
1107	윤관의 9성 점령
1231	몽고의 고려 침략
1356	압록강 서쪽에 8참을 설치하고 쌍성등지를 수복함
1434	4군 6진 완성으로 압록강과 두만강이 경계선이 됨
1449	동북진이 완성됨
1460	두만강 밖의 여진족 정벌함

04

18세기 백두산정계비 건립과 간도문제

1. 병자호란 이후 조 · 청 관계의 변화
2. 백두산정계비 설치 이전의 조선과 중국의 국경
3. 백두산정계비의 건립배경
4. 백두산정계비 건립 과정
5. '토문강(土門江)'에 대한 해석과 간도 영유분쟁

18세기 백두산정계비 건립과 간도 문제

유 재 춘

– 미결의 조선과 청나라 분쟁의 땅 "간도", 일본이 멋대로 처리하다 –

1712년(숙종 38) 청나라에서는 갑자기 조선과의 변경지대를 심사하여 국경을 명확히 하자는 요청을 하게 된다. 청나라에서 이러한 요청을 하게 된 배경은 여러 가지가 있으며, 외형적로는 양국인이 변경에서 충돌하는 것을 방지한다는 것이지만 내부적으로는 비록 강력한 무력을 바탕으로 영토를 확장하고 변경에서 일정한 안정을 유지하고 있다고 하더라도 사방에서 동시다발적으로 문제가 발생할 경우 그 결과는 장담할 수 없었기 때문에 우선적으로 주변국과의 안정적 국경 설정이 필요하였기 때문이었다. 이미 제정러시아와 흑룡강 일대에 대해 네르친스크조약을 통해 국경 협약을 끝낸 상황도 이와 무관하지 않다. 또 중국에서 물러날 경우, 그들의 퇴로나 새로운 근거지 마련이라고 하는 전략적 고려를 하여야 했고, 아울러 여진족이 신성시하는 백두산에 대한 영토권을 확보하고자 하는 것이 주요 목적이었다.

이 시기 양국 대표단의 국경심사를 통해 국경선이 설정되고, 그 표식으로 백두산 남쪽 4km 정도 되는 지점에 정계비를 세우고, 수원(水源)이 불분명한 지대에 대해서는 경계 표시로 토담이나 목책을 설치하기로 하였다. 당시 청나라 대표단의 단장인 목극등(穆克登)은 정계비를 기점으로 동측 국경선을 토문강으로 명시하였고, 그 지정 라인을 따라 경계표시를 하게 되었다. 경계 표시 공사가 진행되는 가운데 조선에서 토문강이 북류(北流)하는 것에 대해 논란이 있었지만 국경 획정은 마무리되었고, 이러한 국경선 설정 이후 백두산 동쪽 지대에는 거의 사람이 살지 않았기 때문에 현실적인 어떠한 문제도 발생하지 않았다.

그러나 19세기 이후 많은 조선인들이 토문강과 두만강 사이의 간도지역에 이주하여 이곳을 개발하며 생활하였고, 이러한 속에서 19세기 후반 청나라에서 갑자기 간도주민들에게 세금을 부과하고 관리권을 주장하면서 양국 사이에 분쟁이 발생하게 된 것이다. 조선과 청나라는 양국 모두 국내외적으로 매우 어려운 상황에서 간도 영유권 문제를 놓고 협상이 타결되지 못하여 무력충돌의 위험까지 있었으나 일본은 조선에 을사조약을 강제하여 외교권을 빼앗은 후 청나라와 간도협약을 통해 영유권을 청나라에 넘기게 되었다.

그렇다면 이러한 18세기의 조선과 청나라의 정계비 설치와 분쟁이 과연 종결된 것인가, 그리고 현재와 미래에 이러한 간도문제가 어떠한 길을 걷게 될 것인지, 우리는 무엇을 알고 있어야 하는지를 살펴보도록 하겠다.

1. 병자호란 이후 조 · 청 관계의 변화

청군의 침입은 왜군의 침입에 비하여 기간이 훨신 짧았고, 또 국토의 일부만이 전쟁터로 되었기 때문에 피해가 적은 편이었으나 청군이 거쳐간 평안도 · 황해도 · 경기도 일부지역은 막대한 인적 · 물적 피해를 당하였다.

병자호란 직후 인조 · 효종의 시기는 일본 · 청의 침략으로 인한 피해 복구가 적극 추진된 시기이다. 일본과의 장기간에 걸친 전쟁은 농촌을 황폐화하여 심각한 식량부족은 물론, 국가재정에도 막대한 타격을 주었다. 1611년 양안(量案 : 토지대장)에 기재된 토지는 약 40만결로 전쟁전에 비하여 1/4 수준에 불과하였다. 이러한 심각한 경작토지 감소는 17세기 중반에 이르러서는 거의 임진왜란 이전의 수준으로 복구되었다.

또한 임진왜란 후에 중요한 외교문제로 부각되었던 피로인 문제는 청나라와의 사이에서도 필연적으로 일어났다. 특히 청군은 몸값을 받기 위해 닥치는 대로 양민을 납치하였으므로 그 수가 수만에 이르렀다. 이에 전후에 청국과의 사이에는 이들에 대한 속환문제가 주요 외교사안이 되었다. 그러나 청에 의한 중국지배가 점차 확고해 지고, 조 · 청간의 외교도 안정화되면서 피로인들의 귀국이 속속 이루어졌지만 귀환 사대부가의 부녀자들은 가문으로부터 순절하지 못한 것에 대한 핍박을 당하여 자결하거나 강제 이혼당하는 사례가 적지 않음으로써 정치 · 사회적인 문제가 되기도 하였다.

조선은 비록 청나라에게 항복하였으나 진심으로 청에게 사대(事大)하거나 우호적인 관계를 맺으려는 생각이 없었다. 이에 1642년(인조 20) 임경업은 청나라 군사가 금주(錦州)를 포위하자 명나라와 내통하여 청에 대항하고자 하였으나 일이 발각되어 명나라로 도피하였다. 1645년 명나라의 남경이 함락되면서 임경업은 청나라로 잡혀갔다가 심기원(沈器遠)의 모반사건과 관련하여 인조의 노력으로 귀국하였으나 결국은 김자점의 모함으로 장형(杖刑)을 받다가 죽게 되었다.

1645년 청은 명나라의 평정이 완료되자 세자를 비롯한 최명길 · 이경여 · 김상헌 등을 돌려보냈다. 소현세자는 귀국한지 2개월만에 죽었고, 봉림대군이 귀국하여 세자로 책봉되었다가 후에 효종이 되었다. 효종은 형인 소현세자와 함께 심양에 잡혀가서 볼모생활을 했기 때문에 강한 반청사상을 품고 있었다. 그는 군비증강에 힘써 북벌을 추진하기도 하였으며, 서인 중에서도 존화양이(尊華攘夷)를 주창하며 반청사상이 강한 송시열 · 송준길 등이 중용되었다. 그러나 시간이 지남에 따라 청의 중국 지배는 확고해져 갔고, 북벌계획은 효종이 죽음으로써 그 실현을 보지 못하였다. 인조말부터 조선은 비록 정치상 붕당간의 갈등이 자주 표출되어 정치적 사건을 야기시키고 있었지만 전반적으로 볼 때 점차 안정화되어 갔고, 대청 · 대일관계도 평화관계가 복구되었다.

비록 조선과 청나라 관계가 다소 불안정한 안정화의 길을 걸어갔지만 청나라는 내부적으로 명나라 잔여 세력에 대한 진압, 특히 정성공(鄭成功)의 저항운동, 그리고 1673년 1681년까지 지속된 삼번(三藩)의 난 등 크고 작은 전쟁의 연속이었다.

이러한 청나라 사정을 알고 있던 조선의 지식인들은 청이 멀지 않는 장래에 숙명적으로 쇠퇴해 갈 것이라고 생각하게 되었다. "오랑캐는 백 년의 운수가 없다"는 전망이 그것이었다. 이러한 전망 때문에 그들이 중원에서 세력을 잃게 될 경우 원래의 발상지로 되돌아오게 되리라는 예측도 자연스럽게 형성되었다.

청나라 사람들이 돌아갈 지역으로는 흑룡강 유역에 위치한 영고탑(寧古塔)이 가장 유력한 곳으로 지목되었다. 누루하치에 의해 건국된 청은 흥경(興京)으로부터 세력을 키워 결국 중원을 장악했지만 일찍이 금나라를 세운 여진족의 근거지가 영고탑이라는 사실에 더욱 큰 의미를 두고 있었다.

조선이 청나라의 운명적인 몰락을 전망한다는 것은 국경의 불안 요인이 상존한다는 것이었고, 조선에서는 군사적 긴장이 고조되어 갔다. 특히 17세기 후반 중원에서 삼번의 난이 일어나 청나라가 큰 위기를 맞게 되고, 몽고세력이 확장되면서 영고탑 회귀설은 더욱 폭넓게 받아들여지게 되는 중요한 계기가 되었다. 1682년(숙종 8)에 청에 다녀온 윤이제는 심양은 성곽이 온전하지만 산해관 북쪽의 성곽과 북경의 성문, 태화전은 무너진 곳이 많은데도 수리하지 않고 있다는 것을 보고하면서 이는 퇴각해 수비하기 위해 산해관 안쪽은 그냥 내버려두고 심양과 영고탑에만 마음을 두고 근거지로 삼으려 하기 때문이라고 하였다. 청이 중원에서 철수할 경우 조선에 어떤 영향을 미칠 것인가 하는 문제는 이미 전쟁을 경험한 조선으로서는 초미의 관심사가 될 수밖에 없었다. 특히 청이 퇴각할 경우 그 퇴각 경로에 따라 조선의 피해 여부가 결정되므로 조선으로서는 이에 대해 지대한 관심을 가지고 주시하였다. 1680년(숙종 6) 3월 청에서 제사를 핑계로 백두산을 왕래하려 하자, 숙종이 평안감사에게 백두산 일대 경계를 더욱 철저하게 하도록 명했다.

영고탑 회귀설의 문제는 효종대부터 계속 거론되었는데, 이는 청이 영고탑으로 돌아가는 과정에서 적대 관계인 몽고에게 길이 막혀 심양을 거쳐 바로 영고탑으로 들어갈 수 없게 되고, 결과적으로 조선으로 우회하게 될 것이고 그 과정에서 청의 예상 퇴각로 안에는 평안도와 함경도의 거의 모든 지역이 포함될 것이라는 의견이 숙종대 전반기까지 이어졌다.

전면전의 가능성은 청이 영고탑으로 이동하는 과정에서 발생할 것으로 가정되었다. 여기에는 몽고라는 변수가 자리잡고 있었지만 대체로 몽고가 심양–영고탑 사이에서 청의 퇴로를 차단함으로써 청은 조선의 경내로 우회할 수밖에 없고 이 길은 결국 백두산 남쪽으로 돌아서 영고탑으로 들어가는 경로를 택할 것이기 때문에 이를 용인할 수 없는 조선은 청과 전면전 상황에 직면할 것이라는 예상이었다.

청과의 충돌 가능성에 대비하기 위해 적극적인 북벌론이 제기되기도 하였으나 그보다는 청의 침략에 대비해 서북로의 방비를 강화하고, 도성 및 강도의 수비체제 정비에 치중하자는 소극적인 견해가 주류를 이루고 있었다. 따라서 숙종 때에는 군액을 증가시키고 청의 예상 공격로에 위치한 내륙의 방어시설을 수축하였으며 대규모 군사훈련을 행하는 등 방어체제 정비에 보다 치중하였다. 숙종대에 들어서 18세기초 도성을 수축하고 곧이어 북한산성과 탕춘대성을 축조하게 된 것은 그러한 군사적 긴장에 대처하기 위한 일환이었다.

그러나 반대로 영고탑 회귀설을 부정하는 견해도 있었다. 남구만은 17세기 말에 청의 영고탑 회귀에 따른 조선의 피해 가능성을 지리적인 차원에서 부정하였다. 그는 영고탑 회귀설과 관련한 조선의 위기 의식이 근본적으로는 중국 쪽의 지리를 파악하지 못한 데에서 나온 것이라 주장하고 『성경지(盛京志)』를 구해 올 것을 제안하여 이를 성사시켰다. 그는 중국의 방격법 작도방식에 따라 『성경지』의 「성경여지전도」를 확대, 모사하여 숙종에게 올렸다.

남구만은 청이 만일 심양에서 영고탑으로 돌아간다 해도 조선의 국경을 거쳐가지는 않을 것이라는 점을 강조했다.

> 신은 생각건대, 우리나라의 서북 두 곳의 변경은 중첩된 산봉우리와 깊은 골짜기에 험하고 좁은 길이 하늘에 달려 있는 듯하니, 심양과 영고탑의 사이가 틀림없이 이보다 험하거나 이보다 멀 이치가 없습니다. 〈중략〉 만약 심양에서 지름길을 택하여 곧바로 동쪽으로 영고탑을 향하면, 또한 반드시 1천리 정도로 가깝습니다. 설령 청인들이 정말로 급히 돌아가야 할 일이 있게 된다면, 이러한 지역 내의 익숙한 가까운 길을 버려 두고 다른 나라의 한번도 지나가보지 않은 먼 길을 빌린다는 것은 실제로 이치나 형세로 보아 반드시 없을 것입니다.(『숙종실록』권 31, 숙종 23년 5월 13일)

남구만은 청과 전쟁이 일어날 가능성은 거의 없으므로 내지의 방어체제를 구축하기보다는 압록강, 두만강 유역을 적극 개척하여 변지를 충실히 해야 하다고 주장하였다. 그는 백두산 일대에 주민거주를 허용하는 것뿐만 아니라 폐사군도 복구하여 주민들을 입거시키자고 하였으며, 함경도 내륙지역의 길주와 갑산을 잇는 길을 개척하여 평상시에는 삼수, 갑산 지역의 어염 공급로를 확보하고 유사시에는 병력 지원이 가능하도록 하자고 제안하였다. 요컨대 남구만은 변경개발을 통해 변경방어력의 강화를 추구하였다.

이러한 상황속에서 조선의 속내는 비록 복잡하였지만 청과의 대외 관계는 큰 문제없이 지속되었다. 한편 청나라는 중국의 흑룡강 유역을 끊임없이 침입하던 제정러시아에 대항하여 1685년 강희제는 만주족 도통(都統) 팽춘(彭春)을 파견하여 팔기군과 수군을 거느리고 대대적으로 반격하게 하였으며, 그 후 1689년 청나라와 러시아는 평등의 원칙 위에서 네르친스크(尼布楚, Nerchinsk)조약을 체결하고 양국의 국경을 확정하였다. 또 1696년에는 청에 대항하던 몽골족 준가르의 군대를 격파하여 북방지역에서의 안정을 확립할 수 있게 되었다. 이러한 시기에 조선과의 국경 획정을 도모한 것은 결코 우연한 일은 아니다.

2. 백두산정계비 설치 이전의 조선과 중국의 국경

원나와 명나라 교체 시기인 고려말 고려군은 요동지역에서의 대몽고 군사활동을 통하여 1356년 압록강 북안지대의 요동(遼東) 8참(站 : 이것은 역참을 말하는 것으로 遼陽으로 이어지는 역로가 설치된 지대를 말함) 지역을 점거하였고, 1370년에는 더 나아가서 멀리 요양(遼陽)까지 진출하여 원나라의 성곽을 공격해 점거하였다. 이러한 군사활동은 공민왕대의 반원정책으로 일환으로 이루어진 것으로, 고려는 원나라와 명나라를 적절히 견제하면서 군사적 공백이 있었던 북방지역에 대해 적극적인 군사활동을 전개하였다.

명나라는 건국한지 20년이 되어서야 비로소 요동지역을 불완전한 상태로 점령하게 되었다. 요동도사의 전신인 정요도위(定遼都衛)가 설치된 것은 1371년이지만 당시 이 지역에 강력한 영향력을 행사하고 있던 납합출(納哈出 : 나하추)을 제압하지 못하였기 때문에 명나라의 영향력은 매우 제한적이었다. 그러나 1387년 나하추가 명에 항복하고 휘하의 많은 군사가 명나라에 귀속됨으로써 명나라는 요동지역에 대한 군사력을 한층 높일 수 있었다. 명나라는 요동도사를 중심으로 신속하게 방어선 정비를 진행하면서 연산관(連山關), 자유관(刺榆關), 편령관(片嶺關) 등 요충이 되는 관구(關口)를 설치하여 변경 출입을 통제하였다. 요양(遼陽)에서 가까운 연산관에는 고려 사신을 맞이하는 책문(柵門)이 설치되었고, 그 이동(以東) 지역은 명나라 행정구역에 편입되지 않았다. 이 연산관은 조선에서 약 130km 정도 떨어진 곳으로 그 동쪽 지역은 공지(空地), 즉 여진인이 잡거하는 일종의 국경 완충지대로 남게 되었다.

한편 명나라는 요동지역의 나하추군을 격파함으로써 한층 요동지역에 대한 지배력을 굳히면서 고려에 대해 매우 고압적으로 영토문제를 해결하고자 하였다. 고려가 공민왕대에 이미 쌍성총관부지역에 대한 무력수복을 통하여 차지한 지역을 다시 명나라 영토에 편입시키겠다고 일방적으로 통보하였으나 고려는 이에 대해 전쟁 불사의 적극적인 공세로 대응하였다. 우왕의 요동정벌군 파견은 명나라의 철령이북 귀속 통보에 대한 고려의 단호한 의지를 보여준 것으로, 위화도 회군으로 실제 양국간에 전쟁으로 이어지지는 않았지만 명나라로서는 매우 당혹스러운 입장에 처하게 되었음은 틀림없다. 이는 이후 명나라가 고려의 군사행동에 대한 적극적 대응을 하지 못하고, 갈등을 봉합하기 위해 이후 더 이상 철령이북 지역 귀속을 주장하지 않게 된 것에서도 잘 알 수 있다.

이렇게 명나라가 고압적인 자세에서 갑자기 후퇴한 것은 고려에 대해 당장 군사대응을 할 수 없는 입장도 있었지만 고려의 군사력에 대한 우려도 내포되어 있다고 할 수 있다. 고려는 송나라도 제압하지 못한 거란군의 대규모 침입을 군사적으로 물리쳤을 뿐만 아니라 강력한 몽골의 침입하에서도 수십년을 버틴 나라였으며, 가까이는 20만에 달하는 홍건적을 물리친 적이 있고, 14세기 후반 북방지역 최대의 세력인 나하추군(軍)을 명나라에 앞서 패퇴시킨 바도 있었다. 명나라는 이러한 사실을 당연히 알고 있었을 것이며, 군사적 대결을 피하고자 한 것은 당시 상황으로 보면 당연하다고 하겠다. 1393년 요동도사가 조선에서 여진인 500여명을 불러 들여 몰래 압록강을 넘어 침략해 들어오려고 한다는 보고를 받고도 사신을 파견하여 경고하는데 그쳤고, 또 1395년에는 조선의 전쟁준비 상황이 구체적으로 알려졌음에도 불구하고 명나라는 여전히 어떠한 군사적 조치도 취하지 않았던 것에서도 그러한 상황을 엿볼 수 있다.

조선시대에 들어서 다시 사신을 파견하여 공험진 이남지역에 대한 영유를 기정사실화 하고, 아울러 십처여진(十處女眞)에 대한 관할권 확인을 요청하게 되었다. 또 당시 조선은 철령 이북지역에 대한 영토권을 주장하는 과정에서 조선왕조 개창자인 이성계 가문이 공주(孔州)를 비롯한 동북면 지역에 대대로 거주하였고 조상의 분묘가 그곳에 있다는 사실을 적극 활용하고 있다. 당시 이에 대해 명나라 황제는 “조선의 땅도 또한 짐(朕)의 법도 안에 있는데, 짐이 무엇 때문에 다투겠는가”라고 하며 조선에서 요청한 것을 승인하였다. 이러한 인식은 세종대에도 그대로 이어져 『세종실록』 지리지에서 경원의 경계를 '북쪽으로 공험진에 이르기까지 7백 리, 동북쪽으로 선춘현(先春峴)에 이르기까지 7백여 리'라고 표기되거나 6진(六鎭)지역의 기사에 두만강 북안지역의 지명이 다수 등장하게 된 것은 그러한 동북지역의 경계인식을 표현한 것이라 할 수 있다. 이 지역은 대체로 두만강 북안지역 일대였다.

15세기 후반 명은 압록강 하구 북안지대까지 진출하였으나 백두산 북~동북지대는 조선-明 어느 나라에도 실질적인 행정지배력이 미치지 못하는 지역이었다. 또 청의 건국과 명의 멸망으로 결과적으로 청나라도 명의 영토를 접수한 것이므로, 기존의 영유관계가 모호한 지역이 광범위하게 존재하였다. 즉, 청나라는 조선과 명확한 영토경계선 문제를 맺지 못한 상태에서 명나라를 접수하였으므로, 기존의 명나라 판도를 인수한 것에 불과하고 나머지 지역은 불확실한 지역으로 남게 되었던 것이다. 이러한 사실은 청나라가 흑룡강 일대에서 제정러시아와 여러 차례 전투를 벌인 끝에 조약을 맺고 비로소 영토를 획정한 것에서도 알 수 있다. 이러한 상황 속에서 조선과의 국경 획정이 시도되게 된 것이다.

3. 백두산정계비의 건립 배경

1712년 조선과 청나라가 국경지대를 조사하고 그 결과를 돌에 새겨 세운 것이 바로 백두산정계비이다. 이러한 당시의 국경 설정은 청나라측의 요청에 의해 시행된 것이었다. 이러한 청나라의 국경 획정 요청에는 다음과 같은 몇가지 배경이 있다.

첫째, 청나라의 국경 안정화책 추진이라는 관점에서 볼 수 있다. 청은 삼번의 난을 평정하고 대만(臺灣)을 복속시키고, 제정러시아군과는 흑룡강 일대에서 공방전을 벌이다 네르친스크조약을 맺어 국경을 설정하였으며,

북방에서는 강력한 몽고족의 준가르를 격파하였다. 청은 비록 강력한 무력을 바탕으로 변경에서의 이러한 일정한 안정을 유지할 수 있었지만 사방에서 동시 다발적으로 문제가 발생할 경우 그 결과는 장담할 수 없었기 때문에 우선적으로 주변국과의 안정적 국경 설정이 필요하였다. 조선은 비록 청나라에게 패하여 항복한 나라이지만 두 번이나 전쟁을 치른 나라이기 때문에 결코 가볍게 볼 수 있는 나라가 아니었고, 더구나 아직 국경 설정이 모호하고 명나라 이후 조선과 중국간에는 중립지대와 같은 구역이 존재하고 있었기 때문에 이에 대한 사항을 확정함으로써 항구적인 변경 안정을 도모할 필요가 있었다.

둘째는 변경에서의 양국민 충돌을 방지하기 위한 것이라는 점이다. 압록강과 두만강 유역, 백두산 일대에서는 조선과 청나라 사람 사이에는 여러가지 충돌이 자주 발생하였다. 압록강과 두만강 유역과 백두산 일대에는 자연자원이 풍부하였으나 거의 사람이 살지 않는 곳으로 조선인과 청나라 사람들이 산삼을 채취하거나 벌목, 혹은 수렵을 하기 위하여 이곳을 자주 왕래하면서 양국민이 이해관계를 놓고 충돌하게 되었다. 1685년(숙종 11)에는 백두산 부근을 답사하였던 청나라 관원들이 압록강을 건너 삼도구(三道溝)에서 조선의 산삼 채취인들의 습격을 받은 일이 있었는데, 이 사건으로 말미암아 청나라와의 외교관계가 악화되기도 하였으며, 1690년, 1704년, 1710년에도 두만강 · 압록강 건너에서 청나라 사람들이 우리나라 사람들에게 살해된 일이 생겨 청나라 정부의 항의가 있었다. 이러한 양국민 충돌의 근본 원인이 국경이 불명확하기 때문에 일어난 것이라고 여겨지면서 이에 대한 해결을 위해 국경선 획정 협의를 요청하게 된 것이다.

셋째는 중원에서 물러날 경우를 대비한 퇴로 정보를 얻기 위한 것이었다. 조선내에 영고탑회귀설이 널리 유포되어 있었다는 것은 그만큼 청나라 내부에서도 미래를 확실하게 장담하기 어려운 실정이었다는 것을 반영하고 있다. 비록 청나라가 18세기초 점차 안정 기조에 들어서기는 하였지만 한족을 언제까지 완전하게 무력으로 통치할 수 있을 것인가 하는 문제와 더불어 북방에는 아직 적대 집단인 몽고족이 버티고 있었다. 조선 정부 내에서 논의된 영고탑 회귀 문제와 조선 경내를 통과하는 퇴로를 찾을 것이라고 하는 조선 관료들의 인식은 결코 단순한 추측이 아니라 사신들이 청나라를 왕래하면서 탐지한 정보였을 것으로 여겨진다. 이 때문에 국경심정을 위해 목극등이 조선에 왔을 때, 이조참의 이광좌(李光佐)는 청나라가 수십년 이래 조선을 후대하는 것은 반드시 이유가 있고, 급박하게 되면 우리의 서북변경에서 길을 취하고자 하기 때문에 이번에 분명히 산천 형세와 거리의 원근을 탐지하려 할 것이라고 하고 있다.

넷째는 백두산을 청국 영토에 편입하기 위한 것이었다. 중국대륙을 통치한 한족이나 몽골족은 그 지배자가 대체로 대륙의 중남부나 서북쪽에서 성장한 인물들이었으므로 백두산에 대하여 그다지 큰 관심이 없었으나, 압록강과 두만강 유역에서 활동한 여진족들은 백두산을 그들의 발상지로 신성시하였고, 또 중국대륙을 통일한 후에도 백두산에 대하여 특별한 관심을 갖게 되었으므로 이들은 차제에 그들의 우월한 지위를 활용해 백두산을 청의 영토로 편입하고자 하였던 것이다. 청의 강희제는 그들의 선조가 백두산에서 발상되었다고 생각하여 백두산을 신성시하였다. 이는 포고리옹순(布庫里擁順)의 전설에서 비롯되었는데 전설의 대략은 다음과 같다.

> 장백산 동쪽에 포고리산이 있고 그 아래에 연못이 있는데 천녀(天女)들이 그 곳에서 목욕을 하다가 한 천녀가 주과를 먹고 임신하여 한 사내아이를 낳았는데 그의 성은 애신각라(愛新覺羅)요, 이름은 포고리옹순(布庫里擁順)이라고 하였다. 그가 성장하여 나라를 세워 만주라 하였다.
>
> (『清史稿』 권6, 성조본기 6 강희 16년 11월 경자)

이에 강희제는 백두산에 대해 남다른 정성을 기울여 장백산에 봉호를 주어 영구히 제사하도록 조처해 1678년(숙종 4, 강희 17) 정월부터 치제하도록 하였다. 우리나라에서도 이미 고대부터 신성한 산으로 여겨왔고, 제사를 지내온 곳이었지만 청은 충돌을 피하기 위한 국경 획정이라고 칭하면서 내심으로는 백두산을 청나라에 공식적으로 편입시키고자 하였다.

4. 백두산정계비 건립 과정

청나라는 1712년(숙종 38) 2월 조선조정에 목극등(穆克登)을 장백산(백두산을 말함)에 보내서 답사하게 하고, 조선과 변경을 조사하려고 하니 협조해 달라는 내용의 서신을 보내왔다. 조선 정부는 그 요구를 거절할 수 있는 입장이 아니었고, 처음에는 청나라 대표단의 국경일대 답사를 으근히 저지하고자 하였으나 피하기 곤란한 상황이 되었으므로 소극적이기는 하지만 일단 청국의 요청대로 국경선을 심사하기로 하였다.

조선정부에서는 박권(朴權)을 접반사로 하고, 함경감사 이선부(李善溥) 이하 대표단을 구성하여 청국대표단과 접촉하였다. 1712년 4월 청국의 대

〈백두산정계비〉

표 목극등은 그 일행과 함께 두도구(頭道溝)에서 압록강을 거슬러 올라와서 후주(厚州)에서 조선의 대표단 박권 일행과 만나게 되었다. 청국과 조선의 국경선을 획정하기 위한 대표단은 혜산진에서 출발하여 백두산을 향해 산간의 험지를 10일간이나 강행하여 5월 15일 백두산 천지가 있는 곳에 이르게 되었다.

처음 국경 획정 문제가 제기되었을 때 조선정부의 입장은 백두산 정상을 경계로 하여 남·북으로 갈게 정한다는 것이었지만 이 국경심정문제를 논의하기 위해 파견되었던 접반사 박권과 함경감사 이선부는 늙고 허약하여 험한 길을 갈 수 없었으므로 중간에서 백두산까지의 답사에 참여하지 못하였다. 조선대표단 중에서 접반사의 군관 이의복, 순찰사의 군관 조태상, 거산찰방 허량·라난, 만호 박도상, 역관 김응헌·김경문 등 6인만 동행하였다. 조선정부의 대표단 중 책임자와 부책임자도 모두 없고, 대표단의 시종들인들만 따라가게 되었으므로 조선정부의 의도가 충분히 반영되지 못하였다. 따라서 백두산 천지 부근에서 동·남쪽으로 4㎞ 떨어진 지점인 해발 2,200m되는 곳의 분수령에다 조선과 청국의 국경선을 정하게 되었다. 이 분수령에서 두줄기 물이 인자(人字)모양으로 흐르는 위치에 호랑이가 엎드린 형상을 하고 있는 바위를 그대로 비석의 귀부(龜趺)로 삼고 너비 2자, 길이 3자 가량의 정계비를 세우게 되었는 바, 이를 백두산정계비라고 하였다.

이 비석에는 '大淸'이라는 두 글자를 머리에 크게 쓰고 그 아래에 "烏喇摠管穆克登 奉旨査邊 至此審視 西爲鴨綠 東爲土門 故於分水嶺上 勒石爲記"라고 각자(刻字)하였다. 즉 "오라총관 목극등이 황제의 뜻을 받들어 변경을 답사하여 이곳에 도착하여 살펴보니 서쪽은 압록강이고 동쪽은 토문강(土門江)이다. 따라서 이 분수령 위에 돌에다 글자를 새겨 기록한다"는 내용을 적었고, 청국인 수행원과 조선측의 참여 관원 6인의 이름도 새겨 놓았다. 그리고 이 일행은 다시 지세를 살피며 무산(茂山)으로 내려가서 각기 헤어졌는데, 이때 목극등은 조선관원들에게 부탁하여 토문강(土門江)의 수원(水源)이 되는 물길이 중간에서 땅속으로 스며 들어가 경계를 확인할 수 없

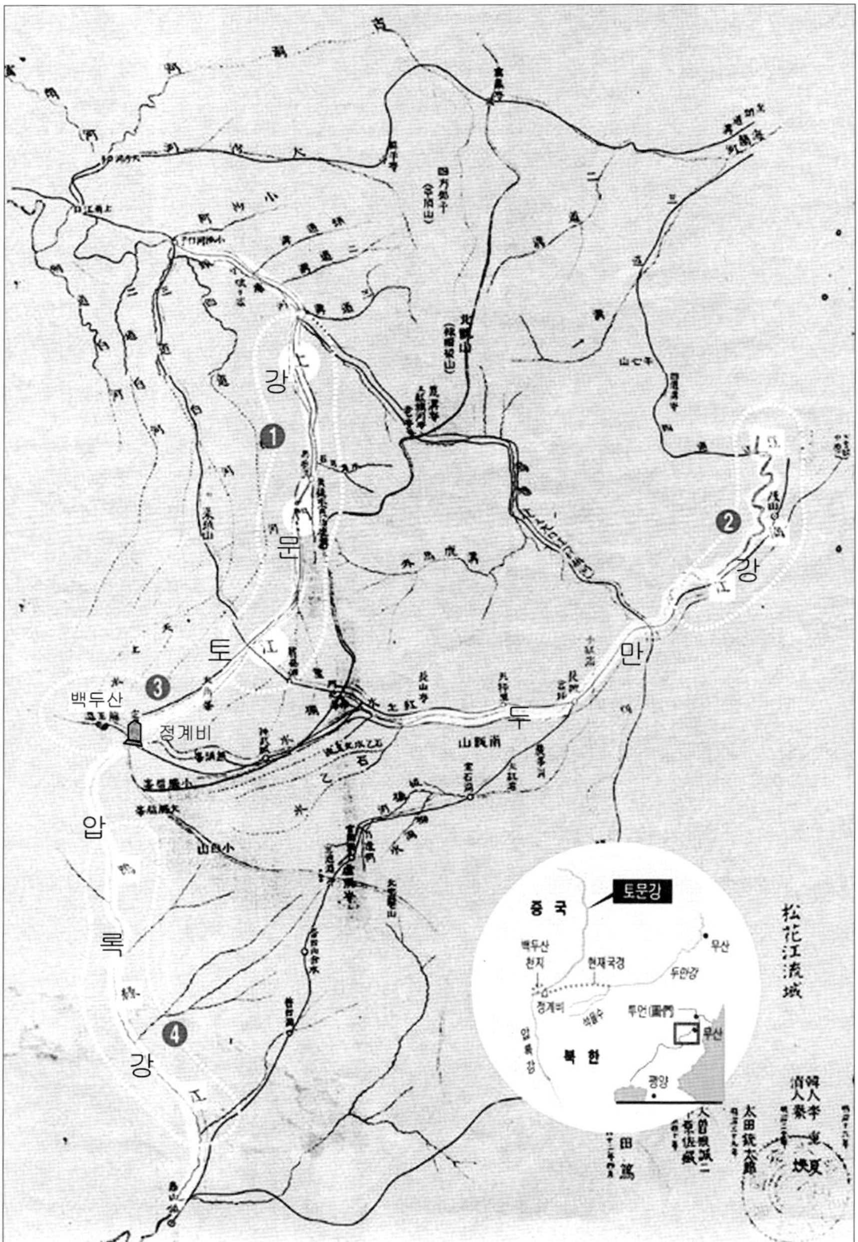

〈백두산정계비 위치도〉

〈백두산정계비문 탁본〉

〈경계 표시로 쌓았던 백두산 일대의 석퇴 모습〉

는 곳에는 돌이나 흙으로 돈대(墩臺)를 쌓아 아래쪽 강물까지 연결하여 경계를 넘어가는 일이 없도록 하자고 하였다. 이로써 조선과 청국은 압록강과 토문강을 경계로 하는 최초의 국경선을 획정하였다.

그런데 당시 설정한 국경을 따라 표시를 하기 위한 토담, 혹은 목책 공사를 하던 조선측은 곧 문제에 봉착하게 된다. 당시 조선측은 정계비를 세운 분수령에서 토문강을 따라 가면 이 강 줄기가 북동쪽으로 돌아 두만강쪽으로 연결되는 것으로 여겼던 것 같다. 목책 공사 노선이 계속 북쪽으로 들어가자 조선은 현장 책임자 보고에 따라 공사를 일단 멈추고 이 문제에 대해 논의하였다. 처음에는 이 문제를 다시 청나라에 통보하여 명확하게 하여야 한다는 의견이 제시되었으나 국경심사를 위해 파견되어 온 청나라 목극등(穆克登)은 조선에 우호적인 인물인데, 청나라 조정에 국경 획정이 잘못되었다고 문의하게 되면 목극등이 문책을 받게 될 것이고, 또 국경을 다시 심사할 경우 조선측에 유리하다는 보장도 없으므로 사신이 갔을 때 이에 대해 알아보도록 하자는 것으로 방침이 정해졌다. 이후 이 문제는 더 이상 청나라와 공식적으로 논의되지 않았다.

5. '토문강(土門江)'에 대한 해석과 간도 영유분쟁

백두산정계비에 기록된 내용 중 "西爲鴨綠 東爲土門", 즉 "서쪽은 압록강으로 경계를 삼고 동쪽으로는 토문강을 경계로 삼는다"라고 하였는데, 여기에 새겨진 '토문강'의 해석을 청국측에서는 두만강의 상류라고 하고, 우리측에서는 현재 송화강의 상류인 토문강이라고 주장하여 조선후기에 와서 조선과 청국간에는 영토권 분쟁이 발생하게 되었다. 영토문제가 생길 수밖에 없는 이유는 토문강을 조선의 주장대로 경계로 삼으면 현재의 송화강 동쪽의 광활한 간도(間島) 지역이 조선의 영토가 되고, 청국측의 주장대로 두만강 상류로 해석하였을 때에는 북간도 지역이 청국의 영토가 되는 것이다.

백두산정계비를 세웠을 때에는 이 토문강의 해석문제가 없었으나 그로부터 160여년이 지난후인 1870년경부터 이 문제가 크게 대두하였다. 원래 압록강과 두만강 유역에는 완충지대로서 사람이 거주하지 않았고 산림이 울창한 지대였는데 19세기 중엽 함경도 농민들이 이 지역에 들어가서 농사를 짓기 시작하였고, 특히 1869년과 1870년 두해에 걸쳐서 함경도지방에 큰 흉년이 들어 이 지방의 사람들이 간도로 옮겨가서 생활근거를 마련하기 시작하였다. 이를 정부에서는 금하였으나 여기에 정착한 주민들이 응하지 않았고 오히려 간도의 주민들은 늘어만 갔다.

한편 청국에서 1881년부터 이 간도지방을 개간하려 하자 이미 이곳에 자리잡고 있던 조선족과 청나라 사이에 분쟁이 일어나게 되었다. 1881년 청나라 길림장군(吉林將軍) 명안(銘安)은 간도지방을 답사하고 이미 우리 민족이 농토를 개간하여 생활하고 있음을 알고 청국정부에 보고하였다. 이에 청나라에서는 1882년 우리 정부에 경계를 넘어가 사사롭게 개간하는 것을 엄금하도록 요청하였으며, 1883년에는 우리 농민들을 모두 쇄환하라는 요청을 하기도 하였다. 이때 간도지방에 거주하던 우리나라 사람들은 백두산정계비에 기록된 토문강은 송화강 상류의 토문강이며, 그렇다면 정계비에 기록된대로 토문강 서쪽인 이 간도는 청국 영토가 아니라 조선의 영토라고 주장하는 한편 백두산에 올라가서 정계비 부근과 토문강 원류 일대를 실지로 답사하고 그 자료를 가지고 종성부사 이정래에게 백두산정계비의 사실을 밝히면서 대책을 호소하였다.

이러한 가운데 조선정부에서는 서북경략사 어윤중을 파견하여 간도지방이 우리의 영토임을 주장하는 동시에 청나라측에게 백두산정계비와 토문강을 공동조사하여 국경선을 정하자고 요청하였으나 청나라에서는 시일만 지연하고 조사에 응하지 않았다. 1885년 4월 청나라에서는 간도에 거주하는 조선족을 무력으로 축출할 것을 조선에 통고하고 일부 지방에서는 추방하기도 하였다. 이에 우리 정부에서는 다시 청나라에 대하여 토문강 지역 경계에 대한 조사를 요청하였고, 청나라가 이에 응하여 1885년 11월, 1886년 1월, 1887년 4월 등 3차에 걸쳐서 조사 · 논의하였으나 청나라는 두만강 상류를 '도문강(圖們江)'으로 보고 정계비의 토문강은 '도문강'이라고 주장하며 간도는 당연히 청국의 영토라고 하는 주장을 되풀이 하였고, 조선은 송화강 상류가 토문강이므로 정계비의 토문강은 송화강 원류이며 간도는 당연히 조선의 영토라고 주장하여 합의에 이르지 못하였다.

그러나 1712년 국경 심사를 시행하는 과정에서 청나라 대표단 목극등이 경계선으로 지목한 토문강은 두만강이나 도문강의 다른 이름이나 지류가 아니고 송화강으로 흘러드는 토문강이 틀림없다는 것은 명백한 사실이다. 왜냐하면 당시에 조선측에서 청나라 대표단이 지목한 경계선을 따라 국경 표시 공사를 하다가 그 경계선이 계속 북쪽으로 향하고 있다는 사실을 확인한 바 있기 때문이다. 이 말은 당시 청나라 관리가 지리에 밝지 못했다고 볼 수 있지만 당시 그려진 지도를 보면 분명히 흑룡강쪽으로 흘러가는 토문강을 표시하고 있기 때문에 그 또한 이해하기 어렵다.

여기서 한가지 의문으로 남는 것은 왜 18세기초 국경이 획정되면서 정계비 동측의 경계선이 잘못되었다는 사실이 이미 제기되었는데, 왜 당시 청나라 대표자였던 목극등은 그 문제를 명확히 해결하고 넘어가지 않았던 것인가 하는 문제이다. 『숙종실록』에 기록되어 있는 당시의 관련 내용을 살펴보면 청나라 대표단의 목극등은 조선으로부터 많은 뇌물을 요구하였던 것을 알 수 있다.

당시 접반사로 갔던 박권과 함경도관찰사 이선부가 올린 글에,

> "일찍이 역관배를 통하여 들은 이야기로는, 목차는 몸을 다스림이 매우 깨끗하고 아랫사람을 단속함이 또한 엄하다고 하였는데, 어제는 조선에 은혜가 있다느니 다른 칙사와는 다름이 있다느니 하는 따위의 말을 중언부언(重言復言)하며 그 바라는 바가 칙사 위에 가고자 하였으니, 그 사람됨이 전에 들은 것과 다름을 알 수 있었습니다. 차통관이 단자를 베껴 간 것도 목극등이 시킨 것인 듯합니다. 그가 이미 칙사로 자처하였는데 그 예단을 보자 칙사만 같지 못하였으므로 통관을 시켜 저지(沮止)한 것이고, 또 분명하게 말하기 어려웠으므로 우선 일을 마치지 못한 것을 핑계댄 것입니다."

라고 하는 것에서 목극등이 조선측으로부터 재물을 얻으려고 하는 의도를 알 수 있고, 실제 조선은 그에게 많은 뇌물을 주었다.

『숙종실록』에 남아있는 국경 획정 관련 기록을 보면 목극등 일행은 두만강 상류중 가장 북쪽의 지류를 경계로 삼고자 하였던 것이 것이 분명하다. 조선측에서 경계 표시 공사를 하면서 공사 노선이 계속 북쪽으로 향하게 되자 경계 설정이 잘못되었다고 하게 된 것은 바로 그러한 이유에서 였다. 그런데, 목극등이 국경 획정을 마치고 조선측에 모사해 주었다고 하는 백두산정계비도(白頭山定界碑圖)에는 '토문강원(土門江源)'이 분명히 흑룡강 쪽으로 합류하는 것으로 그려져 있다.

즉, 당시 청나라 대표단이 획정했다는 것과 다르며, 지도가 그려져 명확하게 표시된 것을 보면 이는 지리적인 상황을 알지 못하였기 때문도 아니다. 이러한 것은 후대에 러시아, 프랑스, 일본에서 제작된 조선지도에 압록

〈1712년 청나라 대표단이 왔을 때 심사를 마치고 조선측에 그려준 지도. 정계비 남동쪽(지도의 오른편 중간부분)에 '土門江源'이라고 기재한 것이 보이며, 이 줄기는 그 북쪽에 표기되어 있는 강줄기(흑룡강)와 합류하는 것으로 그려져 있다.〉

강, 두만강 북안지대의 상당 부분이 조선영토로 그려진 것과 관련이 있을 것으로 추정된다. 왜 이러한 결과가 나오게 되었는지는 분명하지 않지만 두가지 면에서 추정할 수 있을 것이다. 첫째는 앞서 언급한 바와 같이 목극등이 조선의 막대한 뇌물을 받고 이 문제를 적당히 모호하게 처리했을 가능성이 있고, 다른 하나는 청대의 영토는 기본적으로 명나라를 접수한 구역이 되고, 이 때문에 명나라 시기의 영토 인식이 잠정적으로 이어졌을 가능성이다. 명나라는 당초부터 압록강에서 상당히 떨어진 연산관에 국경을 설정하였고, 조선에게 10처 여진인에 대한 관할권을 승인하면서 두만강 일대의 여진인은 대부분 조선의 관할이 되었던 것이다. 또 두만강 유역은 조선왕조 건국자인 이성계 조상의 근거지이기도 하였다. 특히 당시 두만강 북쪽 지대에는 거의 여진인이 거주하고 있지 않았기 때문에 청나라에게는 주요 관심사 지역도 아니었다.

한편 조선정부는 간도문제를 해결하기 위하여 보다 적극적인 태도를 취하여 1901년 회령에 변계경무서(邊界警務署)를 설치하여 간도에 대한 행정권을 행사할 태세를 갖추었고, 1902년에는 이범윤을 간도시찰원으로 임명하였다가 다시 북간도관리사로 임명하고 간도주민에 대한 관할권을 행사하도록 하였다. 이범윤은 간도주민을 보호하기 위하여 사병을 모집하여 병영을 설치하고 주민보호에 적극 노력하였다. 청국정부는 이범윤의 소환을 요구하였고 조선정부는 청국과의 무력충돌을 피하기 위하여 1904년 이범윤을 소환하는 한편 이른바 선후장정(善後章程)이라는 것을 체결하였는데, 그 내용은 양국대표의 확실한 국경 조사를 기다려 차후에 처리하고 우선은 도문강을 경계로 경계를 넘어가지 않는다는 것이었다.

그러나 일제가 조선을 침략하자 수많은 우리 민족이 이 간도지방으로 생활터전을 찾아갔으며, 또한 많은 항일독립운동가들은 이 간도지방을 무대로 독립운동을 하였다. 1904년 러일전쟁에서 승리한 일본은 군사력을 배경으로 1905년 이른바 을사조약을 체결하여 통감부를 설치하고, 1907년에는 조선통감부 간도파출소를 설치하고 주민을 관할하였다. 일본은 토문강이 송화강 상류라는 것을 「한청국경문제의 연혁」이라는 문서를 통하여 밝혔고, 사이토(齊藤季次郎) 간도출장소장은 간도는 한국영토라고 하였으며, 간도에 거주하는 조선인은 청국정부에 세금을 낼 필요가 없다고 성명하는 동시에 이를 청나라에 통고하였다. 그러나 일제는 1909년 9월 7일 청나라와 간도협정을 체결하고 간도를 청국의 영토로 인정하는 대신 회령·연길간 철도부설권, 안봉철도부설권 등 무수한 이권을 획득하였다. 물론 이 부분에 대해 일본 학자들은 처음부터 일본측에서 간도영유권과 이권을 교환한 것이 아니라 간도 영유권 문제에 대해 자체적으로 정밀 조사한 결과 조선의 영유권 주장이 약하다고 판단하여 이 문제를 해결하면서 일본의 이익을 극대화하는 방향으로 활용한 것이라는 주장을 하기도 한다.

이 정계비는 1931년 9월 만주사변이 일어난 직후 없어지고 말았으나, 모든 문제가 종결된 것은 아니다. 해방후 북한은 중국과의 국경선 문제를 매듭짓지 못하다가 1962년 조중변계조약을 통해 분쟁지역으로 남아있던 백두산 천지와 두만강과 압록강 상류지역에 대한 국경선을 확정했다. 이 조약을 통하여 북한은 중국으로부터 약간의 양보를 얻었다고 하더라도 북간도의 영유권을 되찾은 것은 아니다.

그러나 역시 이것도 문제가 완전히 종결된 것은 아니다. 조선과 청나라 사이의 영유권 분쟁이 당사자간의 협의에 의해 결말지워진 것이 아니라 일본이 청나라에게 양여한 것은 누가 실질적인 영유권자인가 하는 것과는 상관없이 절차상 문제가 있다. 또한 지난 1962년에 체결된 조중변계조약도 북한만이 그 당사자라고 할 수 없기 때문에 향후 남 · 북한이 통일되는 시점에서는 이 조약에 대한 승계여부가 다시 거론될 수도 있다. 물론 통일 방식이나 한중 외교관계, 국력 문제 등 다양한 변수가 있지만 잠정적인 영토권 문제가 될 수 있다는 점은 분명하다.

18세기초 청나라와 협의하여 국경을 정한 사실은 조 · 청관계에 있어서 중요한 의미를 갖는 사건이다. 이전의 과거사에 있어서 우리나라와 중국은 끊임없이 갈등과 동반의 관계를 유지하여 왔지만 정작 국경에 관해서는 정식으로 협의하여 명확하게 정한 바가 없기 때문이다. 이는 아마 당시의 영토관념이 국가간의 협약을 전제로 한 '통치구역' 개념보다는 '군사적인 점거'라고 하는 측면이 강했기 때문이었을 것이다. 태종~세종대에 여진족을 구축하고 4군 6진을 설치한 것이 기본적으로 중국(明)의 양해에 의한 것이 아니라는 점만 보아도 쉽게 알 수 있다. 따라서 1712년에 있었던 청과의 국경 협의는 우리 국사상 매우 중차대한 일이라는 것은 재론의 여지가 없는 것이고, 또 그로부터 170여년이 지난 후에 생긴 분쟁이 일본의 농간으로 인하여 우리의 주장이 반영되지 못하고 마무리된 사안이라고 하는 점에서도 현대사에 주는 의미도 크다.

【참고문헌】

1. 사료

- 朝鮮王朝實錄
- 明太祖實錄
- 淸史稿
- 『국역 中國正史朝鮮傳』(국사편찬위원회, 1986)

2. 단행본

- 양태진, 『韓國邊境史硏究』, 법경출판사, 1989.
- 양태진, 『우리나라 領土 이야기』, 대륙연구소, 1994.
- 방동인, 『韓國의 國境劃定硏究』, 일조각, 1997.
- 양태진, 『近世韓國境域論考』, 경인문화사, 1999.
- 김용국 외, 『間島 領有權問題 論攷』, 백산자료원, 2000.
- 박원호, 『明初朝鮮關係史硏究』, 일조각, 2002.
- 조법종 외, 『한중관계사 연구의 성과와 과제』, 국사편찬위원회, 2003.
- 윤휘탁 외, 『중국의 東北邊疆 연구 3 –동향분석–』, 고구려연구재단, 2004.
- 시노다 지사쿠 저, 신영길 역, 『간도는 조선땅이다 –백두산정계비와 국경–』, 지선당, 2005.
- 엄성용 외, 『소통과 교류의 땅 신의주』, 혜안, 2007.
- 고구려연구회 편, 『동북공정과 한국학계의 대응논리』, 여유당, 2008.
- 이화자, 『朝淸國境問題硏究』, 집문당, 2008.
- 남의현, 『明代遼東支配政策硏究』, 강원대 출판부, 2008.
- 한성주, 『조선전기 수직여진인 연구』, 경인문화사, 2011.
- 유재춘 · 남의현 · 한성주, 『근세 동아시아와 요동』, 강원대학교출판부, 2011.

3. 논문

- 李丙燾, 「光海君의 對後金政策」, 『국사상의 제문제』 1, 1959.
- 李瑄根, 「白頭山과 間島問題」, 『歷史學報』 17 · 18 합집, 1960.
- 全海宗, 「丁卯胡亂時 後金軍의 撤兵經緯」, 『白山學報』 2, 1967.
- 車文燮, 「孝宗朝의 軍備擴充」, 『檀國大論文集』 1 · 2, 1967 · 1968.
- 金龍國, 「白頭山考」, 『白山學報』 8, 1970.
- 劉鳳榮, 「白頭山定界碑와 間島問題」, 『白山學報』 13, 1972.
- 김성균, 「朝鮮朝 北境關防定礎 略考」, 『백산학보』 15호, 백산학회, 1973.
- 김구진, 「麗末鮮初 豆滿江 流域의 女眞 分布」, 『백산학보』 15호, 백산학회, 1973.

• 李章熙, 「丁卯 · 丙子胡亂義兵攷」, 『建大史學』 4, 1974.
• 崔韶子, 「胡亂과 朝鮮의 對明 · 淸關係의 變遷」, 『梨大史苑』 12, 1975.
• 全海宗, 「女眞族의 侵寇」, 『한국사』 12 양반사회의 모순과 대외항쟁, 一潮閣, 1977.
• 양태진, 「鴨綠江 國境河川에 관한 考察」, 『軍史』제8호, 국방부 전사편찬위원회, 1984.
• 김경춘, 「朝鮮朝 後期의 國境線에 대한 一考; 無人地帶를 中心으로」, 『백산학보』 29호, 백산학회, 1984.
• 박용옥, 「白頭山 定界碑建立의 再檢討와 間島領有權」, 『백산학보』 30 · 31호, 백산학회, 1985.
• 김경춘, 「鴨綠江下流 朝 · 淸國境線形成問題考」, 『邊太燮博士 華甲紀念 史學論叢』, 삼영사, 1985.
• 韓明基, 「光海君代의 大北勢力과 政局의 動向」, 『韓國史論』 20, 서울대, 1988.
• 김득황, 「조선의 北方疆界에 관하여」, 『백산학보』 41호, 백산학회, 1993.
• 노계현, 「高麗의 압록강 방면 영토변천 1269; 1388」, 『논문집』 18집, 한국방송통신대학교, 1994.
• 강석화, 「朝鮮後期 咸鏡道의 地域發展과 北方領土意識」, 서울대 대학원 박사학위논문, 1996.
• 김경춘, 「鴨綠 · 豆滿江 國境問題에 關한 研究」, 국민대 대학원 국사학과 박사학위논문, 1997.
• 배우성, 『조선후기 국토관과 천하관의 변화』, 일지사, 1998.
• 배동수, 「조선 세종의 북방정책」, 『韓國北方學會論集』 제8호, 한국북방학회, 2001.
• 유재춘, 「15세기 明의 東八站 地域 占據와 朝鮮의 對應」, 『조선시대사학보』 18, 조선시대사학회, 2001.
• 김춘선, 「鴨綠 · 豆滿江 국경문제에 관한 한 · 중 양국의 연구동향」, 『韓國史學報』 12, 고려사학회, 2002.
• 윤훈표, 「朝鮮前期 北方開拓과 領土意識」, 『한국사연구』 129, 한국사연구회, 2005.
• 유재춘, 「15세기 前後 朝鮮의 北邊 兩江地帶 인식과 영토 문제」, 『조선시대사학보』 39, 조선시대사학회, 2006.
• 한성주, 「두만강지역 여진인 동향 보고서의 분석 – 『端宗實錄』기사를 중심으로」, 『사학연구』 86호, 한국사학회, 2007.
• 이강원, 「조선 초 기록중 '豆滿' 및 '土門'의 개념과 국경인식」, 『문화역사지리』 19-2호, 한국문화역사지리학회, 2007.
• 이강원, 「조선후기 국경인식에 있어서 豆滿江 · 土門江 · 分界江 개념과 그에 대한 검토」, 『정신문화연구』 108호, 한국학중앙연구원, 2007.
• 남의현, 「元 · 明交替期 한반도 북방경계인식의 변화와 성격」, 『韓日關係史研究』 39, 한일관계사학회, 2011.
• 유재춘, 「중 · 근세 韓 · 中間 국경완충지대의 형성과 경계인식–14세기~15세기를 중심으로–」, 『韓日關係史研究』 39, 한일관계사학회, 2011.

【연표】

연 도	주 요 내 용
1637. 1. 30	조선 침략한 청나라에 항복
1645. 5	명나라 남경 함락
1673. 11	오삼계 반란을 일으킴
1680. 3	청나라 제사를 핑계로 백두산 왕래
1689	청나라 러시아와 네르친스크 조약 체결
1711	남한산성에 종묘를 모실 좌전(左殿)과 사직을 모실 우실(右室)을 건립, 북한산성 축조
1712. 4~5	조 · 청 국경 답사 및 백두산정계비 건립
1869~1870	함경도 지방 대흉년
1881	청나라 길림장군 간도지방 답사후 청국 정부에 실상 보고
1882	청나라 측으로부터 사사로운 월경(越境)과 개간 금지 요청이 옴
1883	청, 조선에 간도 거주 농민 쇄환 요청
1885. 5	청, 간도거주 조선인에 대한 무력 축출 경고
1885.11~1887.4	청나라와 간도 문제를 협상하였으나 해결되지 못함
1901	회령에 변계경무서(邊界警務署)를 설치하여 간도에 대한 행정권을 행사할 태세를 갖춤
1902	이범윤을 간도시찰원으로 임명하였다가 다시 북간도관리사로 임명하고 간도주민에 대한 관할권을 행사하도록 함
1904	이범윤 소환, 노일전쟁 발발
1905. 7	가쓰라-태프트 밀약 (일본은 미국으로부터 한국에 대한 종주권 인정받음)
1909. 9. 7	청일간 간도협약 체결
1931	만주사변시 백두산정계비 파괴
1962	조중변계조약 체결로 북한과 중국 국경문제 완료

05

이사부,
독도의 진실을 말하다

1. 독도와 일본교과서의 독도기술
2. 독도의 역사적 권원
3. 지도를 통해 본 독도

이사부,
독도의 진실을 말하다

손승철

최근 몇 년 사이에 한국은 일본과 중국 사이에서 영토문제 및 역사왜곡문제로 심한 고통을 당하고 있다. 예를 들면, 일본에서는 1982년 역사교과서 왜곡문제로 갈등을 빚어 온 이래, 2002년부터는 우경화의 경향이 더욱 심해져 극우파의 새로운 교과서(扶桑社 일본중학교 교과서)가 검정 통과되었고, 중국정부의 동북공정사업에 의해 '고구려사'를 중국사에 포함시키려는 시도가 이루어지고 있다. 모두 우리민족과 국가의 정체성에 심한 훼손과 상처를 주고 있는 용납할 수 없는 행위들이다.

일본과의 갈등은 역사교과서 뿐만아니라 독도문제가 뿌리깊이 내재되어 있다. 독도에 대한 일본측의 망언은 정부의 고위관료 및 국회의원, 나아가서는 총리대신에 이르기까지 합창을 하고 있다.

2005년 일본 시마네현에서는 독도에 대한 일본 국내의 여론을 조성하기 위해, 2월 22일을 소위 '다케시마(竹島)의 날'로 제정하여 매년 기념행사를 개최하기 시작했다. 그리고 2008년 문부과학성에서는 사회과 학습지도요령 해설서에서 독도 관련 내용을 기술하고, 독도에 관한 교육을 심화시키도록 했다. 그리고 2008년에는 학습지도요령을 개편하였고, 그 결과 2010년에는 초등학교, 2011년에는 중학교, 2012년에는 거의 대부분의 교과서에서 독도를 일본 땅으로 기술하여 교육하고 있다.

이 장에서는 독도 영유권 문제를 역사적으로 검토함으로써, 일본의 주장이 얼마나 터무니 없으며, 독도가 한국땅인 이유를 체계적으로 설명하여 보자.

〈대한민국 영토 독도〉

1. 독도와 일본교과서의 독도기술

1) 독도개관

독도는 동도 · 서도와 89개의 돌섬으로 되어 있다. 동도와 서도는 현재 유인도로 동도에는 독도경비대원 40여명, 등대원 3명과 서도에는 어민3명이 살고 있다. 그리고 명예도민 1400여명이 독도에 주민등록을 옮겨놓고 있으며, 독도의 행정구역은 '대한민국 경상북도 울릉도 울릉읍 독도리 1번지이다.

독도의 위치는 울릉도에서 동남쪽으로 87㎞, 동해안의 죽변에서 217㎞ 떨어져 있으며, 날씨가 맑은 날이면 우릉도에서 독도를 바라볼 수 가 있다. 반면 일본 본토 마쓰에에서는 70㎞, 시마네현 오키섬에서는 북서쪽으로

157㎞ 떨어져 있다. 거리로 환산해도 육지로부터의 거리가 우리 쪽이 10㎞나 가깝게 위치해 있다. 그리고 독도는 울릉도에서 보이며, 울릉도는 또 육지에서 보인다. 삼척의 근덕이라는 곳에 소공대라는 정자가 있는 데, 그곳에 가면 조선시대 선비들이 소공대에 올라 울릉도를 바라보며 지은 시들이 있다. 그러나 일본의 오키섬에서는 독도는 전혀 보이지 않는다.

따라서 울릉도에 처음 이주해갔던 사람도 한반도에서 이주해 간 예족 계통의 사람들로 추정되고 있으며, 이들은 울릉도에 살면서 독도를 보았기 때문에 독도를 어로생활의 공간으로 삼았을 것이다. 결국 독도는 이미 태고시대에 사람이 살았던 때부터 한반도의 생활영역으로서의 성격을 갖고 있었던 것이다.

독도의 크기는 동도가 축구장의 10배, 서도가 축구장의 12배이며, 동서도의 거리는 150미터이다. 독도의 기후는 겨울이 섭씨 1도, 여름이 23도로 평균 12도 정도이고, 연중 300일정도가 흐린날이고, 50여일 정도만 날씨가 좋아서 요즈음 독도에 가더라도 배가 선착할 수 있는 가능한 날도 연중 50여일 정도에 지나지 않는다. 독도는 지질학적으로 화산암으로 되어 있어 식물이 자랄 수 있는 환경은 아니지만, 민들래 괭이밥 등 50여종의 식물과 붉은 가시 딸기 동백 등 50여종의 목본류가 자생하고, 바다제비 괭이 갈미기를 20여종의 조류가 관찰된다. 바다속에는 미역 다시마 등 해조류, 오징어 꽁치 등 어류, 전복 소라 등 조개류가 서식하고 있으며, 천연기념물 제336호로 지정되어 있는 보고의 섬이다.

2) 일본교과서의 독도기술

일본에서는 2008년도부터는 지리교과서 학습지도요령 및 해설서에 "일본과 한국 사이에 독도에 대한 주장에 차이가 있다는 점 등에 대해서도 취급하고, 북방영토와 동일하게 일본의 영토 · 영역에 대한 이해를 심화시키는 것도 필요하다."고 명시하였고, 이러한 방침에 따라서 2010년에는 초등학교 교과서, 2011년에는 중학교 교과서, 2012년에는 고등학교 교과서에 독도를 일본 땅으로 수록하였다.

2011년에 발행되어, 현재 고등학교에서 사용되고 있는 교과서의 한 예를 살펴보자.

> 〈2011년, 리쿠호샤(育鵬社) 교과서 죽도(竹島)기술〉
>
> 번역문
>
> 죽도(다케시마)
>
> 시마네현 오키제도의 북서쪽에 위치하고 있는 죽도는 일본 고유의 영토입니다. 1954년(소화 29)부터 "한국에 의한 죽도의 점거는 국제법상 아무런 근거 없이 이루어지고 있는 '불법점거'이고, 우리나라로서 엄중히 항의를 거듭하고" 있습니다. 또한 "평화적 수단에 의한 해결을 도모하기" 위하여, "국제사법재판소에 회부할 것을 제안하였습니다만, 한국은 이것을 받아들이지 않고 현재에 이르고 있습니다." (외무성 홈페이지 인용)

그렇다면 일본이 이토록 독도에 대해 욕심을 내는 이유는 무엇일까?

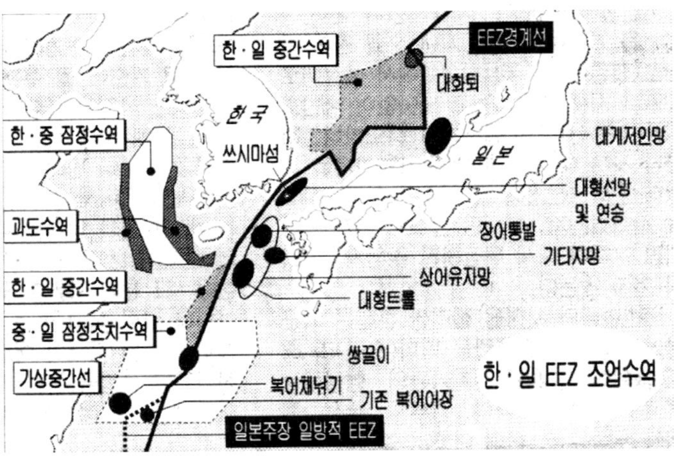

〈한일간 현재의 EEZ(배타적 경제수역)〉

현재 한국과 일본간에 협약되어 있는 배타적경제수역의 지도를 보면 그 이유를 명확히 알 수 있다. 그 이유는 첫째 독도가 가지고 있는 동해상의 군사안보적 가치이다. 즉 독도를 차지함으로써 자국의 영토를 넓히고, 영해와 영공을 넓힐 수 있다는 점이다. 둘째, 독도가 가지고 있는 경제적 가치이다. 동해상에는 울릉도와 독도, 그리고 일본의 오키섬 등 3개의 섬밖에 없다. 따라서 이 섬주변에는 엄청난 수산자원(각종 어족자원)이 있으며, 바다밑에는 해저자원(해양심층수, 하이드레이트)이 매장되어 있다. 뿐만아니라 독도를 관광자원으로 활용할 경우, 관광수입도 적지 않다. 2012년 현재 약 20만명이 독도를 방문하였다. 세 번째, 미래의 생태 · 환경적인 가치이다, 동해의 미래를 준비하기 위해 기후, 어장, 지구환경, 해양과학기지 등이 필요한데, 그 최적지로서 독도가 주목되고 있다는 점이다. 이러한 이유에서 일본은 독도에 대한 야욕을 갖고 잇는 것이다.

2. 독도의 역사적 권원

1) 이사부와 《삼국사기》

독도가 한국땅인 이유에 대해서 한국에서는 역사적으로 설명하고 있다. 이것을 법률적인 용어로 '역사적 권원'이라고 한다. 권원(權原)이란 권리의 역사적인 원인이라는 의미이다.

독도에 관한 기록은 우리나라에서 현존하는 가장 오래된 역사책으로 불리는 《삼국사기》에 나온다. 《삼국사기》 신라본기 지증왕 13년조에는 '지증왕 13년(서기 512년) 신라장군 이사부가 우산국을 도모하다'라는 기록이 있다. 이 사료는 이사부가 우산국을 복속시켜 신라 영토에 편입시킨 역사적 사실을 전하고 있다. 이때의 우산국은 현재의 울릉도와 독도이다. 따라서 역사적으로 보면, 울릉도와 독도는 이미 6세기 초부터 우리의 영토였다.

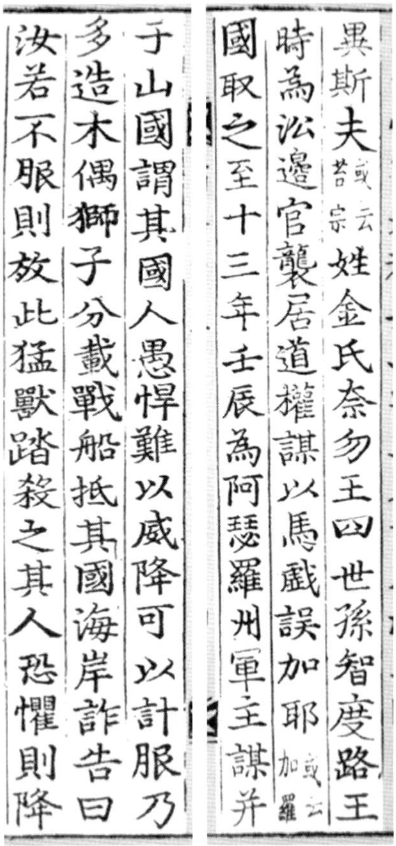
異斯夫(或云苔宗)姓金氏奈勿王四世孫智度路王時為沿邊官襲居道權謀以馬戲誤加耶(或云加羅)國取之至十三年壬辰為阿瑟羅州軍主謀幷于山國謂其國人愚悍難以威降可以計服乃多造木偶獅子分載戰船抵其國海岸詐告曰汝若不服則放此猛獸踏殺之其人恐懼則降

〈번역문〉

이사부[혹은 태종이라고도 한다.]의 성은 김씨이고, 나물왕의 4세손이다. 지도로왕 때 변경 관장이 되어 거도의 권모를 모방하여 마희로써 가야[혹은 가라라고도 한다.]국을 속여서 빼앗았다.

지증왕 13년 임진에 그는 하슬라주의 군주가 되어 우산국을 병합하려고 계획하였다. 그는 그 나라 사람들이 미련하고 사나워서 힘으로 항복받기는 어려우나 전략으로 항복시킬 수는 있다고 생각하였다. 이에 나무로 사자를 많이 만들어 전함에 나누어 싣고 그 나라 해안으로 가서 거짓으로 말했다. "너희들이 만일 항복하지 않으면 이 맹수들을 풀어 놓아서 밟아 죽이겠다." 우산국 사람들이 두려워하여 즉시 항복하였다.

그런데 이 '우산국'이 어디냐를 놓고 이론이 분분하다. 특히 일본에서는 우산국이 독도라는 증거가 없다고 한다. 그렇다면 우산국은 어디일까. 우산국에 관해, 《세종실록지리지》에는,

> 우산 무릉 두 섬은 울진현의 정동쪽 바다에 있다. 두 섬은 서로의 거리가 멀지 않아 날씨가 맑으면 바라볼 수 있다. 신라 때에는 우산국이라 칭했는데, 울릉도라고도 한다. 지방이 1백리이다.

라는 기록이 있다. 이 기록을 통해보면, 결국 이사부가 정복한 우산국은 우산과 무릉인데, 우산은 독도이고, 무릉은 울릉도이며, 이들 두섬을 신라 때부터 우산국이라고 불렀다는 것을 알 수 있다. 두섬의 명칭변화에 관해서는 뒤에 다시 설명한다.

그렇다면 왜 이사부는 서기 512년에 우산국을 정복하여 신라에 병합하였을까? 신라의 지증왕은 500년에 즉위하여, 신라를 고대국가로 발전시키기 위해 503년 국호를 제정했다. 원래 신라는 마한 진한 변한 삼한의 가운데 하나인 진한의 사로국이라는 조그마한 나라였다. 이 사로국이 발전하여 신라가 되는데, 신라라는 국호를 정한 것이 지증왕 3년, 503년이다. 신라라는 국호는 덕업일신의 신과 망라사방의 라에서 따온 말로, 덕업일신(德業日新)이란 덕을 매일 새롭게 한다는 말이고, 망라사방(網羅四方)은 그것을 사방에 망라한다는 말이다.

이어 지증왕은 동해안 진출을 감행하여 울진의 파조국을 점령하고, 이어 505년에는 삼척의 실직국을 점령한다. 이어 이사부를 실직군주에 임명하고 북쪽으로 강릉까지 이르러 고구려와 대치하게 된다.

고구려와 맞부딪친 이사부는 혹시 고구려가 동해바다에 있는 해상국가였던 우산국과 연대를 하여, 우산국으로 하여금 신라의 배후를 치게하지 않을까 의구심이 생겼다. 또한편 우산국이 왜와 손을 잡지 않을까하는 걱정도 갖게 되었다. 그리하여 후환을 없애기 위해 우산국을 공격하여 신라에 복속시키게 되었던 것이다.

이와같이 이사부는 동해안 진출과 우산국 복속, 가야정복을 주도했던 무인이었다. 이사부는 그후에 신라의 국장을 총괄하는 병부령이 되었으며, 말년에는 거칠부와 함께 신라의 역사서인 '국사(國史)'를 편찬하기도 했다. 그리고 '덕업일신'과 '망라사방'이라는 신라의 국가비전을 실천에 옮긴 인물이다. 그 결과 신라는 삼국가운데 후진의 열세를 극복하고, 비약적인 발전을 거듭하면서, 삼국통일의 초석을 다지게 된다. 이점에서 이사부는 신라사, 나아가 한국고대사에서 손꼽히는 일대 영웅이다.

우산국의 신라복속형태에 대해서는 여러설이 있지만, 직접적인 지배보다는 신라와의 교류를 통해 신라의 정치 문화권에 편입되었다고 보아야 할 것이다.

고려의 건국이후에도 우산국은 고려와의 관계를 재정립하기 위해 공물을 보내왔고, 고려는 우산국에 품계를 주었다. 고려시대의 우산국과의 관계를 연표로 작성해 보면 다음과 같다.

1032년「우릉성주가 그 아들 부어잉다랑을 보내 토산물을 바쳤다. 백길에게는 정 위, 토두에게는 정조의 품계를 주었다」

1141년 「명주도 감창사 이양실이 사람을 보내어 울릉도에 들어가 과핵(菓核)과 목엽(木 葉)이 이상한 것을 취해 오게 하였다」

1157년「왕이 동해가운데 우릉도(羽陵島)란 섬이 있어 땅이 넓고 토지가 기름져서 예전 에 주현이 있던 곳으로 사람이 살 수 있다는 말을 듣고 명주도 감창 김유립을 보내어 가서 보게 하였다.

1346년,「동계 우릉도인이 내조하였다」는 기사가 보인다.

이상의 내용을 볼 때, 우산국이 고려초기에도 직접적인 지배를 받았던 것 같지 않다. 그러나 12초에 들어서면서 명주도의 관리를 받았으며, 14세기에는 동계의 행정구역에 편입되었음을 알 수 있다.

2) 왜구의 약탈과 울릉도의 무인화

그러나 1350년대에 이르러, 한반도에 대한 왜구침탈이 시작되면서 울릉도에 대한 인식과 관리가 크게 변화하게 된다. 동해안지역에 왜구 침탈의 기사가 처음 등장하는 것은 1352년 6월이고, 1379년 7월에는 왜구가 울릉도에도 침탈하여 동해안의 강릉 · 삼척 등지를 약탈할 때, 울릉도를 중간거점으로 이용했다. 이후부터 조선정부에서는 왜구가 동해안 침탈할 때 울릉도가 중간거점으로 이용되는 것을 우려하게 된다.

〈강원지역 왜구침탈표〉

연도	월	지역
1352년(공민왕 원)	6월	강릉도(강릉)
1372년(공민왕 21)	6월	강릉부(강릉)
1374년(공민왕 23)	5월	강릉
	5월	삼척
	6월	襄州(양양)
1381년(신우 7)	3월	강릉도(강릉)
		삼척
1382년(신우 8)	3월	삼척
		영월
	5월	永春縣(원주)
1383년(신우 9)	7월	방림(평창)
	8월	영월
		정선
	9월	홍천
	10월	강릉
		양구, 春州(춘천)
1385년(신우 11)	4월	襄州(양양)

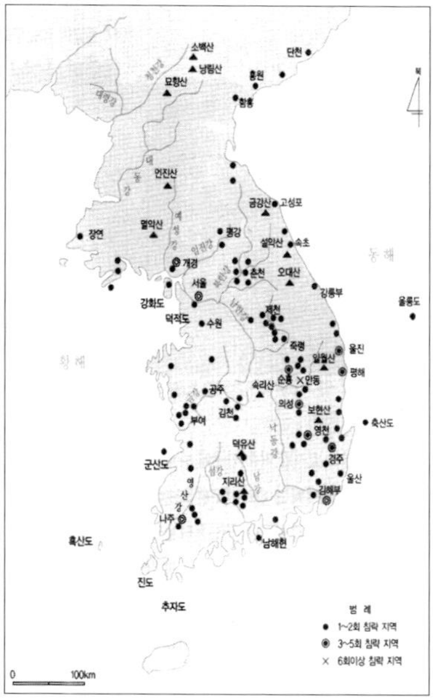

조선시대에 들어와서도 동해안에 대한 왜구의 침구는 계속되었다. 1395년 윤 9월에 삼척을 침입했고, 1396년 11월에도 경상도 영해를 침입했던 왜구가 강원도로 향했다. 1403년 7월에는 왜선 8척이 강릉의 우계현에 침입하였다. 그러자 중앙에서는 조전병마사를 파견하여 왜구를 막는 한편, 강원감사로 하여금 울릉도 주민이 왜구에게 침탈되는 것을 미연에 방지하기 위해 섬에서 나오도록 했다. 그리고 조선에서는 1416년 무릉등처안무사, 1436년 무릉도 순심경차관을 파견하여 울릉도에 사람이 사는 것을 금지했다. 이후부터 울릉도와 독도는 무인도가 되었으며, 다시 사름들이 들어가서 살게 된 것은 1883년부터이다.

울릉도의 주민을 육지로 철수시키고, 울릉도를 무인도화 한 것은 울릉도가 왜구약탈의 중간 거점이 되는 것을 막기 위한 조치였다. 그러나 울릉도의 무인화 조치는 이후 독도 영유권문제가 야기되는 원인이 되었던 것이다.

3) 안용복 사건과 울릉도수토제

왜구의 약탈을 방지하기 위해 울릉도를 무인화했지만, 울릉도와 독도에는 수산자원이 풍부했고, 바다를 생활기반으로 했던 어민들에게는 포기할 수 없는 생활영역이었다. 따라서 동해안의 어민들은 여전히 울릉도를 왕래하면서 고기를 잡았고, 때로는 몰래 숨어들어가 살기도 했다. 그래서 조선정부에서는 이것을 금지했고, 급기야 1438년에는 숨어들어간 자를 잡아다가 사형에 처하기도 했다. 그러나 여전히 울릉도 왕래는 계속되었고, 무인도이다보니 일본의 오키섬에서도 고기를 잡으러 왔다. 그러다가 드디어 울릉도에서 조선어부와 일본어부의 충돌사건이 발생하게 되었다.

1693년 여름, 동래인 안용복이 고기잡이를 하러 울릉도에 갔는데, 마침 그곳에는 일본의 오키섬과 도도리현 사람들이 있었다. 당시 이들과 마찰이 발생하였고, 안용복은 일본영토에서 고기를 잡았다는 이유로 도도리현에 붙잡혀갔다. 도토리현에서 안용복은 울릉도와 독도가 조선 땅임을 항의하면서, 자신의 무죄와 일본인의 출입금지를 요구하였다. 그러자 막부에서는 재판을 열었고, 재판의 결과 안용복의 무죄가 밝혀지면서, 안용복을 표류민의 예에 따라 그해 12월 대마도를 거쳐 조선에 송환하였다. 그리고 이 과정에서 막부와 대마도에서는 독도가 조선영토라는 사실을 공문서로 남겼다. 즉 "원록연간(1693)에 죽도(竹島) 근처에 송도(松島)라는 섬이 있어 일본인이 건너가 어로활동을 했다는 기록이 있으나, 차후는 일본인의 출입을 금지한다."(다케시마도해금지령)고 기록되어 있다.

그러나 이에 대한 조선측에의 통보가 중간에 있던 쓰시마의 농간으로 조선에 뒤늦게 전해졌고, 조선에 돌아온 안용복은 억울하게 옥살이를 하게 된다. 옥에서 풀려난 안용복은 자신의 결백을 확인하기 위해 1696년 3월 다시 도일을 결정하고, 일행 11명과 함께 울릉도를 갔다. 약 2달을 머무는 중, 드디어 오키섬의 어부들이 울릉도에 나타났고, 안용복 일행은 이들을 추격하여 오키섬에 이르게 되었다. 이때 오키섬의 관리들은 안용복 일행을 잡아 안용복을 취조했는데, 그 취조문서인 『원록9 병자년 조선주착안일권지각서』가 최근에 오키섬에서 안용복을 취조했던 관리의 집에서 발견되었다. 그 문서에는 안용복 등의 인적 사항등을 비롯하여, 안용복이 두차례에 걸쳐 도일한 이유 등이 기록되어 있고, 또한「강원도내에 울릉도와 독도」가 있다는 내용이 있다. 이 문서는 당시에는 독도뿐아니라 울릉도까지도 영토문제에 휘둘렸고, 이것이 이미 안용복 도일로 확실하게 종결되었음을 드러내는 증거이다.

그런데 조선에서는 제1차 안용복사건이후, 1694년 8월 삼척첨사 장한상으로 하여금 울릉도를 수토하도록 지사하였다. 수토(搜討)란 탐색을 통하여 무엇을 알아내거나 찾아내기 위해 조사하는 일을 말한다. 즉 울릉도 수토제란 울릉도에 들어가서 섬의 형편을 조사하고, 주민이나 일본인이 있는지를 조사하는 일이다.

국왕의 명을 받은 장한상은 역관 안신휘를 포함하여 총 150명에 기선 2척, 급수선 4척을 동원하여, 9월 19일에 삼척을 출발하여 10월 3일까지 13일간 체류하면서 울릉도를 조사하고 10월 6일에 삼척으로 돌아와 국왕에게 복명하였다. 울릉도에 대한 수토는 이때부터 1894년까지 2-3년에 한차례씩 정례화하여 운영되었다.

현재 울릉도 향토사료관에는 1711년 울릉도수토관 박석창의 수토비가 보관되어 있다. 이 비석은 1937년 도동 축항공사 때 바다에서 인양한 비석이다. 당시 2개가 있었으나 현재는 1개만이 남아있다. 비석은 가로 70cm, 세로 80cm로 2단으로 각기문(刻記文)을 새겼다.

이 각석문은 '신묘오월(辛卯五月 : 1711년)'이라 새겨져 있어서 조선 숙종 37년으로 추정되는 신묘년의 기록으로 추정된다. 당시의 수토관이었던 박석창의 이름이 새겨져 있다.

4) 하치에몽사건과 '다케시마도해금지령'

안용복사건에 의해 일본인의 울릉도도해가 금지되었음에도 불구하고, 일본인들은 계속하여 울릉도와 독도를 왕래했다. 드디어 1836년 이를 어긴 하치에몽 등이 사형을 당하는 사건이 일어났다. 하치에몽(八右衛門)사건은 1836년, 하마다번(시마네현 소재)과 오사카 지역 거주자들이 울릉도에 도해하여 이국인(異國人)에게 일본의 '도검류(刀劍類)'를 판매한 사실이 발각되어, 주모자와 관계자들이 '조선의 울릉도에 도해'한 죄목으로 대거 처벌된 사건이다. 하치에몽이 처음 어떤 계기로, 언제 울릉도에 도해하게 되었는지는 명확하지 않다. 그런데 하치에몽의 공술서에 의하면 처음 그가 죽도 도해 허가를 요청했을 때 '내존서(內存書)'를 제출한 적이 있었다. 내존서에는 '죽도 외에 송도(松嶋)라는 작은 섬도 있는데 두 섬 모두 빈섬(空島)로 보인다. 그대로 두는 것은 아쉽기 짝이 없다. 초목을 벌채하고 어업을 하면 사적인 이익이 될 뿐 아니라 막대한 국익이 될 것으로 예상된다'는 내용이었다.

그후 울릉도 도항계획을 다시 수립하여 1836년 6월 하마다를 출항한 일행은 오키 섬의 후쿠우라(福浦)를 거쳐 7월 울릉도에 도착했다. 도중에 독도(松嶋)를 목격했지만 수목이 없어 상륙하지 않았다. 선원들은 제각기 울릉도의 산물을 채획하여 8월 하마다에 귀항했다. 그 후 번주에게 재차 도항허가를 요청한 후 그 회답을 기다리는 사이 체포되었다. 막부에서는 이들을 재판에 회부하였고, 판결문에 명시된 그의 죄상은 다음과 같았다.

> '이국인과 만나서 통교하지는 않았지만, 이국의 속도에 도해한 것은 국체에 대해 불미스러운 행위이므로 사형에 처한다'.

즉 울릉도가 조선땅이라는 사실이 명시되어 있고, 외국인과의 밀무역 행위는 전혀 없지만, 이국도해금령(異國渡海禁令)을 어긴 점만으로도 사형에 처한다고 되어 있다. 그리고 이듬해인 1837년, 막부는 국내에 '죽도도해금지어촉(竹島渡海禁止御觸)'을 발포함으로써 재차 '일본인의 죽도 도해금지' 명령을 내렸다.

5) 독도를 조선땅으로 인정한 '태정관지령문'

1876년 명치정부는 일본 전역의 지적을 편찬하는 작업을 하면서, 시마네현에 다케시마(울릉도)에 대한 기록과 지도등을 제출하도록 요구했다. 이에 시마네현은 '기죽도약도(磯竹島略圖)를 첨부하여, 지적도에 '다케시마외 1도(독도)를 일본 영도로 등재해도 좋을지를 문의하였다. '기죽도약도'에는 울릉도에서 1도까지의 거리를 40리도 되어있어, 이 두 섬이 울릉도와 독도임을 알 수 있다.

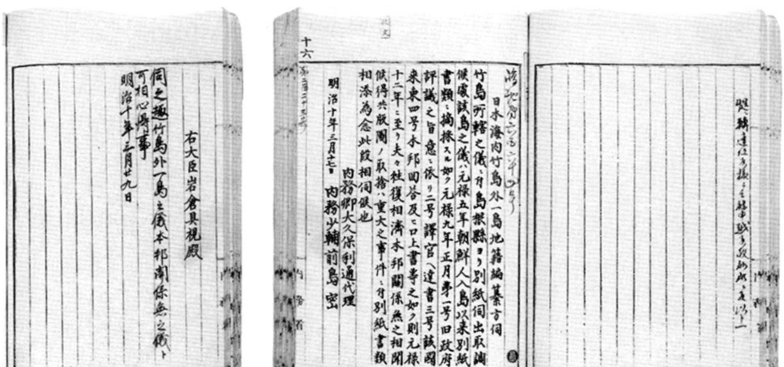
日本海内竹島外一島地籍編纂方伺
竹島所轄之儀ニ付島根県ヨリ別紙伺出取調
候処該島之儀ハ元禄五年朝鮮人入島以来別紙
書類ニ摘採スル如ク元禄九年正月第一号旧政府
評議之旨意ニ依リ二号訳官ヘ達書三号該国
来柬四号本邦回答及ヒ口上書等之如ク則元禄
十二年ニ至リ夫々往復相済本邦関係無之相聞
候得共版図ノ取捨ハ重大之事件ニ付別紙書類
相添為念此段相伺候也
明治十年三月十七日
内務卿大久保利通代理
内務少輔前島密

右大臣岩倉具視殿
伺之趣竹島外一島之儀本邦関係無之儀ト
可相心得事
明治十年三月廿九日

〈태정관지령문〉

이에 태정관은 '다케시마와 1도는 본방(일본)과 관계가 없다는 것을 명심할 것'이라고 결론을 내렸고, 그 결론을 「일본내 다케시마 외 1도를 판도외로 정한다」라는 문서로 정리해 1877년 3월 29일 시마네현에 하달했다.

6) 울릉도 주민이주와 대한제국칙령

1694년 이후 계속된 울릉도 수토제의 실시에도 불구하고 울릉도와 독도에는 조선인과 일본인이 계속적으로 왕래하였다. 1880년초 일본인이 울릉도에 '마쓰시마(松島)'라는 팻말을 세워 논 사실을 알게된 조선정부는 울릉도 개척여부를 조사했다. 1882년 4월, 고종은 이규원을 울릉도검찰사로 임명하여 울릉도와 주변의 섬을 조사하도록 명했다.

이규원은 100여명의 수행원과 함께 조사한 후, 보고서형태인 《울릉도검찰일기계초본》과 울릉도지도인 〈울릉도내도〉와 〈울릉도외도〉를 제출했다. 이규원의 보고를 받은 고종은 김옥균을 '동남제도개척사'에 임명하여 울릉도와 주변의 여러 섬을 개척하는 임무를 부여했고, 1883년부터는 주민들이 정식으로 이주하기 시작했다. 당시 두 번에 걸쳐 들어간 이주민은 16가구, 54명이었다. 이들은 생활에 필요한 물자와 식량, 소두마리와 무기 등을 가지고 들어갔다. 1403년 주민을 육지로 쇄환한 이후, 실로 480년만에 울릉도에 다시 주민이 살기 시작했다.

1883년부터 울릉도 이주가 시작되고, 이주민이 점차 늘어나고 울릉도에 들어오는 일본인도 늘어나자 이들을 관리해야 하는 문제가 발생했다. 정부는 울릉도에 도감(島監)을 두어 관리했으나 역부족이었고, 특히 일본이 1895년 청나라와의 전쟁에서 승리한 이후로는 더 많은 일본인이 들어와 많은 폐단이 생겨났다. 그리하여 대한제국에서는 '칙령 제41호'(1900. 10. 25)를 공포했다. 칙령 제41호는 '울릉도를 울도로 개칭하고 도감을 군수로 개정하는 건'이었다.

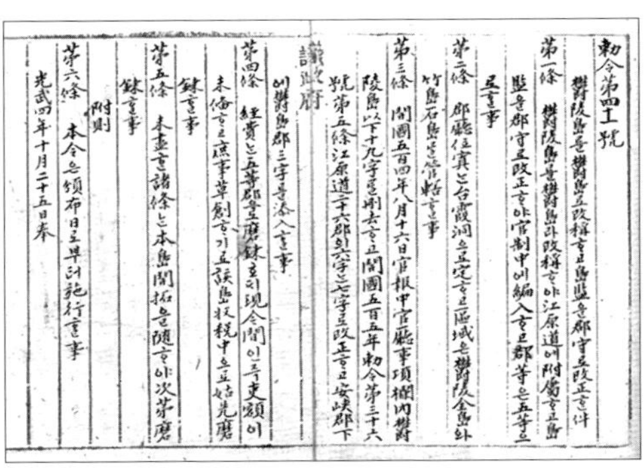
〈대한제국 칙령 제41호〉

그 내용을 보면, 제1조는 '울릉도를 울도로 개칭하여 강원도에 부속하고, 도감을 군수로 개정하여 군제 중에 편입하고, 군등은 5등으로 한다.' 였다. 그리고 제2조에서, '군청의 위치는 대하동으로 정하고, 구역은 울릉도 섬 전체와 죽도, 석도를 관할한다'라고 규정했다. 여기서 죽도는 울릉도 동쪽 2키로 지점에 있는 댓섬이고, 석도는 독도를 가리킨다. 대한제국의 칙령 제41호는 1900년 10월 27일자 「관보」(제1716호)에 실려 울릉도와 독도의 영유권을 근대법적으로 분명히 한 것으로 의미가 있다.

7) 독도명칭의 변화

역사적으로 독도의 명칭이 쓰여지기 시작한 것은 1906년부터이다. 당시에 울릉도의 주민들은 독도를 '독섬'이라고도 불렀는데 '독'은 '돌'의 방언이다. 즉 돌섬을 독섬이라고 불렀다. 즉 대한제국 칙령에서 석도(石島)는 돌섬이고, 이것이 방언으로 독섬이 된 것이고, 독도가 된 것이다. 따라서 돌섬 → 독섬 → 석도 → 독도가 모두 독도의 명칭으로 사용되었다.

〈독도명칭의 변화〉

명 칭	내 용
우산도(于山島)	『태종실록』(1417년)에 최초로 이 명칭이 보인다. 자산도(子山島), 천산도(千山島), 방산도(方山島), 간산도(干山島) 등으로도 표기하는데 이는 '于(우)'자를 비슷한 다른 한자로 잘못 써서 빚어진 현상이다.
삼봉도(三峯島)	조선 성종 때 삼봉도라는 섬이 따로 있다고 했으나 조사해 보니, 이 섬은 울릉도를 가리키거나 독도를 가리키는 경우가 있었다. 세 개의 봉우리가 보인다고 해서 삼봉도라 불렀다.
가지도 (可之島, 可支島)	조선 정조 때 독도에 가지어(嘉支魚 : 강치)라는 물고기가 발견되었다고 해서 가지도(可支島)라고도 불렀다. '가지'의 한자가 다른 것은 우리말 가제를 한자로 표기하는 과정에서 달라진 것으로 보인다.
석도(石島 , 돌섬, 독섬)	1900년 대한제국 칙령 제41호에 보이는 호칭으로 석도(石島)를우리말로 풀어쓰면 '돌섬'이다. ' 돌'을 '독'이라고 하므로 '독섬'이라고도 불렸다. 다시 이를 한자로 적는 과정에서 독섬의 '독'자가 독(獨)이 되어 독도(獨島)가 되었다.
독도(獨島)	일본 기록에는 1904년에 나오지만 우리나라 문헌에는 1906년심흥택의 보고서에서 처음 보인다. 현재 독도의 로마자 표기는 'Dokdo'이다.

8) 강치잡이와 시마네현의 강제편입

독도는 강치의 집단 서식지였다. 강치는 가죽과 식량, 등불용 기름 등으로 쓸 수 있어 큰 수익을 내는 종이었다. 독도에서 강치잡이를 독점하고 싶어하던 나카이 요자부로[中井養三郎]는 독도가 일본 영토로 편입되자 세 명의 다른 어업가와 함께 합자 회사를 설립하여 강치를 마구 포획하였다.

나카이 요자부로는 일본 정부에 독도이용 독점권을 요청할 계획으로 그 절차를 일본의 관료들과 의논했다. 그 과정에서 독도의 전략적 위치에 주목한 일본 해군성 관리는 나카이를 설득하여 '독도는 주인 없는 땅이며 거리도 일본 본토에서 더 가깝다'고 하면서, 나카이로 하여금 1904년 9월 29일 내무성 · 외무성 · 농상무성 3대신 앞으로 「량코도 영토편입 및 대하원」을 제출하게 했다. 이때 일본 내무성은 '한국령으로 보이는 독도를 일본 영토로 편입할 경우 제국주의적 침탈 야욕을 의심받을 수 있다'며 청원서를 각하하려 했다. 그러나 외무성은 '독도에 망루를 세우고 무선 또는 해저 전선을 설치하면 적함을 감시하는 데 안성맞춤이 아닌가?'라고 하면서 일본 영토에 편입시킬 것을 주장했다. 일본 정부는 이 청원서에 의거하여 1905년 1월 28일 '무인도 소속에 관한 건'으로 각의에서 편입을 결정한 뒤, 2월 22일 시마네 현 고시 제40호로 이 사실을 고시했다.

일본 정부는 이러한 행위를 대한제국에게는 아무런 문의없이 일방적으로 독도를 일본 영토에 편입하는 조치를 취했다.

일본의 독도 편입은 국제법상 무효이다. 왜냐하면 1905년 당시 독도는 무주지가 아니었기 때문이다. 일본은 영토 편입의 근거를 1905년 당시 독도가 주인 없는 무주지로서 자국 어민이 이 섬에서 어업에 종사하고 있었으므로 독도에 대한 이름과 소속을 확정할 필요가 있어 국제법에 따라 편입한 것이라는 이른바 '무주지 선점론'을 주장했다.

그러나 우리나라는 이미 오래전부터 독도를 우리의 영토로 인지해 왔으며 1900년 대한제국 칙령 제41호로 이를 법적으로 재확인한 바 있다. 일본의 무주지 선점론은 일본이 17세기부터 독도를 실효적으로 지배해 온 고유영토였다고 하는 이른바 '고유영토론'과도 모순된다.

9) 연합국사령부, 독도를 한국땅으로 인정하다.

1946년 1월 29일 연합국 최고사령관은 일본 정부에 지령 제677호 '일본으로부터 일정 주변 지역의 통치 및 행정상의 분리(Governmental and Administrative Separation of Certain Outlying Areas from Japan)', 이른바 스캐핀(SCAPIN) 제677호를 내렸다. 이 지령을 통해 연합국은 일본 정부에 '일본 국외의 모든 지역', 즉 패전 직전까지 지배하고 있던 식민지나 점령지에 대한 정치 · 행정상의 권력 행사를 정지하도록 명령했다.

이 지령의 제3항은 일본의 영토를"홋카이도, 혼슈, 규슈 및 시코쿠와 북위 30도 이상의 류큐 제도와 쓰시마를 포함한 약 1,000여 개의 인접하는 여러 소도로 구성된다."라고 정의했다. 여기서 '인접하는 여러 소도'에 포함되지 않는 지역으로 '울릉도와 독도, 제주도'가 명기되었다. 독도를 울릉도, 제주도와 마찬가지로 한국의 영토로 분류한 것이다.

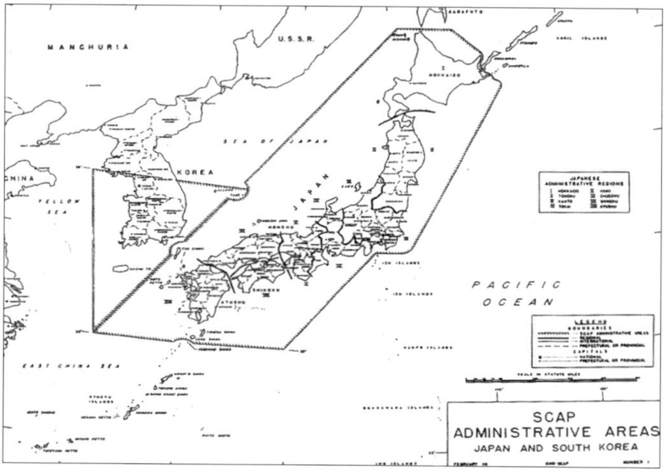

〈스캐핀 제677호에 실려있는 지도〉

10) 샌프란시스코 강화조약

제2차 세계 대전의 패전국인 일본은 약 7년에 걸친 연합국의 점령 통치를 겪은 후에 연합국과 1951년 9월 8일 샌프란시스코 강화조약(San Francisco Peace Treaty)을 맺고 새로운 국제 질서에 편입된다. 연합국을 실질적으로 이끈 미국과 영국에 의해 1946년 초부터 강화조약 초안이 만들어지기 시작하여 1951년 8월 최종 초안이 완성되기까지 20여 차례 조약문을 수정하여 체결했다.

처음에 만들어진 연합국의 초안은 전후 미 · 영 · 중 · 소의 4대국 협조를 전제로 하였다. 그러나 점차 미국과 소련이 이념적으로 대립하게 되고 중국이 공산화되면서 미국과 영국은 일본을 자본주의 진영으로 끌어들여 동아시아에서 공산주의의 방파제로 삼으려는 전략을 취하게 되었다. 이 과정에서 강화조약안(案)은 일본에 대해 엄격하고 징벌적인내용에서 관대하고 간결한 내용으로 변화되었다.

독도의 귀속 문제에 있어서 1947년 3월 19일자 강화조약 초안부터 1949년 11월 2일자까지는 독도가 한국 영토로서 명기되어 있었으나 12월 8일자 초안부터는 일본 영토로 명기되었고, 1950년 8월 7일자 초안부터는 독도가 조약안에서 빠졌다. 결국 1951년 8월 13일 완성된 샌프란시스코 강화조약 최종 초안은 제2조(a)항에"일본은 한국의 독립을 승인하고, 제주도, 거문도 및 울릉도를 포함한 한국에 대한 모든 권리, 권원, 그리고 청구권을 포기한다"라고 규정하였다.

일본은 샌프란시스코 강화조약으로 일본이 한국의 독립을 승인했으나 합병 이전의 일본 영토를 한국에 양도한다는 내용은 조약에 없으며, 제2조(a)항에 독도가 빠져 있다는 점을 들어 일본 영토라고 주장하고 있다.

그러나 한국 측은 제2조 (a)항에 일본에서 분리되는 모든 도서를 열거한 것이 아님은 한국의 도서가 제주도, 거문도, 울릉도뿐만이 아니라는 사실에 비추어 보아도 명백하다고 반박하고 있다. 또한 독도를 일본 영토라고 한다면 한국의 제주도와 거문도, 울릉도 이외의 모든 섬에 대해서도 영유권을 주장할 것인가를 물으며 반박하고 있다.

11) 1952년 '평화선선언'

샌프란시스코조약이 체결된 이듬해에 한국에서는 1952년 1월, 샌프란시스코 강화조약이 발효되면 맥아더 라인이 폐지되어 일본 어선이 몰려들 것으로 예상되었기 때문에 한국어업을 보호하고자 평화선을 설정하였다. 즉 평화선은 대한민국이 독도 근해의 어족 자원을 보호하고 영해와 대륙붕에 대한 주권을 행사할 목적으로 설정한 것이다. 평화선 선포 이후 우리 정부는 평화선을 침범하는 일본 선박을 나포하라는 명령을 내렸고, 독도를 포함한 평화선 안이 대한민국 관할임을 대내외적으로 분명히 했다.

1952년 1월 평화선 선포이후, 1965년 6월에 한일협정이 체결될 때까지 평화선침범으로 인해 나포된 일본 어선은 총 326척, 억류된 선원은 3,094명이었다.

12) 1965년과 1998년 '한일어업협정'

한일 어업 협정은 1952년 2월 제1차 한일 어업 협정 회담을 시작한 이래 14년 만에 1965년 6월 22일 도쿄에서 체결되었다. 한일 어업 협정의 주요 내용은 한일 양국이 각각 자국 연안으로부터 12해리 어업 전관 수역(Exclusive Fishery Zone)을 설정하고, 전관 수역을 벗어나서는 기국주의가 적용되는 공동 규제 수역으로 하여 한국 어선은 한국이, 일본 어선은 일본이 단속 및 재판 관할권을 행사하도록 한 것이다. 한일 어업 협정은 5년마다 자동 갱신하고 종료 선언일로부터 1년 후 종료하도록 되어 있었다.

그 후 1994년 '유엔해양법 협약'이 발효됨에 따라 과거 영해와 공해로 구분되던 바다는 영해(12해리), 접속 수역(24해리), 배타적 경제 수역(EEZ,

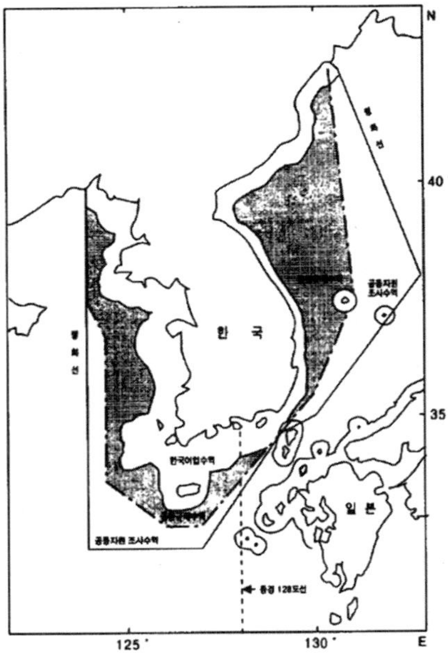

〈신한일 어업 협정〉

200해리), 대륙붕(200~350해리), 공해로 구분되었다. 이로 인해 한반도 주변수역은 공해가 전혀 없는 상태가 되었고, 12해리 어업 전관 수역을 규정했던 한일 어업 협정은 개정이 불가피했다. 새로운 환경에 부응하여 한일 양국은 1998년 11월 28일 이른바 '신한일 어업 협정(新韓日漁業協定)'을 체결했다. 한국 정부는 신한일 어업 협정을 통해 1996년 한일 양국이 EEZ를 선포한 결과 발생한 중간 수역에 대해 이는 EEZ 경계 획정 이전 단계의 잠정 조치임을 분명히 했다. 신한일 어업 협정으로 한국은 상당 면적의 EEZ를 한국 관할 하에 두게 되었다.

그런데 1965년 한일어업협정이나 1998년의 신한일협정은 모두 각국연안 12해리의 영해원칙을 준수하고 있다. 즉 12해리의 영해는 독도에도 적용되었다. 따라서 한일양국간에 어업협정은 이를 준수하도록 되어 있다. 이것은 협정조인 당시 일본이 독도를 한국영토로 인정했다는 증거이기도 하다. 이는 1994년 '유엔해양협약'에서도 인정하는 국제법이다.

3. 지도를 통해 본 독도

● 〈팔도총도〉(1530)

울릉도와 독도가 그려져 있는 최초의 지도는 《신증동국여지승람》(1530년)의 강원도 첫머리 부분에 실려 있는 〈팔도총도〉이다.

이 지도는 1481년에 만들어진 것으로 동해상에 울릉도와 우산도 두 개의 섬만이 그려져 있는데, 우산도가 울릉도보다 작게 울릉도 서쪽에 그려져 있어서 위치가 바뀌어져 있다. 그 이유는 1438년 울릉도 거주민에 대한 처벌이 강화되면서 두 섬의 존재는 알았지만, 섬의 위치에 대한 인식이 정확치 않았던 것이다.

● 〈동국지도〉(18세기 중반)과 〈아국총도〉(18세기 후반)

조선후기 18세기 중반 정상기가 그린 〈동국지도〉에는 울릉도와 우산도(독도)의 위치를 정확히 그리고 있는데, 이것은 안용복 사건이후에 정확해진 독도인식의 결과이다.

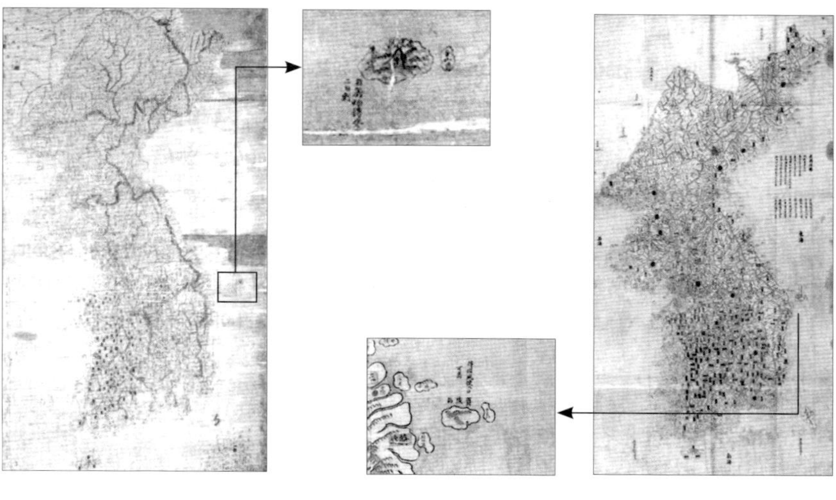

●《삼국통람도설(三國通覽圖說)》의「삼국접양지도(三國接壤地圖)」

1785년 일본인 하야시 시헤이[林子平]이 그린 지도이다. 동아시아 지도로 일본을 비롯하여 중국·조선·러시아 영토를 각각 다른 색깔로 구분하여 그렸다. 동해상에 울릉도와 독도를 '조선의 소유'라고 써 있으며, 두 섬이 모두 조선과 같은 노란색으로 그려져 있다. 그리고 이 섬에서 은주(오키섬)을 바라 볼 수 있으며, 조선도 보인다고 했다. 《삼국통람도설》과 이 지도는 1832년 프랑스어로 번역되어 보급됨으로써 울릉도와 독도가 조선의 영토임을 세계에 알렸다.

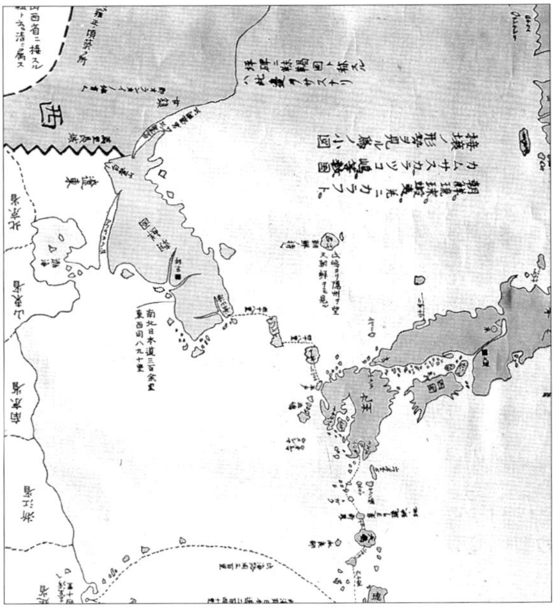

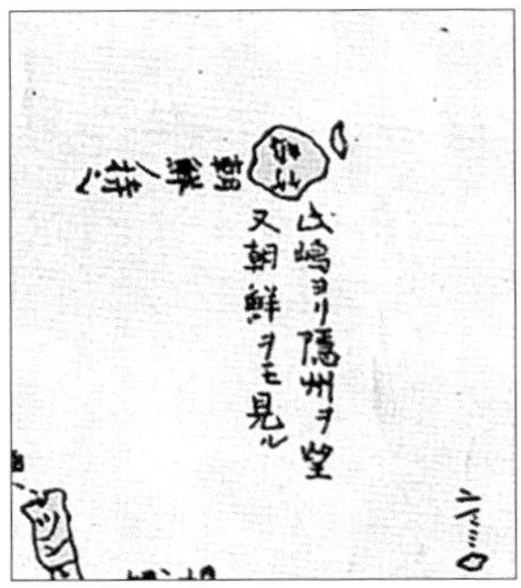

독도는 울릉도에서 동남쪽으로 87㎞, 동해안의 죽변에서 217㎞ 떨어져 있는 대한민국의 섬이다. 그럼에도 불구하고 일본에서는 2010년부터 초·중·고 교과서를 개편하여 독도를 일본땅이라고 우기면서 국제사법재판소에 회부하자고 억지주장을 내세우고 있다.

역사적으로 보면, 독도는 서기 512년 신라장군 이사부가 우산국을 정복하여 신라영토에 편입한 이후, 남북국시대 고려시대로 내려오면서, 행정구역에 편입되어 관리 운영되어 왔다. 그러나 1350년 왜구가 동해안을 약탈하면서 울릉도가 왜구약탈의 거점이 되자, 1403년 울릉도 주민을 철수하자, 울릉도가 무인도가 되고, 독도관리가 허술해졌다.

그러자 울릉도와 독도에서 일본어민들의 어로행위가 자행되었고, 드디어 1693년과 96년에 안용복일행과 충돌이 일어났다. 안용복 사건이후, 일본에서는 '울릉도도해금지령'을 내렸고 이것이 1880년대까지 유효했다.

1883년 조선에서 울릉도이주가 공식적으로 재개되고, 인구가 불어나자, 1900년 대한제국에서는 칙령 제41호에 의해 울릉도와 독도를 강원도의 행정구역에 정식으로 편입하여 관리에 들어갔다.그러나 1905년 일본 시마네현에서는 무주지선점의 논리에 의해 시마네현 고시 제40호에 의해 시마네현에 편입하고, 이때부터 독도가 일본 땅이라고 주장하고 있다.

1945년 해방이후 울릉도와 독도의 영유권은 연합국사령부 지령, 스캐핀 677호에 의해 미군이 관할권으로 되고, 이것이 그대로 대한민국이 수립되면서 계승되었다. 그러나 1951년 샌프란시스코 조약문에 독도가 명시되지 않자, 일본에서는 이를 근거로 일본땅이라는 억지를 부리고 있다.

1965년 한일협정 당시, 한국이 독도와 주변 12해리까지 영토와 영해로 관리했고 그 밖이 공해였다. 그리고 1998년 신한일어업협정으로 독도 주변이 공동관리(중간수역)이 되었지만, 독도와 그 주변 12해리까지는 여전히 한국의 영토와 영해로 관리하고 있다. 이러한 면에서 한국의 독도 영유권은 신한일어업협정 체결 뒤에도 변함이 없다. 이것은 협정 조인 당시에 일본이 독도를 한국 영토로 인정했다는 증거이기도 하다.

일본은 한일 기본조약 체결 당시에 사실상 독도를 포기한 것이다. 그래서 일본은 한일기본조약을 체결한 뒤, 그 때까지 매년 한국에 보내던 항의서, 즉 '한국이 불법으로 점거하고 있다'는 항의서를 5년간이나 보내지 않았고, 한국이 독도주권을 강화하는 발언을 해도 항의하지 않았다. 그러나 일본은 1970년대에 들어서면서 다시 한국의 독도영유에 대해 항의하기 시작했는데, 그것은 일본 국회 내에서 야권의 공세때문이었고, 그 이후에는 극우세력의 책동 때문이다. 최근 3년간에 초 · 중 · 고 교과서를 개편하여 일방적으로 독도를 일본 땅으로 기술하고, 국제사법재판소에 회부하자고 운운하는 것도 한일기본조약에도 위배되는 불법행위이다.

이같은 일본의 억지 주장은 더욱 거세어지고 있다. 따라서 우리는 독도를 수호하기 위해 더 많은 노력을 기울여야 할 것이다. 이제는 더 이상 조용한 외교를 주장할 수만은 없다. 독도에 대한 영토주권을 더욱 강화하여 군사적인 억지력을 구축해야 하고, 일본에 대한 대응논리를 개발해야 한다. 나아가 독도에 대한 교육 · 홍보 기능을 강화해야 한다. 우리국민은 물론, 일본 사회의 양심세력, 그리고 전세계를 상대로 폭넓게 알려 나가야 할 것이다.

【참고문헌】

- 손승철, 《이사부, 독도의 진실을 말하다》, 강원도민일보, 2011.
- 호사카 유지, 《우리역사 독도》. 2009, 책문.
- 호사카 유지, 《대한민국 독도》, 2011, 책문.
- 손승철 외, 《독도와 대마도》, 2006, 지성의 샘.
- 예영준, 《독도실록》, 2012, 책밭.
- 동북아역사재단 www.historyfoundation.kr
- 한국해양연구원 www.kordi.re.kr
- 독도박물관 www.dokdomuseum.go.kr

【연표】

연 도	주 요 내 용
512. 6.	신라장군 이사부, 우산국을 복속
1018. 11.	동계 울진현 울릉도의 행정구역이 됨
1141.	명주도 관찰사 울릉도 파견
1352.	왜구 동해안 침탈 시작
1403.	울릉도 주민쇄출
1531.	『신증 동국여지승람』「팔도총도」에 울릉도와 독도 두 섬을 표기
1694.	안용복 피랍(1693) 장한상에 의해 울릉도수토제 시작함
1696. 1.	에도막부, 제1차 다케시마 도해금지령'을 내림
1836.	하마다번 하치에몬 처형, 제2차 다케시마 도해금지령을 내림
1877. 3.	일본 태정관문서, 울릉도와 독도가 일본영토가 아님을 내무성에 지령
1883.	울릉도에 강원도 주민이주 시작함
1900. 10.	대한제국칙령 제41호, 울릉도 · 독도가 울릉군수 관할구역임을 선포
1905. 2. 22	일본 시마네 현 고시 제40호로 량코 도(독도)의 영토 편입을 고시
1906. 9.	울릉도와 독도의 관할권이 강원도에서 경상남도로 이관됨
1914년	울릉도와 독도의 관할권이 경상남도에서 경상북도로 이관됨
1946. 1.	연합국 최고사령관 지령(SCAPIN) 제677호' 독도를 한국영토로 표시
1951. 9.	샌프란시스코 강화조약 조인
1952. 1.	한국 '인접 해양에 대한 주권에 관한 선언', 이른바 평화선을 선포
1954. 4.	독도의용수비대 창설
1956. 12.	독도경비대 창설
1965. 6.	한일기본조약 조인, 한일 어업 협정 발효
2005. 2. 22	시마네 현, '다케시마의 날' 제정
2010. 3.	일본 초등학교 · 중학교 교과서에 독도를 일본영토로 기술

06

한국을 둘러싼 대륙붕과 이어도 분쟁

한국을 둘러싼 대륙붕과 이어도 분쟁

한 성 주

동중국해(East China Sea, 東中國海)는 한반도 남쪽에서 타이완에 걸쳐 있는 서태평양의 연해이다. 동지나해(東支那海)라고도 부르는데, 약 124만 ㎢에 이르며 제주도 북동쪽으로 규슈[九州], 동쪽으로 오키나와[沖縄], 남쪽으로 타이완[臺灣], 서쪽으로 중국과 접해 있고, 중국에서는 '둥하이[東海]'라고 부른다. 국제수로기구(IHO, 國際水路機構)의 『해양과 바다의 경계(Limits of Oceans and Seas)』에 따르면 동중국해는 동쪽의 류큐[琉球] 제도를 경계로 태평양과 나뉜다. 국제수로기구의 이러한 정의는 우리나라에서 부르는 남해와 영역이 겹친다.

동중국해의 대륙붕에는 막대한 천연가스와 석유가 매장되어 있다고 알려져 있다. 1967년 유엔 아시아극동경제위원회(UNECAFE)의 의뢰로 미국 국립해양연구소의 '에머리 보고서(Emery Report)'에는 사우디아라비아의 10배에 달하는 천연가스와 1/2에 달하는 석유가 매장되어 있을 가능성을 제시하였다. 또한 미국의 우드로윌슨 연구소는 2005년 발표한 '또 하나의 걸프만 같은 자원의 보고'에서 동중국해 대륙붕에 매장된 석유 가치가 10조 달러(배럴당 100달러 기준)에 달한다고 추정하였다. 한국은 유엔 해양법협약이 채택되기 전인 1970년 동중국해에 위치한 '7광구'지역을 대한민국 영토임을 선포한 일이 있다. 현재 이곳은 한국 · 중국 · 일본 삼국의 해양 경계 분쟁이 치열하게 전개되고 있다. 여기서는 유엔해양법협약에서 채택된 해역구분 및 대륙붕에 대한 정의를 살펴보고, 동중국해의 대륙붕을 둘러싼 한국 · 중국 · 일본의 해양 경계 분쟁을 살펴보기로 한다.

1. 유엔해양법협약과 대륙붕

유엔해양법협약(United Nations Convention on the Law of the Sea)은 해양의 여러 영역을 규율코자 1982년에 채택되었고, 1994년에 발효된 다자조약이다. 내수, 영해, 접속수역, 배타적경제수역(EEZ), 대륙붕, 공해, 심해저 등으로 관할 영역을 구분하고 있으며, 1996년 한국도 이를 비준한 바 있다.

우선, 유엔해양법협약에서 정의된 영토와 관련된 주요 용어들을 살펴보자.

내수(internal waters)는 영해기선의 육지측 수역으로서, 영토와 마찬가지로 연안국의 주권이 미치는 영역을 말한다(2조 및 8조).

영해(territorial sea)는 영해기선으로부터 12해리를 넘지 않는 수역으로서, 연안국의 주권이 미치는 영역이다(2조 및 3조). 영해에서는 내수와 달리 외국 선박이 연안국의 권리를 저해하거나 연안국의 평화 · 질서 · 안전을 저해하지 않는 범위 내에서 외국 영해를 단순 통항하는 무해 통항(無害通航, innocent passage)이 인정된다.

접속수역(contiguous zone)은 영해기선으로부터 24해리를 넘지 않는 수역으로서, 연안국이 관세 · 재정 · 출입국 · 위생 목적으로 관할권을 행사할 수 있는 영역이다(33조).

배타적경제수역(Exclusive Economic Zone)은 영해 밖의 인접한 수역으로서 영해기선으로부터 200해리(370.4km)를 넘지 않는 수역인 바, 연안국이 일정한 주권적 권리 및 관할권을 가진다(55조 내지 57조). 연안국은 배타적경제수역에서 ①상부수역, 해저 및 하층토의 생물, 무생물 등 천연자원의 탐사 · 개발 · 보존 · 관리에 관한 주권적 권리, ②인공섬 · 시설 · 구조물의 설치 및 사용, 해양과학조사, 해양환경보호 등에 관한 관할권을 행사할 수 있다.

대륙붕(continental shelf)은 ①육지 영토의 자연적 연장으로서 대륙변계의 바깥 끝까지, 또는 ②영해기선으로부터 200해리까지의 해저지역의 해저와 하층토로서, 연안국이 대륙붕 탐사 및 천연자원 개발에 관한 주권적 권리 행사를 할 수 있다(76조 내지 77조).

공해(high seas)는 특정 국가의 배타적경제수역, 영해, 내수 등에 속하지 않는 바다의 모든 부분으로서, 모든 국가에 대해 개방되며, 자국기를 게양한 선박에 대해 해당 국가가 관할권을 행사하는 기국주의가 원칙적으로 적용된다(86조, 87조 및 94조). 기국주의(旗國主義, maritime flag state)란 공해상(公海上)에 있는 선박은 선박 소속국, 즉 그 선박이 소속되어 그 국기를 게양하고 있는 국가의 국내법의 지배를 받으며, 그 국가만이 관할권을 가진다는 국제법상의 원칙이다.

심해저(the area)는 국가관할권 한계 밖의 해저 · 해상 및 그 하층토로서, 심해저와 그 자원은 인류의 공동유산으로써 어떠한 국가도 주권이나 주권적 권리 행사가 불가하다(1조, 136조 및 137조).

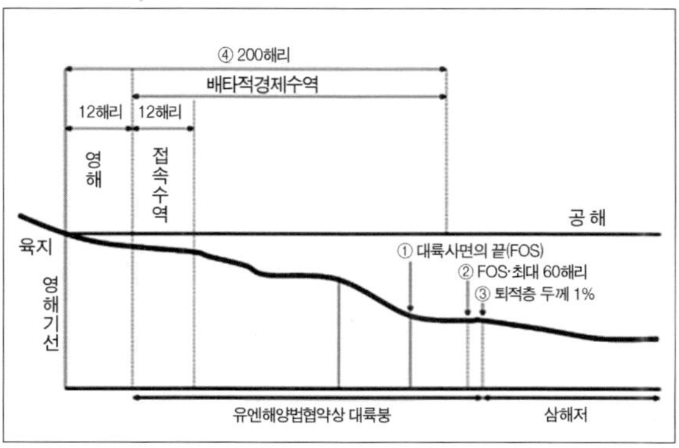

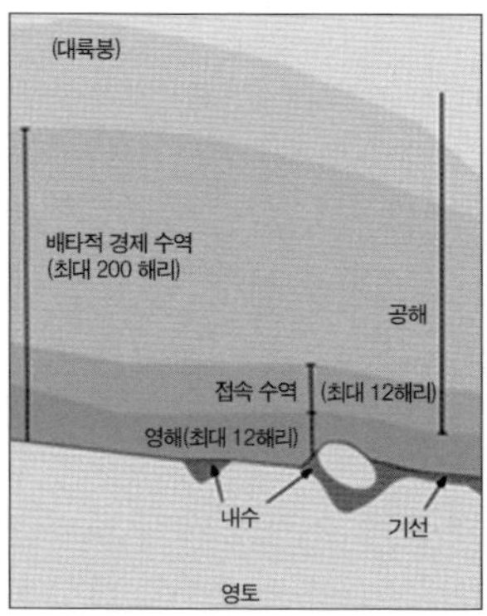

〈해역 개념도(좌:외교부, 우:위키백과)〉

이 중 대륙붕의 정의를 자세히 살펴보면, 연안국의 대륙붕은 유엔해양법협약상 ①육지영토의 자연적 연장(natural prolongation)에 따라 대륙변계의 바깥 끝(outer edge of the continental margin)까지, 또는 ②대륙변계의 바깥 끝이 200해리에 미치지 않는 경우에는 영해기선으로부터 200해리까지 해저와 하층토로 구성된다고 하고 있다. '대륙변계의 바깥 끝'은 다시 ①대륙사면의 끝(FOS: foot of the continental slope)으로부터 퇴적암 두께가 1%인 고정점, 혹은 ②대륙사면의 끝(FOS)으로부터 60해리를 넘지 않는 고정점을 연결한 선이다. 대륙변계(大陸邊界, continental margin)는 대륙붕, 대륙사면, 대륙융기(대륙대)의 해저지역과 하층토로 구성된다.

대륙붕에 대해 연안국은 대륙붕 탐사 및 천연자원 개발에 관한 주권적 권리를 행사(천연자원은 해저와 하층토의 광물, 무생물자원, 정착성 생물자원을 의미)하는 권리를 가지나 이 권리는 상부수역이나 수역 상공의 법적 지위에 영향을 미치지는 않는다. 또한 배타적경제수역은 거리(200해리)로 정의한데 비해, 대륙붕은 자연연장(natural prolongation) 또는 거리(200해리)로 정의함으로써 200해리 밖으로 확장될 수 있는 여지가 존재한다. 영해는 육지 영토의 연장이기 때문에 안보를 위한 수역을 확보한다는 입장에서 거리 개념을 중시하였지만 배타적경제수역이나 대륙붕은 관련국 간의 경제적 이해관계를 중시하였고 거리 개념은 크게 중시하지 않았다. 그러나 배타적경제수역은 해저와 하층토 외에 상부수역의 생물 · 무생물자원 개발에 대한 연안국의 주권적 권리를 인정하는데 비해, 대륙붕은 해저와 하층

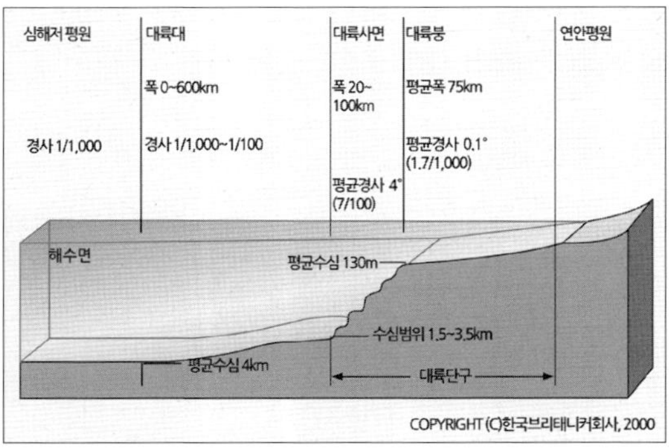

〈해양지질학적 대륙붕(한국브리태니커)〉

토의 무생물 자원(단, 정착성 생물자원은 포함) 개발에 대한 연안국의 주권적 권리를 인정하고 있다.

한편 대륙붕은 본래 해양지질학적으로는 대륙의 가장자리에 이어지는 바다 밑의 완만한 경사를 이룬 부분으로, 해안으로부터 수심 200m까지의 완만하게 대륙과 이어져 있는 바다속의 지역으로서 대부분 갑자기 수심이 증가하는 대륙붕단(大陸棚斷)에서 끝난다. 대륙붕단의 외양쪽으로는 급경사의 대륙사면(大陸斜面)이 존재하며, 수심이 대략 4,000~5,000m인 지점에서 대륙대(大陸臺)라 불리는 대양저(大洋底)의 일부로 연결된다.

따라서 유엔해양법협약에서 정한 '해양 관할권으로서의 대륙붕'과 '해양지질학적 대륙붕'은 그 정의가 다르다. 지질학에서 대륙붕은 해안에서 수심 200m 깊이의 지점까지 이르는 해저 지형을 뜻하지만 해양법에서는 해안에서 단절 없이 완만한 경사를 이루며 확장된 해저 지형을 의미한다. 그러므로 어떤 연안국이 대륙붕의 범위를 정함에 있어서 지질학적 개념의 대륙붕을 넘어서 해양관할권의 범위로 인정될 수 있는 대륙변계의 한계를 정하는 일은 용이하지 않다. 이에 따라 만들어진 것이 국제심해저기구의 한 기관으로 설정된 유엔 대륙붕한계위원회(Commission on the Limits of the Continental Shelf : CLCS)이다.

유엔 대륙붕한계위원회는 유엔해양법협약 제76조 및 협약 제2부속서에 따라 1997년 설립되었고 뉴욕 UN본부 해양법분과 내 사무국에 소재하고 있으며, 임기 5년(재선 가능)의 총 21명으로 구성되어 있다. 한국의 박용안 서울대 명예교수가 2012년에 실시된 제22차 유엔해양법협약 당사국회의에서 1997년, 2002년, 2007년에 이어 위원으로 선출된바 있다(4연임). 위원들은 협약 당사국이 지명한 지질학, 지구물리학, 수로학 분야 전문가 중 지리적 대표성을 고려, 유엔해양법협약 당사국회의에서 선출된다. 위원 선출은 비밀투표로 진행되는데, 참석 당사국 2/3이상 득표시 당선되고, 아프리카 5명, 아시아 5명, 동유럽 3명, 중남미 4명, 서유럽 및 기타 4명으로 구성된다. 위원들에 대한 보수는 후보자를 지명한 당사국에서 위원의 직무

수행 비용을 부담하나 각 위원은 개인 자격으로 직무를 수행한다.

유엔 대륙붕한계위원회에서는 한 나라가 소유할 수 있는 대륙붕이 200해리 미달 시 200해리까지는 보장하고 200해리가 넘을 경우 연안국이 대륙붕 외측한계에 관하여 제출한 자료에 대해 검토 및 권고를 실시한다. 결국 연안국이 200해리 밖의 대륙붕에 대한 소유를 인정받으려면 유엔 대륙붕한계위원회에 해저 지형에 대한 정보를 제출해 동 위원회의 권고를 근거로 확정적인 대륙변계를 정할 수 있는 것이다. 이 경우에도 대륙붕의 바깥한계선을 이루는 고정점은 영해기선으로부터 350해리를 넘거나 수심 2,500m 등심선으로부터 100해리를 넘을 수 없다. 위원회의 권고를 기초로 연안국이 확정한 대륙붕의 한계는 최종적이며 구속력을 가진다(제76조 제8항). 다만 위원회의 활동은 서로 마주보고 있거나 이웃한 연안국의 대륙붕 경계획정 문제에 영향을 미치지 않고, 또한 대항국 또는 인접국 간의 경계획정에 영향을 미치지 않는다.

2. 대륙붕을 둘러싼 한 · 중 · 일의 분쟁

한국은 유엔해양협약에 가입(1983년)하였고, 1996년에 비준 · 발효하였다. 협약에 따라 200해리 너머까지 대륙붕 한계를 설정하려는 연안국은 관련 자료를 유엔 대륙붕한계위원회에 제출할 의무가 있다. 이에 따라 한국은 2009년 한일공동개발구역(7광구, JDZ) 남측한계선을 대륙붕 외측한계로 설정한 '예비정보'를 유엔에 우선 제출한 바 있다. 그리고 '예비정보'에 향후 '적절한 시기'에 정식정보를 제출 예정임을 명기하였다.

예비정보 제출 이후 추가적인 과학조사 · 평가를 거쳐 협약 관련 규정에 따라 지난 2012년 12월 말 미국 뉴욕에 있는 유엔 대륙붕한계위원회(CLCS)에 한국의 외교부와 해양수산부로 구성된 정부 대표단이 '정식정보'를 제출하였다. 이 '정식정보'는 동중국해에 국한된 '부분제출'인데, 동중국해에서 육지 영토 자연연장에 따른 한국의 대륙붕 끝은 일본 오키나와 해구까지 뻗어나간다고 주장하였다.

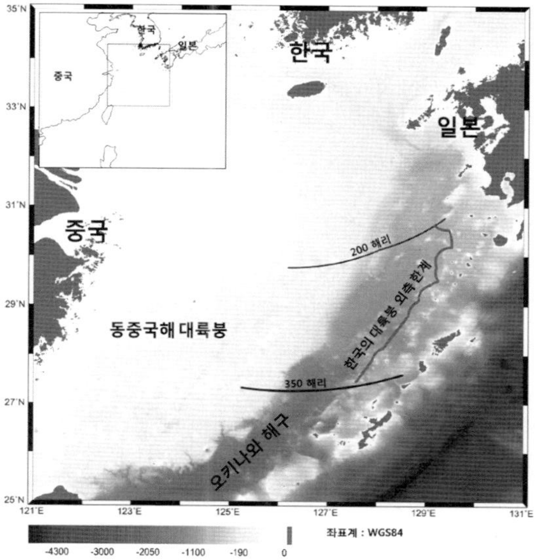

〈동중국해 정식정보 제출수역(외교부)〉

한국이 유엔 대륙붕한계위원회에 설명한 대륙붕의 외측 한계는 오키나와 해구상에 있는 위도(북위) 27.27~30.37도, 경도(동경) 127.35~129.11도 사이에 위치해 있다. 즉 제주도 남방으로 뻗어 있는 제7광구의 하한선을 오키나와 해구까지 약 1만 9000㎢ 정도 연장하겠다는 것이 핵심이다. 한국이 유엔 대륙붕한계위원회에 설명한 대륙붕 경계가 인정된다면 7광구 면적은 남한 총면적보다 큰 약 12만㎢로 확대된다.

한국의 대륙붕 확대는 동중국해의 특수한 지형을 근거로 한다. 동중국해는 한반도에서 시작된 200m 미만의 바다가 완만하게 남쪽으로 내려오다가 오키나와 앞에서 깊이 8000m의 거대한 해구와 만나는 지형을 이루고 있다. 한국은 이런 지형적 특징과 '대륙붕이 시작된 나라에 대륙붕 영유권이 귀속된다'는 자연연장설을 근거로 경계선을 확대해야 한다고 유엔 대륙붕한계위원회 측에 설명하였다.

그러나 한국의 대륙붕 확대에 대해 중국과 일본의 반발이 예상되고 있다. 중국은 이미 2012년에 한국이 확보하려는 동중국해 대륙붕이 중국이 주장하는 대륙붕과 중첩되므로 한국의 주장을 그대로 받아들일 수 없다는 뜻을 밝힌바 있다. 또한 중국은 북위 27.99~30.89도, 동경 127.62~129.17도 사이를 한계로 규정한 정식정보 내용의 발표를 예견하고 있다.

일본도 대륙붕 확대를 주장하고 싶지만 오키나와 앞바다가 곧바로 깊은 해구로 연결되기 때문에 사실상 불가능하다. 따라서 일본은 대륙붕 확장을 주장하기보다는 한국과 중국 양국의 오키나와 해구까지 대륙붕을 확장하려는 시도에 이의를 제기하고 있다. 즉 일본은 2012년에 '한국이 200해리를 초과해 대륙붕을 연장하는 것은 안 된다'며 한국측 주장을 인정할 수 없다고 하였다. 그리고 2013년 1월 한국의 정식정보 제출에 대해 대륙붕 경계획정은 유엔해양법에 따라 관계국 간 합의를 통하여 결정되어야 하므로, 한국은 동중국해에서의 대륙붕 외측한계를 일방적으로 확정할 수 없다고 강조하면서 이의를 제기하였다.

일본은 또한 중국이 센카쿠열도(중국명 댜오위다오) 영유권 문제를 계기로 중국 대륙붕이 오키나와 해구까지 연장됐다는 주장을 담은 대륙붕 경계안을 제출할 계획에 대해서도 '동중국해 경계가 미확정이고, 중국 · 일본 간 대륙붕 경계획정은 대륙붕한계위원회의 심사 대상이 안 된다'며 이의를 제기할 것을 밝혔다. 유엔 대륙붕한계위원회는 각국이 제출한 자료를 과학기술적으로 검토하고 권고하는 임무를 수행하며, 특정 국가의 주장에 반대가 있을 때는 심사를 진행하지 않는다. 일본은 동중국해 대륙붕 경계획정에 대해 한국 · 중국 · 일본 삼국이 각각 200해리 대륙붕을 주장하면 서로 중첩되는 대륙붕이 있기 때문에 단순히 거리 개념에 따른 경계, 즉 중간선원칙에 따라 경계를 획정하여야 한다고 주장한다. 즉 한반도와 중국대륙에서 자연연장된 대륙붕이 오키나와 부근까지 뻗어 있다는 한국과 중국의 주장을 수용할 수 없다는 것이다.

사실 동중국해 대륙붕 문제는 최근에만 불거진 일은 아니라, 1970년대부터 시작되었다고 해도 과언이 아니다. 한국의 대륙붕에는 두터운 신생대 제3기층이 분포되어 석유 부존의 가능성이 높다는 외국의 보고가 있자, 한국은 해저광물자원법을 제정하였고, 1970년 한국의 단독개발구역인 7개 광구 모두를 영유권으로 선포하였다. 당시에는 유엔해양법협약이 이루어지지 않았고, 1958년 제1차 유엔해양법회의에서 채택된 대륙붕조약에 따라 대륙붕의 영유권은 그 대륙붕이 시작된 나라에 귀속되는 이른바 자연연장설을 근거로 영유권을 선포한 것이었다.

특히 제주도 남쪽 8만㎢를 제7광구로 정하였는데, 이 해역에는 석유와 가스 매장량이 흑해 유전과 맞먹는 72억톤에 달할 것으로 추정되었다. 일본은 제7광구에 대해서 강력하게 반발하였지만, 일본과 제7광구는 깊이가 8,000m에 이르는 '오키나와 해구'가 갈라놓았을 뿐만 아니라 자연연장설로 볼 때 한국측이 유리한 상황이었다. 결국 1972년 일본이 '한일간의 중간선에서 일본 쪽으로 넘어온 부분은 양국이 50%씩 지분을 갖고 공동개발하자'고 제의하였다. 한국이 일본의 제안을 받아들여 1974년 한일대륙붕협정이 맺어지게 되었고, 1978년 제7광구는 한일공동개발구역(JDZ)이 되었으며, 한국과 일본이 공동으로 대륙붕 탐사에 나서게 되었다.

1982년 중국은 대륙붕에 근거한 배타적경제수역 경계선을, 일본은 중국과 일본 중간선에 근거한 경계선을 유엔해양법위원회에 동시 제출했다. 대륙붕에 근거하면 중국이 최대한 넓은 바다를 차지하며, 중간선에 근거하면 일본이 최대한의 바다를 소유하게 된다. 1982년 유엔해양법협약이 채택되어 200해리를 기준으로 한 배타적경제수역, 그리고 대륙붕의 자연연장설보다는 200해리를 기준으로 한 대륙붕 권한 설정이 이루어지자 일본과 중국의 대처도 달라지기 시작한다. 즉, 현재까지 일본은 공동개발이라는 지위를 이용해 한일공동개발구역(제7광구, JDZ)에 대한 탐사와 개발을 계속 지연시키고 있다. 1986년 한일공동개발구역 협정 이행기구인 한일공동위원회가 마지막으로 개최되고, 그 이후 현재(2012년 말)까지 추가로 위원회가 개최된 적이 없다.

또한 2001년 한국의 한국석유공사(KNOC)와 일본의 일본석유공단(JNOC)이 공동으로 물리탐사 및 분석을 하였는데, 탐사 결과를 한국과 일본이 서로 다르게 판단했다(2004년). 한국측은 '공동개발구역 동남쪽 중국측 해상 광구의 가스 매장량이 10억톤 이상으로 추정되는 점을 감안하면 제7광구 매장량은 3,600만톤(당시 한국의 연간 가스 수입량은 2,200만톤)

을 훨씬 웃돌 수도 있다'고 하면서 경제성이 있다고 본 반면 일본측은 경제성이 없다고 판단하였다. 일본의 공식 입장은 제7광구에 대한 탐사 및 개발이 경제성이 떨어진다는 것이다. 하지만 국제사회에서는 일본이 공동개발에 미온적인 이유에 대해 한일공동개발협정이 끝나는 2029년 이후 대륙붕에 대한 영유권을 확보하려는 전략으로 분석하고 있다. 실제로 한 · 일 양국은 1998년 유엔해양법협약에 따라 어업협정을 맺었는데, 이 협정에서 한국은 7광구의 대부분을 일본 수역으로 인정하였다. 그 결과 현재 7광구의 바다 아래 대륙붕은 양국의 공동관할구역이지만, 어장은 일본의 단독관할구역이 되었다.

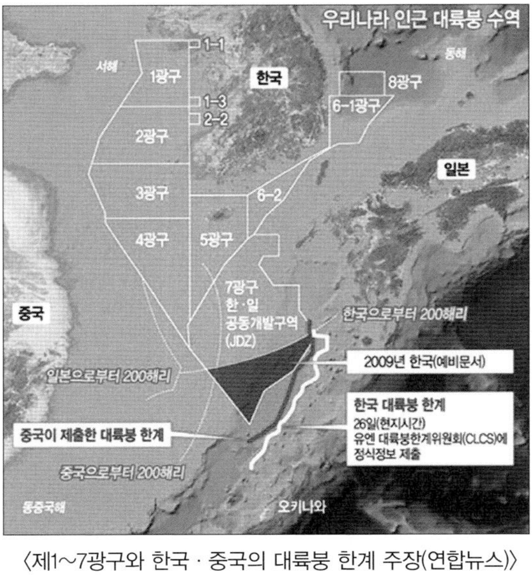

〈제1~7광구와 한국 · 중국의 대륙붕 한계 주장(연합뉴스)〉

2006년 1월 중국은 동중국해 춘샤오[春曉] 가스전에서 천연가스를 생산하기 시작하였고, 일본이 이에 반발하였다. 그러자 그 해 3월 중국은 베이징에서 열린 동중국해 가스전 개발과 관련한 실무회의에서 일본에 제7광구를 중국과 일본이 공동개발하자고 제안하였다. 이에 일본은 한일공동개발구역에서 1km도 떨어지지 않은 지점에서 중국과 공동으로 유전을 개발하기로 합의하였다. 한일공동개발구역(제7광구, JDZ)의 경제성을 부정적으로 보고 있다는 일본측의 주장과는 반대되는 행동으로, 중국이 동중국해에 설치한 유전(제7광구 서쪽 핑후[平湖] 유전과 춘샤오 유전)에서 석유와 가스를 생산하기 시작한 것에 자극받은 것이다. 결국 2008년 8월 한국석유공사는 제7광구에 대해 단독탐사를 검토하기도 하였다.

한편 2012년 9월 중국은 대륙붕에 근거한 경계선을 주장하여 유엔 대륙붕한계위원회에 대륙붕 경계 획정 신청서를 제출했다. 2012년 12월 한국 역시 대륙붕에 근거한 경계선을 주장하여 유엔 대륙붕한계위원회에 대륙붕 경계 획정 신청서를 제출했다. 그러나 일본은 동중국해 배타정경제수역 획정 문제가 유엔대륙붕한계위원회의 관할 대상이 안 된다고 주장하고 있다. 이제 동국중해 대륙붕을 둘러싸고 한국 · 중국 · 일본의 분쟁이 재점화되고 있다.

그런데 중국과 마주하고 있는 제1 · 2 · 3 · 4광구 즉, 서해 대륙붕 문제가 제7광구보다 더 일찍 발생할 수 있다는 전문가들의 우려가 나오고 있다. 중국과의 서해 대륙붕 문제에 있어서는 대륙붕의 자연연장설이 오히려 한국에게 불리하게 작용한다. 서해는 전체가 하나의 대륙붕인데다 중국 대륙에서 흘러나온 토사가 대륙붕의 2/3가량을 덮고 있다. 중국은 이를 근거로 대륙붕의 2/3에 대한 권리를 주장한다. 반면 한국은 제7광구와는 반대로 거리를 기준으로 하는 유엔해양법협약에 따른 중간선을 주장한다. 서해는 폭이 좁아 배타적경제수역(EEZ)과 대륙붕을 200해리로 설정할 수 없으므로 중간선 원칙으로 대륙붕의 경계를 정하자는 것이다. 한국과 중국은 1996년 협상 시작 이후 현재까지 이 문제를 정하지 못하고 있다. 이것은 이어도가 위치한 제주도 남쪽 바다 역시 마찬가지다. 따라서 한국에서 제1 · 2 · 3 · 4광구를 설정할 당시부터 지금까지 서해에서 거대 유전이나 가스전이 발견된다면 한국과 중국의 마찰이 일어날 소지를 계속 가지고 있다.

실제로 1973년 3월 제2광구 조광권자였던 걸프사가 시추작업을 하다 유징을 발견했다는 소식이 알려지자 중국 함정이 시추선 1마일 근처까지 접근해 사흘 동안이나 무력시위를 하였다. 2001년에도 한국석유공사 탐사선이 제2광구에서 탐사를 하다 중국 해군함정의 경고와 방해로 배를 되돌린 적이 있었다. 2004년 7월 초 한국석유공사와 한국지질자원연구원이 전북 군산 앞쪽의 제2광구 일대 대륙붕에서 석유탐사작업을 벌이고 있다고 발표하였는데, 이것은 중국의 대륙붕 가상경계선으로부터 한국 해역쪽으로

40km 이상 들어온 곳이었다. 그럼에도 불구하고 중국의 언론들은 '한국이 중국의 동의 없이 서해 대륙붕에서 석유탐사를 진행해 중국의 해양주권 및 권익에 피해를 줬다', '중국 해군은 영해의 안정을 지키기 위한 순시를 강화하고 유사시 무력을 행사해야 한다', '한국이 주장하는 중간선 원칙은 절대 받아들여서는 안 되며 서해 35만㎢ 중 25만㎢ 이상을 중국 영토로 삼아야 한다'고 보도하였다.

중국에서 이렇게 주장하는 것은 대륙붕 영유권 분쟁의 본질이 대륙붕에서 채취한 자원의 소유권에 있기 때문이다. 즉 아무리 대륙붕의 경계를 정한다고 하더라도 석유매장지역은 그 경계를 넘어 폭넓게 존재할 수 있기 때문이다. 1990년 쿠웨이트가 이라크의 국경 부근에서 석유를 채굴하였는데, 석유매장지역이 이라크 영토에 걸쳐있었다는 이유로 이라크가 쿠웨이트를 침공한 것은 시사하는 것이 크다. 만약 한국이 2광구에서 석유매장지역을 찾아내어 시추를 하더라도, 시추지역이 한국 영역이더라도 중국은 거기서 나오는 석유가 중국의 대륙붕에 걸쳐있다고 주장할 수 있다는 것이다. 반대로 한국도 이러한 논리에 따라 중국의 대륙붕과 석유 탐사에 대한 주장을 반박할 수 있는 것은 물론이다.

3. 이어도를 둘러싼 한 · 중의 EEZ 경계 분쟁

동중국해에서 한국과 중국의 분쟁은 해저대륙붕에만 국한된 것은 아니다. 한국에서 1995년부터 해양연구 · 기상관측 · 어업활동 등의 목적으로 수중암초인 이어도(離於島)에 대한 해저지형 파악과 조류관측 등 현장조사를 실시하고, 2003년 6월 이어도 정봉에서 남쪽으로 약 700m 떨어진 곳에 이어도종합해양과학기지(동경 125도 10분 56.81초, 북위 32도 07분 22.63초)를 설치하면서, 이어도를 중심으로 한 또 다른 분쟁이 지속되고 있다.

이어도는 한국 최남단 섬인 마라도에서 149km, 중국 측에서 가장 가까운 유인도인 서산다오[蛇山島]에서는 287㎞ 떨어져 있는 수중 암초로 한국과 중국의 배타적경제수역(EEZ)이 중첩되는 곳이다. 정확한 위치는 동중국해의 중앙인 북위 32도 7분 31초, 동경 125도 10분 58초상에 있으며, 한국명으로는 이어도(파랑도[波浪島]), 중국명으로는 쑤옌자오[蘇岩礁(苏岩礁)]라고 불린다. 영어권에서는 영국 상선 소코트라(Socotra)호가 1900년에 발견하였다는 것에 착안해 소코트라 암초(Socotra Rock[Reef])라고 한다.

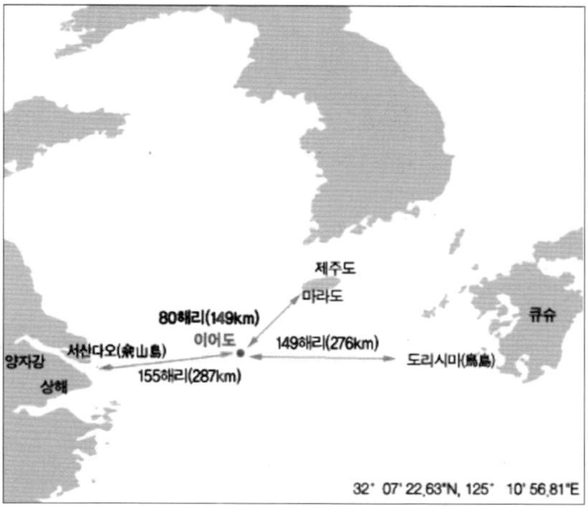

〈이어도의 위치(국립해양조사원)〉

이어도는 동중국해 북서쪽 근방 한국과 중국의 잠정조치수역 내에 있는 등수심선 50m을 기준으로 길이는 남북으로 1800m, 동서로 1400m, 면적 약 2㎢이며, 정상부를 기준으로 동쪽과 남쪽은 급경사를 이루고, 서쪽과 북쪽은 완만한 경사를 이루는 수중암초이다. 암초의 최정상이 바다의 평균 해수면에서 4.6m 잠겨 있어 10m 이상의 파도가 칠 때를 제외하면 1년의 대부분을 물 밑에 있고 그 모습이 잘 보이지 않는다.

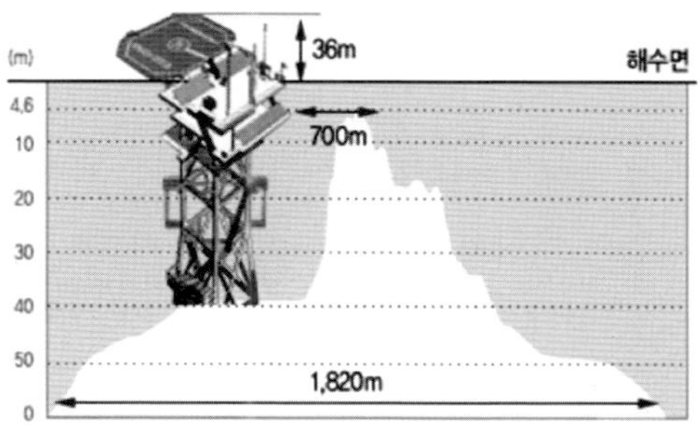

〈이어도의 형상과 해양과학기지 단면도(국립해양조사원)〉

그렇기 때문에 제주도에서는 이 섬을 이상향으로 생각하는 전설이 있어 왔다. 구전되는 전설에 따르면 바다로 나가 돌아오지 않는 어부들이 가는 섬, 어부들이 죽으면 가는 환상의 섬으로 알려져 왔는데, 대표적인 이어도 전설은 다음과 같다.

> 옛날 제주도의 한 마을에 부부가 살고 있었다. 하루는 남편이 배를 타고 나갔는데, 아무리 기다려도 돌아오지 않았다. 남편이 탄 배는 풍랑을 만나 낯선 무인도에 도착했는데 바로 이어도였다. 남편을 기다리던 아내는 어느 날 늙은 시아버지에게 남편을 찾으러 배 한 척만 지어달라고 말하였다. 시아버지는 며느리의 소원을 들어주기 위해 산에 가서 나무를 베어 배를 만들었다. 어느 화창한 날, 아내와 시아버지는 배를 타고 남편이 살고 있는 이어도로 향했다.
>
> "이엿사나 이어도 사나 이엿사나 이어도 사나 / 우리 배는 잘도 간다 / 솔솔 가는 건 솔남(소나무)의 배여 / 잘잘 가는 건 잡남(잣나무)의 배여 / 어서 가자 어서 어서"
>
> 아내는 제주 해녀의 민요 이어도타령을 부르며 힘겹게 노를 저었다. 멀고도 험난한 바닷길을 헤쳐 이어도에 당도해보니, 남편은 거기서 얻은 새 아내와 행복하게 살고 있었다. 하지만 아버지와 조강지처의 설득으로 남편은 다시 고향으로 돌아가기로 하였다. 온가족이 배를 타고 제주도로 향하는데, 갑자기 풍파가 몰아닥쳤다. 결국 배는 침몰되고, 일가족은 모두 물에 빠져 죽고 말았다. 그 후 고향 사람들은 그 가족을 불쌍하게 여겨 제사를 지내주었다.

전설 속에 나타난 이어도는 제주도 사람들에게 전설의 섬이자 고단한 일상생활의 피난처인 이상향이기도 하다. 이러한 이어도의 이미지에서는 공통적인 이중성이 발견되는데, 전설에서처럼 이어도는 무인도이긴 하지만 새 아내를 얻을 수 있는 곳이기도 하고, 꿈과 희망을 주기도 하지만 절망을 안겨주는 곳이기도 하다. 늘 그리워하며 살지만 살아서는 갈 수 없는 곳이고, 평소엔 보이지 않는 섬이지만, 배를 타고 찾아갈 수 있는 모순의 이중성을 안고 있다. 그리고 이어도를 본 사람은 결코 돌아올 수 없다는 말이 옛날부터 제주도 어부들 사이에서 전해져 오고 있다.

한국에 남아있는 이러한 전설과 설화는 1900년 영국 상선 소코트라(Socotra)호에 의해 이어도가 공식적으로 발견되기 이전부터 이어도가 한국인들의 인식 속에 있어왔음을 말해주고 있다. 그러나 이어도는 국제법적으로 영토의 지위를 갖지 못하는 수중암초이기 때문에 이어도를 중심 기점으로 하여 영유권을 주장하거나 배타적경제수역을 설정할 수 없다. 한국에서 이어도종합해양과학기지를 건설하여 운용 중이기는 하지만 이를 통해 배타적경제수역이 확장 되는 것은 아니다.

결국 이어도에 인공도 또는 해양구조물을 설치하더라도 영토로는 인정될 수 없으며, 그 존재로서 영해, 배타적경제수역 또는 대륙붕의 경계획정에 영향을 미치지 못한다. 다만 해양구조물의 외연으로부터 500미터까지를 안전수역으로 설정할 수 있다. 2001년 한국과 중국의 어업협정에서 이어도 유역이 한국과 중국 어선의 공동조업지대로 설정되어, 논란을 불러일으키기도 하였지만, 단순 어업 한정으로 맺은 협정이므로 한국과 중국 간 근본적인 해안 경계 획정에 영향을 주는 것은 아니다.

이어도는 일제강점기인 1938년 일본에 의해 해저진선 중계시설과 등대시설을 설치할 목적으로 직경 15m, 수면 위로 35m에 달하는 콘크리트 인공 구조물을 설치할 계획이었으나 태평양 전쟁의 발발로 무산되었던 적이 있었다. 광복 후에는 한국에서 이어도의 실체를 찾는 노력이 있어 왔다. 1951년 국토규명사업을 벌이던 한국산악회와 해군이 공동으로 이어도 탐사에 나서 높은 파도와 싸우다 바다 속의 검은 바위를 눈으로만 확인하고 '대한민국 영토 이어도'라고 새긴 동판 표지를 수면 아래 암초에 가라앉히고 돌아왔다. 1952년 이승만 대통령이 평화선을 공식적으로 선언하여 이어도를 포함한 한반도 주변 해역을 영해와 한국 관할 평화선 내부 수역으로 포함하고 명문화시켰다.

〈이어도종합해양과학기지(국립해양조사원)〉

1970년에는 한국이 이어도 해역을 제4광구로 지정한 해저광물자원개발법을 제정하였고, 1984년 제주대학교-KBS 파랑도 학술탐사팀의 조사에 의해 그 정확한 위치가 다시 확인되었으며, 1986년 수로국(현 국립해양조사원) 조사선에 의해 암초의 수심이 4.6미터로 측량되었다. 1987년에는 한국 해운항만청이 이어도 최초의 구조물인 이어도 등부표(선박항해에 위험한 곳임을 알리는 무인등대와 같은 역할을 하는 항로표지 부표)를 띄우고 국제적으로 공표하였다. 그리고 1995년 해양수산부가 해양연구 · 기상관측 · 어업활동 등을 위한 이어도종합과학기지 설치를 위해 해저지형 파악과 조류관측 등 현장조사를 실시하기 시작하였다. 2001년에는 한국이 이어도에 해양과학기지건설을 착공하여 2003년 6월경 완공하였다.

이어도종합해양과학기지는 관측실험실, 회의실, 침실, 발전실, 헬기 이착륙장, 등대시설, 선박 정박시설, 하수처리시설, 화재진압시설 등 7명이 14일간 임시 거주할 수 있는 시설을 갖추고 있다. 또한 이어도 과학기지에서 관측된 자료는 한국 무궁화위성(KOREASAT)과 국제 해사위성(INMARSAT)을 통해 사용자에게 제공되고 있다. 이 과학기지는 종합해상 · 기상관측소, 인공위성에 의한 해양원격탐사, 지구환경변화연구, 안전항해를 위한 등대와 해난사고시 구난기지, 해상기상 예보, 한국 해군의 전략지원기지로서의 역할을 수행할 뿐만 아니라, 기지 주변의 대륙붕 개발을 위한 전초기지로 활용되고 있다.

중국 역시 1950년대 중화인민공화국 인민해방군 소속 동해함대가 이어도에 대한 조사를 시행한 바 있다. 또한 1963년 중국이 자체 제작한 최초의 원양화물선 유엔진[躍進]호가 이어도 부근 해역에서 어떤 물체에 부딪혀 침몰한 것을 계기로 정밀 탐사를 실시하였으며, 이 지역에 대한 해도를 만들었다. 1992년에는 중국 북해함대 해양탐사팀이 이어도 해역을 전면 탐사하여 위치를 확정하고 이어도 해역에 대한 측량을 하였다. 중국은 한국의 이어도종합해양과학기지 설치에 대해 그 운영에 관한 이의를 제기하였으며, 이어도 관련 중국 NGO가 결성되어 한국의 해양과학기지 운영에 반대하고 있다. 중국은 이어도종합해양과학기지에 대해 정찰기, 순시선 등을 이용하여 감시활동을 하였는데, 중국 국가해양국이 2005년 펴낸 『해양행정단속보고서』에서 이러한 감시활동은 중국이 자국의 해양권 수호를 위한 것임을 밝혔다. 중국의 이어도종합해양과학기지에 대한 감시, 순찰 활동은 지금도 계속되고 있다.

2006년에는 중국 외교부가 중국과 한국 간 배타적경제수역 경계설정 문제가 획정되지 않은 상태에서 이어도에서의 한국의 과학기지를 이용한 해양활동 반대와 함께 한국의 행위가 아무런 법률적 효력이 없음을 공식 발표하였다. 그렇지만 이어도를 둘러싼 해양 분쟁을 대화와 협상을 통해 해결하기 바란다고 하였다. 결국 2006년 한국과 중국 양국은 이어도는 수중암초로 섬이 아닌 만큼 영토분쟁의 대상이 아니라는 데 합의를 하였다.

국제 해양법상 이어도 자체는 원래 암초로 분류됐고, 영토의 지위를 갖지 못하기 때문에 이에 대해 이어도를 중심 기점으로 한 영유권을 주장하는 것, 즉 영토분쟁은 이전부터 불가능하였다. 단, 이어도가 자신들의 배타적경제수역(EEZ) 안에 속한다고 주장해 온 것이다. 이어도를 둘러싼 한국과 중국의 분쟁은 영토분쟁이 아니라 배타적경제수역 경계획정 사안이다. 한국은 이어도가 한국과 중국 양국 간의 중간선에서 명확히 한국측 수역에 속해있고 지리적으로도 마라도와 훨씬 가깝기 때문에 관할권이 한국에게 있다고 주장하고 있다.

그러나 중국은 쑤옌자오(이어도)는 장수[江蘇] 외해의 암석, 해초의 의미가 있다고 하면서 옛날부터 중국 어민들의 활동한 어장이며, 중국 어민들이 이어도에 대한 많은 신화와 전설을 만들어냈다고 주장하고 있다. 이것은 결국 중국의 고유 영토였다는 주장이다. 중국은 1880~90년대에 이미 이어도를 인식하였고 청나라 말 해도에 명확하게 표기하였으며, 이것은 1984년 한국의 제주대학교 탐사보다 100년 앞선다고 주장하였다. 그리고 1965년

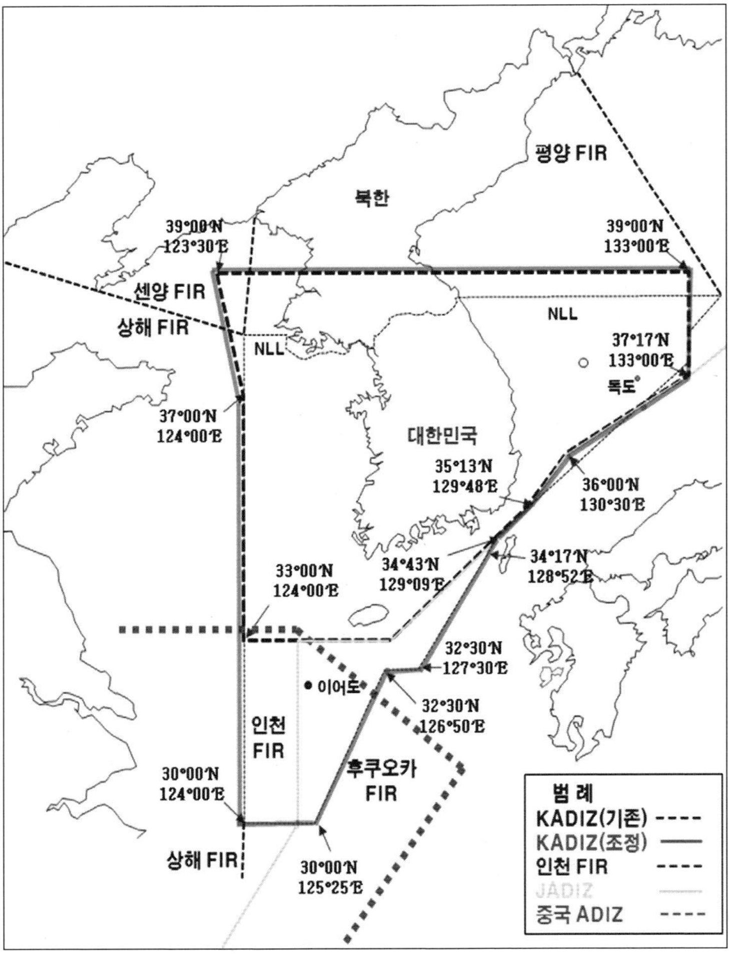

〈한 · 중 · 일 방공식별구역(국방부)〉

유엔진호의 침몰 당시 중국에서는 최초의 정밀 탐사를 실시하고 높은 수준의 해도를 만들면서 국제사회에 영해주권을 선포하였다고 하고 있다.

따라서 한국이 이어도에 해양과학기지를 만든 것은 중국의 주권을 침범하는 행위, 한국의 불법 점거라고 주장하였다. 마침내 2012년 3월에는 중국의 국가해양국장이 '이어도는 중국 관할'이라고 선언을 하였고, 2013년 11월 이어도를 포함하는 방공식별구역을 선포하였다. 방공식별구역은 영공의 방위를 목적으로 설정하는 것으로, 비행물체를 식별해 위치를 확인하고 필요시 군사상의 위협에 대응하기 위한 공간이다. 원래 이어도 상공은 일본의 방공식별구역이었지만 중국의 일방적인 방공식별구역 선포에 대해서 2013년 12월 한국도 이어도를 포함하는 방공식별구역을 확대 선포하였다. 결국 이어도 상공은 한국 · 중국 · 일본의 방공식별구역이 중첩되면서 우발적 군사 충돌마저 우려되고 있다. 이제 이어도를 둘러싼 한국과 중국의 분쟁은 바다를 넘어 하늘로 확대되었다.

동중국해의 대륙붕과 이어도 문제는 기본적으로 배타적경제수역과 같은 해양 자원의 활용 범위에 대한 문제이다. 배타적경제수역과 마찬가지로 대륙붕의 경계획정이 어떻게 되느냐에 따라 해양 관할의 범위가 확대 축소될 수 있으며, 그 범위에 따른 자원의 활용 범위가 결정된다. 그렇지만 이제 자원은 단순한 경제적 문제만이 아닌 국가안보의 문제이다. 따라서 동중국해 대륙붕 경계획정이 아직 확정되지 않은 상황에서 이를 둘러싼 한국 · 중국 · 일본의 갈등과 분쟁은 지속될 수밖에 없는 것이 현실이다.

결국 이들 국가 간의 갈등과 분쟁이 매듭지어지기 위해선 외교적인 협상과 협의를 통해 대륙붕 경계획정이 이루어져야 한다. 수중암초인 이어도 역시 마찬가지로 해양법상 경계획정의 요소가 되지 못하며, 한국과 중국의 협의를 통해 이어도 주변 수역에 대한 해양 경계를 획정하여야 한다. 그러나 국가간에 보다 상대적인 유리한 입장에 서기 위한 전략이 수립되어야 하는 것은 당연하다고 할 수 있다. 한국이 동중해에 대해서는 대륙붕 자연연장설 원칙을 주장하지만, 서해에 대해서는 중간선원칙을 주장하는 것과 마찬가지다. 또한 일본이 동중국해에 대해 중간선원칙을 주장하는 것이나, 중국이 서해에 대해 대륙붕 자연연장설을 주장하는 것도 같은 것이라고 할 수 있다. 따라서 어떤 원칙을 가지느냐에 따라 각국의 국익에 큰 차이를 가지게 되는 것이다. 그러나 한편으로는 같은 유형의 분쟁 상황을 두고, 한쪽에는 대륙붕 자연연장설을, 다른 한쪽에는 중간선원칙을 주장하는 것은 문제가 될 수 있다.

해양국제법과 해양 갈등에 대한 이러한 이해 없이 무조건적인 민족주의적 감정으로 자국의 주장만을 되풀이하고 상대국의 일방적 양보만을 요구하는 것은 바람직하지 않다. 민족주의적 감정으로 대응하다보면 자국 국민의 정서를 이용하여 정권의 지지를 받을 수는 있을지 모르지만 국가와 국가간 국제법에 따른 협의가 불가능하게 되고, 상대국에 대한 반감을 불러일으키게 된다. 결국에는 군사적 충돌 등 더욱 심한 분쟁을 유발할 수밖에 없으며, 국제법에 따른 협의가 이루어지더라도 그 결과를 국민들에게 충분히 이해시키기가 어려워지며, 국민적 공감을 얻을 수 없게 된다. 따라서 한국 · 중국 · 일본 삼국 역시 무조건적인 민족주의적 감정을 조장하거나 방조하는 것은 문제 해결을 더욱 어렵게 만든다. 한국 · 중국 · 일본 삼국은 해양국제법과 해양 갈등에 대한 상황을 각각의 국민들에게 설명하고, 해양경계획정은 일방적인 양보가 아닌 서로간의 협의를 통한 협력과 양보가 불가피한 것임을 이해시키는 노력을 경주하여야 할 것이다.

【참고문헌】

- 고충석 · 강병철, 『이어도 해양분쟁과 중국 민족주의』, 한국학술정보, 2013.
- 김관원, 「동중국해 대륙붕 경계획정 문제에 관한 소고(小考):잠정적 공동개발 가능성 검토를 중심으로」, 『영토해양연구』 4, 2012.
- 김현수, 「한국의 대륙붕한계위원회 제출문건에 관한 법적 고찰」, 『영토해양연구』 5, 2013.
- 이근우 외, 『19세기 동북아 4개국의 도서분쟁과 해양경계』, 동북아역사재단, 2008.
- 한국국제정치학회 · 한국해양전략연구소, 『21세기 해양갈등과 한국의 해양전략』, 2006.
- 동아일보 2004년 9월 10일자, [우리땅 우리魂 영토분쟁 현장을 가다, 〈21〉 대륙붕을 지켜라].
- 연합뉴스 2013년 1월 12일자, [일본, 한국 대륙붕 확대 신청에 이의 제기].
- 세계일보 2013년 8월 29일자, [동중국해 대륙붕 확장전, 韓 · 中 · 日 '新삼국지' 재점화].
- 브리태니커 백과사전(http://www.britannica.co.kr).
- 한국어 위키백과(http://ko.wikipedia.org).
- 외교부 홈페이지(http://www.mofa.go.kr).
- 국방부 홈페이지(http://www.mnd.go.kr).
- 국립해양조사원 홈페이지(http://www.khoa.go.kr).
- 이어도 종합해양과학기지 홈페이지(http://ieodo.khoa.go.kr).

【연표】

연 도	주 요 내 용
1951	한국산악회와 해군이 공동으로 이어도 탐사에 나섬
1952	한국의 이승만 대통령이 평화선을 공식 선언, 이어도를 포함한 한반도 주변 해역을 영해와 한국 관할 평화선 내부 수역으로 포함
1963	중국의 원양화물선 유엔진[躍進]호가 이어도 부근 해역에서 침몰한 것을 계기로 정밀 탐사 실시하고 해도를 작성함
1970	한국 '제1~7광구' 지정, 해저광물자원개발법 제정
1973. 3	제2광구에서 유전의 징후가 발견되자 중국 함정이 시추선 1마일 근처까지 접근해 사흘 동안 무력시위를 함
1974	한국과 일본, '한일대륙붕협정' 맺음
1978	한국과 일본, 제7광구를 한일공동개발구역(JDZ)으로 정함
1982	유엔해양법협약 채택(1994년 발효, 1996년 한국 비준)
1984	한국의 제주대학교-KBS 파랑도 학술탐사팀 정확한 이어도 위치 재확인
1986	한국의 수로국(현 국립해양조사원) 조사선, 이어도 암초의 수심을 4.6m로 측량
1987	한국의 해운항만청이 이어도 최초의 구조물인 이어도 등부표를 띄우고 국제적으로 공포
1992	중국 북해함대 해양탐사팀이 이어도 해역 전면 탐사, 위치를 확정하고 이어도 해역에 대한 측량을 실시함
1995	한국, 해양연구 · 기상관측 · 어업활동 등의 목적으로 이어도에 대한 해저지형 파악과 조류관측 등 현장조사를 실시
2001	한국석유공사 탐사선이 제2광구에서 탐사를 하다 중국 해군함정의 경고와 방해로 배를 되돌림
2003. 6	한국, 이어도 정봉에서 남쪽으로 약 700m 떨어진 곳에 이어도종합해양과학기지 설치
2006	중국은 이어도에서의 한국의 과학기지를 이용한 해양활동 반대와 함께 한국의 행위가 아무런 법률적 효력이 없음을 공식 발표
2006	한국과 중국은 이어도는 수중암초로 섬이 아닌 만큼 영토분쟁의 대상이 아님을 합의
2009	한국, 한 · 일공동개발구역(7광구, JDZ) 남측한계선을 대륙붕 외측한계로 설정한 '예비정보'를 유엔에 우선 제출
2012. 9	중국, 유엔 대륙붕한계위원회에 대륙붕 경계획정 신청서 제출
2012. 12	한국, 유엔 대륙붕한계위원회에 '정식정보' 제출
2013. 11	중국, 이어도를 포함하는 동중국해 방공식별구역(CADIZ) 선포
2013. 12	한국, 이어도를 포함하는 방공식별구역(KADIZ) 확대 선포

07

센카쿠열도(댜오위다오)와 남쿠릴열도(북방영토)를 둘러싼 일본의 영토분쟁

1. 센카쿠열도 영토분쟁의 역사적 배경
2. 센카쿠열도 영토분쟁에 대한 일본과 중국의 주장
3. 남쿠릴열도 영토분쟁의 역사적 배경
4. 남쿠릴열도 영토분쟁에 대한 일본과 러시아의 주장
5. 일본 영토분쟁의 현황과 해결 방안의 모색

센카쿠열도(댜오위다오)와 남쿠릴열도(북방영토)를 둘러싼 일본의 영토분쟁

최 병 욱

2010년 9월 7일, 중국 어선이 센카쿠열도(댜오위다오) 앞바다에서 일본 해상보안청 순시선과 충돌하자 일본정부는 공무집행방해죄로 중국선장을 체포하였다. 이에 대한 항의로 중국정부는 일본에 희토류 수출 중지를 발표했다. 결국 중국의 외교공세에 일본정부는 9월 24일 중국선장을 석방한다고 발표했다. 또한 2010년 11월 1일에 러시아 메드베데프 대통령은 고위급 인사로는 처음으로 일본과 영유권을 다투고 있는 남쿠릴열도(북방영토)에 있는 쿠나시르와 이투루프 섬을 방문했으며, 같은 해 12월 24일에 메드베데프 대통령은 기자회견에서 쿠릴열도 남쪽 4개 섬이 모두 러시아 영토라고 발언했다.

이러한 사건들을 계기로 그동안 잠잠했던 해상 영유권을 둘러싼 동아시아 지역의 영토분쟁이 수면 위로 떠올랐다. 최근 일본은 중국과 센카쿠열도를 둘러싸고 일촉즉발의 살얼음을 걷고 있고, 러시아와는 남쿠릴열도의 영유권을 둘러싸고 분쟁을 하고 있다. 이 글에서는 센카쿠열도와 남쿠릴열도 영유권 분쟁의 역사적 배경을 살펴보고, 일본과 중국, 그리고 일본과 러시아의 주장을 각각 살펴보고자 한다. 또한 독도의 영유권을 주장하며 국제적 분쟁지역으로 삼으려는 일본의 영토분쟁 해결 방안을 모색해 보고자 한다.

1. 센카쿠열도 영토분쟁의 역사적 배경

〈센카쿠열도(댜오위다오)〉 앞의 두 섬이 남소도와 북소도이며, 뒤쪽이 댜오위다오 섬이다.

센카쿠열도(댜오위다오)는 대만 치룽(基隆) 동북쪽으로 약 170㎞, 중국 푸젠성 푸저우(福州)시에서 동쪽으로 약 350㎞, 일본 오키나와현 나하 서쪽 약 410㎞, 일본 류큐제도 이시가키(石垣)섬 북쪽 170㎞ 지점의 동중국해 해상에 있는 작은 군도이다. 주된 섬인 댜오위다오(釣魚島)를 비롯하여 황미서(黃尾嶼, 일본명:久馬島), 적미서(赤尾嶼, 일본명:大正島), 남소도(南小島), 북소도(北小島) 등 5개의 섬과 충북암(沖北岩), 충남암(沖南岩), 비뢰(飛瀨) 등 3개의 암초로 구성되어 있다.

댜오위다오가 면적 4㎢정도이며, 나머지는 1㎢ 혹은 그 이하인 무인도이다. 현재는 일본이 점유하고 있으나 중국과 대만이 각각 영유권을 주장하면서 영토분쟁이 계속되고 있다. 일본은 센카쿠(尖閣) 열도, 중국은 댜오위다오(釣魚島), 대만은 댜오위타이(釣魚臺)로 부르고 있다. 센카쿠(댜오위다오) 분쟁은 인근 해역의 석유매장 가능성, 배타적 경제수역 및 대륙붕 경계선 미획정, 중동과 동북아를 잇는 해상교통로이자 전략요충지 등의 쟁점을 지닌 분쟁이다.

1966년 유엔(UN) '아시아 극동 경제위원회'(ECAFE)의 후원 하에 조직되었던 '아시아 연안지역 광물자원 공동개발 조정위원회'(CCOP)는 미 해군의 지원을 얻어 1968년 10월과 11월에 황해와 동중국해 일대에 광범위한 해저탐사를 실시하였다. 그 후 1969년 5월에 센카쿠열도 주변 대륙붕이 세계에서 가장 유망한 석유와 천연가스 부존지역이라는 취지의 보고서를 발표했는데, 이것이 센카쿠 분쟁 발생의 시발점이라 할 수 있다.

〈센카쿠열도의 지리적 위치〉

1970년에 대만 입법원이 '해양유전탐사 및 채굴조례'를 통과시키고, 같은 해 9월에 대만 외교부는 댜오위다오 군도가 대만의 부속 도서임을 천명하여 처음으로 영유권 주장을 하여 영토분쟁이 시작되었다. 1971년 중국 외교부는 댜오위다오는 대만의 부속도서로서 중국의 영토임을 강조하며, 미국과 일본의 오키나와 반환 협정 가운데 댜오위다오의 일본 반환을 강력히 항의하였다.

1972년 5월 오키나와가 공식적으로 일본령으로 편입된 이후 현재까지 센카쿠(댜오위다오) 해역에서 중일 간의 무력충돌은 발생하지 않고 있으나, 영유권을 둘러싼 외교적 마찰 및 민간 차원의 항의는 중국, 대만, 홍콩 등지에서 지속적으로 이루어지고 있다. 1978년, 1988년, 1996년 등 세 차례에 걸쳐 일본 우익 민간단체인 '일본청년사'가 센카쿠에 등대를 설치하여 영유권을 기정사실화하려는 시도에 대해 중국과 대만, 그리고 홍콩에서 대대적인 일본 규탄시위와 항의가 발생하는 등 댜오위다오(센카쿠)를 둘러싸고 중국과 일본 사이에 크고 작은 마찰이 현재까지 계속 일어나고 있다.

센카쿠열도는 현재 일본 오키나와의 아에야마(八重山) 열도의 이시가키시에 편입되어 있다. 센카쿠를 둘러싼 영유권 분쟁은 일본이 이를 자국영토로 편입시키면서 발생한 문제이다. 일본은 1879년 류큐(琉球)번을 폐지하고 오키나와현을 설치하였다. 류큐의 강제병합으로 인해 류큐인들의 격렬한 저항이 일어났고, 청나라와 일본 사이에 류큐의 귀속문제를 둘러싸고 분할 논의가 진행되었지만, 일본이 류큐를 강제 편입한 상태로 청일전쟁에 이르게 되었다.

센카쿠 문제가 등장한 것은 1885년 코가 타츠시로(古賀辰四郎)라는 사람이 센카쿠에서 새의 깃털이나 어패류 채취에 종사하면서 이곳의 개척허가를 오키나와현령에게 제출하면서 시작된 것으로 알려져 있다. 이때는 청나라와 일본 사이에 진행되던 류큐 분도에 관한 논의가 잠시 중단되었던 시기이다. 이 당시 일본 내무성은 코가의 요청에 따른 실지조사와는 별개로 이곳에 대한 영토 확장의 문제에 오히려 관심을 갖고 있었다. 그러나 청 청부의 의심을 피하기 위해 영토 편입을 미루다가 청일전쟁이 승리하자 1895년 초에 내각회의에서 편입을 결정하였다.

당시 일본이 센카쿠를 영토로 편입할 때는 칙령의 형식을 취하지 않고 대외적으로 극비로 내각회의에서만 통과시켰다. 때문에 청국 측에서 이러한 일본의 조치를 알 수 없었고 아무런 항의도 할 수 없었다. 이 같은 일본의 일방적인 무주지(無主地) 선점에 의해 은밀히 자국의 영토로 편입함으로써 오늘날 센카쿠열도(댜오위다오) 영토분쟁의 씨앗이 되었다.

2. 센카쿠열도 영토분쟁에 대한 일본과 중국의 주장

센카쿠열도(댜오위다오)를 둘러싼 영토분쟁은 사실상 1971년 미국과 일본 사이에 오키나와의 시정권(施政權)을 일본에 반환하는 협상이 진행되면서 시작되었다고 할 수 있다. 제2차 세계대전 후 1951년 샌프란시스코에서 체결된 평화조약에 의하여 일본의 영토는 4개의 주요 섬(혼슈, 홋카이도, 큐슈, 시코쿠)과 주변 도서들로 한정하였다. 센카쿠는 평화조약 하에서 확립된 UN 신탁통치에 의하여 오키나와 36도와 함께 미국의 시정권 하에 놓이게 되었다.

센카쿠가 미국의 시정권 아래에 있을 시기에는 중국이나 대만 모두 아무런 항의가 없었지만, 1972년 미국과 일본 사이에 오키나와 반환협정이 발효되어, 오키나와에 포함되어 있던 센카쿠를 미국이 일본에 반환함으로써 영유권 분쟁이 본격화되었다. 하지만, 센카쿠를 둘러싼 영토분쟁은 몇 개의 섬을 차지하기 위한 영토주권의 문제가 아니라 주변 해역의 해양자원과 깊은 관련이 있다. 중국과 대만은 센카쿠 주변 해역에 매장된 것으로 추정되는 석유자원에 대한 유엔 보고의 발표가 있기 전까지 영토문제를 제기하지 않다가 1971년 오키나와 반환협정이 진행되면서 영유권을 주장하기 시작했다.

그렇다면 센카쿠열도를 둘러싼 중국과 일본의 영토분쟁의 쟁점은 구체적으로 무엇인가? 중국과 일본의 주장을 세 가지 쟁점을 중심으로 살펴보자.

첫째, 역사적으로 센카쿠열도(댜오위다오)는 어느 나라에 속해 있었는가? 센카쿠는 과거도 현재도 무인도이다. 역사적으로 보면 중국인도 일본인도 살지 않았다. 일본에서는 센카쿠가 주인이 없는 땅, 즉 무주지(無主地)였으며, 1885년 현지 조사한 후에 오키나와현에 편입(1895년)시켰기 때문에 국제법상 선점의 법리에 따라 일본 고유의 영토라고 주장한다.

이와 달리 중국측은 댜오위다오가 아주 오래 전부터 중국 고유의 영토였다고 주장한다. 중국영토였던 것을 청일전쟁 패배에 따른 시모노세키 조약에 의해 대만의 일부로서 일본에 할양되었다고 주장하고 있다. 타이완이나 푸젠성에서 출어하는 중국 어민들의 전초기지로, 어로기에는 어민들이 댜오위다오에 몇 개월씩 살았던 증거가 있다고 주장한다.

댜오위다오가 처음 문헌에 나타난 것은 1403년 『순풍상설(順風相說)』이다. 좀 더 상세한 기록은 1534년 명나라의 책봉사로 류큐에 파견된 진간(陳侃)이 쓴 『사류구록(使琉球錄)』에 잘 나타나 있다. "10일 남풍이 심하게 불어 배가 많이 흔들렸지만 요동이 심하지는 않았다. 평가산(平嘉山), 조어서(釣魚嶼), 황미서(黃尾嶼), 적서(赤嶼)를 지났다. 11일 저녁 고미산(古米

山)이 보였다. 이제 류큐령이다"라고 기록하였다. 명의 책봉사 진간은 댜오위다오를 통과하여 동쪽으로 더 나아가면 류큐에 속한 구메야마(古米山)가 보인다고 적었다. 그의 기록에 따르면 댜오위다오가 중국령이라는 것이다.

또한 1551년 정순공(鄭舜功)이 일본을 방문하고 돌아와 왜구를 방비하기 위한 대책으로 지은 『일본일람(日本一覽)』에는 댜오위다오를 대만의 부속도서라고 적고 있다. 왜구토벌 총독으로 임명된 호종헌(胡宗憲)의 『주해도편(籌海圖編)』에도 댜오위다오를 중국 푸젠성 해안방위 구역에 포함시키고 있다. 호종헌의 주해도편은 16세기 조어도가 중국령이라는 사실을 증명하는 문헌으로 중국측에서 자주 사용하고 있다. 뿐만 아니라 중국에서는 청말 서태후가 성쉬안화이(盛宣懷)에게 댜오위다오를 하사하는 조서를 내렸다는 사실을 근거로 들고 있다. 조서의 내용은 성쉬안화이가 올린 환약이 효험이 있었는데, 이 약이 댜오위다오에서 채취했다고 하여 이 섬을 하사하여 약재를 계속 채취하도록 했다는 것이다. 이러한 조서에 근거하여 국제법적으로도 댜오위다오는 중국의 영토가 분명하다고 주장하고 있다.

류큐의 문헌에서도 중국측의 주장을 뒷받침하는 기록이 있다. 1650년에 지은 류큐왕조의 역사책인 『류구국중산세감(琉球國中山世鑑)』에 구미도가 류큐영토이고, 그 서쪽은 류큐영토가 아니라고 했다. 이외의 류큐문헌에서도 댜오위다오를 류큐의 강역에 포함시키지 않았으며, 류큐에서 청나라 강희제(康熙帝)에게 바친 『중산세보(中山世譜)』에도 댜오위다오를 류큐에 포함시키지 않았다.

이러한 사실로 미루어보아 역사문헌에서는 압도적으로 중국령이라는 증거가 많다. 일본과 류큐의 역사문헌에서는 메이지 유신 이전에는 거의 기록되어 있지 않다. 물론 중국측의 고문헌상의 기록만으로 댜오위다오의 영유권을 확정했다는 근거도 확실치는 않다. 따라서 1895년 이전 국제법적으로 어느 국가에 속해 있지 않았다고 볼 수 있어 센카쿠 영유권 분쟁이 중국과 일본의 국제법적 논쟁으로까지 이어지게 되었다. 일본은 국제법적으로 자국의 영토라고 주장하고 있고, 중국은 일본이 힘으로 영토를 약탈한 것이어서 국제법적으로 무효라고 반박하고 있다.

둘째, 청일전쟁 시기인 1895년 1월 일본이 센카쿠열도를 자국령에 편입한 것을 어떻게 볼 것인가? 일본은 이미 1885년 자국민의 개척 요청으로 청나라의 지배가 센카쿠에 미치지 않는다고 조사하였고, 이에 1895년 1월에 내각회의를 거쳐 일본령에 편입했다고 한다. 또한 센카쿠열도는 1895년 5월 시모노세키 조약에 근거하여 일본이 청나라에서 할양받은 타이완과 펑후열도에는 포함되지 않는다고 주장하고 있다. 이에 중국은 1884년에 코가 타츠시로가 댜오위다오에 대한 임대 신청을 했을 때 일본 정부는 중국 정부의 의심을 받을 것을 우려해 현지 조사만 하고 영토 편입을 하지 않은 것은 댜오위다오를 청나라의 영토로 보았기 때문이라고 주장한다. 또한 청일전쟁 후 청이 패하자 일본은 댜오위다오를 일본령으로 한 후에 타이완과 부속도서 전부를 할양받았다고 중국측은 주장하고 있다. 결국 센카쿠열도를 타이완의 일부로 보는가, 아니면 오키나와의 일부로 보는가에 따라 중국과 일본의 주장이 다르다고 할 수 있다.

셋째, 일본 지배 시대와 2차 대전 이후에 센카쿠열도가 오키나와의 일부였는가 아니면 타이완의 일부였는가? 일본측 입장에 의하면, 센카쿠열도는 1951년 체결된 샌프란시스코 조약에 따라 오키나와의 부속 도서로서 미국의 시정권 아래에 있다가 일본에 반환되었다고 본다. 또한 중국에서 센카쿠열도의 반환문제를 한 번도 제기하지 않았음을 강조하고 있다.

반면, 중국측은 몇 가지 반론을 제기한다. 이미 1944년 도쿄재판소에서 댜오위다오를 타이완 관할로 인정했다는 기록이 있다. 또한 미국이 오키나와를 반환할 때 시정권을 일본에 넘겨주었지만, 주권문제와는 별개의 문제임을 미 국무부에서 밝혔으며, 주권문제는 중국과 일본 당사국끼리 해결해야 한다는 점을 강조하고 있다. 중국 저우언라이(周恩來) 외교부장은 1950년 6월에 타이완과 중국에 속하는 모든 영토의 회복을 바라는 성명을 발표했으며, 타이완 정부는 1970년 미국의 관할이 종료할 때 댜오위다오가 반환되어야 한다는 점을 발표했다. 중국 정부 역시 미국이 반환구역에 댜오위다오를 포함시킨 것에 대해 유엔에 항의했다는 점을 강조하고 있다.

두 국가는 센카쿠열도(댜오위다오)를 둘러싸고 분쟁이 격화할 때마다 위와 같은 자국의 주장을 일방적으로 반복하고 있으며, 각국의 정치권은 국민들의 지나친 민족감정에 대해 자제를 요구하면서도 영유권 문제를 이용하여 민족주의를 부추기는 이중적 태도를 취하고 있다. 1970년대 이후 현재까지 중일 간에 센카쿠를 둘러싼 영유권 분쟁은 크게 1972년, 1978년, 1996년, 2004년, 2010년, 2012년 6차례에 걸쳐 발생하였다.

현재 센카쿠를 둘러싼 영유권 분쟁은 해양 자원을 확보하기 위한 중일간 자원 쟁탈적 성격이 짙으며, 동중국해와 남중국해의 해상 주도권을 둘러싼 양국간 전초전의 성격도 있다. 중국은 최근 급성장하는 국력을 바탕으로 이전의 중화질서에 대한 강한 향수를 보이고 있다. 이러한 중국의 팽창에 미국도 견제에 나서고 있는 실정이다. 미국은 센카쿠열도가 미일 방위조약 적용 대상이라고 반복함으로써 중국을 압박하고 있다. 패권주의적 성격을 띠는 중국의 등장은 일본의 우경화 경향과 맞물려 주변국가에 긴장과 갈등을 고조시키고 지역의 평화에도 부정적인 영향을 끼칠 수 있다.

2010년 일본이 센카쿠 앞바다에서 불법 조업을 하던 중국 선장을 체포한 사건에 대한 보복 차원에서 희토류 수출금지 조치를 단행한 이후 센카쿠열도(댜오위다오) 분쟁은 외교적 항의를 통한 단순한 설전을 주고받는 수준에서 벗어나 군사적 대결로 치닫고 있는 수준으로 변하고 있다. 특히 2012년 일본정부가 센카쿠 열도를 국유화한 이후 중일 양국은 군사적인 대치상황으로까지 나아가고 있다.

그동안 센카쿠열도 분쟁은 중일간의 외교적 문제 제기와 분쟁의 확대 방지라는 암묵적인 원칙아래 상호주의적인 경제적 실리를 취하는 태도를 보여왔다. 하지만 현재의 정치적 상황 아래에서는 양국 간 군사적 충돌 상황이 실제로 발생할 수 있는 우려가 제기되고 있다. 물론 센카쿠열도를 둘러싼 중일 간 갈등에 대한 미국의 중재노력에 더해, 중일 양국이 직접적인 군사적 충돌로 얻을 수 있는 이익이 실제로 많지 않다는 사실을 고려하자면 군사적 대결 가능성이 낮다는 것이 여전히 설득력이 있다고 하겠다.

현재 중국 정부는 양국 간 정상회담을 포함한 외교적 관계정상화의 전제 조건으로 센카쿠 열도에 영유권 문제가 존재한다는 사실을 일본 정부가 인정할 것을 요구하고 있다. 그러나 일본 정부는 센카쿠는 명백히 일본의 영토이며 영유권 문제는 존재하지 않고 있다는 점을 분명히 하고 있다. 따라서 센카쿠 열도를 둘러싸고 중국, 나아가 대만과 일본 사이의 대립 상황은 앞으로도 오랫동안 지속될 가능성이 매우 높다고 할 것이다.

3. 남쿠릴열도 영토분쟁의 역사적 배경

쿠릴열도는 1,300km의 도서군으로 약 56개의 섬으로 이루어져 있으며, 이 중에서 러시아와 일본 간에 영유권 분쟁이 있는 곳은 남쿠릴열도의 4개 섬과 제도이다. 즉, 남쿠릴열도(북방영토 혹은 북방4도) 분쟁은 일본의 홋카이도(北海島)와 러시아의 캄차카(Kamchatka) 반도를 잇는 쿠릴열도 도서 중 최남단의 2개 섬과 홋카이도 북쪽의 2개 섬에 대한 일본과 러시아 간의 영토분쟁이다. 일본에서는 쿠릴열도를 치시마 열도(千島列島)라고 하며, 영토분쟁 대상이 되는 4개 섬과 제도를 북방영토 혹은 북방4도라고 지칭하고 있다. 러시아와 일본과의 영토분쟁 대상이 되는 4개 섬은 이투루프(일본명: 에토로후), 쿠나시르(일본명: 쿠나시리), 시코탄, 하보마이 군도를 지칭한다. 이들 4개 도서의 총면적은 4,996㎢이며, 약 1만 9천명의 주민이 거주하고 있다. 현재 이 섬들은 러시아연방 사할린 주에 속해 있다.

북방4도의 면적을 합하면, 4,996㎡로서 오키나와보다는 두 배 이상 크며, 제주도의 약 3배에 달한다. 이중 쿠릴열도 남단에 속하는 쿠나시르와 이투루프는 상당히 크며, 상대적으로 하보마이와 시코탄 섬은 크기가 작고 북해도 부속도서로서 간주되는 경우가 많았다. 1945년 8월말 9월초에 소련군이 진주했을 당시 북방4도에는 약 17,000여명의 일본인이 거주해 있

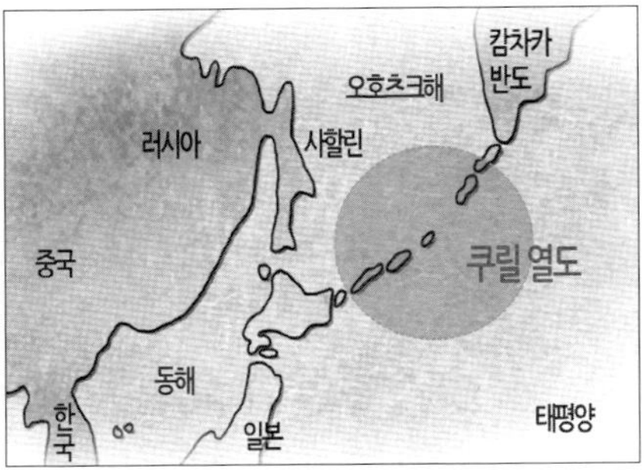

〈쿠릴열도 전체 모습〉

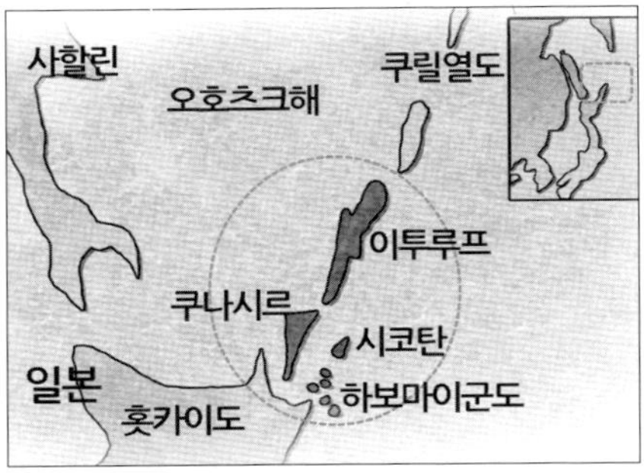

〈남쿠릴열도 영토 분쟁지〉

었지만 전부 강제퇴거 당했으며, 스탈린에 의해 러시아인의 강제적 이주가 이루어졌고, 70년대 말 중일 평화우호조약이 체결된 후에는 소련군이 재배치되었다.

쿠나시르 섬은 북해도 동북부의 동쪽에 위치한 섬으로서, 길이 122km, 폭 8~30km, 면적은 1,500㎢이다. 이투루프는 남서쪽으로는 쿠나시르, 동북쪽으로는 우루프에 면해 있는 섬으로, 북방4도 중에서는 가장 규모가 큰 길이 203㎞, 최대폭 30㎞, 면적 3,139㎢이다. 이에 비해 북해도 동쪽 반도에서 가까운 하보마이는 전체면적 101㎢, 시코탄은 255㎢에 불과하다.

일본과 러시아 사이에 최초로 국경선이 확정된 조약은 1855년 2월 7일 시모다에서 체결된 러일 통상 및 국경조약이다. 이 조약에서 쿠릴 22개 도서에 대한 분할 문제가 합의되었다. 북방4도는 일본의 영토로, 나머지 18개 도서는 러시아 영토로, 사할린은 러시아와 일본이 공동 관리하기로 하였다. 그 후 90년 동안, 즉 1855년부터 1945년까지 남부 쿠릴은 공식적으로 일본의 소유였다. 1875년 5월 7일 페테르부르그에서 러시아와 일본 간에 영토교환 조약이 성립되었다. 이 조약을 통해 사할린을 러시아에 귀속시키는 대신, 쿠릴열도 전체를 일본에 귀속시키기로 합의했다.

1904년 2월 8일, 일본은 선전포고 없이 중국 뤼순의 러시아 해군기지를 공격했다. 러일전쟁 기간 중 쿠릴열도는 일본의 통치하에 있었고, 이웃하는 러시아 영토를 공격하기 위한 도약대로 이용되었다. 러일전쟁의 결과 일본이 승리하고 1905년 포츠머스 조약에서 일본은 북위 50도 이남의 남사할린을 러시아로부터 강제 할양 받았다. 그 결과 일본은 쿠릴열도 전체와 남사할린까지 확보하게 되었다.

1945년 얄타회담에서 미국과 영국은 소련에게 "독일이 항복한 후 3개월 이내에 소련이 일본전에 참전한다면 1905년 포츠머스 조약의 결과로 상실한 북위 50도 이남의 남사할린 및 쿠릴열도에 대한 소련의 영토권을 인정하겠다"고 약속했고, 포츠담회담에서 이를 재차 확인하였다. 이에 따라 1945년 8월 일본에 선전포고를 한 소련군은 남사할린 및 쿠릴열도 전체를 점령하였다.

〈홋카이도 네모로 시(市) 북방관의 북방영토지도〉

1951년 샌프란시스코 강화조약에 의거하여 러시아는 사할린 및 쿠릴열도를 회복하게 된다. 샌프란시스코 강화조약 제2조에 의하면 "일본은 쿠릴열도와 1905년 9월 5일부터 포츠머스 조약 하에 일본이 주권을 획득한 사할린 남부의 섬 및 인접 섬들에 대한 모든 권리, 법적 이유, 주권주장을 포기한다"라고 기록되어 있다. 특히 1951년 샌프란시스코 강화조약에서 소련은 쿠릴열도 남단의 2개 섬(이투루프, 쿠나시르)은 물론 하보마이 군도(7개 섬으로 구성)와 시코탄을 점유하게 되어 양측 간 영토분쟁이 시작되었다.

그러나 소련은 미국 주도의 샌프란시스코 조약 서명에 참여하지 않았다. 이로 인한 소련의 조약 서명 거부는 쿠릴열도 분쟁의 심각한 결과를 야기했다. 지금까지 소련과 일본 간에 어떤 합법적인 평화조약도 존재하지 않고, 새로운 국경도 획정되지 않았다. 비록 러시아와 일본 간의 국경문제가 얄타회담이나 포츠담선언, 그리고 샌프란시스코 조약에 의해 승인되었지만, 일본의 관점에서는 양국 사이의 영토문제는 결론나지 않은 것으로 생각될 수 있다.

1956년 소련과 일본이 평화조약을 위한 공동선언을 발표할 때 소련은 하보마이와 시코탄을 일본에 반환할 가능성을 시사했으나 냉전기간 중 일본은 군사적으로 소련과 대치하고 있었으며, 미국이 주도하는 대소 봉쇄전략에 일본도 주요 국가이기 때문에 양측의 입장 차이는 좁혀지지 않았다. 특히 1960년 미일 안보조약이 체결된 이후부터 소련의 태도는 비타협적으로 변화되었다. 고르바초프 등장 이후 소련의 태도가 개선되면서 남쿠릴열도의 영토문제를 해결하기 위해 양국이 서로 합의점을 찾기 위해 외교적으로 노력하고 있지만, 현재 남쿠릴열도 분쟁은 일본이 영유권 주장을 지속하고 있는 가운데, 러시아가 남쿠릴열도의 주권을 재확인하고 있는 상황이다.

4. 남쿠릴열도 영토분쟁에 대한 일본과 러시아의 주장

일본은 쿠릴제도가 캄차카에서 시작하여 우루프 섬에서 끝난다고 생각하고 있는 반면, 러시아가 남쿠릴열도라 부르는 북방4도는 쿠릴열도에 속하지 않고 일본의 북방영토를 형성하고 있다고 주장한다. 따라서 북방영토를 일본으로 돌려달라는 일본의 주장은 4개의 섬 모두를 돌려달라는 말이다. 일본은 줄곧 북방4도를 일본의 영토라고 주장하고 있다. 북방4도는 쿠릴열도에 속하지 않을 뿐 아니라, 소련은 샌프란시스코 강화조약에 참여하지 않았다는 점이 일본측 주장의 핵심이다. 궁극적으로 쿠릴열도 4개 섬을 둘러싼 러일 간의 영토분쟁의 핵심은 포츠담선언과 샌프란시스코 평화조약을 어떻게 해석하는가에 달려있다.

러시아 측에서는 현재 러시아와 일본의 국경은 국제법적 기반을 가진 역사적 사실임을 강조한다. 남쿠릴열도는 2차 세계대전의 결과로 러시아에 귀속되었고, 그것의 법적 근거는 바로 연합국 사이의 협정인 얄타협정과 포츠담선언이라고 주장한다. 그리고 1951년 미국에 의해 지도된 51개국이 일본과 함께 서명한 샌프란시스코 조약 하에서 국경에 대한 결정이 났다고 본다. 러시아는 러일관계가 '2차대전 결과의 확고함'이라는 중요한 원칙에 기초해야만 한다고 본다. 2차대전 결과의 불가침성이라는 원칙은 전후 국제관계의 기초로서 여전히 남아있다고 주장한다.

〈홋카이도에서 바라본 '북방영토'의 일부분〉
홋카이도 네무로 시의 노삿부미사키(納沙布岬)에서 멀리 하보마이 군도의 한 섬이 보인다.

전후 일본과의 관계개선을 위해 흐루시초프 시절 소련은 일본의 주장에 조금 양보하는 듯한 태도를 취했다. 1956년 소련과 일본은 국교정상화를 위해 러일 공동선언을 채택했다. 이 선언문 제9항에 "소련은 향후 평화조약이 체결되면, 일본에게 하보마이와 시코탄을 양도한다"고 명시되어 있다. 당시 러시아와 일본의 평화조약의 체결을 원하지 않던 미국의 간섭이 없었다면 일본은 하보마이와 시코탄을 양도받고 이투루프와 쿠나시르는 소련의 영토로 인정하는 평화조약을 체결하여 오늘날과 같은 영토분쟁은 없었을 지도 모른다.

탈냉전의 분위기가 고조되었던 1991년 4월 고르바초프는 소련 지도자로서는 최초로 일본을 방문하여 쿠릴열도 4개 섬의 귀속문제를 포함한 평화조약 체결을 논의했지만, 1956년에 이뤄졌던 두 국가의 공동선언, 즉 시코탄과 하보마이를 양도한다는 선언에 대해서는 언급하지 않았다. 이후 러시아는 1993년 10월 옐친 대통령과 호소카와 일본 총리 간의 정상회담 후 채택된 도쿄선언에서 북방4도의 영토문제를 최초로 인정했으며, 1996년 11월에는 북방영토의 공동개발을 일본 측에 제안하기도 했다. 남쿠릴열도 영토 문제에 대한 양국간 해결 분위기는 1997년 정상회담에서도 확인되어 2000년까지 영토문제 해결을 포함한 평화협정을 체결하기로 합의하기도 했다.

2000년 9월 러시아 푸틴 대통령은 일본 방문 기간에 러시아 최고지도자로는 처음으로 1956년 공동선언에 언급된 평화조약 체결과 시코탄과 하보마이 2개 섬을 반환할 수 있음을 공식적으로 확인하였다. 푸틴은 두 나라의 통상조약 체결 150주년인 2005년도를 기준으로 러일 정상회담을 갖고, 2개 섬을 반환함으로써 평화조약을 체결한다는 계획을 세웠던 것이다. 반면 일본은 러시아와 다른 생각을 갖고 있었다. 하보마이와 시코탄 2개 섬을 먼저 반환하고, 나머지 쿠나시르와 이투루프는 나중에 반환하기로 한다면 일정기간 러시아의 점유권을 인정할 수 있다는 입장을 내세우면서 결국 협상이 진전되지 못했다.

한편, 2009년 11월 일본정부가 "러시아가 북방영토를 불법 점령하고 있다"는 표현을 정부 공식문서에 사용하기로 함에 따라 두 나라의 갈등이 고조되었다. 2010년과 2011년 들어 러시아의 남쿠릴열도에 대한 기존의 정책 기조가 변화하면서 양국 간 갈등이 재점화되기 시작했다. 결국 2010년 11월에 메드베데프 러시아 대통령이 역사상 처음으로 최고지도자의 신분으로 영토분쟁의 대상이 되는 섬 중의 하나인 쿠나시르 섬을 방문하여 남쿠릴열도 4개 섬이 러시아 고유 영토임을 선언하였다.

일본은 이에 대한 항의의 표시로 러시아 주재 일본대사를 소환하기까지 하였다. 또한 일본의 일부 언론이 러시아가 남쿠릴열도에 미사일을 배치하는 등 군사시설을 확충하는 계획을 세우고 있다고 보도하면서 두 나라의 갈등은 더욱 심화되었다. 더 나아가 러시아는 쿠릴열도에 대한 실효적 지배를 강화하는 한편, 이곳에 대한 개발 문제에 대해서도 일본 이외 다른 국가에 투자를 요청하는 움직임을 보이기도 하였다. 이후 남쿠릴열도 영토 분쟁 해결에 관심을 갖던 푸틴 러시아 대통령이 재집권하고, 일본의 아베총리가 2013년 4월에 러시아를 방문하여 정상회담을 가지면서 양국 간에 조속히 영토문제를 해결하여 평화조약을 체결하고 싶다는 의견을 교환하였다.

러시아와 일본은 냉전 종결 이후 군사적 위협이 감소함에 따라 남쿠릴열도에 대한 군사력을 크게 감축한 것은 사실이나 이 지역에 대한 전략적, 경제적 가치가 있기 때문에 두 나라 모두 기존의 입장을 유지해 오고 있다. 그러나 센카쿠열도를 둘러싼 영토분쟁과는 달리 남쿠릴열도를 둘러싼 러시아와 일본의 영토문제는 충분히 외교적 협상으로 해결될 여지를 남겨놓고 있다. 따라서 남쿠릴열도 문제는 갈등보다는 협상을 통한 해결책을 모색하는 양상을 띠고 전개될 것으로 전망된다.

5. 일본 영토분쟁의 현황과 해결 방안의 모색

일본은 중국과 센카쿠열도(댜오위다오)를 둘러싸고 일촉즉발의 살얼음을 걷고 있고, 러시아와는 남쿠릴열도(북방영토)의 영유권을 둘러싸고 분쟁을 하고 있다. 또한 한국의 영토인 독도를 다케시마(竹島)로 부르며 국제적 분쟁지역으로 삼아 국제사법재판소에 독도의 영유권 문제를 제소하려는 움직임을 보이고 있다.

영토문제는 대부분 정치적으로 비화되어 상대국 국민들의 민족주의 감정을 불러일으키는 도화선 구실을 하고 있다. 특히 동아시아의 영토분쟁은 일본의 침략으로 비롯된 식민지, 반식민지 상황의 경험 때문에 서로 배타적인 감정을 가지고 있어 해결의 실마리를 찾기 어려운 실정이다. 해당 국가 사이의 협상으로 해결해야 하지만 영토분쟁은 상호 불신과 민족감정으로 인해 문제를 더욱 복잡하게 만들고 있다.

더욱이 패권주의적 성격을 띠는 중국의 등장과 일본 정치의 급격한 우경화는 동아시아 이웃 나라에 긴장과 갈등을 고조시키고 지역의 평화에도 부정적인 영향을 끼칠 수 있어 해상 영유권 분쟁을 둘러싸고 금방이라도 무력분쟁으로 이어질 가능성이 있다.

영토분쟁의 해결 방안에 대해 독일의 예를 들어 설명해 보자. 분명한 것은 2차 대전 이후 독일이 영토문제에서 프랑스에 크게 양보했다는 점이다. 그리고 독일의 출발점인 프로이센의 옛 영토를 모두 폴란드에게 할양했다. 물론 이것은 패전국의 숙명이기도 하지만, 전후 독일은 빼앗긴 소유물을 되찾고자 하지 않았다. 오히려 빼앗긴 것을 유럽 공동 소유로 만드는 제도를 구축해 갔다. 여기에 프랑스도 화답했고 국제사회도 응답을 보였다. 2차대전 이후 독일은 새로운 출구를 찾기 시작했다. 독일은 국가의 목적을 변경했다. 영토수호를 최우선으로 하는 전통적인 사고방식에서 탈피하여 유럽에서의 영향력 확대로 국가의 목적을 바꾸었다. 그 영향력은 영토를 뛰어넘는 것이다. 결국 독일은 오늘날 유럽연합(EU)에서 가장 영향력이 큰 나라가 되었다.

국가에 있어 영토문제란 과연 무엇인가에 대해 우리는 곰곰이 생각해 봐야 한다. 국가는 국민이 평화롭게 사는 환경을 마련하는 것이 중요한 목표이다. 영토의 확보는 국가목표에서 물론 중요한 목표이지만 가장 중요한 목표인가하는 질문에는 의문점이 든다. 역사 속에서는 영토의 확보가 국민이 평화롭게 하는 환경을 마련하는 것과 다르게 결과가 나타난 적이 많았다. 최근의 이란 이라크 전쟁에서 40~50만 명이 사망하였다. 여러 가지 원인이 있겠지만, 이 전쟁은 샤트알아랍강 국경선이 강의 중앙인가 아니면 강변인가를 둘러싸고 일어났다. 지금에 와서 이란인과 이라크인 중에서 영토 확보를 위한 전쟁 때문에 대규모 희생자가 나와도 어쩔 수 없다고 말하는 사람은 거의 없을 것이다. 영토문제의 집착과 그로 인한 손실의 대가는 너무나도 크다. 역사가 증명하고 있다.

일본의 영토문제를 논하는 출발점은 1945년 7월 26일 포츠담 선언으로 본다. '일본국 주권은 혼슈, 홋카이도, 규슈와 시코쿠, 여기서 결정한 도서

지역으로 국한된다'고 한 영토문제를 어떻게 정리할 것인가이다. 2차대전 이후 1949년부터 1963년까지 독일 초대수상으로 재임했던 아데나워는 일본의 나아갈 방향에 대해 시사점을 던지고 있다.

"나는 독일의 이웃 나라들이 미래에 독일이 또 다시 위협요인이 되는 것을 매우 걱정하고 있다는 것을 잘 안다. 패전 이후 이들 나라의 우려를 완화하는 것은 완전히 무의미했다. 내가 노력한 것은 독일을 포함한 유럽연합의 문제였다. 장래에 이웃 유럽국가와 공존하는 독일이야말로 서방국가들에게 영구적인 안전보장을 제공할 수 있다는 것이 내 생각이었다. 프랑스와 독일은 과거에 종지부를 찍고 협력하여 우리 모두가 똑같은 유럽인이라는 점을 기억해야 한다. 독일과 프랑스의 대립을 극복하려면 구체적인 공동기구를 만들어야 한다. 그 첫걸음이 석탄철강연합조약에서 시작되었다. 불신, 경쟁심, 이기주의 때문에 두 나라가 전쟁을 벌였던 과거에 종지부를 찍는 작업이 될 것이다."

센카쿠열도(댜오위다오)와 남쿠릴열도(북방영토)를 비롯한 현재 일본의 영토분쟁은 '일본 제국주의의 산물'이라는 점을 명확하게 알 필요가 있다. 일본 제국주의 시대 이웃 국가를 침탈한 일본의 반성과 역지사지가 전제되지 않는 한 영토분쟁은 동아시아에서 새로운 분쟁의 불씨가 될 것이다. 일본은 독일의 예를 모범으로 삼아 과거 일본제국주의 시절 이웃 국가들에게 행한 역사적 행위를 반성하고 영토 확보를 최우선 목표로 삼아서는 안 될 것이다.

동아시아를 비롯한 세계 곳곳에서는 현재 크고 작은 영토분쟁을 하고 있다. 영토분쟁은 이해 당사국 사이에 대립이 첨예하여 같은 역사적 지리적 상황도 서로 달리 해석하기 때문에 그것을 판별하기가 쉽지 않은 것이 사실이다. 센카쿠열도와 남쿠릴열도를 둘러싼 영유권 분쟁에서 당사국들이 실제로 영유권을 회복하거나 독점적으로 이용하기는 쉽지 않은 상황이다. 따라서 이곳의 영토분쟁은 영토 그 자체보다는 해양자원의 개발과 이용이 주목적이기 때문에 해양자원의 공동개발이라는 이해관계가 일치하면 평화적으로 해결할 여지를 마련할 수도 있을 것이다.

【참고문헌】

- 강용범 · 윤후, 「동북아 국제정세의 변화와 댜오위다오 분쟁」, 『독도연구』 14호, 2013.
- 김선화, 「중 · 일간 조어도의 영유권 분쟁에 대한 고찰」, 『해사법연구』 제19권 제2호, 2007.
- 김인성, 「러시아 쿠릴열도 정책의 정치 · 경제적 함의」, 『민족연구』 53, 2013.
- 남상구 「남쿠릴열도 영토분쟁의 역사적 경위와 현황」, 『영토해양연구』 4, 2012.
- 마고사키 우케루 지음, 양기호 옮김, 『일본의 영토분쟁』, 메디치, 2012.
- 박원용, 「쿠릴열도 영유권분쟁의 역사적 맥락」, 동북아시아문화학회 국제학술대회 발표자료집, 2007.
- 박정현, 「조어도 문제의 역사적 배경과 동아시아 해상 영유권 분쟁」, 『내일을 여는 역사』 42, 2011.
- 손기섭, 「북방4도와 센카쿠열도 해양분쟁의 특성」, 『일본문화연구』 27집, 2008.
- 송한용, 「尖閣列島/釣魚島 영유권분쟁의 역사적 추이」, 『민주주의와 인권』 제12권 3호, 2012.
- 신동규, 「전근대 시기 '釣魚島諸島'에 대한 中 · 日의 영토인식 고찰」, 『한일관계사연구』 42집, 2012.
- 유철종, 『동아시아 국제관계와 영토분쟁』, 삼우사, 2006.
- 윤후, 「일본의 댜오위다오 '국유화'에 대한 중국의 인식 및 대응」, 『독도연구』 13호, 2012.
- 이명찬, 「센카쿠제도를 둘러싼 중일간 갈등과 동북아」, 『국제정치논총』 53집 1호, 2013.
- 이석우, 「샌프란시스코 평화조약에서의 쿠릴 · 센카쿠섬의 지위와 독도 분쟁과의 상관관계에 대한 소고」, 『서울국제법연구』 9권 2호, 2002.
- 최덕규, 「쿠릴열도 분쟁의 국제관계사」, 『내일을 여는 역사』 42, 2011.
- 최장근, 「일본영토의 변천과정과 영토분쟁의 현황」, 『일본어문학』 30집, 2005.
- Bella B. Pak, 「쿠릴열도를 둘러싼 러시아와 일본간의 영토분쟁」, 『독도연구』 13호, 2012.
- 한국국방연구원 세계분쟁사이트(http://www.kida.re.kr/woww/)

【연표】

* 센카쿠열도(댜오위다오) 분쟁 관련 연표

연 도	주 요 내 용
1895.1.14	일본, 센카쿠 열도 오키나와현에 편입
1951.9.8	샌프란시스코 강화조약 조인(1952.4.28 발효). 센카쿠열도 미국에 이양
1970.8.25	대만, '해양유전탐사 및 채굴'조례 통과. 같은 해 9월에 댜오위다오가 대만 부속 도서임을 천명.
1971.6.17	미국 일본간 오키나와 반환협정 서명(1972.5.15 발효)
1971.12.30	중국, 성명 통해 일본 영유권 주장 비난
1972.3.3	중국, 댜오위다오 영유권 처음 주장
2010.9.7	일본정부, 센카쿠 앞바다에서 조업 중이던 중국어선 선장 체포
2010.9.24	일본정부, 중국의 압력으로 중국선장 석방 발표
2012.9.11	일본, 센카쿠 국유화. 중국, 주일 중국대사 소환 및 댜오위다오에 해양감시선 파견

* 남쿠릴열도(북방영토) 분쟁 관련 연표

연 도	주 요 내 용
1855.2.7	러 · 일 통상우호조약 체결. 북방4도는 일본령, 북쪽 쿠릴열도는 러시아령, 사할린은 공동관리
1875.5.7	러 · 일 쿠릴 및 사할린 교환조약 체결. 사할린을 러시아에 양도하는 대신, 일본은 쿠릴열도 전체를 차지
1905.9.5	포츠머스 조약(1905.10.16 발효). 일본, 남사할린 지역 차지
1945.2.4-11	얄타협정에서 소련, 참전조건으로 남사할린과 쿠릴열도의 양도를 보장받음
1951.9.8	샌프란시스코 조약 체결. 일본은 쿠릴열도와 남사할린의 권리 권한 및 청구권 포기
1956.9	일본과 소련, 공동선언으로 국교회복. 소련, 평화조약 체결 후 하보마이와 시코탄 일본 반환 가능성 시사
1991.4	고르바초프 대통령 일본 방문. 평화조약 체결 논의
1993.10	옐친 대통령 일본 방문. 북방4도의 영토문제를 최초로 인정
2000.9	러시아 푸틴 대통령 일본 방문. 하보마이와 시코탄 2개 섬 반환할 수 있음을 확인.
2009.11	일본, 러시아의 북방영토 불법점령 표현을 정부 공식문서에 사용
2010.12.24	러시아 메드베데프 대통령, 남쿠릴열도가 러시아 영토임을 천명

08
중국의 패권주의와 영토

1. 중화인민공화국은 다민족 통일국가?
2. 하상주단대공정(夏商周斷代工程, 1996~2000), 고대왕조의 편년을 끌어 올려라!
3. 중국고대문명 탐원공정(中國古代文明 探源工程, 2001-2005), 전설의 인물을 역사인물로!
4. 동북공정(東北工程, 2002-2007), 찬란한 만주의 역사를 한족의 역사로!
5. 서남공정(西南工程), 티베트가 독립을 부르짖는 사연은?
6. 서북공정(西北工程), 중국의 이슬람 지역 신강을 중국으로

중국의 패권주의와 영토

남 의 현

1949년 이래 중국은 대만의 중화민국과 대륙의 중화인민공화국으로 분열되며 많은 변화를 겪었다. 특히 대륙은 사회주의 진영으로 자리 잡으며 문화대혁명 등을 통해 발전을 시도하였으나 경제적 좌절을 맛보았다. 그 후 개혁과 개방을 통해 경제적 발전을 이루었으며 이러한 경제력을 바탕으로 21세기 민족통일과 변경안정을 최대 국가사업으로 설정하고 강력한 국가를 만들기 위한 5대 공정사업(중화문명탐원공정, 하상주단대공정, 서남공정, 서북공정, 동북공정)을 추진하고 있다.

이러한 중국의 사업은 객관적이지 못하고 현재의 관점에서 과거의 역사를 일방적으로 해석함으로서 한국과 티베트, 신강, 몽골, 러시아 등 많은 주변국과 갈등을 야기하고 있다. 과연 중국이 추진하고 있는 5대공정사업의 내용은 무엇이며 문제점은 무엇인가. 나아가 우리는 어떻게 대응해야 하는가.

1. 중화인민공화국은 다민족 통일국가?

중화인민공화국은 자고이래로 '다민족(多民族)이 이룩한 하나의 통일국가'라는 기본 입장을 가지고 있다. 과거에는 중화(中華)의 개념 속에 소수

민족이 포함되지 않았으나 중화인민공화국 성립 이후 소수민족 지역의 중요성이 커지면서 한족과 소수민족은 상호 분리될 수 없으며 소수민족도 상호간에 서로 분리될 수 없음을 주장하고 있다. 이로써 모든 소수민족은 중화민족이라는 새로운 중화민족 개념이 필요하게 되었다.

한족을 제외한 55개 소수민족은 전체 인구의 8% 내외로 1억이 안되지만 그들이 살고 있는 영토는 중국 국토의 60% 이상이다. 이들 지역은 과거에는 오랑캐 지역으로 중국문명과는 또 다른 지역이었다. 중원에서 보자면 오랑캐 지역은 경제적, 군사적, 정치적 가치가 높지 않았다. 그러나 과학과 기술 등이 발전하고 인구가 급속히 증가하면서 인류는 자원부족 등으로 인한 대규모 갈등과 전쟁을 경험했으며 21세기 중국의 소수민족 지역은 정치, 경제, 군사 등 다양한 방면에서 중국의 미래를 결정하는 중요한 곳이 되었다.

중국의 소수민족 지역의 중요성은 첫째, 소수민족의 거주지역이 전 국토의 64%를 차지하면서 구소련 해체 이후 독립국가로 성장한 카자흐스탄, 키르키스탄, 타지키스탄은 물론 몽골, 인도, 베트남 등 주변국과 국경을 맞대고 있다는 '군사적 · 전략적 배경, 둘째, 소수민족지구에서 산출되는 우라늄, 원유 등의 주요 자원과 육류, 양모 등의 목축제품의 보고라는 '경제적 배경' 셋째, 미래 한족지구의 과잉인구를 흡수할 수 있는 지역으로 전환할 수 있는 '인구상의 배경' 넷째, 소수민족의 통합과 안정 및 경제와 문화수준의 향상이 결국 사회주의 중국의 이미지와 위상을 국제적으로 제고시킬 수 있다는 것' 등을 기본적으로 지적할 수 있을 것이다.

중국은 1979년 이후 개혁개방과 동시에 도시와 농촌간의 소득 격차, 동부 연해와 서부 내륙지역 간의 발전 격차, 실업자 문제, 환경오염 문제, 시민사회의 성장에 따른 민주화의 문제, 파룬궁(法輪宮) 문제 등을 해결해야 할 국가적인 과제로 인식하며 소수민족 문제에도 눈을 돌리기 시작했다.

21세기 중국에 대한 자체진단에서 중국은 현재 세계적 강대국으로 가는 과도기적 상태에 놓여 있으며 이런 현실적인 문제를 해결하는 방법으로 등장한 종합적 이론으로 "다민족통일국가(多民族統一國家)" 또는 "통일적다민족국가(統一的多民族國家)"를 만들었다. 그 핵심은 다음과 같이 설명하고 있다.

> 우리는 청조(淸朝)가 통일을 완성한 뒤 제국주의가 중국을 침입하기 이전의 청조 판도, 구체적으로 말해 18세기 50년대부터 19세기 40년대 아편전쟁 이전의 중국 판도를 가지고 우리 역사시기 중국의 범위를 잡는다.

위의 내용을 살펴보면 첫째, 현재 중화인민공화국사의 범위가 현대 중화인민공화국이 아니라 청나라 때의 영토 안에 있던 모든 지역의 역사가 중화인민공화국사라는 것으로 확대되었다는 것을 알 수 있다. 이러한 중화민족론은 중국 내 모든 소수민족에 대하여 '중화민족'이라는 이름으로 아우르면서 대가정의 일원처럼 모든 민족이 유기적으로 연결되어 있다는 '일가의식(一家意識)'을 강조한다는 점에서 과거 일방적 동화를 목적으로 하던 민족융합론과는 차별적인 성격을 지닌다.

두 번째, 청나라 영역 안에 활동한 민족은 모두 중화인민공화국사 속의 지방정권이라는 것이다. 여기서 '정권'이라는 것은 국가가 아니라 중화인민공화국의 소수민족 지방정권이라는 것이다. 바로 이점 때문에 고구려를 포함한 티베트 등 소수민족이 세웠던 국가들을 모두 국가로 보지 않고, 중화인민공화국에 소속된 지방정권으로 서술해야하는 현실적 당위성이 생겨났다.

중국은 1950년 정무원에 중앙민족학원 및 그 분원인 민족문제 연구실을 설립하도록 지시하고, 중국과학원 내에 소수민족 언어연구소 및 민족연구소를 설립했다. 1953년 제1차 전국인민대표자회의에 참석할 각 민족대표를 선거하기 위해 민족평등 원칙에 따라 '민족식별작업'을 벌였으며, 55개 소수민족을 확정하였다.

소수민족과 관련한 민족식별작업이 이루어진 후 중국 공산당은 '중화민족'의 개념을 이론적으로 체계화하였다. 한족을 주체로 55개 소수민족을 포괄하는 56개 민족으로 구성된 민족'이라는 개념의 중화민족의 개념은 1988년 중국의 사회학자인 페이샤오통(費孝通)이 '중화민족다원일론(中華民國多元一論)'을 제기하면서 커다란 반향을 일으켰다. 그는 중국의 각 민족은 오랜 역사기간 동안 동일한 세계의 구성원이라는 의식을 갖게 되었다고 주장한다. 그 중 한족은 오랜 역사 동안 이미 여러 민족이 융합하여 형성된 민족이고, 한때 중원을 장악했던 만족이나 몽고족, 회족 등도 이제 '다원통일(多元統一)'을 이루어 중화민족이 되었다는 것이다. 중국은 1983년부터 국무원 산하 중국사회과학원(CASS)에 중국변강사지연구중심(Center of China's Borderland History and Geography Research)을 세워 국경문제를 전문적으로 다루기 시작하였다. 이 연구소는 중화인민공화국과 육지로 연결된 국경은 4개 지역 14개 국가이고, 바다에서 국경을 맞대고 있는 국가는 6개국으로 정의하고 모두 20개국과 국경을 맞대고 있는 중국의 상황을 종합적으로 연구하고 있다.

2. 하상주단대공정(夏商周斷代工程, 1996~2000), 고대왕조의 편년을 끌어 올려라!

중국은 기본적인 다민족 철학이론을 수립하고 다양한 공정사업을 시도하기 시작하였다. 그 첫 번째가 하상주단대공정(夏商周斷代工程)이다. 하상주단대공정은 9차 5개년 계획을 의미하는 9.5계획(1996~2000)의 일환으로 시작하였다. 이 사업은 하상주 왕조의 연대를 공식적으로 확정하는 작업이다.

이작업은 200여명의 전문가들이 총 동원되어 유물발굴과 유적지에 대한 연대측정을 시도하였다. 이 프로젝트의 추진목적은 서주(西周) 공화(共和) 원년(기원전 841년) 이전 각 왕의 보다 정확한 연대 제의, 상(商) 후기 각 왕의 보다 정확한 연대 제의, 상(商) 전기에 대한 상세한 연대 구성 등을 중요한 연구목적으로 하고 있다.

이 공정의 결과 하왕조는 기원전 2070~기원전 1600, 상왕조는 기원전 1600~기원전 1046, 주왕조는 기원전 1046~기원전 771로 확정하였다. 유적지는 주로 왕조들이 형성된 하남과 섬서성에 많이 분포하고 있으며 이외에도 북경, 하북 등에도 분포하고 있다.

3. 중국고대문명 탐원공정(中國古代文明 探源工程, 2001-2005), 전설의 인물을 역사인물로!

하상주 단대공정을 마친 후 중국은 다시 10.5계획(2001-2006) 속에 중화문명 탐원공정을 진행하였다. 이 계획은 전설의 3황5제 시대를 역사시대로 편입하고 이를 통해 중국문명을 세계 최고의 문명으로 만들고자 하는 프로젝트이다. 이 사업의 주요과제는 염황(炎黃)시기의 문화와 사회, 한자(汉字)의 기원, 환경 변천과 문명의 진화, 화하족(華夏族)의 기원과 중화민족의 형성과정 연구 등 고문헌에 보이는 요, 순, 우와 관련된 자료수집, 중국 천문학의 기원, 예제의 기원과 연구성과 정리, 초기 야금술과 문자자료 연구, 문명의 기원에 관한 이론 정립 등이다. 중국은 이 사업을 통해 염제와 황제자료집을 발간하는 등 하상주단대공정과 함께 중국 고대사를 중국 중심으로 정리하는 토대를 구축하고자 하였다.

오제시대는 고대 중국의 소호(少昊), 전욱(顓頊), 제곡(帝嚳), 요(堯), 순(舜)을 이르는데, 소호 대신 황제(黃帝)를 넣기도 한다. 중국은 이 프로젝트를 통해 용산시대와 오제시대를 동일시하여 염황의 역사를 지금부터 약 5000년 전 전후로 인식하여, "5천년 중화 문명사"란 습관적 표현을 확실시하고자 하였다.

2001~2005은 중화문명탐원공정 발굴 1단계 작업시기로 장강(長江) 상 · 중 · 하류, 황하(黃河) 상 · 중 · 하류에 일어난 문명의 기원 분석하였

으며, 2006~2010은 중화문명탐원공정 2단계 시기로 장강, 황하, 요하(遼河), 회하(淮河) 같은 큰 강 유역의 문명기원 연구를 탐원공정 차원에서 진행하였다.

2단계 중화 고대문명 탐원공정은 만주의 요하유역에 주목하여 요하문명론을 만들어 냈다. 이것은 달리 말하면 장강이나 황하와 멀리 떨어진 요하유역이 중화문명 탐원공정에 포함되어 있다는 이야기이다. 장강이나 황하에 비해서 강의 규모가 작은 요하가 왜 탐험공정의 대상이 되었을까? 그것은 80년대 중화문명이 동이(東夷) 오랑캐라고 부르던 지역에서 발견된 수많은 고대문화권들을 외면할 수 없었기 때문이다. 지금까지 발굴된 만주 및 요하 유역의 초기 신석기 문화들을 보면 다음과 같다.

〈요서지역의 신석기 문화〉

	위 치	시작연대(BC)	발굴시기	특 징
소하서(小河西) 문화	내몽고 敖漢旗 小河西유적	6500~	1987	동북아 최초의 선사문화
흥륭와(興隆洼) 문화	동-의무려산, 서-대흥안령, 북-烏爾吉木倫河	6200~ 5400	1983~ 1984	화하제일촌 (華夏第一村)
조보구(趙寶溝) 문화	내몽고 동남부, 요령성서부, 하북성 북부	5200~ 4470	1986	중원의 앙소문화 시기
홍산(紅山)문화	西拉木倫河, 老哈河, 大凌河 유역 중심	4710~ 2920	1935, 1955, 1980년대	1800년간 계속, 돌무지무덤, 제단, 여신상

자료 : 田廣林, 『中國東北西遼河地區的文明起源』, 中華書房, 2004;
소하서문화는 内蒙古新闻网 2005-08-03

이러한 만주의 문화들은 연대측정을 한 결과 모두가 지금부터 6000~8500년 전의 문명으로 중원의 탐원공정에서 목표로 하고 있는 5000~7000년 전의 문명보다도 더 앞서는 것이다. 80년대 이후 이런 문화권들이 집중적으로 발견되자 중화인민공화국의 고고학자들을 비롯한 관계자는 심각한 고민에 빠졌다. 지금까지 황하를 중심으로 하는 중화사상을 문화의 중심으로 보았을 때 이런 문화들은 모두 오랑캐의 문화이기 때문에 만일 이 지역의 문화를 문화문명으로 끌어들이지 않으면 한족 중심의 중화인민공화국의 정체성에 심각한 타격이 올수 밖에 없었다. 중국은 이러한 정체성의 문제를 해결하기 위해 요하문명전을 기획하였다. 이를 통해 요하지역과 황하 오제 전설을 접합시키고자 노력하였다. 그들의 연구성과 요점을 정리하면 중원의 신농씨(神農氏, 華族集團)에 해당하는 조(粟) 농사 중심의 앙소문화(仰韶文化)와 만주지역의 홍산문화(紅山文化), 동남 연해지구의 벼농사 중심의 대문구(大汶口) · 양저문화(良渚文化) 등 3대 문화권이 끊임없이 교류하면서 하(夏) · 상(商) · 주(周) 3대 문화의 기초를 이루었다는 것이다. 이를 통해 후대의 문화인 부여 · 고구려 문화도 독자적인 문화가 아니라 중화문화의 영향을 받은 것으로 평가되며 한반도와 관련성을 설명한 문구는 찾아 볼 수 없다. 이제 만주의 모든 고대 문화는 자연스럽게 중화인민공화국의 역사가 되어가고 있다.

4. 동북공정(東北工程, 2002-2007), 찬란한 만주의 역사를 한족(漢族)의 역사로!

동북공정은 '동북 변경의 역사와 현황에 대한 연구프로젝트(東北邊疆歷史與現狀系列研究工程)'를 줄여서 부르는 이름으로, 중국사회과학원과 동북 3성이 연합하여 조직하였다. 그 공식적인 기간은 2002년 2월~2007년 1월(5년)이지만 2013년 지금도 역사재편작업과 민족안정화 정책은 지속되고 있다.

그들은 문건을 통해 동북공정의 기본 취지를 밝히고 있는데, 요약하면, 최근 십 수년 동안 동북아의 정치 경제적 지위가 날로 높아짐에 따라 세계

〈동쪽의 첫관문 산해관의 모습. 한족정권은 기본적으로 산해관을 경계로 장성을 수축하였다.〉

의 관심이 동북아 지역에 집중되고 있으며 만주지역은 우리나라 동북 변경지구로 동북아의 중심에 자리 잡고 있어 전략적으로 대단히 중요한 지위를 가지고 있다고 진단하였다. 그리고 이러한 상황 아래서 몇몇 국가 연구기관과 학자들이 역사 연구에서 역사적 사실을 왜곡하고, 정치적 목적으로 황당무계한 논리를 공개적으로 퍼뜨려, 혼란을 조장하는 등, 동북변경사와 현상에 여러 가지 도전이 일어나고 있어 이에 대한 학술연구가 필요하다는 동북공정 추진의 배경을 설명하고 있다. 이 동북공정은 만주의 선사와 고대부터 현재의 역사 모두를 중국사로 편입하고, 국경, 영토, 북한정세 등 유사시 한반도에서 발생할 미래의 문제까지 모두 포괄하고 있다.

〈동북공정 연구성과물. 만주지방의 역대강역을 중국중심으로 해석하고 있다.〉

동북공정의 초기 연구과제를 정리해 보면 고조선, 고구려, 발해 등은 10과제를 조금 넘으며, 간도 및 국경문제가 10과제, 원 · 명 · 청 · 민국시대가 7과제, 국경이론 및 민족문제가 11과제, 러시아 7과제 등 영토와 국경의 문제가 상당수 차지하고 있음을 알 수 있다.

5. 서남공정(西南工程), 티베트가 독립을 부르짖는 사연은?

'달라이라마의 나라', '신비의 땅'으로 알려진 티베트가 세계의 주목을 끌고 있다. 중국의 서남변경에 위치한 티베트 곧 서장자치구(西藏自治區)는 평균해발 4천 미터 이상의 세계에서도 보기 드문 고원지대로 '세계의 지붕'으로 널리 알려져 있다. 인도 · 파키스탄과 국경을 접하고 있으며, 면적이 123만㎢로 중국의 8분의 1을 차지하며 신강 다음으로 넓다. 인구는 약 223만 명으로서 전체 자치구 인구의 96.9%가 장족(藏族)으로 구성되어 있는 실제적인 장족의 단일 주거지라고 할 수 있으며, 또한 정치 · 경제 · 문화 · 종교 · 언어 등의 측면에서 비교적 완전한 형태의 독자적인 체제를 유지함으로써 역사적으로도 강한 독립적 성향을 보여주는 지역이다.

2007년 7월 '청장철도(青藏鐵道)'가 개통되고 2008년 베이징 올림픽 전 승려들이 중심이 된 독립시위와 중국정부의 강경진압으로 인한 유혈사태가 발생하면서 티베트 독립을 요구하는 각종 시위대와 NGO단체들의 항의가 전파를 타고 알려졌다. 중국은 한편으로 티베트를 개발하면서 다른 한편 그들과의 갈등을 해소하기 위해 1986년부터 티베트지역 전문 연구기관을 설립하기 시작하였다. 나아가 중국장학연구중심(中国藏學研究中心)의 설립은 대표적인 것으로 티베트의 역사와 현재 미래 티베트의 방향을 모색하는 연구를 지속하였다.

중국과 티베트의 갈등은 어떻게 시작된 것일까. 오늘날 국제여론은 티베트가 중국의 일부라는 사실을 부정한다. 티베트가 중국이라는 것은 역사성이 없기 때문이다. 티베트는 분명 독립국이었다. 역사적으로 티베트는 분명 중국과 다른 문명이요, 다른 국가였다. 그럼에도 불구하고 중국학자들은 티베트가 왜 중국인지를 온갖 학술적 근거를 내세워 증명하려고 한다. 중국의 입장을 간략히 정리해 보자.

우선 중국 학자들은 예로부터 한족(漢族)과 티베트 민족이 장인과 사위 관계였다는 주장을 펴고 있다. 당태종이 문성공주(文成公主)를 토번왕국

곧 티베트 임금 송짼감포(松贊干布)에게 시집보낸 뒤, 한족과 티베트 민족은 장인과 사위 관계가 되었다는 것은 분명 역사적 사실이다. 그러나 문성공주는 당태종이 토번왕국의 군사위협에 굴복하면서 급조해 보낸 것이며 힘의 역학구도에서 당시의 티베트 곧 토번이 당나라보다 강한 제국이었음을 알아야 한다.

역사적인 티베트 통일을 이룩한 주역은 바로 토번왕조의 송짼감포(松贊干布)라는 짠포(贊普)였다. 여기서 짠포는 티베트의 왕을 일컫는 말이다. 송짼감포 치하의 토번은 강성해서 중국을 포함한 주변 국가들에게 위협적인 국가였다. 중국에 대한 가장 큰 위협은 바로 토번 쪽에서 나오고 있었다. 641년 당나라 태종은 자신의 종녀(宗女)인 문성공주(文成公主)를 송짼감포에게 시집 보내고 화친(和親)을 청했다. 중국 관변학자들에 의해서 제기되는 논리는 문성공주의 결혼은 토번왕조의 위협에 의한 것이 아니라 당나라 황제의 허락에 따른 것일 뿐이며, 송짼감포가 당나라 황제의 사위가 된 사실을 통해 토번이 당나라에게 복속된 지방정권이라고 주장한다. 또 문성공주의 결혼을 계기로 토번이 당나라의 문화를 수입했으므로 토번은 당나라에 종속된 정권이라는 주장도 하고 있다. 이렇게 과거 토번이 중국의 부마였으므로 지금도 티베트가 중국의 울타리 안에 있어야 한다는 것이 티베트 지방정권설의 논리이다.

〈티베트 라싸 시내의 하늘궁전 포탈라궁〉

1949년 중국공산군은 티베트를 침략하였다. 이후 티베트의 정치적 그리고 영적 지도자인 달라이 라마는 1959년 티베트를 탈출하였다. 그는 인도의 다람살라에 티베트 망명정부를 세웠다. 티베트 인은 현재 미국과 캐나다지역에 5천명 이상이 거주하는 것을 포함하여 전 세계적으로 약 13만 명의 티베트인 난민이 살고 있다.

오늘날 티베트는 의사표현과 종교, 언론등과 같은 기본적인 자유가 철저하게 제한되고 있으며 임의적인 체포가 소리없이 계속되고 있다. 티베트가 점차 군사 지역으로 변하고 있다. 현실적으로 티베트는 독립할 힘이 없다. 티베트는 1959년 이후 점차 중국의 일부로 동화되고 있다고 해도 과언이 아니다. 티베트의 문화와 전통을 주도해 온 라마불교의 승려들은 문화대혁명을 거치면서 정치 · 경제적 권력을 완전히 상실하였다.

중국정부의 막강한 공권력과 조직, 재정능력과 외교력 등은 티베트 망명정부의 취약한 물리력과는 비교가 되지 않는다. 이외에도 급격한 한족들의 도시로의 유입과 확대, 시장경제의 도입으로 인한 티베트 종교의 세속화, 그리고 국제사회의 티베트에 대한 지지의 약화 등으로 티베트 망명정부와 티베트인들은 현재 지쳐있는 상태이다.

1950년에 중국이 티베트에 진입하고 1959년 라싸 봉기가 발생하는 시기는 중국의 강압적 동화정책에 대한 티베트인들의 적극적인 저항기였다고 볼 수 있다. 1950년 10월 중공군은 창도(昌都)를 점령하고 1951년 초기에는 티베트의 지배계급을 이용해 그 지역을 통치하고자 하였다. 1951년 5월 23일 중국과 티베트는 '17조협의'를 체결하였는데, 이를 통해 티베트의 주권귀속과 민족자치의 실행, 종교자유와 풍속 습관 및 종교지도자 지위보장 등을 명백히 규정하였다.

중국의 강압적 정책은 티베트인들의 저항을 확산시켰고 중국은 1957년 인민해방군 8개 사단 15만명을 동원하여 진압하였다. 결국 1959년 라싸봉기가 일어나게 되었고 라싸 봉기로 4만 명의 티베트인이 사망하였으며, 동년 티베트 중부지역에서만 8만 7천명이 추가로 사망한 것으로 알려져 있다.

중국의 대약진운동 실패와 기근, 1966년 문화대혁명의 발생은 중국의 서장에 대한 탄압을 더욱 강화하였는데, 계급투쟁의 구호 아래 티베트인들은 계급의 적으로 취급되는 상황이 되었다.

1978년 개혁개방 이후 중국은 유화정책으로 전환하였고 이러한 티베트에 대한 유화정책은 결과적으로 티베트인들이 민족정체성을 강화시키는 계기가 되기도 하였다. 이러한 분위기 속에서 1987년과 1989년 티베트인들의 민족적 저항이 나타나기는 했지만 저항은 곧바로 무력으로 진압되었고 중국과 티베트 간의 대화가 사실상 단절되는 상황이 지속되었다.

개혁개방 이후 티베트에 대해 상당한 유화정책의 실시에도 불구하고 갈등이 재 분출된 것은 첫째, 사회주의 통치 자체에 대한 불만, 둘째, 티베트에 대한 통제완화와 부분적 종교 활동의 허용으로 인한 민족의식의 부활, 셋째, 중국 정부는 경제개혁 이후에도 분출된 연해지역과 변경의 빈부격차 등을 언급할 수 있다.

2000년 7월에는 티베트 인들이 각 가정에 불상을 안치하는 것을 모두 금지한다는 불교 말살 정책을 강요하기도 하였다. 또한 매년 열리는 달라이라마 탄신기념일 행사와 관련해 행사를 금지하고 강행할 경우 진압책을 강행하겠다고 통보하였다. 이러한 강압책은 2008년 베이징올림픽의 보이콧과 티베트에서의 폭동 등을 일으켰고, 이는 중국정부를 더욱 더 곤혹스럽게 만들기도 하였다.

2013년 중국의 자본이 침투하면서 티베트는 조금씩 그들의 전통과 색채를 잃어가고 있다. 외국관광객들이 증가하고 많은 호텔과 위락시설이 지어지고 있으며 한족 상인들이 대거 이주해 오고 있다. 외부와의 교류가 활발해 질수록 티베트의 정체성은 축소될 것이며 중국은 경제개발이라는 온건책과 하나의 중국을 동요시키는 분리주의적 운동에 대해서는 강압책 2가지를 사용하며 티베트를 하나의 중국으로 만들어 갈 것이다.

6. 서북공정(西北工程), 중국의 이슬람 지역 신강을 중국으로

신강지역은 중국 영토의 약 6분의 1을 차지하는 넓은 지역이다. 또한 자원의 보고이며 전략적으로 중국이 서쪽 중앙아시아로 진출하기 위한 중요한 길목이다.

우선 서북공정이란 용어는 중국에서 사용되는 공식적인 것은 아니다. 공식명칭은 신강항목('新疆項目', 신강의 역사와 현상에 대한 종합연구를 의미)으로 약칭하고 있으며, 신강통사를 서술하는 사업과 함께 우리가 공정을 붙여 서북공정이라고 부르고 있다.

신강통사의 편찬은 주로 역사편찬사업으로 신강지역의 역사를 중국사로 편입시키려는 작업이다. 이미 신강간사, 서역통사 등이 출판되어 여러 외국어로 번역되어 소개되었다 신강통사 작업은 다양한 학술대회를 통해 이론을 완성해가며 신장의 역사를 중국의 총체적인 역사의 일부로 간주해야 한다는 것이 그 중심을 이루고 있다.

이 프로젝트는 북으로는 몽골, 서쪽으로는 카자흐스탄에서 터키에 이르는 중앙아시아 모든 국가와 관계 되는 프로젝트로 앞으로 이 분야에 대한 연구 결과가 주목된다. 프로젝트의 방향은 우선 위그루 민족의 족원문제를 다루고 있다. 다민족 통일국가론에 기초하여 위구르 족의 족원문제는 다원일체론에 입각하여 중화민족이 되어야 하며, 한족도 고대부터 이곳에 진출하여 함께 생활하던 지역임을 강조하고 있다. 즉 신강은 고대의 오손족, 월지, 흉노 등이 살던 다민족 지역이며 다수의 한족 역시 이 지역으로 이주해와서 민족대융합이 진행된 지역이라는 관점에서 역사연구를 시작하고 있다. 이러한 민족이론은 위구르 민족을 독자적인 것으로 파악하던 일원론적 시각에서 다민족이 혼거하던 다원론으로 강조하는 것으로 전환된 것을 의미한다. 즉 이것은 중국의 형성이 다양한 민족이 하나의 민족으로 통일되는 과정을 보여주듯이, 위구르 민족 역시 장기간 역사시기 동안 다양한 민족들이 교류와 융합을 통해 오늘날의 위구르 민족으로 형성된 것이며 따라서 중화민족의 정통성이 이곳에 까지 미쳤다고 주장한다.

그 역사적 근거로 전한시기 서역도호부 설치, 당나라의 안서도호부와 북정도호부 설치, 원조의 도원수부와 선위사 설치, 명조의 하미위 설치, 청조의 준가르 평정 등을 언급하고 1884년 신강성이 수립되고 난 후 내지와 같은 군현이 되었다고 주장한다.

이러한 중국의 견해에 대해 반대의 입장이 강하다. 서역도호부 같은 기구의 설치는 장기간 존속한 것도 아니며 하나의 기구가 신강과 같은 거대한 지역을 영토로 삼았다는 것은 불가능하다는 반대의 입장이 지배적이다. 또한 역사를 살펴보면 한나라 무제와 같이 강력한 몇몇 황제시기를 제외하면 신강은 흉노제국의 판도에 있었으며, 또한 중국의 땅이었다면 장건과 반초의 서역출사 같은 사건은 설명할 방법이 없게 된다. 한나라가 설치한 서역도호부는 흉노에 의해 그 기능을 다하지 못하고 사라지며 당나라 역시 고선지 등이 750년에 석국(石國, 지금의 우즈베크와 타슈겐트 일대)으로 진출하기도 하지만 다음해 대식국(大食國, 아랍)에게 패하여 후퇴하였다. 송나라는 애초부터 서하와 요, 금 등에 막혀 신강으로 진출하지 못했으며 명나라 역시 자신들이 축조한 만리장성에 막혀 몽골과 여진을 방어하다가 멸망하여 신강을 정복할 힘이 없었다. 원제국 이후 청나라가 1759년 준가르를 평정하고 나서 강희연간(1662-1772)부터 정벌이 시도되었고 건륭연간에 준가르 곧 신강지역에 내란이 발생하여 청조의 정복활동이 재개되었다. 1755년에 준가르 왕조를 멸망시키고 신강을 통제하고 1759년 천산산맥 남쪽에서 반항하던 무슬림집단 호자 형제의 반란을 진압함으로서 지금의 신강위구르 자치구 지역을 청의 영토로 만들었다. 1762년 10월 청나라는 이 지역에 이리군부(伊犁軍府)를 설치하여 군사적 통제를 실시하여 1862년까지 지속하였다.

이러한 역사를 통해서 살펴보면 초원지역은 다양한 민족들이 융화하는 현상이 있었음을 알 수 있다. 위구르 족의 조상은 정확히 누구인지 알 수 없다. 당나라시기 터키계의 위구르 인들이 중앙아시아를 차지한 역사가 있

〈중국 대륙지도, 중국은 청나라의 판도를 중국화하는 작업을 지속적으로 시도하고 있다.〉

으며 한족들이 이 지역으로 진출하고 지배한 역사는 극히 짧다. 오히려 몽고족의 원, 만주족의 족의 청과 같은 유목민족들이 지배한 경험이 있을 뿐이다.

1911년 신해혁명으로 청조가 몰락한 이후 중국은 실제로 신강지역을 통제하지 못했으며 위구르 인들은 1933년, 1944년 독립된 공화국을 선포하였지만 중국의 군벌과 러시아에 의해 좌절되었다. 1949년 10월 중국 인민해방군이 신강에 입성하였으며 1955년 신강위구르 자치구가 탄생하게 되었다.

이러한 관점에서 보자면 중국』왕조와 화친이나 조공 등을 맺은 주변의 국가들이 모두 중국에 정치적으로 복속되거나 중국의 지방정권이라는 주장은 적절하지 않다는 것을 알 수 있다.

오히려 중국이 신장을 중국으로 만들어야 하는 가장 큰 이유는 현재 진행되고 있는 분리주의의 방지이다. 신강은 1990년 분리독립을 요구하는 시위가 일어났다. 현재 신강에는 '동투르키스탄 이슬람운동'을 비롯하여 약 50여개의 위구르 단체들이 국내외에 분포하고 있는 것으로 알려지고 있다. 중국은 이러한 단체들을 제거한다는 강경책을 고수하고 있다. 특히 중국은 이들에 대한 외부의 지원도 철저히 금지하는 입장을 고수하고 있다.

5대공정사업에서 알 수 있듯이 중국의 이러한 역사인식은 결국 55개 민족과 지속적인 갈등을 야기하고 있으며 아시아의 평화를 가져오기 힘들 것이다. 아시아의 평화가 없으면 세계 평화도 실현되기 힘들다는 지구적인 문제도 제기되고 있다.

중화인민공화국은 역사를 정치의 시녀로 만드는 작업을 멈추고 주변국이 공유할 수 있는 상생의 역사이론을 만들어 내야할 것이다. 그렇지 않으면 결국 중화인민공화국은 21세기 또 다른 신제국주의로 평가받을 것이며 중국의 미래를 어둡게 하는 결과를 초래할 수도 있을 것이다.

【참고문헌】

- 고구려연구회, 『한국학계의 동북공정 대응논리』, 2007, 학연문화사.
- 김병호, 『중국의 민족문제와 조선족』, 1997, 학고방.
- 김한규, 『티베트와 중국의 역사적 관계』, 2003, 혜안.
- 달라이 라마, 김철 · 강건기 역, 『티벳 나의 조국이여』, 1998, 정신세계사.
- 오홍엽, 『중국신장:위그루족과 한족의 갈등』, 2009, 친디루스.
- 나영주, 「중화민족주의, 중화역사패권주의, 동북공정」, 『민족연구』 52호, 2012.
- 박병광, 「중국 소수민족정책의 형성과 전개: 민족동화와 융화의 변주곡에 관하여」, 『국제정치논총』 제40집4호, 2000.
- 박장배, 「중국의 '서부대개발'과 티베트」, 『중국사상의 지역사회-중국사학회 제42회 학술발표회 논문집』, 2004.
- 이동률, 「소수민족 분리주의에 대한 중국의 인식과 대응」, 『전략』 제10권3호, 2004, 세종연구소.
- 이양호, 「민족과 불평등: 중국 신장의 위그루족」, 『민족연구』 55호, 2013.
- 이진영, 「중국의 소수민족정책」, 『민족연구』 9호, 2002.
- 허종국, 「서북공정의 의미와 주요내용」, 『민족연구』 52호, 2012.

【연표】

연 도	주 요 내 용
1981	새로운 다민족통일국가론 정립
1983	국경전문연구기관 중국변강사지연구중심설립
1986	티베트지역 전문연구기관설립–중국장학연구중심
1990	중국 북부국경(몽골) 귀속에 대한 작업
1996–2000	하상주 단대공정
2000–2005	중국고대문명탐원공정
2000–2007	동북공정
2005	신강항목
2006	요하문명론

09

만리장성 : 가장 길고 오래된 분쟁의 현장

1. 만리장성이 축조된 배경
2. 장성을 둘러 싼 분쟁의 역사
3. 무너진 철벽 장성
4. 현대의 만리장성

만리장성 : 가장 길고 오래된 분쟁의 현장

홍 을 표

만리장성은 인류 역사상 가장 넓고 긴 지역을, 가장 오랫동안 다투어 왔던 국경 분쟁의 현장이자 유적이다. 여기서는 '만리장성이 축조된 배경과 장성을 둘러 싼 분쟁의 역사를 살펴보며, 그것의 역할은 무엇이었고, 그 주변의 민족들에게 어떠한 영향을 주었으며, 오늘날에 시사하는 교훈은 무엇인가'를 탐구해 보고자 한다.

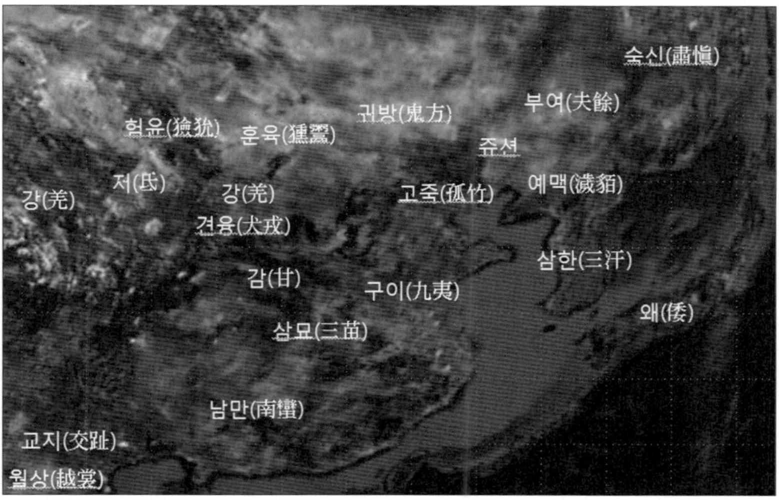

〈고대 중국의 주변 민족〉

1. 만리장성이 축조된 배경

1) 태고의 중국과 북방민족

고대 동아시아 지역에는 수많은 종족들이 각기 집단을 이루며 생존하였는데, 중국의 북쪽에는 산융(山戎) · 험윤(獫狁) · 훈육(獯鬻) 등으로 불리우는 여러 종족들이 유목생활을 하고 있었다. 중국의 역사서(歷史書)에 등장하는 주변 민족들은 다음과 같다.

1. 동쪽 : 조선(朝鮮), 예맥(濊貊), 삼한(三韓), 동호(東胡), 숙신(肅愼), 부여(夫餘), 동이(東夷), 왜(倭)
2. 서쪽 : 서융(西戎), 견융(犬戎), 훈육(獯鬻), 감(甘), 강(羌), 저(氐)
3. 남쪽 : 구이(九夷), 삼묘(三苗), 남만(南蠻), 교지(交趾), 월상(越裳)
4. 북쪽 : 귀방(鬼方), 북적(北狄), 고죽(孤竹), 험윤(獫狁), 호(胡)

이와 같이 많은 이민족들에게 둘러싸인 고대 중국인들은 이민족들과 끊임없이 분쟁하며 영토를 확장해 나갔고, 이민족들 역시 자체 방어와 영토 확장을 위해 중국인들과 부단하게 영역다툼을 지속해 왔다. 그 가운데 대표적인 몇 가지 기록을 꼽아보면 다음과 같다.

1. 기원전 약 3,000년 경 : 황제(黃帝)가 훈육(獯鬻)을 북쪽으로 추방하였다.
2. 기원전 약 3,000년 경 : 황제(黃帝)와 치우(蚩尤)가 탁록(涿鹿)에서 격전하였다.
3. 기원전 약 2,300년 경 : 순(舜)이 삼묘(三苗)를 남쪽으로 추방했다.
4. 기원전 약 2,0000년 경 : 은왕(殷王) 무정(武丁)이 귀방(鬼方)과 3년간 전쟁을 했다.
5. 기원전 약 1,000년 경 : 주선왕(周宣王) 때 험윤(獫狁)의 공격을 받았다.

6. 기원전 약 800년 경 : 주유왕(周幽王)이 견융(犬戎)의 공격을 받아 수도 호경(鎬京)을 빼앗기고 살해되었다.

고대 중국인들은 오래전부터 주변민족들과 분쟁하다가, 황제(黃帝) 헌원(軒轅) 때는 치우(蚩尤)와 몇 차례 격전 끝에 그 세력을 몰아내고 황하일대의 패권을 장악하였다. 이때부터 황제(黃帝)와 그를 따르던 후손들은 하화(夏華)족으로 자처하게 되었는데, 이들이 오늘날의 한족(漢族)인 셈이다.

그러나 "진(秦)이 서융(西戎)의 패자(覇者)가 되었다"라는 ≪사기(史記)≫의 기록과 같이, 서융(西戎)의 일부 지역에 있던 진의 후손 영정(嬴政)이 역사상 최초로 중국을 통일하고, 기원전 246년에 스스로 시황제(始皇帝)가 되었으니, 중국에서 최초로 통일제국을 건국한 것은 순수한 한족(漢族)이 아니라 서융의 후손이었다.

2) 진시황이 장성을 축조한 이유

만리장성은 고대 중국인들이 북방 유목민족들의 위협으로부터 방어하기 위해 요새지역에 간헐적으로 축조해 놓았던 성들을 연결시켜 놓은 것이다.

진시황제(秦始皇帝)는 자신이 세운 나라가 천만년 오래도록 지속되기를 원했기에, 진을 위협할 수 있는 세력을 발본색원하기 위해 재위 32년에 북방 변경지대를 순시했다. 그때 노생(盧生)이란 방사(方士)가 동해에서 돌아와 녹도서(錄圖書)를 올리며 말했다.

"앞으로 진(秦)을 망하게 할 자는 호(胡)입니다."

호(胡)란 진시황의 둘째 아들 호해(胡亥)를 의미하였지만, 진시황은 그것을 오랑캐로 오해하고, 기원전 215년 장군 몽념(蒙恬)에게 30만 대군을 주어 흉노라 부르는 북쪽 오랑캐를 토벌하게 하였다.

흉노를 추격한 몽념은 제1차 원정에서 북으로 약 280㎞를 공격하였지만,

제2차 원정에서는 더 위로 진출하였다. 진나라 군대는 기존의 국경에서 북쪽으로 수백 리 또는 수천 리를 진출하여 이민족들을 무력으로 몰아내며 성을 쌓고 빼앗은 땅에 백성들을 이주시키며 둔전을 시행하였다. 명목상으로는 이민족을 방어하는 것이라고 하였지만 사실은 대대적인 영토 확장이었다.

진이 장성을 쌓기 시작한 것은 제28대 소양왕(昭襄王) 시대의 일로 '의거의 융(義渠의 戎)이라고 불리는 흉노를 방어하기 위해 축조한 것이 첫 출발점이다. 이때의 성벽은 돌로 쌓아 올리는 것이 아니라 황토를 굳게 다지며 쌓아 올리는 판축공법을 사용하였으나, 지역에 따라서는 석층 또는 석층과 황토층을 번갈아 가며 성벽을 축조하기도 하였다.

몽념이 '임조(臨洮)로부터 요동(遼東)까지' 장성을 축조했다고 하지만, 사실은 이전에 다른 나라들이 쌓아 놓은 성벽과 험준한 계곡 등의 자연장애물을 이용하면서, 그 바깥쪽에 해자(垓字)를 만들어 놓았기에 진이 모든 지역의 성곽들을 쌓은 것은 아니었다. 장성을 축조하는 공사는 6년간 진행되었으나, 시황제가 죽자 몽념은 승상 이사(李斯)와 환관 조고(趙高) 등이 날조한 칙서를 받고 태자 부소(扶蘇)와 함께 자결 함으로써 장성 공사도 중단되었다.

만리장성을 구축하기 위해서는 모든 공사를 인력으로 해야 했기에 과로와 안전사고로 희생된 백성들이 숫자가 많았다. 맹강녀가 공사에 동원된 남편을 찾아 왔으나 이미 죽었다는 것을 알고 피눈물을 흘리며 울자, 장성이 무너지고 그 속에서 사람의 뼈가 쏟아져 나왔다는 전설은 백성들의 고통이 얼마나 극심했는가를 알게 한다. 장성 공사에 희생된 백성들을 별도로 매장하지 않고 공사하는 성벽에 시체를 묻으며 성을 쌓았다고 한다. 어떤 학자들은 송곳 하나 들어갈 수 없을 정도로 단단하게 축조했던 성이라 시체를 묻을 수 없다는 주장도 있지만, 석벽(石壁)으로 축조하더라도 내부까지 돌로 채우기는 어렵기 때문에 판축공법을 사용하여 외부는 견고하게 하면서 내부에 시신을 묻어 놓았을 가능성은 배제할 수 없다.

3) 이민족들의 반응

만리장성이 축조되자 이민족들, 특히 흉노인들은 극심한 반발을 하였다. 몽념이 이끄는 강력한 진군에 의해 북쪽으로 쫓겨 갔던 흉노인 들은 진시황이 죽고, 몽념이 죽임을 당하자 빼앗긴 영토를 수복하고자 했다. 진 말기, 항우(項羽)와 유방(劉邦)이 천하의 패권을 놓고 싸우느라 중국이 혼란해지자 흉노는 장성을 넘어 중국으로 진출하여 잃었던 옛 땅을 다시 찾으며 중국의 내지를 위협하였다. 중국은 이때부터 청나라에 의해 완전 점령 당할 때까지 북방민족으로부터 끊임없는 침공을 받아왔다. 인류 역사상 가장 길고 견고한 듯한 만리장성이란 장애물이 제 구실을 못해 주었던 것이다.

중국인이나 주변 민족들이 장성을 중심으로 각축을 벌였던 분쟁은 그대로 역사가 되었는데 그것은 다음과 같다.

2. 장성을 둘러 싼 분쟁의 역사

1) 한(漢)과 흉노의 대립

진 때 만리장성이 축조 된 뒤에도 장성을 사이에 두고 중국과 이민족들은 끊임 없이 분쟁을 해 왔다. 진시황이 장군 몽념을 시켜 흉노를 침공하던 시기의 북방에는 동호(東胡)와 월지(月氏)가 가장 강력했다. 그때 흉노 선우에게는 두만(頭曼)이라는 인물이 있었다. 두만은 진을 당해내지 못하고 북쪽으로 옮겨 갔으나, 10여 년이 지나 몽념이 죽고 진나라가 혼란에 빠지자 두만의 뒤를 이은 묵특[冒頓]은 동호를 기습하였다. 동호는 흉노를 업신여겼기에 전혀 방비를 하지 않고 있다가 기습을 받자 일대 혼란에 빠졌다. 묵특은 순식간에 동호를 격파하고 그 왕을 죽였으며 백성들을 사로잡고 가축을 탈취하였다. 그리고 승전의 여세를 몰아 월지(月氏)를 쳐 패주시키고, 남쪽으로 누번왕과 백양하남왕 등의 영지를 병합하였다. 또 연(燕)과 대(代)를 공격하여 몽념에게 빼앗겼던 땅을 모조리 되찾았다. 이 당시 흉노에게는 활쏘기에 능숙한 군사만 해도 30만 명이나 되었다.

한고조(漢高祖) 유방(劉邦)이 중국을 통일하자 한왕(韓王) 신(信)을 대(代)의 마읍(馬邑)에 도읍하게 하였다. 그러나 얼마 뒤 흉노의 기습을 받아 포위 된 한왕 신은 흉노에게 항복하였고, 흉노는 여세를 몰아 진양성(晋陽城)까지 공격하였다. BC200년 10월, 한고조는 직접 흉노를 공격하고자 군사를 일으켰다. 그러나 겨울이라 추위가 심하고 큰 눈이 내렸기에 군사들 중에 동상에 걸린 자가 3/10이나 되었다. 묵특은 이러한 한군(漢軍)을 유인하였고, 그 유인책에 빠진 한군은 묵특을 추격하였다.

묵특은 정예부대는 숨겨 두고 약한 군대만으로 공격하였기에 보병으로만 구성된 한군은 32만 명을 모두 투입하여 추격하였다. 한고조는 직접 선두에서 진군하며 평성(平城)에 이르렀으나, 본대가 도착하기 전에 묵특의 40만 기병이 백등산(白登山) 위로 한군(漢軍)을 몰아 넣고 포위하였다. 후방부대와 단절되어 7일간이나 보급을 받을 수 없었던 한고조는 진평(陳平)의 계책에 따라 묵특의 연지(閼氏)에게 미인의 초상화와 함께 후한 선물을 보내며 묵특이 한나라를 공격하려는 것은 절세미인 때문이라고 하였다. 질투심이 일어난 연지는 묵특을 설득하여 한고조의 포위망을 풀어주게 하였고, 풀려난 유방은 사신을 보내 흉노에게 다음과 같은 맹약을 하였다.

첫째, 만리장성을 양국의 경계로 삼는다.
둘째, 상호 형제관계를 맺는다.
셋째, 한(漢)의 공주를 흉노 왕에게 보낸다.
넷째, 한은 매년 흉노에게 옷감 등의 세폐(歲幣)를 보낸다.

한은 유경(劉敬)을 사신으로 보내 묵특과 화친하였다. 이때부터 한은 망할 때까지 흉노의 위협을 받게 되었다. 한무제(漢武帝) 때는 국방력을 강화시키면서, 위청(衛青) · 곽거병(霍去病) · 이광리(李廣利) · 이릉(李陵) 등의 장수들에게 대대적으로 흉노를 침공하게 하였다. 이로 인하여 일시적으로 영토를 넓히는 성과도 달성하였지만 부작용도 많았다. 이광리(李廣利)나 이릉(李陵) 같은 장수들이 흉노에게 항복하였고, 백성들의 생활은 갈수록 어렵게 되었기에 국력을 기우렸던 전쟁에 비하여 별 성과를 거두지 못하고 포기하고 말았다.

한과 흉노의 전쟁은 쌍방 간에 막대한 손실을 가져다주었으나 동서양 간의 원거리 외교, 인적 교류, 기술과 지식의 전파를 통하여 유라시아의 문명교류에 큰 역할을 하였다. 신라의 유물 중에 많이 나타나는 유리, 즉 로만-글라스도 교역이 된 것으로 보면, 이 시기에 한반도와 중국대륙, 중앙아시아와 지중해 유역은 연결되어 있었다고 볼 수 있으며, 만리장성은 그 교역로를 차단하기도 하고, 연결시켜 주기도 하는 역할을 병행하고 있었다.

이러한 역사 속에서 만리장성은 견고한 북변의 요새로 끊임없이 증축 보강되어 왔다. 그래서 오늘날에는 진시황 때 몽념이 쌓은 장성의 형태는 찾아보기 어려우며 장성의 위치 역시 많은 변동이 발생하였다.

2) 오호(五胡)의 중국 과분(瓜分)

한이 멸망하고 삼국이 정립(鼎立)하였다가 진(晉)이 다시 통일한 뒤에도 북방의 위협은 끊이지 않았다. 천하를 다시 통일한 진은 사치와 향락을 경계하면서도 그것에서 벗어나지 못하였고, 권력을 탐닉하는 여덟 명의 왕자에 의해 팔왕(八王)의 난이 발생하였다. 팔왕(八王)이란, 여남왕(汝南王) 량(亮), 초왕(楚王) 위(瑋), 조왕(趙王) 윤(倫), 제왕(齊王) 경(冏), 장사왕(長沙王) 예(乂), 성도왕(成都王) 영(穎), 동해왕(東海王) 월(越), 하간왕(河間王) 옹(顒)을 가리킨다. 이들이 서로 싸우고 있는 사이에 중국의 국경 안에 있던 호족(胡族)들은 점차 진의 통제에서 벗어나기 시작하였다.

서기 304년, 흉노의 추장 유연(劉淵)이 좌국성(左國城)에서 한왕(漢王)이라 참칭하자, 저인(氐人) 이웅(李雄)도 촉(蜀)에 자리 잡고 성도왕(成都王)이라 하였다. 형(荊)과 양(揚)에서도 여러 차례 변란이 일어났다.

서기 303년에는 의양(義陽-지금의 하남 신야현)의 만족(蠻族) 장창(張

昌)이 강하군(江夏郡)을 근거로 반란을 일으켜 장강 하류로 확대되었으나 다음 해에 평정되었다.

서기 305년 진의 장군인 진민(陳敏)이 력양(歷陽-지금의 안휘성 화현)에서 반란을 일으켜 강(江)과 양(揚) 2개 주(州)를 공략했지만 307년에 내부 반란으로 진민이 피살되자 평정되었다.

그 당시 남방은 오랫동안 안정되어 있어서 백성들이 싸울 줄 몰라 모두가 오합지졸이라 쉽게 평정되었지만, 북방 호족은 단결력이 강하고 전쟁을 잘하여 진군(晉軍)은 이들을 극복하지 못하였다. 진회제(晉懷帝)가 즉위하는 것을 계기로 팔왕의 난이 끝났지만, 계속된 호족의 침입에 의해 10년 뒤에는 중국의 중앙을 호족에게 빼앗기고 남쪽으로 달아나야 했다.

진혜제(晉惠帝) 말에 호족들이 일으킨 전란을 중국의 사가(史家)들은 오호란화(五胡亂華)라 한다. 오호(五胡)란 호족의 주류인 흉노(匈奴)와 갈(羯) · 선비(鮮卑) · 저(氐) · 강(羌)을 가리키는 말이다. 만리장성은 이들을 막기 위한 보루(堡壘)였으나 호족들은 전한(前漢) 때부터 후한(後漢)과 삼국(三國) 시대를 거치면서 꾸준히 중국으로 잠입해 들어와 세력을 키워 나갔다. 삼국시대에는 호족을 이용하여 상대방과 싸웠기에 호족들은 더욱 강해졌지만, 중국인들의 상무정신은 갈수록 약화되어 갔다.

서기 304년에 흉노의 유연(劉淵)이 왕이라 자칭(自稱)한 뒤부터, 서기 439년에 북위(北魏)가 북방을 통일하기까지 136년 동안 호족들은 10여 개의 국가를 세워 한족(漢族)의 전통적인 정권과 대치하고 있었다. 그동안 한인(漢人)들도 북방에 3개의 소국(小國)을 건국하였으나 그것은 호족 세계의 일개 점에 불과할 뿐이었다. 역사가들은 이들을 오호십육국(五胡十六國)이라 부르고 있다.

16국의 명칭은 흉노(匈奴)가 건국하였던 전조(前趙) · 북량(北涼) · 하(夏)와 갈(羯)이 건국한 후조(後趙), 선비(鮮卑)가 건국한 전연(前燕) · 후연(後燕) · 남연(南燕) · 서진(西秦) · 남량(南涼), 강(羌)이 건국한 후진(後秦), 저(氐)가 건국한 전진(前秦) · 후량(後涼) · 성한(成漢), 한인(漢人)이 건국한 전량(前涼) · 서량(西涼) · 북연(北燕)이다. 이 기간에 일어난 국가는 16국 이외에도 몇 개 국가가 더 있어서, 20여 개 국가가 흥망하고 있었으나 16국이 차지한 지역이 넓고 국가를 유지한 기간도 길었기에 역사가들은 오호십육국(五胡十六國) 시대라 한다.

북방은 저족(氐族)인 부견(苻堅)이 세운 전진(前秦)에 의해 통일을 맞게 되었다. 북방을 완전히 통일한 전진(前秦)은 382년에 동진(東晋)을 정벌하고자 계획을 수립하고, 383년에 출병하였다. 그 해 8월, 부견은 아우 부융(苻融)에게 선봉인 모용수(慕容垂)의 군대를 감독하게 하고 친히 대군을 이끌고 남하하였다. 이 밖에 유(幽) · 기주(冀州)의 군대를 팽성(彭城–지금의 강소성 동산현)으로 남하시키고, 양(梁) · 익주(益州)의 군대는 장강(長江)과 한수(漢水)를 따라 동쪽으로 남하하게 하였다. 이때 동원된 군대는 보병 60만 명과 기병(騎兵) 27만 명으로 모두 87만 명이란 대군이었다.

전진군(前秦軍)을 맞이한 동진군(東晉軍)의 수비대장 사현(謝玄)은 부견(苻堅)에게 사람을 보내 스스로 도하하여 결전할 테니 부견의 군대를 5리만 물리라고 하였다. 부견은 동진군이 도하할 때 공격하려고 이에 응하였다. 그러나 전진군은 일단 물러나게 되자 정지할 수 없었다. 이 기세를 타고 동진군이 도하하여 전진군을 급습하자 전진군은 일대 혼란에 빠져 제대로 싸워보지도 못한 채 대패하고 말았다. 이 전투를 비수대전(淝水大戰)이라 하며 이때 부융이 피살되었다.

부견이 비수에서 패전하자 전진(前秦)의 통제를 받던 호족들은 다시 분열하기 시작하여 384년에서 386년까지 약 3년간 7개 국가가 자립하였다. 이들은 강인(羌人)의 후진(後秦), 선비(鮮卑)의 후연(後燕) · 서연(西燕) · 서진(西秦) · 북위(北魏), 저인(氐人)의 후량(後涼) · 구지(仇池) 등이다.

● 북위(北魏)의 북방통일

북위(北魏)는 선비족인 탁발규(拓跋珪)가 비수전(淝水戰) 이후에 자립한 나라이다. 국세(國勢)가 날로 강성하여 북연(北燕)과 북량(北涼) 등을 차례로 격파하면서 448년에 북방을 완전히 평정하였다. 북위가 북쪽을 통일하였으나 북쪽에 인접해 있는 유연(柔然)에 대해서는 영향력을 미칠 수 없었다.

●유연(柔然) 제국

북흉노제국(서기 155)을 멸망시키는데 중국과 함께 힘을 합쳤던 몽골계 선비족(鮮卑族)은 몽골리아 지역에서 흉노의 대체 세력의 역할을 하지 못하였다. 흉노제국이 사라진 이후에 몽골리아는 약 2세기 반 동안 권력의 진공 상태로 남아 있게 되었다. 그러다가 기원후 400년 경이 되어서야 강력한 새로운 유목제국이 등장하였다. 이것이 바로 유연(柔然)이라고 불리는 유목민족이다. 유연은 동호족에서 발생하였지만 광대한 지역을 차지하면서 기동성이 신속하여 제압할 수가 없었다. 강력했던 유연이었지만 남조(南朝) 말에 가서는 돌궐에게 멸망되었다.

●돌궐(突厥) 제국

유연에 복속되어 철공업에 종사하던 돌궐족들이 6세기 초에 유연으로부터 독립을 시도하기 시작하였다. 그들은 북위의 지원을 받으면서 성장하여 세력이 점차 증강되자 부족장이었던 토문(土門)이라고도 불리는 부민은 유연의 통치자에게 공주와 혼인하기를 요청했지만, 유연은 그가 대장장이 출신이라는 이유로 거절당하였다. 부민은 이 사건을 빌미로 552년에 북위의 계승자인 서위(西魏 535-554)의 도움을 받으며 유연을 공격하여 격파하였다. 이로 인하여 유연의 군주인 아아궈이가 자살하고, 아아궈이가 없는 유연은 내부 분열이 일어나 패망하였다. 555년에 돌궐은 유연의 군대를 완파시키고 3,000명을 잡아다 목 베어 죽였다. 이로서 유연이라는 나라는 중앙아시아 유목민족의 역사에서 종말을 고하게 되었다.

돌궐제국을 이룬 투르크족은 흉노의 후손들이다. 서위(西魏)와 연합하여 유연(柔然)을 멸망시킴으로 초원지역의 지배자가 되었다. 돌궐은 한때 동쪽으로 요동, 서쪽으로는 청해성(青海省)과 신강성(新疆省) 동부 지역에 이르기까지 광대한 영역을 차지하였다. 여기에 거란(契丹) · 실위(室韋) · 토곡혼(吐谷渾) · 고창(高昌) 등이 모두 돌궐에게 신속(臣屬)되었고, 중국의 내지에서도 1백만 명 이상이 돌궐에 복속(服屬)하였다. 수(隋) 말에는 당(唐)의 고조(高祖) 이연(李淵)까지도 돌궐에게 신복(臣服)하였기에 이 시기 아시아에서는 돌궐이 사실상 천하의 주인이었다.

3) 선비족 중국을 장악하다

서진(西秦) 때 발생한 영가(永嘉)의 난 이래 300년 동안 지속된 분열과 전란은 수(隋)에 의해 일단락되었다. 수를 건국한 양견(楊堅)은 호화(胡化)한 한인(漢人)이라고 하여 이 나라 역시 순수한 중국인에 의해 건국된 것이 아님을 알 수 있다.

수(隋)는 돌궐(突厥)에 내란이 발생할 때마다 침공하였으나 성공하지 못하였다. 한(漢) 때 점령했던 서역(西域) 역시 서진(西晉)이 망하고부터 영향력을 행사할 수 없었기에 북방의 대륙은 당(唐) 초기까지도 유목민족들의 세상이었다.

수(隋)의 동북지역에는 고구려라는 강력한 국가가 위세를 떨치고 있었다. 천하의 주인이 수(隋)라고 생각한 문제(文帝)는 고구려란 강적을 꺾어야 했기에 서기 598년 수륙군(水陸軍) 30만 명으로 침공하였으나 고구려가 강력하게 대항하였기에 이기지 못하고 철수하였다.

서기 604년 문제(文帝)가 죽자 뒤를 이어 등극한 양제(煬帝)는 611년 7월, 112만 명의 대군을 동원하여 육로(六路)와 수로(水路)를 이용하여 고구려 원정을 감행하였다. 그러나 고구려의 명장 을지문덕(乙支文德)은 유인작전을 전개해 살수에서 수군(隋軍) 30만 명을 몰살시켰기에 살아 돌아 간 수군(隋軍)은 2,700명에 불과하였다.

수양제는 613년에도 다시 고구려를 원정하였으나 이번에는 요동조차도 넘어 갈 수 없었다. 그러자 수(隋)의 국내에서 양현감(楊玄感)이 반란을 일으켜 동도(東都)가 함락직전에 있다는 말을 듣고 모든 군수물자와 장비를 버리고 철수하였다. 수양제는 614년에도 고구려를 침공하였으나 군비는 이미 바닥났고 군사들은 지쳐 있었다. 게다가 고구려 영양왕(嬰陽王)이 강력하게 방비하자 뜻을 이루지 못하고 철수하였다.

수양제는 세 차례나 고구려 원정을 감행했지만 모두 실패하였고 이로 인하여 산동(山東)과 하북(河北)에서 대규모 반란이 일어나 멸망하게 되었다. 반란세력 가운데 동부에서 일어난 두건덕(竇建德)은 최대의 세력자로 부상했다. 618년 황하이북을 대부분 장악한 두건덕은 스스로 장낙왕(長樂王)이라 칭하고 국호를 하(夏)로 정하였다.

617년에는 이연(李淵)이 진양(晋陽-지금의 산서성 태원현)에서 반란을 일으켜, 618년에 양견(楊堅)이 건국한 수(隋)를 멸망시키고 당(唐)을 건국하였다. 중국인 역사가들은 이연(李淵)의 혈통을 말할 때 호인(胡人)들과의 혼인을 통하여 호화(胡化)된 가계(家系)라고 하여 당 황실의 혈통 역시 선비족 이었음을 알게 한다.

4) 당(唐)의 대외 공격

당태종 이세민(李世民)은 중국 역사상 그 유례를 찾아보기 어려울 정도로 정치를 잘 하여 정관(貞觀)의 치(治)를 이루었다. 그는 대외원정을 실시하여 강역을 넓히기도 하였지만, 고구려 원정의 실패로 국토를 상실하기도 했다.

당 초기에 가장 위협이 되는 세력(勢力)은 동돌궐(東突厥)이었다. 돌궐은 유연을 멸망시키고 세력을 확장하여 수 말기와 당 초기까지만 해도, 중국의 동쪽에서부터 북쪽과 서쪽에 이르기 까지 광활한 지역을 차지해 당을 포위하였다. 중국인들 중에는 돌궐에 항복한 사람들도 적지 않았기에 이들을 수용한 돌궐의 세력은 더욱 커 갔다.

돌궐은 당나라가 중국을 통일하는 것을 원하지 않았다. 수(隋)의 유신(遺臣)들도 "차라리 외국(外國)에 나라를 넘겨줄지언정 가노(家奴)에게는 정권을 넘겨 줄 수 없다"라는 심리를 갖고 있어서 돌궐을 충동하여 당을 공격하도록 부추겼다. 중국의 군웅들 중에 유무주(劉武周)와 양사도(梁師都) 등은 모두 돌궐에게 군사를 빌려 당군(唐軍)에 대항하였다. 이러한 원인 때문에 돌궐은 당을 지원하다가 점차 당의 적이 되었다. 서기 620년 이래 돌궐은 당을 침입하지 않았던 해가 없었고, 침입할 때마다 막대한 재물을 갖고 돌아갔다. 그래서 당고조는 돌궐의 위협을 피해 천도하려고 까지 하였다.

626년 당태종 이세민이 즉위하자 돌궐 최고의 가한(可汗)인 힐리(頡利)와 그 조카 돌이(突利)가 양사도(梁師都)와 결탁하여 많은 군대를 이끌고 침입해 장안 서북쪽에 있는 위수(渭水)의 편교(便橋)까지 들어왔다. 당태종은 위험을 무릅쓰고 직접 위수(渭水)에 가서 힐리에게 항복한 뒤 금백(金帛)을 주어 물러나게 하였다.

626년부터 돌궐은 한인(漢人) 조덕언(趙德言)의 난정(亂政)과 627년의 큰 눈으로 인하여 피폐해진데다 철륵(鐵勒) 설연타(薛延陀)의 반란 때문에 국력이 점차 기우러져 갔기 때문에 당에 대한 침략을 중단하였다. 뿐만 아니라 당의 이간책 때문에 힐리(頡利)와 돌리(突利) 사이에 충돌이 발생하였다. 628년에 돌리가 당에 항복하자 돌궐의 세력은 더욱 약화되었고, 기회를 노리고 있던 당태종은 이정(李靖)과 이적(李勣) 등에게 10여만 명의 대군을 주어 여섯 길로 나누어 돌궐의 동쪽을 침공하였다.

630년 이정이 정예 기병 3,000명을 이끌고 힐리가 있는 정양(定襄-유수성 귀수현)을 기습하자 힐리는 음산(陰山)으로 숨어 들어갔으나, 당군은 다시 그를 기습하여 사로잡았다. 동쪽에 있는 돌궐족들은 설연타에게 항복하거나 서역으로 달아났으나 당에 항복한 인원도 10여만 명이나 되었다. 당은 항복해 온 돌궐인들을 동쪽의 유주(幽州-하북성 대흥현)와 서쪽의 영주(靈州-영하성 영무현)의 변경지구에 안치시키고, 돌리와 아사나사마(阿史那思摩-힐리의 당숙)를 도독으로 삼아 이들을 다스렸다. 이외에도 동돌궐의 추장들에게 5품 이상의 관작을 수여한 것이 100명을 넘었으며, 장안에 들어와 사는 돌궐인들도 1만호(萬戶)나 되었다.

640년, 영류왕을 죽인 연개소문은 장(藏)을 왕으로 삼고 자신은 막리지

(莫離支)가 되었다. 다음해 당은 보장왕을 고구려의 왕으로 봉하였으나 고구려가 백제와 연합하여 신라를 공격하자 신라는 당에 구원을 요청하였다. 당은 고구려와 신라를 중재하였지만 고구려가 말을 듣지 않자 이를 빌미로 고구려를 침공했다.

644년 겨울, 당태종은 고구려를 정벌하라는 조서를 내리고 장량(張亮)과 이적(李勣)을 행군대총관(行軍大摠管)으로 삼아 고구려를 침공하였다. 장량은 전선을 지휘하여 산동성 액현(掖縣)에서 출발하여 평양을 침략하게 하고, 이적은 육로를 이용하여 침략하게 하였으며, 당태종 역시 대군을 이끌고 합류하였다.

645년 4월, 이적은 요수(遼水)를 건너 개모성(蓋牟城-요녕성 개평현)을 공격하였다. 장량의 부장 정명진(程名振)은 비사성(卑沙城-요녕성 장하현)을 공략하고, 이적도 계속 요동성(遼東城-요녕성 요양현 북쪽)을 공략하였다. 6월에는 백애성(白崖城-요양현 동북)이 함락하고, 그 여세로 안시성(安市城-개평현 동북)을 공격하자, 고구려의 군사 15만 명이 구원하였으나 당군에게 패하였다. 당군은 안시성에서 고구려군과 60여 일 동안 대치하였으나 성의 방어가 철통같아서 함락시키지 못하였다. 당태종은 안시성을 공격하기 위해 토산을 쌓고 그 위에서 성을 내려다보며 공격하려고 하였다. 그러나 토산이 무너지는 바람에 성벽의 한쪽이 무너지자 안시성의 성주 양만춘(楊萬春)은 당군이 무너진 성벽으로 침략해 오기 전에 먼저 기선을 장악하여 토산을 탈취하고 당군을 공격하였다. 기습을 받은 당군은 대패하였고 당태종은 전란 중 눈에 화살을 맞아 한쪽 눈을 실명하는 참패를 겪고 철군하였다.

당의 주변에는 돌궐과 고구려 외에도, 철륵(鐵勒)과 회흘(回紇) 등 여러 부족들이 있어서 위협이 되었기에 당은 화평과 전쟁을 반복하며 주변 민족들을 통제하고자 하였다.

3. 무너진 철벽 장성

1) 중원을 위협한 거란족

돌궐의 세력이 물러간 대륙의 시라무렌 유역에서는 거란족들이 출현하게 되었다. 거란 일라부(迭刺部)의 부장인 야율아보기(耶律阿保機)는 907년 텡그리 카간(天皇帝)을 칭하며 제위에 오른 뒤 정적을 제거하면서 기반을 다졌다. 그는 신책(神册)이란 연호를 만들고 몽골 고원의 여러 종족을 합병시키며, 926년에는 군대를 이끌고 송화강(松花江)의 지류인 모란강(牡丹江) 상류에 있는 발해의 홀한성(忽汗城)으로 진군하여 발해를 통합하였다.

야율아보기의 뒤를 이은 태종 야율요골(耶律堯骨)은 936년 화북의 석경당이란 인물을 이용하여 후당(後唐)을 무너뜨리고 후진(後晋)을 세워 주는 등의 지원을 하면서 장성 남쪽에 있는 연운십육주(燕雲十六州)를 차지하고자 하였다.

거란인들은 947년에는 후진(後晋)을 멸망시키고 국호를 대요(大遼)라 하였다. 이때부터 요(遼)는 중국의 영토와 백성들을 통치하며 중국을 지배하는 국가로서의 면모를 다졌다. 야율아보기 시대부터 포획하거나 투항한 한인(漢人)들을 열하지방으로 이주시켜 농경에 종사하도록 하면서 정치와 군사에 참여시켰다.

요는 농경민족인 발해와 한족, 그리고 유목민족인 거란족 등을 구분하여 두 가지 통치 방법으로 정치를 하였는데 이것을 번한분치(藩漢分置)라 한다. 중앙관제로는 유목민에 대한 북면관(北面官)과 농경민에 대한 남면관(南面官)이 있었고, 3성(省) 6부(部)와 같이 당(唐)의 관제를 모방한 정부조직도 있었다. 그러나 국정과 군사권에 대한 실권은 전적으로 북면관이 장악하였다. 유목민족들이 독자적인 문자를 갖게 된 것은 돌궐 · 위그루부터지만 거란족들도 스스로의 문자를 제정하여 민족의식을 확립시켰다.

이때 중국은 당(唐)이 망하고 오대십국(五代十國) 시대를 거쳐 조광윤이 건국한 송(宋)나라가 통치하고 있었다. 1004년 요의 성종(聖宗)은 대군을 몰아 송(宋)을 침공하였으나 성종은 보급물자의 부족으로 장기전을 피하고 와교관(瓦橋關-하북성 웅현) 이남의 10개 현을 회복한다는 명분을 가지고 있던 차에 송에서 먼저 화친을 요구하자 받아들였다. 그래서 송이 요의 신하로 항복하는 대신 송의 안전을 보장한다는 전연의 맹약(澶淵之盟)을 체결하였다. 이로 인하여 요는 연운십육주(燕雲十六州)를 획득하여 굳건한 기반을 다질 수 있었으나 1125년 금(金)과 송의 연합군을 맞이하여 멸망하였다.

요는 9대 209년간 존속하였다. 훗날 요를 계승한 서요(西遼-1132~1211)가 출현한 것까지 거란의 세력으로 본다면 거란족들은 중앙아시아까지 그 영향력이 미쳤음을 알 수 있다.

2) 북송(北宋)을 위협한 서하(西夏)

거란의 요와 함께 송을 위협한 강대국은 서하(西夏)이다. 서하는 중국 서북부의 오르도스와 감숙(甘肅) 지역에서 티베트 계통의 당항(黨項-탕구트) 족이 1038년에 세운 국가이다. 원래 대하(大夏)가 그들 국호이나 중국의 역사가들은 고대 하(夏) 왕조와 구분하기 위하여 서하(西夏)라고 부르게 되었다. 송은 서하를 가볍게 보았으나 몇 번의 전쟁에서 참패를 당하자 요(遼)와 금(金)에 제공한 것과 같이 서하에도 막대한 물자를 제공하며 화평을 유지하고자 하였다.

서하는 11~12세기 기간에 동서교역을 중계하며 유목과 농경으로 생활하였고, 유교와 불교가 융화된 문화를 발전시키며 내몽고(內蒙古)에서 돈황(敦煌), 난주(蘭州)에 이르는 지역을 장악하였다. 그러나 1207년 몽고에 복속된 뒤, 칭기스칸의 공격을 받아 1227년에 멸망하였다.

3) 북송(北宋)을 멸망시킨 금(金)나라

요(遼)가 강성하던 시기에 그 통치하에 있던 만주에서는 여진이 세력을 확장하기 시작하였다. 여진족의 기원에는 여러 학설이 있으나 분명한 것은 어느 한 시대에 돌출한 별종들이 아니라 그들 역시 오랜 세월 동안 갈라져 내려 온 유목민족의 한 지파(支派)라는 점이다. 그들은 만주 일대에서 웅거하였던 고조선(古朝鮮)이나 부여(扶餘) · 고구려(高句麗)와 발해(渤海) · 말갈(靺鞨) · 숙신(肅愼) 등과 같은 계열이다.

여진인들은 자신들이 세운 나라의 국호를 금(金)이라 했는데 그것은 김씨(金氏)의 국가라는 뜻을 갖고 있다. 원(元)나라 탈탈(脫脫) 등이 쓴 ≪금사(金史)≫에 따르면 금의 시조는 고려에서 간 신라 사람 함보(函普)이다. 금 황실에서도 자신들의 시조가 고려에서 온 신라인이라고 하였다. 청(淸)나라 건륭황제 때 황실에서 편찬한 ≪흠정만주원류고(欽定滿洲源流考)≫를 보면, 청(淸)의 전신인 금(金)의 시조는 신라 왕족인 김씨라고 주장하며 다른 여러 잡설들은 견강부회(牽强附會)한 것이라고 명시하였다.

다음은 금나라가 신라 후손들이 건국한 국가 임을 명시한 역사서의 내용이다.

《금사(金史)》

금(金) 나라의 시조는 휘(諱)가 함보(函普)로 고려(高麗)에서 왔다(金之始祖, 諱函普. 初從高麗來).

《금지(金志)》

다시 말하면 최초의 추장(酋長)은 신라 사람으로 완안씨(完顔氏)이라 불렀다. 완안이란 중국식으로 말하면 왕(王)이란 뜻이다(又云, 其初酋長, 本新羅人, 號完顔氏. 完顔, 猶漢言王也).

금이 신라의 후예라는 기록은 ≪송막기문(松漠紀聞)≫ · ≪삼조북맹회편(三朝北盟會編)≫ · ≪해사록(海槎錄)≫ · ≪흠정만주원류고(欽定滿洲源流考)≫ 등 다수의 문헌에서 찾아 볼 수 있다.

금의 태종(太宗)은 송과 협공작전을 단행하여 1125년 요(遼)를 무너뜨렸지만 약속을 지키지 않고 연운십육주의 대부분을 차지하였다. 요의 전 지역을 차지한 태종은 이어서 송을 공격하였다. 그래서 송의 휘종(徽宗)과 흠종(欽宗)을 사로잡고 막대한 금은보화와 물자를 획득하였다. 송의 흠종으로부터는 "미약한 신하(흠종)는 목숨을 바쳐서 명령을 받들겠습니다"라는 맹약을 받고 만주로 데려 갔고, 이로써 송은 금에 의해 멸망 당하였다.

송의 잔여 세력은 남쪽으로 달아나 남송(南宋)을 건국하였으나, 금은 고삐를 늦추지 않고 남쪽으로 공격하여 회수(淮水)를 국경으로 삼는 한편, 남송(南宋)이 금(金)에게 신하가 된다는 조건을 받아들이며 매년 막대한 물자를 요구하였다.

이후에도 융경화의(隆慶和議)를 맺으며 남송을 압박하였으나 금의 국력이 점차 쇠퇴해 가면서 1147년 몽고에서 강력한 제국이 출현하였기에 대대적인 남침을 할 수 없었다.

1211년부터 칭기스칸이 금을 공략하기 시작하여 1215년에 금의 수도 중도(中都)를 점령하자 금은 더 이상 중원과 초원의 패자가 될 수 없었다. 이후 명맥만을 유지하던 금은 1234년에 원(元)의 공격을 받고 멸망하였다.

4) 중국을 완전 점령한 몽골족

흉노가 사라진 뒤 840년경 위구르제국도 무너지자 360년 동안 몽골 고원에는 통일정권이 수립되지 못하였다. 그 원인은 거란의 요와 여진의 금이 몽골 땅에 강력한 정권이 출현하지 못하도록 통제했기 때문이다.

1162년, 키야트의 유력자 예수게이 바아투르와 후엘룬의 사이에서 테무진이 출생하였다. 테무진은 어렸을 때 아버지 예수게이가 타타르 사람들에게 독살되었기에 고난의 어린 시절을 보내야 했다. 그는 1203년 가을 케레이트의 옹 칸을 타도하고 몽골 동부의 패자가 되었다. 1205년 봄에는 나이만부를 중심으로 구성된 반대 세력들을 격파하고 단기간에 몽골의 전역을 통합했다. 몽고인들은 1206년 봄에 오논강 발원지 부근의 초원에서 테무진을 몽골의 칸으로 추대하고 '칭기스'라는 칭호를 부여했다. 이때부터 대몽골국(예케 몽골 울루스)이 탄생하여 중앙아시아의 중심을 차지하는 시대가 열리게 되었다.

1211년 봄 칭기스칸은 금을 원정하는 길에 올랐다. 금의 수도인 중도(中都-지금의 북경시 서남부 일대)를 포위하자 금은 어쩔 수 없이 항복하였다. 1214년 3월에는 기국(岐國) 공주를 몽골에 시집보내고 해마다 은과 비단을 바치는 조건으로 평화조약을 체결했다. 그래서 칭기스칸은 남몽골 초원으로 돌아갔다. 이때 몽골의 군대는 95개였던 천인대가 129개로 늘어났다.

칭기스칸의 군대가 물러나자 금의 선종(宣宗)은 황태자에게 중도 방위를 맡기고 돌연 황하 이남의 개봉으로 수도를 옮겼다. 몽골은 이것을 반역으로 간주하여 다시 금의 중도를 공격해 함락시키고 1217년 좌익의 만호장 무칼리에게 국왕의 칭호를 부여하여 통치하게 하였다.

1226년 칭기스칸은 서하 정벌을 시작했다. 정벌의 이유는 호라즘 원정을 후원하지 않았다는 이유이다. 그러나 칭기스칸은 서하의 흥경(興慶)이 함락되기 직전인 1227년 8월 15일 청수하(清水河)에서 죽음을 맞았다. 그로부터 3일 후 서하의 흥경이 함락되자 서하 사람들에 대한 무자비한 살육이 자행되었다. 서하가 함락되자 칭기스칸의 시신은 몽골 본토로 옮겨지고 그가 생전에 묻히기를 바랐던 한 나무 아래에 매장되었다.

칭기스칸 이후 몇 대를 거치며 몽골의 황제가 된 쿠빌라이는 1271년 국호를 대원(大元)으로 바꾸었다. 쿠빌라이는 1268년부터 남송을 공격하여 1279년 2월에 남송을 멸망시켰다. 이후 몽골이 세운 원나라는 한인(漢人)들을 철저하게 모멸하였다. 원의 통치자들은 백성들을 4등급으로 나누었다. 1등급은 몽골민족으로서 모든 특권과 자유를 누렸다. 2등급은 색목인(色目人)으로 서북 중앙아시아 · 서아시아 · 유럽 등의 종족들로 이들은 고위관료나 장군이 될 수 있었다. 3등급은 금의 통치를 받던 거란인 · 여진인 · 고려인들과 화북지역에 거주하는 한인(漢人)이 포함된다. 4등급은 남송의 통치하에 있던 한인들로 야만인이나 노예 취급을 하였다. 주변민족을 오랑캐라 부르며 업신여기던 중국인들의 자존심이 무참히 짓밟힌 것이다.

강력한 군사력으로 중앙아시아를 제패했던 몽골은 내부의 권력투쟁과 자연재해, 그리고 역병으로 피폐해지기 시작했다. 중국 각처에서 반란이 속출했지만 기강이 해이된 원군(元軍)은 제대로 제압하기 어려웠다.

반란세력들 중에는 주원장의 세력이 가장 강력하게 성장하였다. 주원장은 1368년 남경에서 명(明)나라를 건국하고 그해 장군 서달(徐達)을 시켜 원의 수도 대도(大都-북경)를 공격하였다. 명군의 공격을 받은 원나라 순제(順帝)는 북경을 버리고 상도(上都)로 달아났다. 그렇다고 원이 멸망한 것은 아니었다. 중국은 잃었지만 여전히 중앙아시아의 광대한 지역을 통치하고 있으면서 명이 존속되는 기간 내내 명과 전쟁을 주고 받았다. 원이 멸망한 것은 명이 망할 무렵인 1634년이다. 마지막 황제 릭단이 청해(靑海) 원정 도중에 죽자 그의 아들 에제이가 대대로 전해오던 원 황제의 옥새를 누르하치의 아들 청 태종(太宗) 황태극에게 바침으로써 완전히 멸망하게 되었다.

5) 명 · 몽골의 대립과 장성의 수축

송 이후부터 300년간 중국을 지배했던 원은 주원장의 명군에 의해 장성 북방으로 축출되었으나 멸망한 것이 아니라 드넓은 유라시아에서 중국만을 내어 준 것일 뿐이라 명이 망할 때까지 끊임없이 명을 위협하였다.

명 세조(世祖) 주체(朱棣)는 건문제(建文帝)에게 황위를 찬탈 한 뒤 남경에서 북경으로 수도를 옮기고 다섯 차례나 만리장성을 넘어 대규모 북벌을 시도하였다. 당시 몽골의 동쪽에는 타타르(韃靼), 서쪽에는 오이라트(瓦剌)가 발흥하여 주도권을 다투고 있었다. 영락제는 이런 상황을 교묘하게 이용하여 두 세력의 주도자에게 왕호를 부여하는 등의 방법으로 명과의 대항관계를 해소시키고자 하였는데 주요 내용은 다음과 같다.

분화와해(分化瓦解) : 두 세력을 갈라놓아 깨지게 하는 것

억강부약(抑强扶弱) : 강한 쪽을 누르고 약한 쪽을 키우는 것

은위병시(恩威并施) : 한 편으로 도움을 주면서 한 편으로 위협하는 것
유호균세(維護均勢) : 두 세력 간에 끝까지 균형을 유지하게 하는 것

당시 타타르에서는 궤력적 칸(鬼力赤 汗)이 세력을 키우며 자주 요동을 침공하였다. 궤력적 칸이 죽은 뒤에는 어르추 티무르가 즉위했으나 명의 기대와 달리 명나라 사신을 죽이는 등 강경한 자세로 나왔다. 영락 7년(1409) 명은 구복(丘福)을 장군으로 임명하여 모두 10만의 대군으로 북경으로부터 후룬노이르까지 직선거리로 1,000㎞에 이르는 장거리를 진격하여 이들을 공격하였으나, 타타르는 유인작전을 전개하여 구복의 군대를 모두 섬멸시켰다. 그러자 성조는 영락 8년(1410) 2월에 50만의 병력을 동원하여 친정에 나섰다. 그러나 어르추 티무르가 도주하여 성과를 거두지 못하고 회군하였다.

타타르가 약화되자 이번에는 서쪽의 오이라트가 강성해졌다. 성조는 영락 12년(1414)에 50만의 군대를 동원하여 편도 1,000㎞가 훨씬 넘는 거리를 정벌하였지만 역시 실패하였다.

영락 19년(1421)에 또 3차 친정을 결정하자 이번에는 결사반대하는 세력들이 많았다. 그것도 국가행정의 최고기관인 6부의 상서(尙書)의 절반이 반대하였다. 호부상서 하원길(夏原吉)과 형부상서 오중(吳中)은 파직되며 하옥되었고, 병부상서 방빈(方賓)은 문책이 두려워 자살하였다. 이런 희생 속에서 3차 친정이 단행되었으나 역시 소득이 없었다. 이후에도 4차 친정과 5차 친정을 하였지만 별다른 성과를 올리지 못하고, 귀환하던 도중 성조가 사망했다.

성조의 5차에 걸친 막북(漠北) 친정(親征)은 몽골족들에게 반명(反明) 감정을 심어 주었다. 뿐만 아니라 명군의 취약점을 여실하게 노출하여 중화세계의 한계를 보여주면서 당말(唐末) 이래 민족적인 자각을 높여가고 있던 유목민족의 기세를 꺾고자 한 것은 몽상에 불과하다는 것을 깨닫게 되었다. 그 결과 공격보다는 수비위주의 정책으로 전환되었다. 명은 만리장

성의 성보와 돈대를 연결하여 방어력을 강화시켜 나갔으나 돌과 황토 등으로 축조한 돈대는 눈이 쌓였다가 녹으면서 유실되었기에 10년이 지나자 무너져 내렸다. 황토를 이용해 판축공법으로 만든 성벽도 마찬가지였다. 그래서 지속적으로 보수공사를 하지 않으면 안 되었다.

정통(正統) 7년(1442) 이후에는 요동과의 연락로를 확보하기 위하여 산하이 관으로부터 요동반도의 기저부(基底部)를 향해 호(壕)를 파고 석루(石壘)가 축조되었다. 이것은 성화(成化) 연간에 정비되어 요동변장(遼東邊墻)이라고 불리게 되었다. 오늘날 중국은 이것을 만리장성 속에 포함시켜 장성이 시작되는 동쪽 기점을 산하이 관이 아니라 압록강 부근이라고 주장하게 되는 근거로 삼고 있다.

영종(英宗) 때는 북방에서 오이라트부의 에센이 주변의 부족을 결합하여 명을 위협하였다. 영종은 당시 전권을 장악하고 있던 환관 왕진(王振)의 주장을 받아들여 50만의 대군을 거느리고 오이라트를 친정하였으나 토목보에서 에센 군에게 포위되었다가 전군이 괴멸되면서 영종 자신은 포로가 되었다. 호위장군 번충(樊忠)은 왕진이 국정을 어지럽히고 군대를 망친 일에 대하여 매우 분개하였다. 번충은 "내가 천하를 위해 이 도적을 죽인다!"라고 통렬하게 꾸짖으며 왕진을 쳐 죽인 뒤 전사하였다. 이 사건은 명의 내정이 부패하고 혼란스러웠다는 것을 의미한다.

〈진(秦)과 명(明)의 만리장성〉

영종이 포로가 되어 몽골로 끌려가자 명은 주성(朱郕)을 경태제(景泰帝)로 등극시키고 우겸(于謙)의 주도하에 정국의 안정을 꾀하였다. 에센은 사로잡은 영종을 앞세워 명나라의 몇몇 성을 항복 받기도 하였으나 성공하지 못하고, 경태제가 즉위하여 영종이 이용가치가 없어지자 영종을 명으로 돌려 보내 명의 분열을 획책하였다. 명으로 돌아 온 영종은 경태제가 중병으로 눕자 탈문(奪門)의 변을 일으켜 경태제를 폐하고 복벽한 뒤, 충신 우겸을 처형하여 실권을 장악하였다.

1550년에는 몽골군이 명의 수도 북경을 포위하는 경술지변(庚戌之變)이 발생하기도 하였다. 융경 2년(1568)에 척계광이 계진(薊鎭)에 부임하면서 장성을 보수하고 1,200 곳에 달하는 적대(敵臺)를 축조하였다. 오늘날 관광지가 된 북경 외곽의 거용관(居庸關), 팔달령(八達嶺)과 같이 험준하고 견고한 장성은 이러한 역사적 배경을 가지고 명나라 때 축조 된 것이다.

6) 산하이관[山海關]을 뚫고 중국을 통치한 만주족

명 후기에는 만주에서 여진족들이 발흥하기 시작했다. 청(淸)나라를 건국하고 중국을 장악한 누루하치의 후손들은 자신들이 신라의 후손이라는 점을 명확히 밝히고 있다. 청 황제의 재가를 받아 간행된 ≪만주원류고(滿洲源流考)≫ 등의 문헌을 보면, 청 황실의 성(姓)인 '아이신기로'는 만주어로 김씨(金氏)를 말한다고 하여 청 황족들이 신라 김씨의 후손 임을 명확히 하고 있다. 이로보면 신라 경순왕의 아들 마의태자의 후손들이 만주에 가서 살았는데 그 후손인 누루하치(努爾哈赤)가 1616년에 후금(後金)을 건국한 것이다.

누루하치는 중국을 공격하다가 부상을 입고 1626년에 68세의 나이로 죽었다. 그 뒤는 여덟째아들 홍타이지(皇太極)가 계위하였다. 홍타이지는 조선과 몽골일대를 점령하여 배후의 위협을 제거한 뒤 중국을 점령하고자 했지만 산하이관에 가로막혀 넘어갈 수 없었다.

1636년 홍타이지는 후금의 국호를 청(淸)이라 하였지만 그 역시 산하이관을 넘지 못하고 1643년 51세의 나이로 급사하였다. 청의 정부는 회의를 통하여 태종의 아홉째 아들로 5살 된 복림(福臨)을 등극시키고 도르곤(多爾袞)이 섭정왕이 되어 모든 정무를 통괄하였다.

이때 명에서는 이자성(李自成)의 반란군이 명을 멸망시키고 산하이관을 지키고 있는 오삼계(吳三桂)의 부친을 살해하였다. 뿐만 아니라 오삼계의 애첩 진원원(陳圓圓)까지 반란군의 장군이 차지하였다. 갈 곳이 없어진 오삼계는 청의 도르곤에게 산하이관의 문을 열고 항복하였다. 청은 숭정제를 위해 복수한다는 명분을 내 걸고 북경에 침공하여 이자성의 대군을 일거에 격파하였다. 이자성의 군대는 백만이라 하였지만 모두 농민 출신이라 제대로 훈련된 청의 팔기(八旗) 군을 당할 수 없는 오합지졸이었다. 전쟁에 패한 이자성은 달아나다가 살해되었다. 중국인들이 이민족을 방어하기 위해 견고한 장성을 구축했지만 한 사람의 결정에 의해 장성이 무너지고 중국은 송두리 째 점령 당했던 것이다.

청은 숭정제를 후하게 장례 지내면서 한인들의 인심을 얻고자 하였지만 청에 대한 반발은 수그러지지 않았다. 그래서 오삼계에게 명하여 반대 세력들을 토벌하게 하였다.

성공적으로 중국을 점령한 청은 티베트, 위구르, 대만 등을 정벌하며 북쪽으로 준가르를 토벌하여 대대적인 영토 확장에 나섰다. 오늘날 중국이 통치하고 있는 넓은 영토는 모두 청이 확장해 놓은 것이다. 지금까지 몽골족과 싸운 종족들이 적지 않지만 그들을 완전하게 굴복시켰던 민족은 오직 만주족들뿐이었고, 그 만주족을 지휘한 사람들은 한민족의 후예들이었다. 그리고 그 청은 서구의 팽창에 시달리다 신해혁명을 일으킨 중국인들에게 통치권을 넘겨야 했다.

4. 현대의 만리장성

1) 중국의 만리장성 늘이기(長城保護工程)

이 시대에서 만리장성이란 어떤 의미를 갖고 있는가? 여러 가지로 분석해 볼 수 있으나 일반적으로 세계에서 가장 거대하면서 중국을 상징하는 건축물이라고 볼 수 있을 것이다. 중국은 1961년 국무원에 의해 제1급 국가문물보호단위로 지정하였고, 1981년에는 유네스코 세계문화유산에 등록되어 만리장성은 '역사적 기념비', '세계의 기관(奇觀)'으로 인정받고 있다. 그러나 상징성 이면에는 영토 확장이라는 장구한 음모가 자리 잡고 있다.

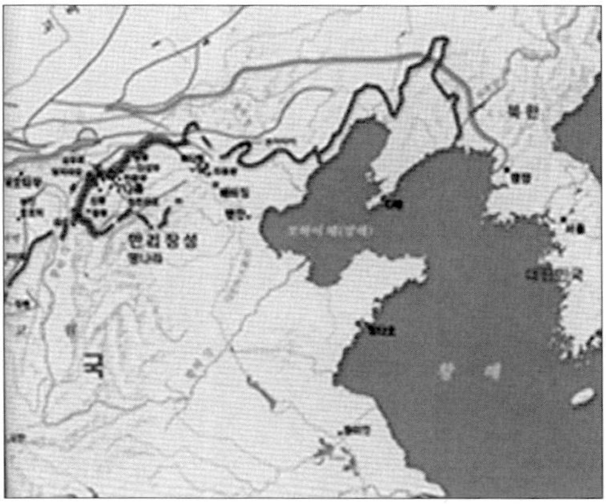

〈국경과 만리장성을 왜곡한 지도〉

중국은 2002년부터 동북공정을 시도하여 역사를 왜곡하고 있다. 그 가운데 몇 가지를 다음과 같이 제시해 보았다.

① 요(遼) · 금(金)시대의 계호(界壕)를 장성의 범주에 포함시킨 것
② 명대의 요동변장(遼東邊墻)을 만리장성으로 보는 것
③ 요동변장이 끝나는 지점을 압록강으로 보고 그 곳을 만리장성의 동쪽 기점으로 주장하는 것
④ 고구려성을 만리장성으로 포함시키는 것
⑤ 만리장성의 흔적이 길림과 흑룡강, 그리고 신강에서 출토되었다고 주하는 것

이상과 같은 내용들은 심각한 역사 왜곡이 아닐 수 없다. 이러한 주장대로라면 요동변장이 만리장성이니 청나라의 유조변 역시 만리장성의 범주 속에 포함시킬 것이고, 더 나아가 만주와 만주의 모든 역사는 만리장성 속에 묻히게 될 것이다. 이러한 현상은 만주에서 끝나지 않고 조선의 남한산성까지 만리장성의 일부라고 할 것이며, 한반도까지 중국의 일부라고 주장하게 될 것이다. 이것은 역사와 문화를 침탈하는 전쟁이다. 때문에 우리는

중국의 문화와 역사에 대한 침략에 맞서지 않을 수 없다.

다음의 표를 보면 만리장성을 구체적으로 왜곡하고 있음을 알 수 있다.

〈시대별 장성의 총 길이와 대상 지역〉

구분	시 대 구 분	총길이(㎞)	소 속 장 성
1	전국(戰國)	8,186.00	제(齊) • 초(楚) • 위(魏) • 조(趙) • 연(燕) 등의 성벽과 기타 지역의 성곽
2	진(秦)	7,860.00	황하(黃河) • 음산(陰山) 등 장성
3	한(漢)	8,057.00	외(外) 장성을 포함
4	북위(北魏)	1,602.00	기상새위(畿上塞圍) • 태산(泰山) 장성
5	동위(東魏) • 북제(北齊)	910.00	무정(武定) • 천보(天保) 장성
6	수(隋)	1,022.25	수문제(隋文帝) • 수양제(隋煬帝) 장성
7	당(唐)	464.00	고구려 장성 • 청해(靑海) 장성
8	요(遼)	5.00	진동해구(鎭東海口)장성
9	금(金)	213.00	연변(延邊) • 모란(牡丹) 강 장성
10	명(明)	5,787.78	9변진(邊鎭) 장성
계		34,107.93	

위 표는 2006년 중국의 장성연구 전문학술서에 나온 것으로 장성의 총 길이가 34,107.93㎞나 된다. 이것은 2012년 광명일보에 발표된 21,000여 ㎞보다 훨씬 길다. 이로보아 2006년에 이미 요금(遼金) 시대의 장성과 고구려 장성이 만리장성에 포함시켰음을 알 수 있다. 명나라 때의 장성은 요동변장 까지 포함시켜 놓았다. 요동변장에 기초한 청나라의 유조변은 장성에 포함시키지 않았으나 유조변은 요나라 금나라 때의 계호(界壕)와 비슷하므로, 앞으로 장성으로 편입시킬 가능성도 배제할 수 없다.

2) 영토는 힘이 있는 자의 것이다.

어느 시대를 막론하고 약육강식의 원칙은 달라지지 않는다. 자본국가에서 개인의 토지는 권력이나 재력이 있는 자들에 의해 점유되지만, 국가의 영토는 힘의 우열에 의해 소유자가 달라진다. 역사를 보면, 오랫동안 조상대대로 살아왔던 터전이 강력한 이민족들에게 아무런 대가도 받지 못하고 약탈되었으며 심지어 멸종당하기까지 했다. 이것은 동서고금을 통하여 지역 구분이 없이 자행되어 온 철칙이다.

중국의 국부로 추앙받고 있는 손문은 중국인들의 혁명의식을 자극하고자 '고대 중국의 원주민들은 이민족들에게 쫓겨났고, 호주의 원주민 에버리진은 영국에서 추방된 죄수들에게 그들의 땅을 빼앗기고 멸종당하였으며, 북미와 남미 대륙의 원주민들 역시 유럽에서 건너 온 인종들에 의해 모든 것을 빼앗기며 무차별적으로 학살당했다'고 하였다. 그러면서 청나라의 통치를 벗어나기 위해 반만복명(反滿復明), 회복중화(恢復中華)를 부르짖었다. 그는 오랑캐 만주족들의 통치를 벗어나 한족들의 자주정권을 세우는 것이 최대의 바람이었던 것이다. 그러나 몽골이 독립을 하려고 하자 놀란 손문은 오족공화(五族共和)를 부르짖으며 한족 · 만주 · 몽고 · 위구르 · 티베트가 모두 하나의 민족이라고 주장하였다. 한 사람이 한 입으로 정반대되는 두 말을 한 것이다. 만주족의 통치를 거부하면서, 그 땅이나 그 백성들은 자기네 것이라는 주장이다.

3) 역사를 왜곡해도 사실은 바뀌지 않는다.

중국이 장성 늘리기를 하는 가장 큰 이유는 영토 확장이다. 즉 만주를 비롯하여 장성이 있는 곳은 오래 전부터 중국 땅이라는 주장에 확실한 물증을 삼으려는 것이다. 그리고 이 주장을 합리화시키기 위해 관련된 역사들을 왜곡하고 있다. 그 하나가 호산(虎山)에 있던 고구려 성을 무너뜨리고 대규모로 중국식 벽돌 장성을 축조해 놓은 것이다. 이것은 역사를 모르는 중국인은 물론 외국인에게 까지 이 지역까지 중국영토라는 인식을 심어 주는데 결정적인 역할을 할 수 밖에 없다.

우리는 이러한 역사·문화적 침략에 대응해야 한다. 이 분야를 연구하는 학자들은 만리장성을 둘러 싼 중국과 주변민족들의 역사를 정확하게 규명하고, 관련 사료와 물증들을 확보하며 역사왜곡에 대응해야 할 것이고, 국민들은 이러한 역사를 제대로 알고 있어야 한다. 그것이 격동기를 살아가는 우리들이 갖춰야 할 국가관에 대한 마음가짐의 하나이다.

불과 200만의 인구로 2억의 중국을 300년 가까이 완전 점령 통치했던 청나라는 바로 신라의 후손들이 세운 국가이다. 우리 5천만 대한민국은 이 기상을 본 받아야 할 것이다.

【참고문헌】

≪史記≫·≪前漢書≫·≪後漢書≫·≪三國志≫·≪晉書≫·≪唐書≫
≪宋史≫·≪元史≫·≪金史≫·≪金志≫·≪明史≫·≪松漠紀聞≫
≪三朝北盟會編≫·≪海槎錄≫·≪欽定滿洲源流考≫

- 남의현·김대기, ≪동아시아 속의 중국사≫, 강원대학교 출판부, 2012.
- 박한제 외, ≪유라시아 천년을 가다≫, 사계절출판사, 2002.
- 부낙성, 신승하 역, ≪중국통사≫, 도서출판 지영사, 2002.
- 사카쿠라 아츠히데, 유재춘·남의현 옮김, ≪長城의 中國史≫, 강원대학교 출판부, 2008.
- 송동건, ≪고구려와 흉노≫, 진명출판사, 2010.
- 송인서 외, ≪역사 속의 동서문화교류≫, 강원대학교 출판부, 2008.
- 심규호, ≪연표와 사진으로 보는 중국사≫, 도서출판 일빛, 2002.
- 林幹, ≪匈奴史≫, 北京 人民出版社, 2010.
- 陳序經, ≪匈奴史考≫, 中國 人民大學出版社, 2007.
- Rene Grousset, 김호동 외 역, ≪유라시아 유목제국사≫, 사계절, 2005.

【연표】

연도	주 요 내 용
BC약3000.	황제(黃帝)가 훈육(獯鬻)을 북쪽으로 추방하다.
BC약3000.	황제(黃帝)와 치우(蚩尤)가 탁록(涿鹿)에서 격전하다.
BC약2300.	순(舜)이 삼묘(三苗)를 남쪽으로 추방하다.
BC약2000.	은왕(殷王) 무정(武丁)이 귀방(鬼方)과 3년간 전쟁하다.
BC약1000.	주선왕(周宣王)이 험윤(獫狁)의 공격을 받다.
BC약800.	주유왕(周幽王)이 견융(犬戎)에게 호경(鎬京)을 빼앗기고 살해되다.
BC 215.	진시황이 몽념(蒙恬)에게 흉노를 토벌하고, 만리장성을 축조시키다.
BC200.10.	한고조(漢高祖) 유방(劉邦)이 백등산에서 흉노 묵특(冒頓)에게 패하다.
AD304.	흉노의 추장 유연(劉淵)이 좌국성(左國城)에서 한왕(漢王)이라 참칭하다.
383.	비수(淝水)에서 전진(前秦)의 부견(苻堅)이 동진군(東晉軍)에게 참패하다.
439.	북위(北魏)가 북방을 통일하다.
552.	서위(西魏)와 연합한 돌궐이 유연(柔然)을 멸망시키다.
598.	수문제(隋文帝) 수륙군(水陸軍) 30만 명으로 고구려를 침공하다.
611.7.	수양제(隋煬帝) 112만 명의 대군으로 고구려 원정하다.
613.	수양제 다시 고구려를 원정하다.
617.	이연(李淵)이 진양(晋陽)에서 반란을 일으켜 당(唐)을 건국하다.
645. 4.	당태종이 고구려를 침공하던 중, 안시성에서 참패를 당하다.
907.	거란의 야율아보기(耶律阿保機), 텡그리 카간(天皇帝)이 되다.
1004.	요(遼)의 성종(聖宗), 송(宋)을 침공하여 전연(澶淵)의 맹약을 체결하다.
1125.	금(金)과 송(宋)의 연합군을 형성하여 요(遼)를 멸망시키다.
1132.	서요(西遼)가 건국되다.
1038.	티베트 계통의 당항(黨項) 족이 서하(西夏)건국하다.
1203. 가을.	테무진, 케레이트의 옹 칸을 타도하고 몽골 동부의 패자가 되다.
1206.	테무진, 몽골의 칭기스칸으로 추대되다.

연도	주 요 내 용
1211.	칭기스칸, 금(金)을 공략하기 시작하다.
1215.	칭기스칸, 금(金)의 수도 중도(中都)를 점령하다.
1227.	서하(西夏), 칭기스칸의 공격을 받아 멸망하다.
1234.	금(金), 원(元)의 공격을 받아 멸망하다.
1271.	쿠빌라이, 국호를 대원(大元)으로 바꾸다.
1279. 2.	쿠빌라이, 남송을 멸망시키다.
1368.	주원장(朱元璋), 남경에서 명(明)나라를 건국하다.
1410. 2.	명나라 성조(成祖), 50만 병력으로 몽골을 친정(親征)하다.
1449. 8.	명나라 영종(英宗), 야선(也先)에게 포로가 되다(土木堡의 變).
1550.	달단(韃靼)의 군대, 명나라 수도 북경을 포위하다(庚戌之變).
1616.	누루하치(努爾哈赤), 후금(後金)을 건국하다.
1634.	원나라가 멸망하다.
1636.	홍타이지, 후금(後金)의 국호를 청(淸)이라 하다.
1644. 3. 19	이자성(李自成), 명나라를 멸망시키다.
1645.	청(淸)의 도르곤(多爾袞), 산해관을 넘어 중국을 점령하다.
1961.	만리장성, 중국 국무원에 의해 제1급 국가문물보호단위로 지정되다.
1981.	만리장성, 유네스코 세계문화유산에 등록되다.

10

남·동남아시아 영토분쟁

1. 남아시아의 카슈미르 분쟁
2. 남중국해 영유권 분쟁

남 · 동남아시아 영토분쟁

– 카슈미르 분쟁, 남중국해 분쟁 –

김 대 기

본 장에서는 남아시아와 동남아시아 지역에서 진행되고 있는 대표적인 영토 분쟁인 카슈미르 분쟁, 남중국해 분쟁에 대하여 다루고자 한다.

먼저 카슈미르 지역을 사이에 두고 인도와 파키스탄 간 갈등의 역사적 배경과 진행과정에 대하여 살펴보고자 한다. 그런 다음 남중국해를 둘러싼 6개 국가들의 영유권 분쟁의 근본원인과 관련 당사국들의 영유권 주장 논리를 살펴볼 것이다. 더불어 이들 분쟁의 해결방안은 없는지 그리고 이들 분쟁이 우리에게 던지는 의미는 무엇인지에 대하여 생각해 보는 기회를 마련하고자 한다.

제2차 세계 대전 이후 아시아와 아프리카 등의 식민지에서는 민족주의를 기반으로 한 신생국가들이 다수 생겨났다. 그러나 민족주의라는 기반은 또 다른 분쟁의 원인이 되었다. 신생 국가내의 소수 민족과 다수 민족 사이의 여러 이해관계를 둘러싼 갈등 또는 인근 국가들과 종교, 인종적인 갈등을 야기했기 때문이다. 그 대표적인 예가 바로 카슈미르 지역을 둘러싼 인도와 파키스탄 간의 분쟁이다.

1. 남아시아의 카슈미르 분쟁

1) 인도와 파키스탄의 대립

카슈미르는 인도 북부와 파키스탄, 아프가니스탄, 중국에 접해 있는 히말랴야 산록 지역으로, 현재는 인도, 파키스탄, 중국이 지배하는 세 지역으로 나누어져 있다. 한반도 크기와 비슷한(약 22만㎢) 카슈미르 지역의 인구는 약 1,300만 명이며, 이슬람교도가 다수(이슬람교도 70% 내외, 힌두교도 22%)이다. 이 지역은 히말라야의 아름다운 경관과 잠무(Jammu) 카슈미르에 산재한 무굴 제국 제왕들의 여름 궁전, 달(Dahl) 호수의 풍광 등으로 '행복의 계곡', '지상의 낙원'으로 일컬어졌다. 관광산업 외에 융단 제조가 주요 산업이지만 오랜 분쟁으로 낙후되고 피폐한 모습을 면치 못하고 있다. 인도와 파키스탄 간의 분쟁 결과 지금은 파키스탄에 속한 아자드 카슈미르와 인도 영토인 잠무 카슈미르로 양쪽을 통제선이 가르고 있다.

14세기 이후 이슬람교도가 절대 다수를 차지해 왔던 카슈미르 지방은 1586년에 무굴제국의 일부가 되었다가, 19세기 초에는 시크교도의 지배하에 들어갔다. 19세기 중엽 시크교도가 영국과의 전쟁에서 패배함에 따라 영국의 동인도 회사에 귀속되었다. 그런데 1846년 잠무지방의 영주 그라브 싱이 이 지방을 동인도 회사에서 구입하면서, 다시 힌두교도의 지배하에 들어가게 되었다. 그 후 카슈미르는 영국의 간접 지배를 받는 자치 왕국이 되었는데, 왕족은 지역 주민의 약 20%인 힌두교계였고 주민 대다수는 무슬림이었다. 제2차 세계대전이 끝난 후 1947년 영국이 인도에서 철수하면서 종교별로 인도(힌두)와 파키스탄(이슬람)이 분리 독립했다. 영국으로부터 독립한 인도는 주변 토후국을 인도연방에 편입하여 1951년 인도공화국을 탄생시켰다. 그러나 카슈미르 지역을 비롯한 3개 토후국은 이때 포함되지 않았다.

동부의 잠무 지방은 힌두교도가 다수였지만 전체적으로는 무슬림이 압도적 다수인 3/4을 차지하고 있었다. 파키스탄은 카슈미르 지방의 국민투표를 요구했고, 당시 네루도 원칙에는 동의하였지만 실제로 이 제의를 받아들일 마음은 전혀 없었다.

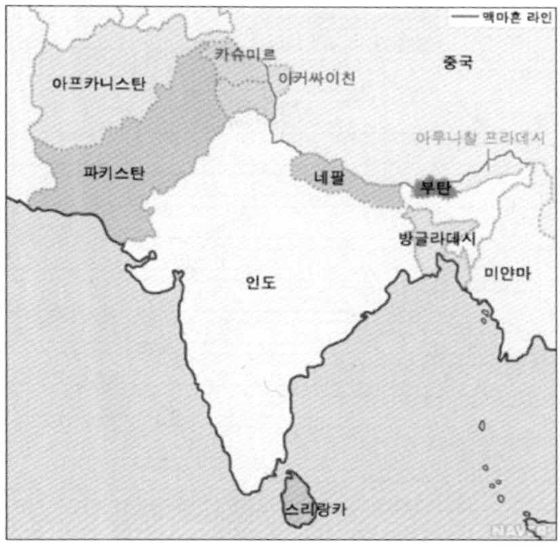

〈인도 · 파키스탄 지도〉

잠무 지방은 힌두 브라만 가문인 네루 까울 씨족이 지배해 왔었다. 카슈미르는 인더스 강의 원류를 통제하고 있다는 사실과 주민의 분포로 보아 파키스탄에 편입되어야 할 여러 이유를 지니고 있었지만, 지배자 하리 싱(Hari Singh)은 인도 편으로 기울어 있었다. 카슈미르 서남쪽 뿐츠(Poonch)에서 무슬림 농민이 지배계층이었던 힌두계 지주들의 압제에 항거하여 봉기하였을 때 파키스탄의 무슬림이 국경을 넘어와 종교적으로 동족인 농민들을 지원하였다. 하리 싱은 농민반란을 파키스탄의 음모라고 단정하고 1947년 10월 인도 정부에 도움을 요청하였다. 이때부터 카슈미르 문제를 놓고 선전 포고 없는 인도 · 파키스탄 전쟁이 계속되게 되었다. 주민 절대다수가 이슬람교도인 카슈미르는 파키스탄 편입을 요구했으나, 힌두계 영주 하리 싱(Hari Singh)이 인도 편입을 결정했다. 이것이 카슈미르 비극의 시작이었다.

(1) 제1차 인도-파키스탄 전쟁(1947~1949)

영국령 인도제국이 1947년 독립될 당시 카슈미르 지역 인구의 절대 다수를 차지하는 이슬람교도 측이 파키스탄에 귀속하고자, 파키스탄 정부군의 지원 하에 약 5만 명에 달하는 무장 세력이 반란을 일으켜 수도인 스리나가르 점령을 시도하였다. 이에 이 지역의 힌두계 영주 하리 싱(Hari Singh)은 인도 정부에 군사지원을 요청하였고 인도군이 개입하면서 1947년 10월 전쟁으로 비화되었다. 파키스탄은 전쟁 초기 자국의 연루 주장을

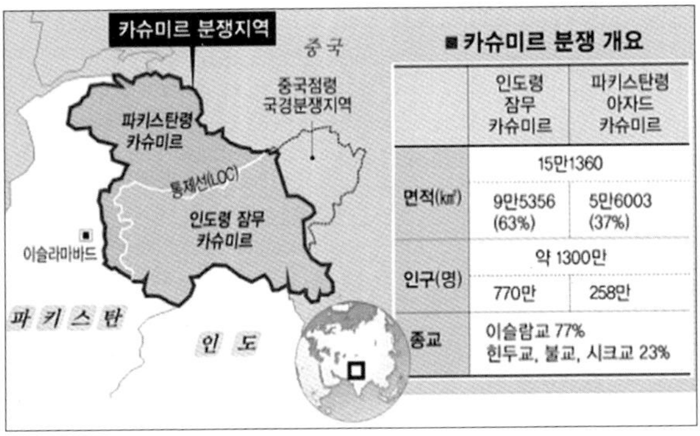

카슈미르 분쟁지역

부인했으나, 1948년 5월 정규군을 투입함으로써 양측간 전면전으로 확산되었다. 그 해 8월 국제연합(UN)의 개입으로 1949년 1월 UN 감시 아래 정전협정이 발효되었다. 1949년 7월 카라치협정으로 카슈미르는 인도와 파키스탄에 각각 2/3, 1/3씩 분할 점령되면서 최초의 통제선이 만들어졌다. 파키스탄은 전쟁 이후 자국 점령 카슈미르가 독립정부임을 주장했고, 인도는 1963년 자국 점령 카슈미르 지역을 인도의 1개 주로 편입시켰다.

(2) 제2차 인도-파키스탄 전쟁(1965~1966)

냉전 시대에 파키스탄은 서방 진영에 가담하여 미국 정부로부터 군사적 경제적 지원을 받았다. 그리고 1962년 중국이 인도를 침공한 후로는 중국과도 우호 관계를 수립하였다.

인도 수상 네루는 카슈미르 문제를 결정짓는 국민투표를 거부해 왔으며 타협점을 모색하려는 영국과 미국 그리고 국제연합(UN)의 조정 노력을 외면하고 카슈미르를 인도에 통합한다고 선포하였다. 네루에게 카슈미르는 아름다운 천혜의 환경이었으며, 중국에 대한 전략적 방어 지점이자 권위의 문제와도 연결되어 있었다. 그러나 그에게 더욱 중요한 관심은 인도에서의 세속적 민주주의에 관한 것이었다. 하나의 무슬림 국가가 인도연방에 붙어 있는 것은 인도의 세속적 민주주의에 대한 산 증거가 될 수 있었다. 또 카슈미르를 양보하는 것은 거대한 무슬림 소수 민족이 몰락함으로써 힌두의 종파적 감정이 느슨해질 수 있는 일이었기 때문이다.

1965년 4월 쿠츠(Rann of Kutch) 지역에서 인도-파키스탄 간 충돌이 빈번히 발생했는데, 카슈미르의 국제연합(UN) 평화유지 감시단이 보고한 휴전 위반 사건은 1965년 전반기에만 2천 건이 넘었다고 한다. 1964년 5월 당시 인도 총리 네루의 사망 후 인도의 정국혼란을 기화로 파키스탄은 인도 점령 카슈미르에서 비정규전을 실시해 카슈미르를 국제적 문제로 비화시키려는 계획을 갖고 있었다. 결국 파키스탄이 인도령 카슈미르 지역을 공격하면서 1965년 7월 제2차 인도-파키스탄 전쟁이 발발했다. 중국이 파키스탄을 지원하면서 카슈미르 사태는 더욱 복잡해졌다. 인도는 파키스탄 · 중국 두 개의 전선에서 싸워야 했다. UN 안전보장이사회의 노력으로 인-파 양국은 정전에 합의했고, 소련의 수상 코시긴(Aleksei Kosygin)이 두 국가의 정상을 타슈켄트로 초청하여 회담을 주선함으로써 1966년 1월 정전협정이 체결되었다.

(3) 제3차 인도-파키스탄 전쟁(1971~1972)

인도의 독립과 함께 서 파키스탄과 동 파키스탄(훗날 방글라데시)이 하나의 국가로 묶여진 것은 극히 불합리한 일이었다. 두 지역은 수 천 킬로미터나 떨어져 있으며 그것도 적대적 세력인 인도를 사이에 두고 다만 무슬림이라는 종교적 이유 하나만으로 통합되어 있었다. 시간이 갈수록 두 지역의 문화적 차이는 점점 넓어지고 감정의 골도 깊어만 갔다. 동 파키스탄 즉 동벵골은 경제적으로 낙후되어 더욱 가난하였다. 경제적 정치적 측면에서 동 파키스탄은 서 파키스탄의 식민지와 같았다. 동벵골을 지배하는 관료는 벵골어를 말하는 이 지역의 사람이 아니라 우르두(Urdu)를 말하는 편잡인이었으며 군대도 서 파키스탄의 편잡인이 지휘하였다. 이렇게 곪아오던 상처는 결국 1971년 동파키스탄이 인도의 도움을 받아 방글라데시로 분리 독립하는 결과를 낳았다.

방글라데시의 독립을 초래한 1971년 인도와 파키스탄 사이에 3차 전쟁 역시 카슈미르 분쟁과 관련이 깊다. 파키스탄 내분으로 방글라데시가 독립하는 과정에서 인도가 개입하여 무력 충돌이 재개되었으며, 전쟁은 1년 동안 계속되었고, 그때 지금의 통제선(767Km)이 확정되었다.

1972년 7월 점령지역으로부터 철군, 카슈미르내 통제지역 설정, 쌍무협상을 통한 분쟁의 평화적 해결 등을 골자로 한 심라협정(Simla Agreement)을 체결했으나 정전상태는 여전히 지속되고 있다. 파키스탄은 카슈미르 지역을 1949년 UN 결의에 따라 분쟁지역(disputed territory)으로 표기하면서 주민투표를 실시하여 카슈미르의 장래를 결정할 것을 주장하고 있다. 반면 인도 측은 카슈미르를 자국 영토의 불가분의 일부로 간주하고 있는 상황이다. 즉 파키스탄은 카슈미르 분쟁의 국제문제화를 통한 현상타파를, 인도는 현상유지의 입장에서 양자간 대화를 통한 문제 해결을 희망하고 있는 것이다.

카슈미르 지방은 정치적 요인 외에 군사적 · 전략적 측면에서 인도와 파키스탄 모두에게 매우 중요한 지역이다. 파키스탄으로서는 인더스 강 등 주요 하천이 모두 카슈미르 지방에서 파키스탄으로 유입되어 수자원 확보 측면에서 매우 중요한 지역이다. 한편 인도의 경우 예로부터 인도의 영토였던 카슈미르의 아크사이친 지역과 그 밖의 히말라야 영토를 중국이 자국의 영토라고 주장하고 있기 때문에 정치적 요인 측면에서 중요하다.

이러한 다양한 이해관계 속에서 파키스탄은 중국 및 미국과 우호관계를 맺고, 인도는 소련과 점차 긴밀한 관계를 맺게 되었다. 이에 카슈미르 문제는 인도-파키스탄 간의 단순한 영토 분쟁에서 미국과 소련의 대리전으로 변질되었다.

1980년대 들어 인도령 잠무카슈미르 내 이슬람 세력이 분리 독립운동을 시작하면서 양측 간 충돌도 빈번해졌다. 이때 결성된 '잠무카슈미르해방전선(JKLF)은 파키스탄의 지원 아래 테러전을 시작했다. 인도군은 이들과 이슬람 주민을 상대로 무자비한 보복을 자행했다. 인도와 파키스탄의 경쟁관계는 1998년 두 나라가 핵무기를 보유하고 있다고 발표하면서 더욱 악화되었다.

(4) 대화의 길로 들어선 인도와 파키스탄

2004년부터 인도와 파키스탄이 카슈미르 분쟁으로 불거진 대립 관계와 군비 경쟁을 완화하려는 움직임이 나타나기 시작하였다. 특히 2월 17일 양국은 카슈미르 분쟁을 비롯하여 무기 개발 등의 문제를 해결하기 위한 로드맵을 발표하였다. 6월에는 양국이 대사급 외교 관계를 복원하고, 억류 중인 상대편 민간인의 조기 석방에 합의하였다. 양국의 평화 정착 로드맵에 의해, 2005년 4월 7일에는 파키스탄령 카슈미르의 무자파라바드에서 인도령 잠무카슈미르의 스리나가르를 연결하는 170Km의 버스 노선이 58년 만에 개통되었다. 이에 따라 두 나라 사이에 평화의 물꼬를 트는 계기를 만들 수 있을지 세계의 이목이 집중되고 있다.

그러나 2005년 6월 13일 잠무카슈미르에서 차량 폭탄 테러가 발생하여, 12명이 사망하고 70여 명이 부상을 당하는 사건이 발생했다. 카슈미르에서는 평화 정착을 위한 양국 간의 회담과 노력이 진행되고 있지만, 다른 한편에서는 크고 작은 테러와 갈등이 여전히 발생하고 있다.

2008년 11월 발생한 뭄바이 폭탄테러 사건은 470여 명의 사상자를 내면서 인도-파키스탄 양국관계를 급속히 냉각시켰다. 더욱이 10명의 테러분자들이 카슈미르 분쟁과 관련이 있는 파키스탄 거점 테러집단인 LeT(Lashkar-e-Toiba)의 소행으로 알려졌기 때문이다. 뭄바이 사건 이후 국제연합(UN) 등 국제사회의 평화 촉구 압박이 거세졌으며, 인-파 양국은 평화를 위한 다방면의 대화를 재개하고, 인도는 인도령 카슈미르 분리주의자와의 협상을 전개하는 등의 노력이 이어졌다. 카슈미르 분쟁의 폭력 수준은 2001년을 고비로 감소하는 추세에 있지만 크고 작은 테러와 갈등이 여전히 간헐적으로 발생하고 있다.

2) 분쟁의 의미와 전망

기본적으로 종교집단 사이의 투쟁으로 시작된 카슈미르 분쟁은 인도를 중심으로 한 힌두교와 파키스탄을 배후로 한 범이슬람교 사이의 세력 경쟁 양상을 보여줬다. 냉전기간 동안에는 파키스탄의 우방인 소련과 중국이 경제 군사적 지원을 제공해 분쟁을 심화시켰으나 냉전 후에는 대체로 인-파 사이의 지원에 의해 전투비용이 조달되었다. 카슈미르 분쟁이 종교분쟁이나 양국간 영유권 분쟁의 성격을 넘어 지역 및 세계적으로 상당한 주목을 받고 있는 이유는 첫째, 1989년 이래 인도령 카슈미르 지역에서 내전형 무장투쟁으로 활성화되었고, 둘째, 1998년 인도와 파키스탄의 핵실험 성공 이후 사실상 핵무장국 간의 갈등이라는 점에 대한 국제사회의 재인식, 셋째, 1999년 카길(Kargil) 전투를 경험하면서 양국의 재래전이 확산될 경우 핵전쟁으로까지 비화될 우려가 높아졌기 때문이다. 다만, 최근 들어 양국의 평화적 해결 강조 기조에 따라 전면전의 가능성은 낮아졌다고 볼 수 있다. 특히, 2013년 5월 11일 총선에서 승리해 새로 총리에 취임한 나와즈 샤리프 파키스탄 무슬림리그 총재가 인도와의 관계 개선 의지를 보이고 있는 점은 양국 간 대규모 무력충돌 가능성을 완화하는 데 긍정적인 신호이다.

2. 남중국해 영유권 분쟁

남중국해는 말 그대로 중국의 남쪽에 위치한 바다로, 중국, 대만, 베트남, 필리핀, 말레이시아, 그리고 브루나이 등 6개 국가에 둘러싸인 해역을 말한다. 이 해역에는 크게 남사(南沙, Spratly, 베트남명 쯔엉사군도), 서사(西沙, Paracels, 베트남명 호앙사), 중사(中沙, Macclesfield Bank), 동사(東沙, Pratas) 등 4개 군도가 위치하고 있다. 이 해역은 동해의 약 2배인 350만㎢에 달하는데 이중 남사군도의 해역이 가장 넓다. 이 해역에는 약 280~300억 톤의 원유와 7500㎦ 가량의 천연가스가 매장되어 있는 것으로 추정된다. 또한 말라카 · 싱가포르 해협에서 대만해협까지가 포함되기 때문에 전 세계 해양 물류의 절반 가까이와 원유수송량의 60% 이상이 남중국해를 지나고 있다.

남사군도는 제2차 세계대전 중 일본에 점령당했을 때를 제외하고는 단일 국가에 속한 적이 없었으며, 전쟁 종결 후 미 · 소 관할기를 거칠 때까지만 해도 군도의 중요성이 인식되지 못했었다. 1956년에 국제연합(UN) · 아시아태평양 경제사회위원회(ESCAP) 전신인 아시아극동경제위원회(ECAFE)가 아시아의 해저공동조사를 제안하였다. 1966년에 아시아해저광물자원합동조사조정위원회(CCOP)를 발족시켜 남중국해를 대상으로 광물탐사를 한 결과, 1969년 5월 남사군도의 해저에 세계에서 4번째 규모의 석유와 천연가스가 매장되어 있다는 보고서를 발표하였다. 이러한 경제적 중요성 때문에 각국이 앞다투어 영유권을 주장함으로서 대립이 격화되었다.

1982년 해양법(the Law of Sea)의 채택으로 인하여 하나의 작은 섬이나 암초를 소유하는 국가들은 1500㎢의 영해와 43만㎢의 배타적 경제수역(EEZ)을 주장할 수 있게 되었다. 이러한 국제연합 해양법의 제정은 중국 및 동남아 국가들의 남중국해에 산재해 있는 제 군도, 특히 남사군도에 대한 치열한 영유권 주장을 초래하게 된 기본요인의 하나로 작용하였다.

현재까지 베트남은 25개, 말레이시아는 6개 섬을 점령하고 있으며, 필리핀은 팔라완 서쪽으로 10개의 섬에, 말레이시아는 점령한 섬 외에 또 다른 6개 섬에 대한 영유권을 주장하고 있다. 중국은 9개의 섬에 대하여 영유권을 주장하고 있는데, 이중 6개 섬은 1988년 베트남으로부터 빼앗은 것으로 그 후 이 섬들에 대한 연고권을 확립하였다. 대만은 남사군도에서 가장 큰 섬인 이투아바(Itu Aba)를 점령하였고, 브루나이는 공식적으로 영유권을 주장하고 있지 않으나 남사군도 주변 루이아 환초에 대한 권리를 주장하고 있다. 이들 점령지에 베트남은 21개, 필리핀은 8개, 중국은 6개, 말레이시아는 3개, 대만은 1개, 브루나이는 1개 기지를 설치해 놓고 있다. 그리고 관련당사국들은 군사기지 뿐만 아니라 지역 내에 등대와 항구를 설치하고, 특정구역을 관광지로 개발하는 등 자국의 역내 경제활동영역을 넓혀나가고 있으며, 특히 중국, 필리핀, 베트남 등은 외국 석유회사들에 유전탐사 작업을 허용하고 있다.

현재는 중국과 필리핀이 분쟁을 벌이고 대만이 가세한 형국이지만 분쟁의 주 당사국은 중국과 베트남이다. 1979년 2월 국경 전쟁을 치른 중국과 베트남은 남사군도 일부 섬에 대한 영유권을 둘러싸고 1988년 한 차례 해상전투를 벌인 적이 있으며, 1992년에는 중국과 베트남 간 경쟁적인 해저유전 탐사작업이 전개됨에 따라 대립이 심화되었다. 최근에 들어와서는 중국과 필리핀 간에 대립이 격화되고 있고, 중국의 해군력 증강과 맞물려 아세안(ASEAN) 국가들은 더욱 우려하고 있다.

〈각국의 남중국해 영유권 현황〉

국 가	영유권 대상
브루나이	2개의 해양지형물
중국	남사 · 서사군도 전체
말레이시아	남사군도 중 7개
필리핀	남사군도의 칼라얀(Kalayaan) 지역 내에 있는 해양지형물
대만	남사 · 서사군도 전체
베트남	남사 · 서사군도 전체

남사군도는 남중국해 여러 군도 중에서 가장 넓은 해역을 포함하고 있다. 이 중 가장 큰 섬인 이투 아바(Itu Aba)는 폭이 400m, 길이가 1.4Km에 이르는 섬으로 조그마한 활주로도 갖추고 있다. 하지만 가장 큰 섬이 이 정도이며 나머지 섬들과 암초는 규모가 매우 작아서 남사군도의 섬이나 암초를 근거로 독자적인 경제생활을 유지하기는 불가능하다. 그러므로 남사군도의 수면위 육지부분 자체가 갖는 효용성은 매우 적다고 할 수 있다.

서사군도의 둘레는 총 518Km에 달하는데 가장 높은 섬(Rocky Island)이 해발 14m에 불과할 정도로 낮고 작은 섬과 암초, 그리고 모래톱 등으로 이루어져 있다. 이렇게 인간의 거주와는 거리가 먼 서사군도는 거북이와 새들의 서식지로 이용되고 있다.

남중국해 영유권 분쟁은 남사군도와 서사군도에 집중되어 있는데, 본 장에서는 그 중 주변 6개국에 의해 상대적으로 보다 첨예한 대립과 갈등이 보이는 남사군도에 대하여 살펴보도록 하겠다.

제2차 세계 대전 중인 1939년 일본군이 남사군도를 점령하여 동남아시아 점령을 위한 잠수함 기지로 활용하였는데, 남사군도 전체를 실효적으로 통제한 것은 일본군이 처음이라 할 수 있다. 일본은 이들 섬들을 서사군도와 함께 식민지 대만 정부의 통치하에 두었었다. 일본이 패전한 후 남사군도에 대한 국가들의 영유권 주장이 본격화 되었다. 그러므로 우선 연합국과 일본 사이의 조약인 1951년 9월 8일 샌프란시스코 평화조약의 내용을 살펴볼 필요가 있다.

이 조약에서는 영토조항에서 일본은 남사군도에 대한 "모든 권리, 권원 및 주장을 포기"한다고 했을 뿐 이것이 어느 국가에 귀속되는지는 언급하지 않음으로써 남사군도 영유권 문제를 미제로 남겨두었다. 중국과 대만은 1951년 샌프란시스코 회의에 참석하지 않았지만, 이 조항을 두고 중국은 남사군도에 대한 자신의 역사적 권원을 인정한 것이라고 주장하였다. 흥미롭게도 1930년대 남사군도 일부를 점령한 적이 있는 프랑스가 1951년 회의에 참석해서 남사군도 영유권과 관련 아무런 주장도 하지 않았다. 이 회의에서 베트남 대표는 남사군도와 서사군도에 대한 주권을 주장하였는데, 다른 국가 대표들이 반대를 표명하지 않았다. 그래서 베트남은 평화조약에 따라 남사군도의 주권을 회복하였다는 입장을 견지하고 있다. 반면, 이 회의에서 소련은 남사군도를 중국에 귀속할 것을 제안하였는데 많은 국가 대표들의 반대로 무산되었다.

1) 남중국해의 전략적 중요성

남중국해는 어획량이 전 세계 어획량의 10% 정도를 차지하는 것으로 추산되고 있을 정도로 풍부한 수산자원을 보유하고 있다. 그리고 해상교통의 요충지이다. 남북으로 길게 이어진 남중국해는 해상 안보 측면에서 매우 중요하다. 남중국해는 거대한 경제권을 형성하고 있는 동북아의 한·중·일 3국이 동중국해를 지나 말라카해협을 통과해서 서아시아, 중동과 유럽으로 진출하기 위해 반드시 통과해야 하는 항로의 요충지이다. 남중국해는 세계에서 선박 통행량이 가장 많은 곳이다. 이 해역을 지나는 탱크선은 수에즈 운하보다 3배 이상 많고, 파나마운하보다 5배 이상 많으며, 세계 유조선의 약 25%가 남중국해를 통과한다. 마지막으로 남중국해에는 석유자원은 물론이고 매우 많은 양의 천연가스가 매장된 것으로 추정되고 있다.

2) 각국의 영유권 주장논리

(1) 중국의 주장논리

중국은 역사적 권원을 들어 남중국해 대부분에 대한 영유권을 주장하고 있다. 중국은 이미 전한(前漢) 때 남사군도를 발견했다면서, 후한(後漢:25~220년) 시대의 사료인 『남주이물지(南州異物志)』에서 당시 남사군도를 비롯한 남중국해에 출항하였다고 주장하였다. 송대(宋代)에는 석당(石塘), 장사(長沙) 등의 지명으로 인식했다고 주장한다. 중국은 당나라·명나라 때의 항해기록과 19세기 외국 출판물에 명시되어 있는 중국인의 활동기록에 이르기까지 갖가지 증거물을 제시하면서 영유권을 주장하고 있다.

1868년 영국에서 발간된 『중국해 안내』라는 책도 중국이 제시한 증거물의 하나이다. 이 책에는 "매년 해남도(海南島)의 작은 배들이 이 섬에 음식과 일용품을 가지고 와서 해산물과 바꾸어 간다. 매년 12월과 1월 배들이 해남도로 떠났다가 남서 몬순이 시작되면서 다시 돌아온다"라고 적혀 있어

〈남중국해 영토분쟁 지역〉

〈남중국해를 둘러싼 각국 주장 해역〉

중국의 영토임을 증명할수 있는 명백한 자료라고 주장한다. 1947년 중국은 9개의 불명확한 점선이 표시된 지도를 발행했고, 이 점선 안의 모든 섬에 대한 영유권을 주장했다. 또 대만을 지배하고 있던 일본이 제2차 세계대전에 패하면서, 1951년 「샌프란시스코 강화조약」 제2조(f)에 의거 일본은 남사군도와 서사군도에 대한 일체의 지배권을 상실하게 되었는데, 이 지배권은 「카이로선언」과 「포츠담선언」에 의거 '당연히 중국(대만)에 환원'되었다고 주장한다.

(2) 대만의 주장논리

대만은 중국의 주장과 거의 차이가 없으며 1개 섬을 점령하고 있다. 대만은 자신을 전체 중국의 정통적 대표국가로 주장하고 있다. 대만의 전신인 국민당의 중화민국 정부는 1947년 남중국해 전체 영역에 대한 영유권을 주장하는 경계범위를 명시한 지도를 발간하였다. 대만 정부는 1993년 3월 10일자로 「남중국해에 대한 정책 지침」이란 것을 발표하였는데, 여기서 대만 정부는 남사군도, 서사군도, 중사군도 및 동사군도에 대한 주권을 주장하였다.

(3) 베트남의 주장논리

남사군도에서 중국을 가장 경계하는 나라는 베트남이다. 베트남은 중국과 육상국경문제 · 통킹만 문제 · 남사군도 문제 등 여러 지점에서 영토관련 대립을 이루고 있다. 베트남이 내전 막바지 전투에 휘말려 있었던 1974년, 중국군은 베트남이 수년간 연고권을 주장하면서 부분적으로 점령하기도 했던 서사군도를 차지하였다. 베트남은 현재 25개의 섬을 점령하고 있다. 베트남은 역사적 증거 및 대륙붕 원칙에 입각하여 남사군도 전체가 자국의 칸호아(Khanh Hoa)성 근해지역이라고 주장한다. 베트남은 중국과 마찬가지로 고고학적 증거들을 제시하여 영유권을 주장하고 있다. 베트남은 17세기 남사군도에 대한 베트남의 영유권이 공식적으로 인정되고, 공식지도에 표기된 사례도 제시하고 있다.

1884년 프랑스는 베트남의 식민 통치국으로서 서사군도와 남사군도를 베트남의 영토로 주장한 바 있다. 또한 프랑스가 베트남을 식민 통치하면서 1933년부터 1939년 사이 남사군도 가운데 9개 섬에 대해서 실질적인 지배와 점유를 유지하고, 1933년 공식기록에서 이들 섬의 영유권을 명시한 것을 근거로 베트남은 남사군도의 영유권을 주장하고 있다. 그 밖에도 베트남은 여러 국제회의(세계기상기구 회의, 1951년 샌프란시스코 강화회의 등)에서 이들 군도에 대한 베트남의 영유권을 주장하여 공식적인 인정을 받았다고 주장하고 있다. 베트남은 현재 1974년 중국에 빼앗긴 서사군도에 대한 영유권도 주장하고 있다.

(4) 필리핀의 주장논리

필리핀은 위치상의 근접성과 함께 1947년 필리핀인에 의해 탐사가 이루어진 사실에 입각하여 남사군도에 대한 영유권을 주장하고 있다. 필리핀이 '발견에 의한 선점' 이론을 영유권의 권원으로 주장하는데, 이는 클로마(Tomas Cloma)가 1947년 일부 남사군도 도서를 개발한 사실에 근거를 두고 있다. 클로마는 1956년 자신이 발견한 도서들을 '카라얀(Kalayaan) 자유지역'으로 명명하고 이곳을 '보호지역'으로 선언하였다. 그는 자신을 이 보호지역의 최고관리 이사회의 의장직에 자천하였다. 1974년에 그는 카라얀을 필리핀 정부에 양도하였다. 1971년과 1978년에 마르코스(Ferdinand Marcos) 필리핀 대통령은 카라얀 도서군이 필리핀의 영역에 귀속됨을 선언하였다. 1971년 필리핀은 카라얀이라고 부르는 8개 섬에 대한 영유권을 주장하면서, 이 섬들은 남사군도의 일부가 아니며 어느 나라에도 소속된 적이 없고, 영유권이 주장된 적도 없다고 밝혔다.

1972년 필리핀은 이 섬들을 팔라완주로 편입시켰다. 필리핀은 1976년 초부터 남사군도 북단의 미스취프에서 석유탐사를 개시하였고, 1978년 6월 대통령령으로 팔라완섬 서쪽의 10개 섬에 대한 영유권을 주장하였다. 1979년 2월에는 파라셀군도(Paracel: 서사군도) 57개 도서에 대해 '필리핀의 주권에 속한다'고 대통령령으로 선언하였다. 필리핀은 남사군도가 자국에 인접해 있다는 점과 이들 섬이 필리핀의 안전과 경제 발전을 좌지우지할 만큼 중요하다는 점을 주장한다.

제2차 세계대전 이후 이들 섬들은 실질적으로 방치되어 있었는데, 최근에 이들 섬의 일부를 필리핀이 점유하여 영유를 주장할 수 있는 것은 '발견'과 '시효취득'의 이론으로 그 권원의 근거를 두고 있기 때문이다. 필리핀은 무주물의 선점이 설사 성립되지 않더라도 시효취득 이론에 의해서 주권적 영유권이 이미 성립되었다고 주장한다. 필리핀은 현재까지 남사군도 중 8개 섬을 사실상 점유하고 있다. 동 해역에 대한 중국과 베트남 역시 영유권을 주장하고 있으나, 이 지역에서의 무력충돌은 발생하지 않았다.

(5) 말레이시아의 주장논리

말레이시아의 영유권 주장의 근거는 '대륙붕 연장이론'과 '무주물 선점'이다. 말레이시아는 자국의 대륙붕 지역에 속한다고 생각되는 5개 섬을 점령하고 있다. 말레이시아는 본토에서 운반한 흙으로 1개 환초를 매립하고 이곳에 호텔을 지었다. 말레이시아는 1979년 12월 자국의 대륙붕지도를 발간하면서 그 대륙붕의 범위를 명시하고 그 대륙붕 위의 모든 섬과 12개의 환초들에 대한 영유권도 주장하였다. 말레이시아가 영유권을 주장하고 있는 도서 중 2개는 현재 베트남이 점령하고 있다.

(6) 브루나이의 주장논리

브루나이는 대륙붕 확장에 근거하여 루이자 암초(Louisa Reef)와 리플만 뱅크(Rifleman Bank)에 대한 영유권을 주장하고 있다. 브루나이는 1982년 200해리 어업수역을 선포하였고, 1984년에는 이를 200해리 배타적 경제수역으로 선포한 바 있다.

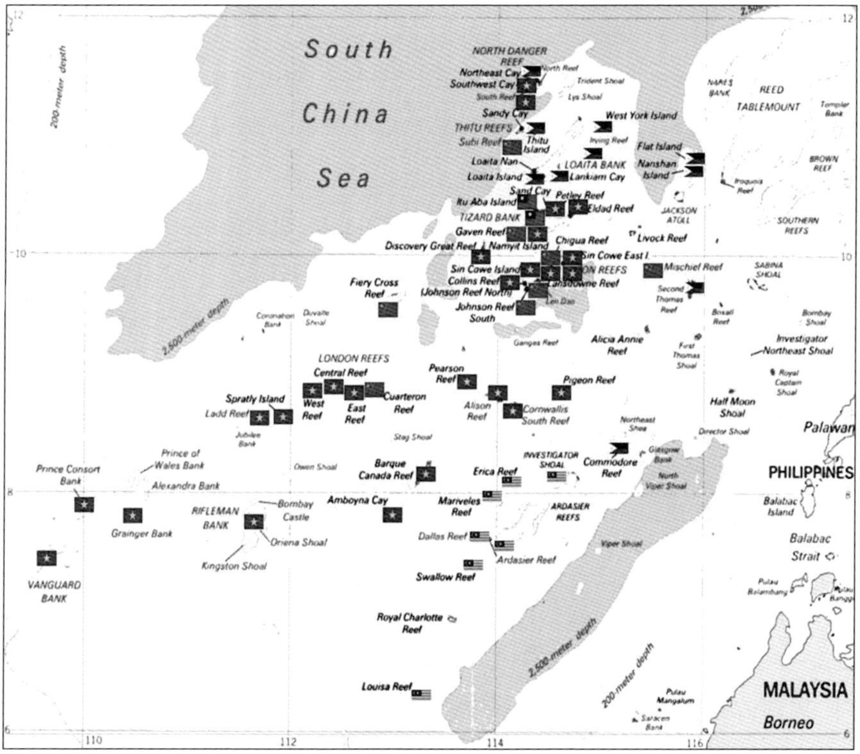

국가별 남중국해 점유 현황

3) 분쟁의 해결 방안

남사군도의 분쟁 해결은 관련 당사국들이 철저히 자국입장을 고수하고 있고 한치의 양보도 없이 첨예한 대립을 보이고 있어 매우 어렵다. 관련 당사자가 6개국이나 되는 등 그 수가 많다는 점, 그리고 수산자원 및 석유와 천연가스 등 경제적 이득과 전략적인 중요성 등에 대한 당사국 간의 이해관계로 인해 첨예화될 가능성이 크다. 더욱이 필리핀은 중국의 무력점거에 대해 미국-필리핀 상호방위조약에 의거하여 미국의 지원을 요청하고 있어서 사태를 더욱더 복잡하게 만들고 있다.

최근까지도 남사군도를 둘러싼 국가 간의 갈등은 지속되고 있지만, 한편으로는 이 문제를 평화적으로 해결하고자 하는 노력들도 이어졌다. 이러한 노력들은 특히 남중국해에서 패권국가로 부상한 중국과 동남아 국가들의 협의체인 아세안(ASEAN)의 양자 구도 속에서 이루어졌다. 예컨대 1995년 중국과 필리핀 간에 산호도(Mischief Reef)을 두고서 첨예하게 대립하고 있을 때 아세안 외무장관들이 필리핀의 입장을 강하게 지지함으로써 중국을 당황케 하였다.

1990년대 초반 중국은 남사군도의 문제를 아세안과 논의하기를 거절하고 관련국들과 양자적으로 논의하고자 하였다. 하지만 1990년대 후반 이후에는 중국이 태도를 바꾸어 이 문제를 아세안과 논의하는 것에 동의하였다. 1999년 아세안은 남사군도에서의 충돌 방지와 국가들의 추가적 점령 방지를 위한 행동강령 초안에 합의하고 이를 중국에 제안하였다. 하지만, 중국은 이를 받아들이지 않고 충돌방지보다는 공동협력을 강조하는 자체안을 만들었다. 이러한 과정을 거쳐 결국 2002년 11월 4일 아세안 회원국인 10개국과 중국은 지역의 평화와 안정, 경제성장을 위한 10개 항의 행동선언에 서명하였다. 그러나 2002년 행동선언 이후 별다른 진전을 보이지 않고 있으며, 중국은 여전히 아세안에 대해 이해 당사국과 개별 상대한다는 '분할지배(divide and rule)' 전략을 버리지 않고 있다. 최근에는 물리적 충돌은 없지만 오히려 국가들 사이에 긴장관계는 더욱 심화되어 가는 양상도 보인다.

【참고문헌】

- 구동회 외, 『세계의 분쟁, 푸른길』, 2010.
- 박광섭 · 이요한, 『아세안과 동남아 국가연구』, 大徑, 2008.
- 유철종, 『동아시아 국제관계와 영토분쟁』, 삼우사, 2006.
- 장학봉 외, 『남중국해 해양영토 분쟁과 대응전략 연구』, 한국해양수산개발원, 2010.
- 조길태, 『인도사』, 민음사, 2006.
- 한국국방연구원 홈페이지(http://www.kida.re.kr).

【연표】

연도	카슈미르 분쟁	남중국해 분쟁
1947. 8	영국의 인도대륙철수 후 인도, 동서 파키스탄 독립	
1948. 5	제1차 인도-파키스탄 전쟁	
8	유엔 휴전 중재	
1965. 7	제2차 인도-파키스탄 전쟁	
1966. 1	소련 중재, 타슈켄트 휴전협정 체결	
1971. 12	제3차 인도-파키스탄 전쟁으로 방글라데시 독립	
1972. 7	인도-파키스탄, 심라협정 체결, 정전 통제선 설정	
1974. 1		중국, 월남 지배하의 서사군도 무력점령-남국중해에서 일어난 최초의 국가간 전투
1979. 2		중국-베트남 전쟁
1988. 3		중국-베트남 무력충돌, 중국 남사군도 6개 암초 점령
1991. 4		베트남, 남사 및 서사군도 영유권 재확인 성명
1997. 4		필리핀, 스카보러섬(중국명 황암도)에서 중국령 표지 제거
1998. 5	인도, 파키스탄 지하 핵실험 성공	
2000. 1		대만, 남중국해 기지에 단거리 대공미사일 배치
2002. 5	핵전쟁 위기로 긴장 확대, 국제사회 중재	
11		중국과 아세안, 남중국해 선언 채택, 협상을 통해 영유권 문제 해결에 합의 → 그러나 최근까지 크고 작은 분쟁 지속
2008. 11	뭄바이 폭탄테러 – 180명 사망 · 295명 부상	

11

유럽의 영토 분쟁

1. 망끼에와 에크레호 제도 (Minquiers and Ecrehos) 분쟁
2. 루마니아-우크라이나 간 흑해 해양경계 분쟁
3. 북아일랜드 분쟁

유럽의 영토 분쟁

김 용 태

현재 우리가 살고 있는 한반도에는 여러 가지 유형의 분쟁 상황이 전개되고 있다. 한국의 독도 영유권에 대한 일본의 도전, 대륙붕 및 배타적 경제수역을 둘러싼 한 · 중 · 일 간의 분쟁, 한반도 분단에 입각한 민족 및 국가간의 대립과 반목 등이 그 대표적인 예라고 할 수 있다. 이러한 분쟁들은 국내 · 외적인 긴장과 충돌을 지속적으로 유발하며 우리의 삶에 큰 영향을 미치고 있다. 따라서 이 분쟁들과 유사한 형태의 분쟁을 앞서 해결한 사례들을 살펴본다면, 우리의 문제를 해결하는 데 도움을 받을 수 있을 것이다.

우선, 지난 200여 년간 발생한 영토분쟁 사례를 정리한 ICOW(The Issue Correlates of War) 데이터뱅크 자료를 분석해 보면, 총 413건의 영토분쟁 사례 중 분쟁이 종결된 318건의 사례에서 가장 많은 분쟁종결유형을 차지한 것이 양자 간 협정(약 39%)이었고, 그 다음으로 도전국의 포기(22%), 제3자 개입(21%) 순이었다. 이러한 분석으로부터 분쟁 당사국 간의 외교적 협상과 국제 법정의 판결이 분쟁 종결에 중요한 요인으로 작용했음을 알 수 있다. 이러한 맥락에서 우리는 과거 유럽에서 발생한 영토분쟁 중에서 외교적 협상과 국제 법정의 판결을 통하여 분쟁이 종결된 몇 가지 사례들을 살펴봄으로써, 오늘날 한국의 영토분쟁 해결과 평화 정착을 위한 시사점을 얻고자 한다. 즉 망끼에와 에크레호 제도 분쟁(프랑스–영국

간 도서영유권 분쟁), 흑해 해양경계획정 분쟁(루마니아-우크라이나), 북아일랜드 분쟁(영국-아일랜드 간 민족 및 영토분쟁)의 역사적 근원과 해결과정에 대하여 종합적으로 살펴보고, 각 분쟁 사례가 한국에 주는 시사점에 대해 파악해 보고자 한다.

1. 망끼에와 에크레호 제도(Minquiers and Ecrehos) 분쟁

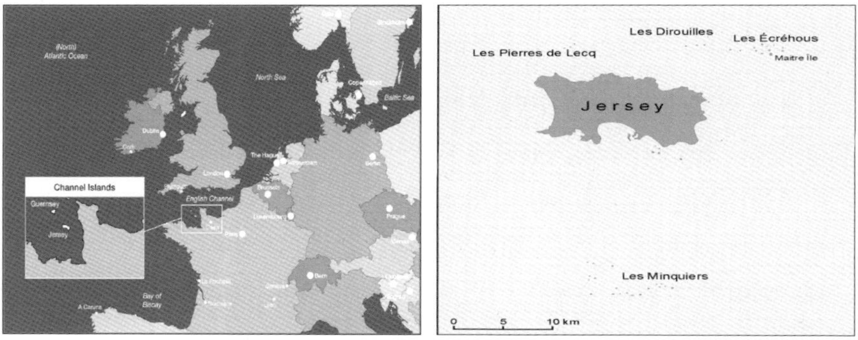

〈망끼에와 에크레호 제도 위치도〉

1) 분쟁지역 개요

망끼에와 에크레호 제도(諸島) 분쟁은 영국과 프랑스 사이의 해협에 존재하는 '망끼에'와 '에크레호'라는 작은 섬들에 대한 영유권을 둘러싸고 벌어진 분쟁으로서, 1951년 영국이 국제사법재판소(ICJ)에 본 도서에 대한 영유권 소송을 제기하여 1953년 11월 7일 재판소가 만장일치로 영국에 승소판결을 내린 사건이다.

이 분쟁은 양국 간에 오랜 역사적 근원을 갖는 도서영유권 및 어업권 확보 문제로서 한·일 간 독도분쟁과 관련하여 관심을 끌었던 사안이기도 했다. 물론 이 사건은 독도문제와는 다른 역사적·정치적·경제적 맥락을 지니고 있기 때문에 독도문제 해결에 기계적으로 적용할 수 있는 것은 아니다. 그럼에도 불구하고 영토분쟁을 법적으로 해결하기 위한 국제법의 기준으로서 이른바 '실효적 지배'의 원칙에 대한 이해, 분쟁 해결방식으로서 외교적 방법과 사법적 방법을 병행한 사례에 대한 탐구 등 한국의 영토분쟁 해결에 참조할 바가 적지 않다.

먼저 이 분쟁을 이해하기 위해서 두 제도의 지리적 특성을 살펴볼 필요가 있다. 망끼에 제도는 널리 산재한 작은 섬들의 집단으로서 대부분 수면 위의 도서이다. 유일하게 주민이 살고 있는 섬인 메트레스(Maitresse Ile)는 영국령 저지(Jersey) 섬으로부터 남방 11½ 해리(1해리=약1.8km), 프랑스 본토의 최근접점으로부터 북북서 17해리의 거리에 위치하고 있다. 그런데 프랑스령 쇼지(Chausey) 섬은 메트레스 섬에서 동남동 약 8½ 해리의 거리에 있고, 거주가 가능한 메종 섬(Les Maisons)은 메트레스 섬의 서방 약 4½ 해리의 거리에 있다. 메트레스 섬에는 영국의 저지 주(州)가 조선대(造船臺), 세관(稅關), 토지관리인, 응급주택, 깃대 등을 유지하고 있고, 프랑스인들이 1939년 6월에 세운 목조 주택과 1945년 8월에 세운 깃대가 있다.

또 하나의 분쟁 대상이었던 에크레호 제도는 망끼에 제도보다 더 작은 도서군으로서 여러 개의 소도(小島)와 암초로 구성되어 있고, 저지 섬의 북동 약 4½ 해리의 지점으로부터 동남동 약 4해리에 걸쳐 있다. 에크레호의 모든 거주 가능한 건물은 봄과 여름 동안 때때로 저지 섬의 어부들이 또는 저지 사람들이 휴가 목적으로 점령해왔다. 에크레호 제도 중 저지 섬에 가장 가까운 것은 3.9해리인데 비해 프랑스 본토에서 가장 가까운 것은 8.6해리의 거리에 있다. 에크레호 제도의 암초 하나는 저지 섬의 영수(領水) 내에 있기도 하다.

이상으로부터 망끼에와 에크레호 분쟁의 지정학적 특성을 파악해 보면, 첫째, 망끼에와 에크레호 제도는 국제법상 전용가능한 해면상의 충분한 땅을 포함하고 있다. 그래서 영국과 프랑스 양국은 그 영유가능한 섬들과 암초들에 국한하여 국제사법재판소에 판결을 부탁하였다. 둘째, 망끼에는 프랑스 본토보다 영국령 저지 섬에서 더 가깝고, 저지 섬보다는 프랑스령 쇼지 섬에 더 가깝다. 셋째, 에크레호는 프랑스보다 저지 섬에서 더 가깝고, 그 중 한 암초는 저지 섬의 영수 내에 있다. 넷째, 양국은 망끼에와 에크레호에 대한 주권을 주장했지만, 본질적 이해는 어업에 관한 경제적 이익에 있었고 전략적 가치는 없는 것이었다.

2) 분쟁의 역사적 근원 및 전개과정

(1) 분쟁의 역사적 배경

망끼에와 에크레호의 역사는 크게 보아 채널 아일랜즈(Channel Islands)의 역사이자 영국-노르만족-프랑스(Anglo-Norman-French) 전체의 관계사이기도 하다. 채널 아일랜즈는 9세기 무렵에 브리튼인이 지배하기 시작하다가 10세기에 노르만인의 점령 이후 노르망디 공작이 지배하였다. 그러나 1202년 노르망디 공작이자 영국 왕인 존(John)이 프랑스 왕과 다툰 뒤, 프랑스 재판소가 영국 왕으로부터 그 모든 영지를 박탈하기로 결정하였다. 그런데 이 판결은 대륙의 노르망디 지역에 대해서는 적용되었으나, 채널 아일랜즈에 관해서는 실시되지 않았으며, 채널 아일랜즈는 극히 짧은 기간을 제외하고는 영국 왕의 수중에 확고히 보유되어 왔다. 13세기와 14세기에 영국 왕은 가신(Lords of the Islands) 또는 대리인(Wardens of the Islands)을 통해서 채널 아일랜즈를 통치하였다. 1483년 교황 식스투스 4세(Sixtus IV)는 채널 아일랜즈와 그 주위의 바다가 전시에 중립으로 간주되어야 하며 그 한계 안에서 적선(敵船)과 적화(敵貨)가 포획되지 않아야 한다는 교서를 발표하였다. 이어서 1500년에는 교황 알렉산더 6세(Alexander VI)가 이 섬을 프랑스 쿠탕스(Coutances) 관구로부터 영국 윈체스터(Winchester) 관구로 이양하는 교서를 발표하였는데, 이것은 채널 아일랜즈의 여러 섬들이 영국 왕의 잠정적 통치 하에 있는 것으로 언급된 것을 의미한다. 이후로 이 섬들은 이따금 외부의 침략을 받기도 했으나 영국 왕의 지배하에 있었던 점은 변함이 없었다.

망끼에와 에크레호가 중요성을 갖게 된 것은 19세기에 이르러, 특히 그 어업에 관하여 영국과 프랑스가 주목하게 된 결과였다. 이미 영국은 18세기 말 이래 지방 당국과 중앙정부가 망끼에와 에크레호에 대하여 행정적 · 사법적 · 입법적으로 많은 조치들을 취하였고, 1885-1946년간에 저지 당국이 여러 차례 공식적으로 방문하였다. 이에 비하여 프랑스 당국의 활동 내역은 매우 빈약한 편이었다.

분쟁의 씨앗은 19세기 초에 뿌려졌다. 당시 중요한 굴 어장이 프랑스 근해에서 발견되자, 프랑스가 해안으로부터 3해리 이상 떨어진 어장까지도 배타적 보유수역으로 주장하였고, 이에 대해 영국 정부가 3해리 이상은 허용할 수 없다고 맞섰던 것이다. 양국은 장기간의 교섭 끝에 1839년 8월 2일 어업조약을 체결하였다. 이 조약에서 프랑스와 영국은 각각의 배타적 굴 어업권역(각각 제1조와 제2조)과 양국 공동의 굴 어업권역(제3조) 등을 설정하였다. 프랑스의 배타적 어업권역은 프랑스 연안에서 3해리 내에 포함된 경우도 있었고 3해리를 넘어서 포함된 경우도 있었다. 반면 영국의 배타적 어업권역은 영국 저지 섬으로부터 3해리를 기준으로 확보되었다.

그러나 이 조약은 향후 분쟁의 씨앗을 내포한 것이었다. 이 어업조약이 주로 굴 어업과 관련하여 이루어졌던 관계로 망끼에와 에크레호에 관한 명시적 조항을 두지 않았는데, 이후에 망끼에와 에크레호가 게, 장어, 새우 등의 어장으로서 중요성을 갖게 되자, 두 제도는 본격적인 분쟁의 대상으로 대두했던 것이다. 어업조약에 따르면 망끼에와 에크레호의 섬들은 제3조에 규정된 공동 굴 어업의 원칙이 적용되는 수역 안에 위치하게 된다. 그러나 만약 이 섬들이 연안의 부속도서로 생각되고, 저지의 섬이라고 규정된다면, 망끼에와 에크레호는 공동 굴 어장 내에 있는 것이 아니라 보통의 3해리 영해 내(즉 배타적 어업권)에 있어야 하기 때문에 양국의 분쟁 대상이 되었던 것이다.

(2) 분쟁의 본격적인 전개

1869년 망끼에에 관한 최초의 분쟁이 시작되었다. 약간의 프랑스 어부가 망끼에에서 저지 섬 어부의 어구(漁具)를 절취한 사건이 발생하자, 파리 주재 영국 대사가 본국의 훈령에 따라 이 문제를 취급하였다. 이 때 프랑스 정부는 이 사건을 조사할 것과 향후의 재발 방지를 약속하였다. 그러나 1886년 프랑스 정부는 돌연 망끼에에 대한 주권을 공식적으로 영국 외무성에 통고하였다. 이 각서에 대하여 영국은 자국의 주권을 주장하고 프랑스가 이를 인정해 줄 것을 요구하였다. 그 후에도 양국은 이와 같은 각서를 1902-5년, 1929년, 1937-38년 등 수차례 교환하였다.

에크레호에 관한 분쟁은 1876년에 본격적으로 시작되었다. 분쟁은 영국이 1875년에 발행한 국고지급명령서(Treasury Warrant)에 대하여 프랑스 정부가 1839년의 어업조약 위반(공동 어업권역 위반)이라고 항의한 데서 비롯되었다. 이에 대해 영국은 에크레호가 영국의 의심할 수 없는 부속도서라고 주장하였다. 1883-1888년에도 프랑스는 에크레호가 자국의 영토라는 전문가 보고서를 송달했으나 영국은 단호하게 이를 거부하였다.

분쟁 발생 이후 영국은 망끼에와 에크레호를 자국의 영토라고 일관되게 주장한 반면, 프랑스는 두 개의 견해 사이를 우왕좌왕하였다. 즉 프랑스 정부는 두 섬에 대한 주권을 주장하는가 하면, 두 섬이 중립적이므로 어느 나라도 전용할 수 없는 것이라고 주장하기도 했던 것이다. 사실 영국은 그 섬들이 자국 영토라고 주장하면서도 프랑스 어부가 그곳 3해리 한계 내에서 어로하는 것을 허용해 왔다. 요컨대, 망끼에와 에크레호에 대한 영국의 통치, 그 영해 내에서의 어로에 관한 기회균등, 이것이 제2차 세계대전 직전의 상황이었다.

종전 후 1945-50년 사이에 분쟁이 재개되어 결국 양국은 특별협정(special agreement)의 방법으로 두 제도에 대한 주권 문제를 국제사법재판소(ICJ)에 회부하였다. 즉 1950년 12월 29일 양국이 특별협정을 체결한 뒤 1951년 12월 5일 네덜란드 주재 영국대사가 국제사법재판소 서기에게 이를 통고하였다. 이로써 양국은 국제법정을 통한 분쟁 해결을 시도하였다.

그런데 당시 프랑스 정부는 어업문제도 동시에 해결되어야 한다는 것을 조건으로 내세웠다. 그래서 1951년 1월 5일 양국은 새로운 어업조약을 체결하고 이 조약을 특별협정과 동시에 비준하였다. 새 어업조약은 1839년의 조약에 존재하는 애매성을 제거하고 보다 명확히 한 것이었다. 이처럼 어업조약의 동시적 체결을 주장함으로써 주권문제보다도 어업문제에 한층 큰 관심을 가진 것으로 보이는 프랑스 정부는 주권에 관한 결정이 설령 프랑스에 불리한 것으로 나타날지라도 현실적으로는 자신의 이익을 확보한 셈이었다. 그래서 영국과 프랑스 양국은 순수하게 본안에 관한 법적 논쟁에 들어가는 것이 가능하게 되었던 것이다.

3) 분쟁의 핵심 쟁점

법적 쟁점은 다음과 같이 요약될 수 있다. 과연 시원적 또는 고대의 권원(original or ancient title, 권리의 역사적인 원인)은 누구에게 있는가, 결정적 기일(critical date, 영토분쟁이 발생한 시점으로서 이 시점 이후 발생한 당사자의 행위나 사실은 증거능력, 즉 당사자의 법적 지위에 영향을 줄 수 없음)은 무엇이며 언제인가, 양국 중 어느 쪽이 역사적 권원을 결정적 기일까지 유지 또는 상실했는가, 역사적 권원에 관한 양국의 현재 지위가 불확실하여 결론을 내릴 수 없다면 결정적 기일 이전에 양국 중 어느 쪽이 그 권원을 취득하였는가.

영국과 프랑스 양국은 소송에 임하여 망끼에와 에크레호의 여러 섬들에 대한 역사적 권원을 유지해 왔다고 각자 주장하고, 이 섬들이 무주지(無主地)라든가 공유지(公有地)라든가 하는 입장은 제외하였다. 즉 그 섬들이 어느 당사자에도 속하지 않는다는 판결은 분쟁의 해결이 아니라고 생각했던 것이다.

재판이 진행되면서 양국은 시원적 또는 고대의 권원 문제와 결정적 기일에 관한 문제를 두고 첨예하게 대립하였다. 먼저 두 제도에 대한 시원적 또는 고대의 권원에 관한 양국의 주장을 살펴보자. 영국은 1066년 노르망디 공 윌리엄의 영국 정복으로부터 고대의 권원을 도출하였다. 그리고 1204년 영국이 대륙의 노르망디로부터 축출된 뒤에도 채널 아일랜즈는 여전히 영국에 통합되어 있었고, 이 통합 상태는 영국 왕과 프랑스 왕 사이에 체결된 그 후의 조약과 영국 왕의 칙령, 교황의 교서 등에 의해 법적 기반을 갖게 되었다고 주장하였다. 이와 반대로 프랑스는 1204년 노르망디 공령(公領) 해체 이후 (노르망디 공과 가신-주군 관계에 있던) 프랑스 왕이 대륙에 근접한 약간의 다른 섬과 함께 이 두 제도를 보유했다고 주장하면서 이를 뒷받침하기 위한 근거로서 영국이 원용한 것과 동일한 중세 시대의 여러 조약들을 원용하였다. 이 문제에 관하여 재판소는 "아득한 봉건시대에 진정한 사태가 어떤 것이었는지에 대한 양측의 상반된 주장이 다소간 불확실하고 논쟁의 여지가 있으며, 본 건을 판정하기 위해 그러한 역사적 논쟁을 해결할 필요는 없다"고 보았다. 다만 1200년 및 1203년 영국 왕의 특허장, 영국 왕이 노르망디 공의 자격으로 채널 아일랜즈를 포함하는 노르망디 전체를 1066년부터 1204년까지 영유했다는 명백한 사실을 고려해 볼 때, 영국의 견해를 뒷받침하는 강한 추정이 있다고 여겼다. 동시에 재판소는 프랑스 왕이 채널 아일랜즈에 대해서도 고유한 봉건적 권원을 가지고 있었다고 해도, 그러한 권원은 1204년 및 그 후의 사건으로 인해 실효되었음이 분명하다고 말하는 것만으로 충분하다고 주장하였다. 그러면서 재판소는 "중세 시대의 사건으로부터 도출되는 간접적 추정이 아니라 에크레호와 망끼에의 점유에 직접적으로 관계되는 증거가 더 결정적인 중요성을 갖는다"고 판시하였다.

다음으로 결정적 기일에 관한 영국의 주장을 보면, 1950년 12월 29일의 특별협정이 체결되기 전에는 두 제도에 대한 주권 분쟁이 "구체화(crystallized)"되지 않았기 때문에 이 날이 결정적 기일로 간주되어야 하며, 따라서 이 날짜 이전의 모든 행위가 재판에 고려되어야 한다는 것이다. 이에 반해 프랑스는 1839년의 어업조약이 체결된 날짜가 결정적 기일로 선택되어야 하며, 따라서 그 후의 모든 행위는 고려되지 않아야 한다고 주장하였다. 이 문제에 관하여 재판소는 1839년의 조약이 체결된 날짜에는 두 도서의 주권에 관한 분쟁이 아직 발생하지 않았다고 보았다. 양국이 상당 기간 동안 굴 어업의 배타적 권리에 관해서는 의견이 불일치했지만, 그 문제를 두 도서에 대한 주권의 문제로 결부시키지는 않았다는 것이다. 재판소는 프랑스가 처음으로 두 도서에 대해 주권을 주장한 것은 1886년과 1888년이었다는 점을 들어 이때를 결정적 기일로 채택하였다. 동시에 재판소는 결정적 기일 이후의 행위라 할지라도 그것이 관계 당사국의 법적 지위를 개선할 목적으로 취해진 것이 아니라 주권 분쟁이 발생하기 훨씬 이전부터 점차 발전되어 온 것이고 그 이후에도 중단되지 않고 동일한 방법으로 계속되어 온 경우에는 그 효력을 인정한다고 판시하였다.

4) 분쟁의 종결 및 시사점

(1) 국제사법재판소의 주요 판결 내용

1953년 11월 7일 국제사법재판소는 재판부 전원일치로 다음과 같이 판시하였다. "에크레호와 망끼에의 도서와 암초에 대한 주권은 그것이 전용 가능한 한 영국에 속한다." 재판소는 양국 중 어느 쪽이 보다 강력한 증거를 제출했는가를 평가함으로써 최종 판결을 내렸다. 다시 말하면, 증거력의 상대적 평가에 입각하여 영국이 제출한 증거가 프랑스의 것보다 강력하다고 판정했던 것이다.

먼저, 재판소가 에크레호에 대한 영국의 주권을 인정한 구체적인 근거를 살펴보자. 재판소는 19세기 초 이래 저지 당국이 에크레호 제도에 대하여 취한 여러 가지 조치, 특히 재판권, 지방행정권 및 입법권의 행사에 증거 가치를 인정하였다. 즉 저지의 재판소가 약 100년간 에크레호에 대하여 형사관할권을 행사해 온 점, 1889년 징세령서(徵稅令書), 저지항의 어선등

기부의 기재사항, 에크레호 부동산의 매매계약 및 저지 등기소에의 등기, 에크레호에 세관 설치, 인구조사 범위 내에 에크레호를 포함시켜 조사원이 방문한 일 등 일련의 사실들은 저지 당국이 많은 점에서 장기간 에크레호에 대하여 통상적인 지방 행정권을 행사해 왔다는 것을 입증하는 것이라고 판결하였다. 특히 1875년 영국의 국고지급명령서는 에크레호를 저지항의 범위 안에 포함시킨 것으로서, 이 입법조치는 주권에 관한 분쟁이 아직 발생하지 않았던 시기에 에크레호에 대한 영국 주권의 명백한 발현이라고 판결하였다.

이에 반해 당시 프랑스는 에크레호에 대한 주권을 요구하지 않고 그것을 무주지로 취급해 왔으며, 영국의 주권행사를 알면서도 이에 대한 어떠한 조치도 강구하지 않았고, 그 후 1886년 12월 15일자 영국 외무성에 대한 통첩에서 처음으로 "새로운 역사적 및 지리학적 사실에 근거하여" 에크레호에 대한 주권을 주장하였다고 재판소는 판단하였다. 또한 프랑스는 에크레호 제도에 대한 유효한 권원을 갖고 있다는 것을 증명할 증거를 재판소에 제출하지 않았다.

재판소는 이러한 사실들에 입각하여 에크레호에 대한 주권의 서로 상반된 주장의 상대적 역량을 평가한 결과, "에크레호에 대한 주권은 영국에 귀속한다"고 판정하였다.

다음으로, 재판소가 망끼에에 대한 영국의 주권을 인정한 구체적인 근거를 살펴보자. 재판소는 에크레호에 대한 것과 동일한 근거에서 판정을 내렸다. 즉 저지의 느와몽(Noirmont) 봉토(封土)의 장원재판소의 기록, 노르망디 대관례집, 저지 왕립재판소의 판결, 저지 항만위원회의 명령, 교구세 징수, 부동산 매매계약의 등기, 세관 설치, 인구조사, 정기적 시찰, 공사와 건설 등 17세기 초, 그리고 19세기 및 20세기에 망끼에 제도에 대한 영국의 구체적인 국가기능의 수행을 인정하여 "망끼에에 대한 주권은 영국에 귀속한다"고 판정하였다.

반면 재판소는 프랑스에 의한 1831년 및 1888년의 수로 측정, 망끼에의 주요 집단의 외부 암초에 부표와 등대 설치, 1938년 수상(首相)의 방문과 가옥 건축, 영국 해안과 망끼에 간 및 망끼에와 쇼지 섬 간 제방 구축으로 해류를 이용한 발전소 건설 계획 등은 그것이 아무리 중요한 것이라 할지라도 망끼에에 대한 유효한 권원의 증거라고 보기에는 충분치 않다고 판정하였다. 즉 19세기부터 20세기에 걸친 프랑스의 행위는 망끼에에 대한 국가기능의 표시라고 간주될 수 없다고 보았던 것이다.

(2) 시사점

우리는 망끼에와 에크레호 제도 분쟁 사례를 통해서 다음과 같은 시사점을 얻을 수 있다.

첫째, 영토분쟁을 법적으로 해결하기 위한 국제법의 기준으로서 이른바 '실효적 지배'라는 원칙의 작용을 이해해야 한다. 영토분쟁의 해결에서 결정적 요소가 되는 것은 논란의 여지가 있는 역사적 권원보다는 주권의 발현인 '실효적 점유 또는 지배'라는 점이 모든 국제 판례에 일관된 사상으로 보인다. 이것은 발견에서 발생하는 권원은 주권의 발현에 기초를 둔 권원에 우선할 수 없다는 원칙이기도 하다. 이때 국제법상 '실효적 점유'란 '현실적인 정착'을 의미하는 것이 아니라 '실제적 · 계속적 · 평화적인 국가기능의 표시'를 지칭하는 기술적 용어이다.

국제사법재판소는 실효적 점유를 증명하는 두 가지 요건으로서 주권자로 행동하려는 목적과 의사, 그리고 이러한 권위의 실제적인 행사나 표시를 제시하였다. 첫째 요건은 어느 국가가 영토의 주권자임을 주장한 적극적인 증거가 존재해야 한다는 것이고, 그 증거는 공표된 권원의 주장이나 주권행동으로 구성되는 것이라고 해석된다. 둘째 요건은 주권의 충분한 행사나 표시가 존재해야 한다는 규칙인데, 주권의 행사(또는 표시)가 '평화적일 것, 실제적일 것, 주권에 대하여 유효한 권원을 부여하는데 충분한 것일 것, 계속적일 것' 등이 실효적 점유를 중시한 여러 판례에 공통된 사항이다.

둘째, 영국과 프랑스 양국이 사법적인 방법과 외교적인 방법을 충분히 병행함으로써 분쟁을 효과적으로 해결한 방식을 주목해야 한다. 영국과 프랑스는 이 사건에 시종일관 협력했고, 망끼에와 에크레호에 대한 주권의 문제와는 별도로 어업문제에 관한 합의를 성취하였다. 이것은 국제사회에서 '사법적인 방법'과 동시에 '외교적인 방법'을 사용하여 국제분쟁을 합리적으로 해결한 표본으로서 한국의 영토분쟁 해결에도 참조할 만한 것이라고 하겠다.

2. 루마니아-우크라이나 간 흑해 해양경계 분쟁

〈흑해 위치도〉

〈세르팡 섬 위치도〉

1) 분쟁지역 개요

루마니아와 우크라이나 사이의 흑해(Black Sea) 해양경계 분쟁은 2004년 9월 루마니아가 흑해에서 양국 간 대륙붕 및 배타적 경제수역 경계획정에 관한 소송을 국제사법재판소에 제기하여 2009년 2월 3일 재판소가 만장일치의 판결에 의해 단일 해양경계선을 획정한 사건이다. 이 사건에서는 특히 대상수역 내에 당사국간의 분쟁도서인 세르팡 섬(Serpents' Island)

의 영유권 문제 및 본 도서의 해양경계 획정시 역할 문제 등이 중요한 쟁점으로 예상되었으나, 재판소는 세르팡 섬의 영유권 문제를 직접 언급하지 않았으며 본 도서가 해양경계 획정에도 영향을 미치지 않는다고 판결하였다. 본 판결은 향후 한·일간 동해에서의 배타적 경제수역에 관한 해양경계 획정시 중요한 역할을 하게 될 독도를 염두에 두었을 때 유념해야 할 사안이다. 뿐만 아니라 본 사건은 해양경계 획정 절차에 대한 일반적 경향의 확인, 잠정적 등거리선의 설정, 관련 해역의 설정 및 다양한 관련 사정의 취급 등 현실적으로 한반도 주변의 해양경계 획정에 대하여 시사하는 바가 적지 않다.

먼저 분쟁대상지역의 지리적 특성을 살펴보자. 흑해는 다다넬스 해협, 마르마라 및 보스포러스 해협으로 둘러싸인 지중해와 연결되어 있는 바다로서 수면 면적이 432,000㎢에 달한다. 뱀 섬(Snake Island)으로도 알려져 있는 세르팡 섬은 흑해에 있는 석회암으로 이루어진 작은 섬으로 우크라이나의 킬리야 라이온(Kiliya Raion) 지방 행정구역에 속해 있다. 이 섬은 다뉴브 강(Danube) 동쪽 어귀의 해안으로부터 약 20해리(35km) 정도 떨어진 곳에 위치하고 있으며, X자 형태(662/440m)로 면적이 약 0.17㎢이고 둘레는 약 2km이며 해발 41m에 달한다.

현재 세르팡 섬에는 경계 경비병과 그들의 가족, 그리고 기술 인력 등 100여 명이 상주하고 있으며, 2003년 이래로 우크라이나 오데사 국립대학의 과학탐사대가 머물고 있다. 1997년 조약으로 인해 섬의 군사시설은 철거된 상태이며 모든 시설은 민간인이 관리하고 있다. 헬리콥터 선착장과 함께

〈세르팡 섬의 전경〉

2002년에 세워진 부두가 있고, 섬의 전력은 태양열과 디젤 이중 발전소가 공급하고 있으며, 우체국, 우크라이나 은행 지점, 구급소, 위성TV 및 휴대폰 송신탑, 인터넷 연결망 등 민간 시설이 존재하고 있다. 분쟁 당시 이 섬을 해양경계 획정에 있어서 어떻게 처리할 것인지에 따라 방대한 해역의 귀속이 달려 있어서 양국의 합의가 쉽게 이루어지지 않았다. 더구나 흑해는 석유자원이 풍부하게 매장되어 있어서 세르팡 섬의 처리에 따른 해역의 귀속은 양국이 쉽게 양보할 수 없는 사안이었다.

2) 분쟁의 역사적 근원 및 전개과정

1787~1792년 및 1828~1829년에 전개된 러시아-터키 전쟁(Russia-Turkey War) 중에 세르팡 섬 부근에서 오스만튀르크와 러시아 함대 간의 전투가 벌어졌고, 전쟁의 결과, 세르팡 섬은 1829년부터 1856년까지 러시아에 속하였다. 이후 잠시 동안 세르팡 섬의 영유권을 소유했던 오스만튀르크는 1877년 러시아-터키 전쟁에서 패배하여 러시아에게 다시 세르팡 섬을 할양하였다.

그 후 제2차 세계대전 주도국들 간에 맺은 1947년 파리 평화조약은 북부 부코비나(Northern Bukovina), 헤르차 지역(Hertza region), 부자크(Budjak), 그리고 베사라비아를 구소련에게 양도하도록 명시했으나 세르팡 섬과 다뉴브 어귀에 대해서는 언급하지 않았다. 따라서 루마니아와 구소련 사이의 경계선은 세르팡 섬 북쪽으로 확정되어 세르팡 섬은 루마니아의 영토로 남게 되었다. 그런데 1948년 구소련은 당시 점령지인 루마니아에게 세르팡 섬을 이전(transfer)할 것을 요구하는 동시에 루마니아의 국경을 구소련 측에 유리하도록 다뉴브 델타 지역 서쪽으로 옮길 것도 강요하였다. 같은 해 2월 루마니아의 공산당 총리인 그로자(Petru Groza)가 모스크바를 방문하여 세르팡 섬에 대한 구소련의 합법적 소유를 인정하기로 동의하고 공식적인 협정서(Protocol)에 서명하였다. 따라서 구소련은 그 당시 단지 다뉴브 강 어귀 지역에 대한 통제권을 행사할 수 있는 전략적 위치로만 여기던 세르팡 섬을 얻게 되었다.

1961년 2월 27일 루마니아 정부와 구소련 정부가 '국경문제에 대한 협력과 상호원조 조약'을 체결, 세르팡 섬이 구소련의 소유로 재차 확인되었다. 그러나 구소련과 루마니아는 대륙붕의 한계선을 놓고 1967년 이래 계속 마찰을 빚었다. 그러다가 1991년 소련의 해체와 우크라이나의 독립에 따라 세르팡 섬의 영유권은 우크라이나로 이전되었다. 이후 섬의 영유권을 둘러싸고 우크라이나와 루마니아 간의 분쟁이 계속되었고, 섬 주변에 원유와 천연가스 매장지가 발견되면서 양국의 분쟁은 심화되었다.

마침내 1997년 루마니아와 우크라이나는 두 나라 사이의 국경 불가침을 재확인하는 우호조약을 체결하면서 만약 해양경계선에 대한 문제, 즉 흑해의 대륙붕과 배타적 경제수역의 경계획정 문제가 2년 내에 양국 간 협상으로 해결되지 않을 경우 국제사법재판소에 이 문제를 상정하여 최종적으로 해결하는 데 동의하였다. 그리하여 1998년부터 2004년까지 양국 간에 24차례의 협상이 진행되었으나 합의에 도달하지 못했고, 결국 2004년 9월 16일 루마니아는 우크라이나를 상대로 양국 간 해양경계 문제를 국제사법재판소에 상정하였다.

3) 분쟁의 핵심 쟁점

국제사법재판소는 다음과 같은 해양경계선 획정절차를 판시하고 이에 따라 경계획정 절차를 진행하였다. 즉 중복청구구역이나 대상수역이 정해지면, 우선 양측 해안의 적절한 기점 사이의 잠정적 중간선 내지 등거리선을 긋고, 다음으로 형평한 결과의 달성을 위해 관련 사정을 고려하여 이를 조정하며, 최종적으로 비례성을 적용하여 현저한 불균형이 없는지 확인하여 이를 마무리한다는 것이다. 이와 같은 절차에 따라 심리를 진행하면서 몇 가지 쟁점 사안들이 대두되었는데 이에 관하여 살펴보자.

(1) 세르팡 섬의 법적 지위 및 효과

양국은 1997년 우호조약에 의해 양국 간 해양경계획정에 유엔해양법협약 제121조를 적용하기로 하였다. 즉 도서의 법적 지위를 명시한 위 규정의 해석을 통해 양국 간 해양경계에 있어서 세르팡 섬의 법적 지위와 관련 효과를 다루기로 한 것이다.

먼저, 세르팡 섬의 법적 지위에 대하여 양국은 서로 다른 주장을 하였다. 루마니아는 섬의 지질 구조, 담수의 부재, 인간의 거주나 독자적인 경제생활의 불가능 등을 이유로 세르팡 섬이 단순한 암석으로서 12해리 영해 이외의 수역을 가질 수 없다고 주장하였다. 이에 반해 우크라이나는 섬의 면적, 빗물의 이용, 경작이 가능한 토양의 존재 등을 이유로 세르팡 섬은 무인 암석이 아니므로 완전한 섬으로서 법적 지위를 갖는다고 주장하였다.

이리하여 세르팡 섬의 효과에 대해서도 양국은 서로 다른 견해를 표명하였다. 루마니아는 세르팡 섬이 배타적 경제수역이나 대륙붕을 가질 수 없고 12해리의 영해만을 가질 수 있기 때문에 세르팡 섬을 우크라이나의 해양경계획정 기점에서 제외하고 양국의 중간선을 해양경계로 해야 한다고 주장했다. 반면 우크라이나는 세르팡 섬에 대한 완전한 효과를 인정하여 양국 해양경계는 이 섬을 우크라이나의 기점으로 한 중간선이 되어야 한다고 주장했다. 우크라이나는 특히 이 섬의 해안이 경계획정을 위한 우크라이나의 관련 해안 부분을 구성하므로, 우크라이나의 긴 해안선을 고려하여 우크라이나에 더 많은 해역이 배분되어야 한다는 점을 강조하였다.

이 문제에 관하여 재판소는 세르팡 섬과 같은 작은 섬이 갖는 해역은 배후의 육지 영역이 발원하는 배타적 경제수역이나 대륙붕과 크게 다르지 않으므로 이를 무시한다면서 경계획정의 기점으로 인정하지 않았다. 따라서 세르팡 섬은 단지 12해리 영해만을 향유하는 암석의 지위만을 부여하였음을 알 수 있다.

(2) 해안 길이의 불균형

재판소는 해양경계선 획정에 필요한 대상수역을 설정하기 위하여 분쟁국의 해안 길이를 '관련 사정'으로서 고려하였다. 이때에도 양국의 견해는 현저하게 엇갈렸다. 우크라이나는 지금까지 국제법정에서 다루어진 거의 모든 해양경계 사건들에서 관련 해안의 길이에 대한 비교는 아주 중요한, 심지어 결정적인 역할을 했다고 주장하였다. 그러면서 자국의 관련 해안이 루마니아의 해안보다 4배 이상 길며, 이처럼 당사국들의 해안 길이 사이의 현저한 불균형은 경계선 설정에 있어서 고려되어야 할 관련 사정으로서, 형평한 결과 달성을 위해 경계선을 루마니아의 해안 가까이로 이동시킴으로써 잠정적 등거리선을 조정해야 한다고 역설하였다.

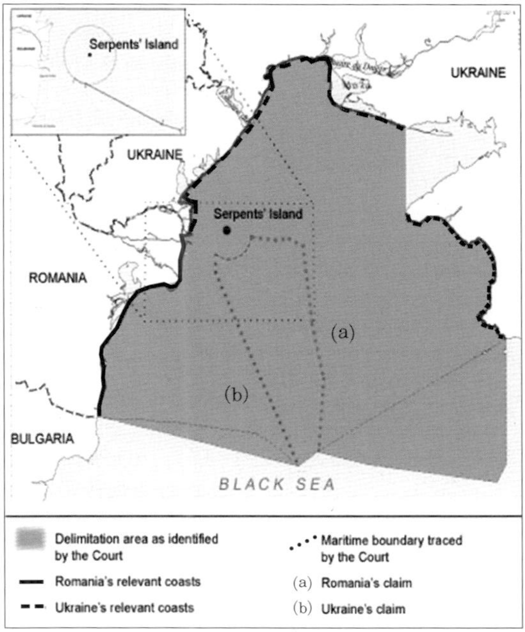

〈해양경계획정에 적용된 관련 해안(━ : 루마니아, - - : 우크라이나) 및 대상 수역(진한 회색면)〉

반면 루마니아는 해양경계획정에서 당사국들의 해안 길이 사이의 불균형이 관련 사정이 되는 경우가 드물며, 본 사건에서 양국의 해안 길이에 명백한 불균형은 없으므로, 관련 해역에 있어서 우크라이나의 지리적 우세와 당사국들의 해안 길이 사이의 불균형은 관련 사정으로 고려되어서는 안 된다고 주장하였다.

이에 대하여 재판소는 해안의 각각의 길이는 잠정적으로 설정된 등거리선을 확인하는 데에 어떠한 역할도 할 수 없다고 판정하였다. 다만, 해안 길이에 있어서 불균형이 특별히 현저할 경우, 재판소가 그러한 지리적 사실을, 어느 정도 조정이 필요한, 설정될 잠정적 등거리선에 대한 관련 사정으로 다루도록 선택할 수는 있다고 보았다. 하지만 우크라이나와 루마니아의 관련 해안 사이에서는 잠정적 등거리선의 조정이 필요할 정도로 특별히 현저한 불균형을 찾을 수 없다고 판결하였다.

재판소는 관련 해안의 결정에서 해안선의 전반적인 형태 내지 모양을 주목하였다. 즉 각 해안의 바다로의 투영 내지 돌출이 상대국 해역 쪽으로 미치지 않으면 이를 관련 해안에서 제외한 것이다. 이에 따라 우크라이나의 일부 해안이 해안선 길이의 비교에서 제외되었고, 이후 해안선 길이를 비교한 결과, 루마니아와 우크라이나 해안선의 비율은 대략 1:2.8이 되었다. 또한 재판소는 잠정적 중간선의 설정에 의해 루마니아와 우크라이나에 배분되는 해역의 면적은 대략 1:2.15가 되며, 이는 형평한 배분으로 간주되어 이를 조정할 불균형이 존재하지 않는다고 판단하였다.

(3) 당사국들의 행위 및 결정적 기일

우크라이나는 관련 해역 내의 국가 활동이 해양경계획정 시 고려해야 할 관련 사정이며, 자국이 제안하는 대륙붕 및 배타적 경제수역에 유리하게 작용하는 요소라고 주장하였다. 우크라이나의 주장을 좀 더 자세히 들여다보자. 우크라이나는 자국이 주장하는 대륙붕 및 배타적 경제수역에서 석유와 가스 광상에 대한 탐사 활동을 1993년, 2001년, 2003년에 허가했다. 우크라이나에 따르면, 이러한 허가들은 자국이 1997년 우호조약의 부속협정을 전후하여 탐사 활동에 대한 권한을 부여한 것으로서, 탐사 활동은 본 소송에서 루마니아가 주장하는 대륙붕 구역 내에서 이루어진 활동이었지만, 2001년까지 루마니아는 이에 대하여 전혀 항의하지 않았다. 따라서 우크라이나의 석유 관련 활동은 자국이 제시하는 경계획정선과 양립하고 있으며, 형평한 결과 달성을 위해 고려되어야 한다고 주장한다.

또한 우크라이나는 자국이 주장하는 배타적 경제수역 및 대륙붕의 경계가, 양국이 상호존중한 당사국들의 배타적 어업수역의 한계와 더 일반적으로 일치한다고 주장했다. 그리고 그 구역에서 단속 활동을 한 것은 루마니아가 아니라 자국이었다는 점을 강조하였다. 예를 들어, 루마니아는 그 해역의 순찰에 대해 어떠한 관심도 나타내지 않았고, 우크라이나의 연안경비대가 독자적으로 불법 조업 선박들을 나포하고 가능한 경우, 그들을 우크라이나의 배타적 경제수역 밖으로 호송했으며 기타 적절한 조치를 취했다는 사실에 대해 전혀 반대하지 않았다는 것이다.

한편, 루마니아가 제출한 결정적 기일과 관련하여 우크라이나는 설사 결정적 기일이 있었고 그 결정적 기일이 해양경계획정에 어떤 역할을 했다고 가정하더라도 그것은 루마니아의 제소 날짜, 즉 2004년 9월 16일이 된다고 주장하였다.

이에 반해 루마니아는 관련 해역에서의 국가 활동, 즉 석유와 가스 탐사 및 개발과 어업 활동에 대한 허가들은 관련 사정을 구성하지 않는다고 맞섰다. 해양에 대한 권한의 행사 또는 국가 활동은 그들이 경계획정을 위한 관련 사정을 구성할 수도 있다는 어떤 묵시적 합의를 반영하는 경우에만 고려될 수 있다고 주장했다. 다만 결정적 기일 이전의 국가 활동만이 이러한 일반적 규칙에 대한 예외로서 관련될 수 있으며, 그것들은 어떤 묵시적 합의나 잠정협정이 존재한다는 것을 증명할 수 있을 정도로 충분해야 한다고 주장했다. 우크라이나가 제시한 권한의 행사는 어떤 사실상의 선이나 당사국들 사이의 합의를 증명하는 행위의 유형, 또는 해양경계획정에 어떤 식으로든 관계된 루마니아의 묵인을 나타내지 않는다고 강조했다.

또한 루마니아는 1997년 부속협정에 의해 양국이 해양경계획정과 관련된 분쟁의 존재를 서면으로 명확하게 인식했고 경계획정협정의 체결을 위한 추후 협상의 틀을 세웠으므로, 부속협정 체결일을 결정적 기일로 주장하였다. 따라서 1997년 부속협정 체결 이후 발생한 어떠한 석유 탐사 관련 실행도 현재의 소송절차와는 무관하며, 우크라이나가 주장하는 경계획정에 아무런 근거도 제공하지 못한다고 강조하였다. 즉 우크라이나의 석유

탐사 양허 실행에 포함되는 해역은 현재 소송에서 우크라이나의 주장과 대략적으로도 일치하지 않으며, 3개의 허가 중 2개(2001년과 2003년)는 결정적 기일 이후에 발급되었고, 게다가 루마니아는 일관되게 우크라이나의 탄화수소 활동에 대하여 반대했다는 것이다.

어로 활동과 관련해서도, 루마니아는 당사국들의 실행이 본 해양경계획정에 대하여 어떤 의미를 갖는다는 데에 반대했다. 왜냐하면 어느 당사국도 원양어종이 한정된 해역에서 어로 활동에 경제적으로 의존하고 있지 않기 때문이라는 것이다. 우크라이나가 원용하는 행위는 최근의 것으로 계쟁구역 일부를 포함하고 있을 뿐이고, 루마니아는 그에 대해 항상 이의를 제기했으며 제3국은 그것을 인정한 적이 없다고 주장하였다. 해군 순찰과 관련해서도, 루마니아는 비록 그것들이 관련 사정으로 간주될 수 있을지라도 우크라이나가 주장하는 모든 해군 관련 사항은 결정적 기일 이후의 일이며, 따라서 본 사건과 관계가 없다고 주장하였다.

이와 같이 관련 해역에서 당사국들의 행위 및 결정적 기일과 관련하여 재판소는 어떤 입장을 표명했는지 살펴보면, 다음과 같다. 재판소는 대륙붕 및 배타적 경제수역의 경계획정에 대한 당사국들 사이의 유효한 협정이 존재하지 않는다고 판정하였다. 또한 우크라이나가 제시하는 국가 활동은 양국의 배타적 경제수역과 대륙붕을 구분하는 선에 대한 묵시적 합의나 잠정협정을 증명하기 위한 것이 아니라 루마니아가 주장하는 경계선을 반박하기 위한 것이라고 판단하였고, 본 사건에서 해양경계획정과 관련하여 위에서 원용된 국가 활동에 어떤 특별한 역할도 발견할 수 없다고 판정하였다. 또한 재판소는, 우크라이나의 주장과 다르게 제시된 경계획정선이 “주민의 생활과 경제적 행복에 파멸적인 영향을 줄 수 있다”는 어떠한 증거도 제출되지 않았기 때문에 어업 문제 역시 경계획정에 관련 사정을 구성하지 않는다고 보았다. 요컨대, 재판소는 전술된 국가 활동들이 현재 사건에서 관련 사정을 구성하지 않는다고 판정하였고, 따라서 당사국들에 의해 논의된 결정적 기일 문제에 대해서 재판소가 답변할 필요가 없다고 판시하였다.

(4) 안보에 대한 고려

루마니아는 자국이 제시한 경계획정선이 12해리의 해양공간대를 갖는 세르팡 섬을 포함하는 우크라이나의 안보 이익에 적대적 영향을 미치지 않으며, 오히려 우크라이나의 경계획정선이 비합리적으로 루마니아의 해안 가까이에 있어서 자국의 안보 이익을 침해한다고 주장하였다.

이와 반대로 우크라이나는 자국의 경계획정선이 루마니아의 해안선 앞바다의 대륙붕 및 배타적 경제수역을 루마니아에게 부여하기 때문에, 루마니아의 안보 이익도 침해하지 않는다고 주장하였다. 또한 안보 및 기타 문제들에 대한 이익을 위해 그 해역을 순찰하고 불법어로 및 기타 활동을 방지하는 유일한 당사국이었다는 점을 강조하면서, 자국의 주장은 이러한 당사국들의 행위 양상과 부합하지만 루마니아의 주장은 그렇지 않다고 비판했다.

재판소는 최종 경계획정선의 결정에서 당사국들의 적법한 안보에 대하여 고려할 수 있다는 견해를 표명했다. 그러나 현재 사건에서 재판소가 그은 잠정적 등거리선은 각 당사국의 적법한 안보 이익을 충분히 반영하고 있으므로 그 선을 조정할 필요는 없다고 판정했다.

4) 분쟁의 종결 및 시사점

(1) 최종 판결

이 분쟁은 2009년 2월 3일 국제사법재판소가 대륙붕 및 배타적 경제수역에 대한 단일 해양경계선을 재판부 만장일치의 판결에 의해 획정함으로써 종결되었다. 재판소는 양국의 해양경계선을 2003년 국경체제조약 제1조에서 당사국들이 동의한 바에 따라 제1지점에서 시작, 양국의 12해리 호가 인접 해안으로부터 등거리에 있는 선과 교차하는 제2지점을 지나, 제3지점과 제4지점을 통과하는 등거리선을 따라 제5지점에 이르고, 제5지점으로부터 해양경계선은 대략 남쪽 방향으로 등거리에 있는 선을 따라 계속 진행하여 제3국의 권리가 영향을 받을 수 있는 해역에 이른다고 결정하였

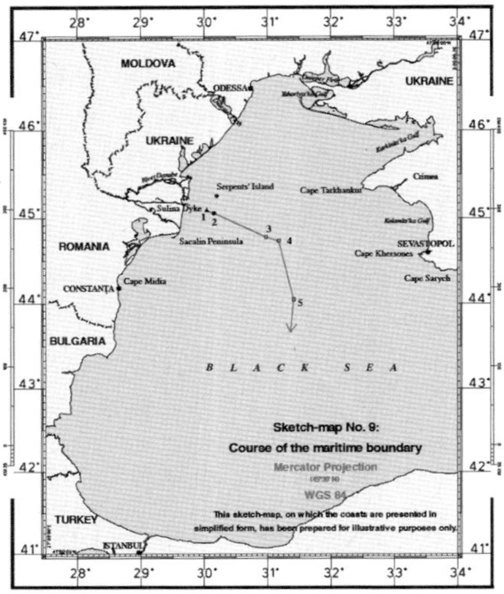

〈국제사법재판소가 획정한
루마니아-우크라이나 해양경계〉

다. 이 판결에 의하여 계쟁구역의 70% 이상이 루마니아의 해역으로 배분되었다.

위와 같이 국제사법재판소는 양측이 제시한 주장을 절충하여 해양경계선을 획정하고, 최종 판결에 앞서 이를 양측에 제시하여 동의를 얻은 것으로 알려졌다. 재판소의 결정에 대해 우크라이나와 루마니아 양측 모두 만족스럽다는 견해와 함께 이 결정을 준수할 것이라는 입장을 표명했다.

(2) 시사점

본 판결은 유엔해양법협약의 관련 규정, 특히 배타적 경제수역과 대륙붕의 경계획정에 대한 제74조와 제83조에 대한 중요한 해석을 포함하는 판결이라고 평가되고 있다. 본 판결은 지금까지 국제사법재판소 및 중재재판소에 의해 확인되어온 판례의 경향을 확인하고, 도서의 지위를 비롯한 관련 사정 내지 적용 문제를 정리한 점에서 큰 의의가 있으며, 한반도 주변 해역의 해양경계를 완성하지 않은 우리나라로서는 향후 상대국과의 해양경계 교섭에 참고해야 할 내용이 적지 않다.

먼저, 해양경계획정 절차에 대한 일반적 경향, 잠정적 등거리선의 설정, 관련 해역의 설정 및 다양한 관련 사정의 취급 등 해양경계획정의 구체적인 방법론을 충분히 파악해야 하겠다. 다음으로, 세르팡 섬에 대한 기점 효과의 부인은 독도에 대한 처리와 관련하여 우리가 주목해야 할 부분이라고 하겠다. 다만, 본 사건에서 양국이 유엔해양법협약 제121조 3항을 구체적으로 적용하여 세르팡 섬을 처리하기로 합의했음에도 불구하고 국제사법재판소가 명시적 언급을 회피한 점은 아쉬운 대목이다. 세르팡 섬에 대한 영유권 문제가 제기되지 않고, 섬 주변 해역에 대한 처리 및 기점 효과만을 다룬 점이 독도 문제와 다르다는 점도 인식할 필요가 있다.

본 사건에서 '해안 길이의 불균형 문제'는 우리나라와 중국 간의 서해 해양경계획정과 관련하여 특히 중요한 부분이다. 한반도의 서해안은 비교적 굴곡이 심하고 도서가 산재해 있어 중국의 동중국해 쪽 해안과 여러 모로 비교가 된다. 일국의 복잡한 해안이 상대국의 단순한 해안보다 길이나 범위에 있어서 상대적으로 우위에 있다고 일률적으로 말할 수는 없으나, 그것은 경계획정의 대상구역, 즉 관련 해안과 해역의 설정 시 고려해야 할 요소가 되기 때문이다. 본 사건에서 양국의 주장과 재판소의 판단을 고려하여, 향후 관련 해안과 해역 결정에 참고할 필요가 있다. 특히 현저한 불균형이 없다면 중간선 조정을 위한 고려 요소는 없다고 한 판결 내용은 주목해야 할 부분이다.

3. 북아일랜드 분쟁

1) 분쟁지역 개요

북아일랜드 분쟁은 영국이 아일랜드를 지배함으로써 발생한 여러 가지 문제를 말하며, 근대 유럽 역사상 유혈 분쟁의 대명사로 일컬어지며 세계의 주목을 받아왔다. 1922년 아일랜드가 영국으로부터 독립할 당시 북아일랜드가 영국령으로 남겨진 뒤, 북아일랜드에서 영국계 신교도와 아일랜드계 구교도 사이에 폭력 사태가 계속되었다. 1969년부터 2001년까지 북아일랜드에서 민간인 1885명을 포함하여 3523명이 사망하였고, 4만 7000여 명의 부상자, 1만 9600명의 수감자, 1만 6200건의 폭탄 투척 및 투척기도, 2200여 차례의 방화와 3만 7000여 건의 총격전이 발생하였다. 마치

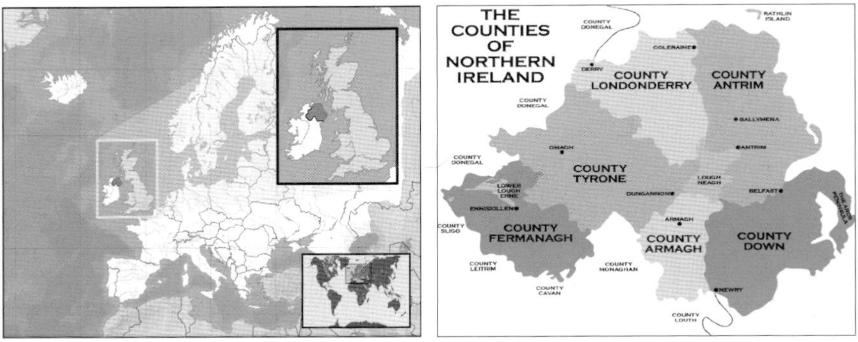

〈북아일랜드 위치 및 북아일랜드를 구성하는 각 주의 지도〉

제어장치 없이 마주 달리는 기차처럼 폭력과 보복의 악순환을 거듭하며 분쟁이 확산되어 온 것이다. 다행히도 1998년 다자간 회담을 통해 북아일랜드 평화협정이 타결되면서 오랜 유혈분쟁 종식의 역사적 전기를 맞이했지만, 민간에서의 유혈 사태는 끝나지 않고 있다. 30여 년간의 유혈 사태의 이면에는 수백 년 간에 걸친 영국과 아일랜드 사이의 뿌리 깊은 분쟁과 갈등의 역사가 있다.

먼저, 북아일랜드의 지역적 특성을 살펴보자. 북아일랜드는 현재 영국 연합왕국의 일부로서 아일랜드 섬의 북동쪽에 자리하고 있으며, 아일랜드 섬 전체의 약 1/6을 차지하는 1만 4139㎢ 크기의 지역으로 얼스터(Ulster) 지방의 9개 주 중 6개 주로 구성되어 있다. 섬의 나머지 지역은 아일랜드 공화국(Republic of Ireland)으로 하나의 주권국가를 이루고 있다. 2011년 인구조사 결과, 북아일랜드의 인구는 180만 명 가량으로 아일랜드 섬 전체 인구(약 640만)의 약 30%, 영국 연합왕국 인구(약 6300만)의 약 3%를 차지하고 있다.

북아일랜드 분쟁은 현실적으로 민족과 종교가 다른 두 집단이 영토와 정치 문제에 대해서 상호 배타적인 이해관계를 추구하는 데서 분쟁의 뿌리를 찾을 수 있다. 북아일랜드 인구의 약 60%를 차지하고 있는 개신교 그룹은 북아일랜드가 영연방에 속하는 것을 지지하고 있기 때문에 연방주의자

또는 통합주의자(Unionist)로 불리고 있다. 이들의 조상은 수백 년 전부터 북아일랜드를 점령하고 식민지화한 영국인들이다. 반면에 가톨릭 그룹은 대부분 영연방으로부터의 분리 독립과 아일랜드의 통일을 추구하고 있는데, 아일랜드 민족주의를 지지하기 때문에 민족주의자(Nationalist) 혹은 공화주의자(Republican)로 불리고 있다. 민족과 영토 문제 외에 오랫동안 신교측 통합주의자들이 구교측 민족주의자들을 정치, 경제, 사회적으로 차별 및 배제하고 억압한 것이 갈등과 분쟁의 결정적 원인이었다. 남북 아일랜드의 통일, 아일랜드공화국군(Irish Republican Army, IRA)와 통합주의세력 사이의 상호 보복 테러 등으로 상징되는 북아일랜드 문제는 여전히 현재진행형인 분쟁으로 남아 있다. 과연 북아일랜드에서 분쟁 해소와 평화 정착은 요원한 일인가. 여기서는 북아일랜드 분쟁의 역사적 배경과 전개 과정, 그리고 분쟁 해결을 위한 노력에 대해 살펴보고자 한다.

2) 분쟁의 역사적 근원 및 전개과정

(1) 고대와 중세 시대 아일랜드의 켈트화 및 로마가톨릭화

기원전 5세기경 켈트족 등 여러 민족이 아일랜드 섬에 건너와 앞선 철기 문화를 바탕으로 원주민을 정복 · 통합하여 켈트족 사회를 형성하였다. 그 후 기원전 1세기 중엽 카이사르의 갈리아 침공 이후 대륙의 켈트인들은 로마화되었으나, 아일랜드 섬의 켈트인들은 고유문화를 간직하였다. 기원후 5세기경 로마가톨릭 신앙이 켈트적 요소와 융합되어 정착 · 발전, 수도원을 중심으로 오랫동안 잉글랜드와 유럽 각지에 가톨릭 포교에 노력을 기울여 아일랜드는 유럽에서 '성자와 학자의 섬'으로 알려지게 되었다. 9세기경부터 노르만족의 습격을 받아 노르만족 일부가 더블린 등 해안 지방을 점령하기도 했으나 아일랜드 문화에 동화되었다.

(2) 중세 및 근대 아일랜드에 대한 잉글랜드의 침입과 지배

1171년 헨리 2세가 아일랜드에 침입한 이후, 13세기 중엽까지 아일랜드의 4분의 3은 잉글랜드의 지배하에 놓이게 되었다. 그러나 아일랜드에 진출한 영국의 귀족층도 켈트인과 결합하여 아일랜드화되었다. 그러다가 16세기 초에 헨리 8세가 등장하면서 상황이 크게 바뀌었다. 그는 영국 교회를 교황으로부터 분리시켜 국왕이 수장을 맡는 종교개혁을 단행하였고, 이를 아일랜드에도 강요하면서 이에 반항하는 켈트 족장이나 아일랜드화한 앵글로색슨계 귀족의 영지를 몰수하는 등 아일랜드에 대한 지배를 강화하였다. 그 후 아일랜드에서는 북부의 얼스터 지방을 중심으로 영국에 대한 반란이 자주 일어나게 되었다. 16세기 중엽부터 17세기에 걸쳐 영국은 아일랜드 북부의 얼스터 지방에 개신교도들을 대량으로 이주시키는 식민정책을 전개하여 아일랜드 구교도들을 지배하고자 하였다. 이때부터 북아일랜드 신교도 주민과 나머지 아일랜드 구교도들 간에는 갈등의 불씨가 생기기 시작했으며, 오늘날 북아일랜드 분쟁의 기원은 바로 여기에 있다.

17세기 중엽 영국에서 청교도 혁명이 일어나자, 아일랜드에서는 영국 지배에 반대하는 대규모 반란이 발생하였다. 하지만 1649년 크롬웰이 이끄는 영국군이 아일랜드에 침공하여 각지에서 학살을 자행하고, 1653년까지 아일랜드 전체를 식민지화했다. 크롬웰이 전체 토지의 50% 이상을 몰수하여 영국인 부재지주에게 분배한 결과, 다수의 아일랜드인은 토지를 잃고 소작인으로 전락하였다. 17세기 말 아일랜드 가톨릭교도들이 명예혁명으로 왕위에서 물러난 영국의 제임스 2세를 지원하자, 새로 왕위에 오른 윌리엄 3세의 영국군이 아일랜드를 침입하여 아일랜드 전체 토지의 80% 이상을 영국인 부재지주가 소유하게 되었다. 또한 영국은 가톨릭교도의 참정권을 박탈하고 일체의 공직에서도 배제하였으며 재산 소유의 제한과 같은 경제적 권리도 침해하는 등 가톨릭교도에 대한 박해와 차별을 심화하였다. 급기야 1801년 아일랜드는 영국에 합병되어 1921년까지 영국의 직접통치 하에 놓이게 되었다.

19세기 들어 영국의 압제에 대한 아일랜드인의 저항이 거세지자, 영국은 가톨릭교도 해방령을 통해 정치적 차별(참정권, 공직취임권 제한 등)을 폐지하였다. 그러나 아일랜드인들은 자치권과 토지문제 해결을 요구하면서 저항운동을 계속하였고, 대기근이 극심했던 1848년 아일랜드 독립운동의 중심단체였던 청년아일랜드당이 무장봉기를 통한 독립운동을 벌였으나 실패하였다. 이처럼 반영(反英) 민족운동이 계속 일어나자 영국의 자유당 정부는 여러 가지 토지법을 제정하여 아일랜드 토지 문제를 해결하고자 시도하였고, 그 결과 아일랜드의 소작농이 대부분 자작농으로 변모하였다. 그러나 자치와 독립 문제는 보수당과 얼스터 지방에 이주한 신교계 주민의 극심한 저항에 부딪혀 난항을 거듭하였다. 그러자 아일랜드 민족주의자들 사이에 평화로운 방식으로는 자치를 인정받을 수 없다는 믿음이 확산되어 나갔다.

(3) 20세기 아일랜드 독립전쟁과 분단

1905년 새로운 독립운동 조직인 신페인(Sinn Fein)당이 탄생하였다. 이 당은 북아일랜드의 아일랜드계 강경파로 구성되었고, 나중에 아일랜드공화국군(IRA)의 정치적 대변자 역할을 하였다. 1916년 더블린에서 '부활절 봉기'가 발생하여 1주일간 계속되다가 영국군에 의해 진압되었고 많은 아일랜드인들이 처형 및 투옥되었으나, 아일랜드인에게 민족 정신과 독립 정신을 고취시키는 결정적 계기를 제공하게 된다. 이후 1918년 총선에서 온건한 방식의 자치운동을 주장하던 아일랜드민족당이 몰락하고, 부활절 봉기의 계승자를 자처하던 신페인당이 다수 의석을 차지하였다. 이들은 영국 의회에 출석하기를 거부하고 1919년 더블린에서 제1회 아일랜드 국민의회를 개최하여 독립을 선언하였다. 이제 아일랜드인들은 영국과의 전면적인 독립전쟁에 돌입하게 된 것이다. 이 과정에서 신페인당의 무장 게릴라 조직으로서 아일랜드공화국군이 영국군에 맞서 치열하게 싸웠다. 마침내 1922년 아일랜드 국민의회와 영국은 '영국-아일랜드 조약'을 비준하여 북부 얼스터 지방의 6주를 영연방령으로 하고, 나머지 26주는 영국의 자치령으로 만들었다. 이로써 아일랜드 자유국(Irish Free State)이 성립하였다.

그러나 1922년 조약의 내용을 둘러싸고 아일랜드에서는 내전이 발생하였다. 즉 현실적인 해결책을 지지하는 세력과 아일랜드로 통합하여 완전한 독립을 이루어야 한다는 반대파 간의 무력적 대립이 1923년 중반까지 전개되었던 것이다. 이후 아일랜드의 남북 분단은 고착화되어 갔다. 또한 남북 아일랜드 공히 자유 및 시민권에 대한 제한과 국가에 의한 폭력, 민주주의 저해 현상이 두드러지게 되었다.

1937년 아일랜드 자유국 정부는 새로 헌법을 제정하여 '에이레'라는 국명으로 독립을 선포하였다가 제2차 세계대전 후 1949년에는 국명을 '아일랜드'로 바꾸고 1926년 이래 가맹해 있던 영연방에서도 탈퇴하였다. 이로써 오늘날 아일랜드공화국이 탄생하였다.

(4) 북아일랜드 분쟁의 본격적인 전개로부터 평화협정 체결까지

북아일랜드 분쟁의 원인은 1922년 아일랜드가 영국으로부터 독립할 당시 북아일랜드 지역을 여전히 영국이 통치하게 되었기 때문이다. 아일랜드의 4개 지방 중 북동부에 해당하는 얼스터 지방은 9개 주로 이루어져 있는데, 그 중 6개 주가 북아일랜드를 형성하여 아일랜드 자유국과 분리되었던 것이다. 6개 주에는 영국과 연합하기를 바라는 신교도가 많다는 것이 이유였지만, 실제로 신교도가 많은 지역은 얼스터 지방 6개 주 중 4개뿐이었고, 남쪽에는 독립을 바라는 가톨릭교도가 많았다. 이는 향후 독립을 희망하는 구교도와의 갈등의 원인이 되었다.

스코틀랜드 이주자의 자손인 신교계 주민은 북아일랜드 총인구의 58%를 차지하였다. 이들이 지배하는 북아일랜드 정부는 지배력을 강화하기 위해 가톨릭계 주민을 정치적 · 경제적으로 철저히 차별하고 배제하는 정책을 취하였다. 1921년 북아일랜드가 영국으로부터 자치를 부여받은 이후로 수십 년 동안 신교측 통합주의자들이 항상 정부 구성을 독점해왔는데, 이것은 정치적 차별대우의 상징으로 여겨져 왔다. 예컨대, 1921년부터 1972년까지 얼스터통합당(Ulster Unionist Party, UUP)이 유일한 집권당으로서 모든 총리를 배출하였다.

이러한 상황에서 1967년부터 평화적인 방식으로 가톨릭교도에 대한 차별을 철폐하기 위한 운동이 '북아일랜드 민권협회'를 중심으로 전개되기 시작하였다. 민권운동 초기에 북아일랜드의 테렌스 오닐(Terence O'Neill) 총리는 개혁을 약속했으나, 강경한 신교도 통합주의자들의 반발에 부딪혀 좌절하였다. 신교도 통합주의 강경파는 무장단체를 구성해 가톨릭 주민의 평화 행진을 조직적으로 탄압하고, 신교도가 대부분인 무장경찰 또한 이러한 폭력을 방조하였다. 급기야 1968년 10월 5일, 당시 북아일랜드 제2의 도시였던 런던-데리(London-Derry)에서 유혈사태가 발생하였는데, 이 사태로부터 북아일랜드 분쟁이 본격적으로 시작된 것으로 간주되고 있다.

런던-데리 유혈사태 이후로 민권운동뿐만 아니라 테러 등 폭력을 통한 체제저항운동에 대한 가톨릭 주민의 지지가 크게 높아졌으며, IRA을 중심으로 하는 가톨릭계 주민과 신교계 주민 간의 무력투쟁이 일상화되었다. 유혈사태 발생 직후, 아일랜드의 잭 린치(Jack Lynch) 총리는 북아일랜드의 소요를 끝내기 위해서 아일랜드의 분단이 해결되어야 한다고 주장하였다. 1970년 1월에는 신페인당이 공식적으로 활동하는 계파(OIRA, 무장투쟁과 분파적 폭력 반대)와 과도적으로 활동하는 계파(PIRA, 무장투쟁을 통한 가톨릭 공동체 방어 우선주의)로 분열되었다.

1972년 영국 정부는 북아일랜드 정부가 신 · 구교도의 대립을 해결할 능력이 없다고 판단하고, 영국군을 파견함과 동시에 직접 통치로 전환했으나 큰 효과를 보지 못했다. 오히려 1972년 1월 30일, 이른바 '피의 일요일(Bloody Sunday)'이라고 불리는 유혈 사태에까지 이르렀다. 즉 런던-데리에서 영국인과 동등한 권리를 달라고 요구하며 평화적으로 시위를 벌이던 구교도 시위대를 진압하기 위해 영국 정부가 영국군 공수부대를 투입, 양측의 충돌과정에서 비무장 민간인 14명을 사살하는 사태가 발생했다. 그

후 신교계 무장조직인 얼스터 의용군(Ulster Volunteer Force, UVF)과 IRA 사이에 격렬한 무장투쟁이 계속되어 분쟁은 내전을 방불케 하는 상황으로 심화되었다. 1972년 1년 동안의 테러로 인해 468명의 사망자가 발생하였던 것이다.

사태가 이에 이르자, 1974년 1월 얼스터 통합당과 온건한 민족주의 계열의 사회민주노동당(SDLP)을 중심으로 여러 중도정파가 연립정부를 구성하기로 합의하였다. 이를 두고 '서닝대일 협정(Sunningdale Agreement)'이라고 부른다. 그러나 IRA와 통합주의자 양 극단의 반대로, 2월 선거에서 과반수 확보에 실패하여 서닝데일 협정은 실패로 돌아갔다.

1980년대 들어와 피의 악순환이 거듭되던 북아일랜드 사태에 전환점이 마련되었다. 우선 1976년부터 81년까지 투옥된 IRA 수감자 20여 명이 정치범 처우 개선 등을 요구하며 단식투쟁을 벌이다 사망한 사건이 국내외 언론에 널리 알려졌다. 이 사건을 계기로 IRA는 북아일랜드 내 구교도로부터 폭넓은 지지를 얻게 되고, 국제적으로 IRA는 약자이고 영국정부는 탄압자인 것으로 인식되었으며, 신페인당이 급부상하는 계기가 되었다. 그러자 영국정부는 신페인당이 북아일랜드 구교도들의 제1당이 되는 것을 저지하기 위해 1985년부터 아일랜드 정부와 분쟁 해결을 위한 본격적인 협상에 들어갔다. 그리하여 같은 해 11월, 영국 총리 마가렛 대처와 아일랜드 총리 개럿 피츠게랄드는 양국이 북아일랜드 사태 종결에 공동으로 노력을 기울일 것에 합의하는 '영국-아일랜드 협정(Anglo-Irish Agreement)'에 서명하였다. 이 협정에서 영국은 아일랜드 정부가 북아일랜드 정체 결정에 일정 부분 참여하는 것을 보장하고, 아일랜드는 북아일랜드 주민 절대다수가 남부와의 통일에 동의하지 않는 한 북아일랜드가 영국의 일부로 남을 것이라는 데에 동의하였다. 이 협정은 영국이 아일랜드를 북아일랜드 문제의 이해당사자의 하나로 공식 인정했다는 점에서 중요한 의미를 지니는 것이었다.

1990년대 들어 북아일랜드 분쟁은 새로운 국면을 맞이하였다. 1990년대 이후 구교도에 대한 신교도 통합주의자들의 마구잡이식 테러가 극성을 부리고 이에 대한 IRA의 보복 테러가 반복되는 상황에서 좀처럼 협상의 실마리를 찾지 못하던 영국과 아일랜드 정부는 1993년 12월 '다우닝가 선언'으로 돌파구를 찾게 되었다. 그 요지는 북아일랜드의 아일랜드 귀속 여부는 주민들의 뜻에 맡기고, IRA가 무장투쟁을 포기하면 평화 협상에 참여할 수 있도록 하겠다는 것이었다. 이를 계기로 IRA와 통합파 연합사령관이 각각 1994년 8월과 10월에 휴전을 선언함으로써 양측은 군사 행동을 중단하였다.

이제 영국과 아일랜드 정부는 모든 정파가 참여하는 다자간 평화 협상을 개시하기로 합의함으로써, 분쟁은 일대 전환점을 맞이하였다. 1995년 2월 양국이 발표한 북아일랜드 평화안은 분쟁해결방안의 기본 틀을 마련하였다. 그러나 북아일랜드 신교계 지도자들의 강한 반발로 평화 회담은 난항을 겪고, 영국은 IRA가 먼저 무장해제할 것을 요구함에 따라 회담은 교착상태에 빠졌으며, 신구교도 간의 유혈 사태가 또다시 발생하였다. 1997년 영국 총선 결과 새로 집권한 노동당의 토니 블레어 총리가 신페인당의 평화회담 참여에 반대하던 보수당 정권의 오랜 방침을 깨고, 신페인당의 동참을 제의하였다. 그러자 같은 해 7월 IRA가 휴전을 선언함으로써, 평화 협상에 획기적인 발판이 마련되었다. 또한 1998년 1월에 블레어 총리가 '피의 일요일 사건'에 대한 재조사를 지시함으로써 화해의 분위기는 무르익어 갔다.

1998년 4월, 마침내 다자 회담을 통한 '북아일랜드 평화협정'이 타결되었다. 이 평화협정을 통상 '성(聖)금요일 협정(Good Friday Agreement)' 또는 '벨파스트 협정(Belfast Agreement)'이라고 부른다. 영국과 아일랜드 정부, 그리고 북아일랜드의 8개 주요 정당이 공동 서명한 이 협정에는 북아일랜드 내의 관계, 북아일랜드와 아일랜드공화국의 관계, 북아일랜드와 아일랜드공화국과 영연방 전체의 관계를 다루고 있다. 이 협정은 분쟁의 근본원인을 해소하고 영구적인 평화를 구축하려는 노력을 담은 실질적인 성격의 협정이었다.

5월 22일 북아일랜드 평화안에 대한 주민 투표가 실시되었고, 그 결과

찬성이 70%를 넘자 분쟁 종식에 대한 전망이 밝아졌다. 마침내 1999년 12월 신·구교 정파의 참여로 북아일랜드 공동 자치정부가 출범하고 평화협정 합의안을 수용·이행함에 따라 북아일랜드는 영국 정부로부터 기본 자치권을 이양받게 되었다. 하지만 경찰 및 사법 등 분야는 여전히 영국 정부 관할권 아래 남았다.

(5) 공식적인 분쟁 종식 이후 평화 정착을 위한 험난한 여정

1999년 북아일랜드 공동 자치정부가 출범했으나, 얼스터통합당(UUP)은 IRA의 무장해제를 수차례 요구하며 2000년 2월 자치정부에서 탈퇴하였고 영국 정부도 북아일랜드의 자치권을 한때 박탈했다가 다시 넘겨주었다. 이후 IRA가 2001년 10월부터 2002년 4월까지 무장해제를 발표했으나, IRA의 무장해제방식에 대한 신교 측 요구에 반발하면서 협상이 결렬됨으로써 북아일랜드 평화협정 이행은 불투명해졌고, 교착 상태가 지속되었다.

2005년 7월 28일, IRA가 모든 무장투쟁을 포기하고 모든 무기를 독립된 국제위원회에 넘겨주겠다고 선언하며 9월까지 무기를 반납하자 상황이 호전되기 시작했다. 2006년 10월, 영국 정부와 아일랜드 정부는 북아일랜드가 자치행정체제를 점진적으로 갖춰나갈 것을 추구하는 '성(聖) 앤드류 협정'을 체결하였다. 그리하여 경찰 및 사법 체제가 2007년 여름까지 북아일랜드 자치행정시스템에 편입될 전망이 열렸다. 2007년 3월 북아일랜드 의회 선거 결과, 민주통합당(Democratic Unionist Party, DUP)과 신페인당이 약진하였다. 그러자 두 달 뒤, 그동안 신페인당과 대화조차 거부하던 신교측 강경파인 민주통합당이 '성 앤드류 협정'에 기초하여 신페인당과 함께 북아일랜드 공동 자치정부를 구성하는 데 합의하였다. 그 결과, 민주통합당 대표인 이안 페이슬리(Ian Paisley)가 제1총리가 되고, 신페인당의 마틴 맥기네스(Martin McGuinness)가 대행자로서 제1총리가 되었다. 2009년 6월에는 신교도 준군사조직인 얼스터의용군(UVF)과 얼스터방위군(Ulster Defence Association, UDA)이 완전한 무장해제를 선언하였다.

2009년 3월, 영국 하원이 북아일랜드에 경찰과 사법권을 이양하는 법안을 통과시켰다. 같은 해 10월에는 영국의 고든 브라운 총리가 11억 유로를 지원하여 경찰과 사법권 이양을 돕겠다고 제안하는 데까지 나아갔다. 2010년 2월, 민주통합당과 신페인당이 경찰과 사법권을 북아일랜드에 이양하는 문제에 합의하였다.

2011년 3월, 영국 정부가 1976년 8월 14일 영국군의 총격에 숨진 북아일랜드의 12세 구교측 소녀 유족에게 최초로 공식적인 사과를 하였다. 이어서 4월에는 아일랜드의 독립 이후 영국 군주로서는 최초로 엘리자베스 2세가 아일랜드를 공식 방문하였고, 또한 2012년 6월에는 북아일랜드를 방문하기에 이른다. 나아가 2013년 2월, 영국 정부는 '피의 일요일' 사건으로 희생된 시위대 유가족에게 보상금을 지급하기로 결정하였고, 6월에는 북아일랜드 벨파스트의 평화담장 철거계획을 발표하는 등 계속해서 유화 조치를 취하였다. 북아일랜드 공동정부 역시 출범 이후 전반적으로 안정적인 국정 운영을 보여주었다.

그럼에도 불구하고 IRA 강경 분파가 여전히 활동 중이다. 2009년 3월 IRA 강경 분파에 의해 2명의 영국 군인과 1명의 경찰이 테러를 당해 사망하는 사건이 발생하였다. 그런가 하면, 5월에는 구교측 사회복지분야 종사자가 신교측 폭도에 의해 살해되기도 하였다. 2011년 6월 하순에는 통합주의를 지지하는 신교측 청년들과 민족주의를 지지하는 구교측 청년 700여 명이 거리에서 충돌하기까지 했다. 2013년 7월, 흩어져있던 IRA 분파(4개 중 3개)가 연합하여 '새 IRA'를 결성하였고, 8월에는 북아일랜드 독립에 반대하는 폭력 시위 및 IRA 추모행사 관련 폭력 시위가 발생하는 등 북아일랜드 분쟁은 여전히 진행 중임을 시사하는 사건들이 일어나고 있다.

이러한 사건들은 영국과 아일랜드, 그리고 북아일랜드 정부의 많은 노력과 협력 분위기 조성, 그리고 유럽연합의 막대한 지원에도 불구하고 북아일랜드 평화프로세스가 아직 사회의 밑바닥까지 파급되지 못하여 화해가 이루어지지 않았다는 사실을 보여준다. 갈등과 분쟁의 뿌리가 깊은 만큼 분쟁의 해결과 평화프로세스의 완전한 정착에는 아직 시간이 걸릴 것으로 전망되는 바이다.

3) 분쟁의 시사점

북아일랜드 분쟁의 근본 원인은 영국의 아일랜드 식민지배와 이에 따른 분단이었다. 이는 구체적으로 종교와 민족, 이해관계를 달리하는 한 집단이 다른 집단을 차별 · 배제하는 양상으로 나타났고, 이로부터 저항과 억압, 보복의 악순환이 분쟁의 한 세기를 장식하게 되었다.

분쟁이 발생하는 데에는 인종, 민족, 종교, 영유권 등 다양한 원인이 있지만, 분쟁의 이면에는 강자와 약자의 논리, 다수와 소수의 논리가 깔려 있다. 다수 집단의 차별과 억압에 대한 두려움으로 각 집단은 다수 집단이 되기 위해, 또는 소수집단이 되지 않기 위해 애를 쓴다. 북아일랜드에서 영국계 신교도는 다수 집단이지만, 아일랜드 섬 전체에서는 소수 집단이다. 그래서 영국계 신교도는 북아일랜드가 영국으로부터 독립하여 인구의 절대다수가 가톨릭교도인 아일랜드에 흡수될 경우, 소수집단으로 전락하는 것을 두려워한다. 이 점이 분단 이후 북아일랜드에서 영국계 신교도들이 아일랜드계 구교도들에 대해 실행한 각종 차별과 배제 조치를 설명할 수 있는 근거를 제공해 준다. 반대로 아일랜드계 구교도는 북아일랜드의 독립 및 아일랜드와의 통일이 이루어지지 않는 한 다수 집단인 영국계 신교도의 차별과 억압에서 헤어날 수 없다고 여겨 왔다. 차별과 억압, 그리고 이에 맞선 저항은 평화적인 운동뿐만 아니라 물리적인 테러와 유혈 사태, 나아가 내전 상황으로까지 나아갔다. 결국 양측의 평화 협상으로 정치적 공존의 틀을 마련하였지만, 여전히 사회적 · 경제적 · 문화적 차별이 잔존하고, 물리적 충돌은 끊이지 않고 있다. 서로를 향한 테러 행위는 다수 집단과 소수 집단을 가릴 것 없이 피의 악순환을 부르고 있는 실정이다.

얽히고설킨 분쟁의 실타래를 푸는 실마리는 다양성과 차이를 인정함으로써 평등과 상호존중, 그리고 민주주의를 통한 문제해결방식을 지속적으로 추구하는 데에서 찾을 수 있겠다. 북아일랜드 분쟁과 그 해결과정의 역사는 모두가 나와 다른 타자를 인정하고 공존의 길을 선택할 때, 그리고 강자와 다수의 이름으로 약자와 소수를 차별하고 억압하지 않을 것이라는 믿음이 형성될 때, 비로소 세계는 갈등을 해소하고 평화와 안정을 구가할 수 있음을 보여주고 있다고 하겠다.

이 장에서 제시된 사례들은 각기 특수한 역사적 · 지리적 · 정치경제적 맥락을 지니는 것들이기 때문에 한국의 영토분쟁 해결에 기계적으로 적용하기에는 무리가 있다. 그럼에도 불구하고, 우리는 여러 사례들을 통해 국제적으로 통용되는 원칙이나 논리, 그리고 경향성을 파악해 볼 수 있으며, 이를 토대로 문제 해결에 접근해 나갈 수 있을 것이다.

독도 문제 등 과거 식민지배의 유산으로서 발생한 영토분쟁은 제국주의적 영토침탈과 왜곡의 실상을 국제사회에 지속적으로 널리 알리고, 침탈국가의 반성과 결단 또한 지속적으로 촉구해야 한다. 그럼으로써 문제의 본질을 정확하게 인식한 국제 여론이 형성되어 문제 해결에 긍정적인 압력으로 작용할 수 있을 것이다. 또한 해양경계획정 문제의 경우 국제사법재판소나 중재재판소를 통해 해결되는 사례가 많지만, 외교적 협상을 통해 최대한 합의점을 도출하는 과정이 병행될 때 효과적인 결과를 가져올 수 있다. 이때 외교적 협상이든 사법적 소송이든 합리적이고도 유익한 결과를 얻기 위해서는 국제법 및 판례에 대한 폭넓고 정확한 이해를 통해 경계획정의 교섭단계 및 적용 가능한 관련 사정에 대한 일반화 내지 예측을 준비할 필요가 있다. 마지막으로 북아일랜드 분쟁 해결의 역사를 통해서도 보았듯이, 분쟁의 뿌리가 깊을수록 상호 간 불신의 골도 깊기 때문에 분쟁 당사자 사이에 강한 인내력을 가지고 지속적인 대화와 타협을 통해 상호 신뢰를 회복하는 것이 매우 중요하다고 하겠다.

【참고문헌】

- 구동회 외, 『세계의 분쟁: 지도로 보는 지구촌의 분쟁과 갈등』(서울: 푸른길, 2010).
- 김학린, 『유엔에서의 영토문제 논의현황과 사례분석』(서울: 동북아역사재단, 2009).
- 배진수 · 윤지훈, 『세계의 영토분쟁DB와 식민침탈 사례』(서울: 동북아역사재단, 2008).
- 최재희 외, 『유럽의 영토 분쟁과 역사 분쟁』(서울: 동북아역사재단, 2008).
- 權漢龍, 『國際判例上에 나타난 領土紛爭解決의 諸原則』, 동아대 대학원 법학석사 학위논문, 1990.
- 김현수, "루마니아-우크라이나간 흑해 해양경계획정 사건에 관한 분석 및 평가," 『海事法硏究』 제21권 제2호, 2009.
- 이창위, "루마니아와 우크라이나 사이의 흑해 해양경계 사건," 『법학논고』 제33집, 2010.
- 李漢基, "The Minquiers and Ecrehos case의 硏究 -獨島問題에 關聯된 '實效的 占有'의 原則에 대한 批判的 考察을 中心으로," 『서울대학교 法學』 9권 1호, 1967.
- 全淳信, "멩끼에 및 에크레호島 事件," 『東亞論叢』 제25집, 1998.
- Peter Calvert, eds., *Border and Territorial Disputes of the World*, 4th edition, (London : John Harper Publishing, 2004).
- Michael Shafir (August 24, 2004) "Analysis: Serpents Island, Bystraya Canal, And Ukrainian-Romanian Relations."(http://www.rferl.org/content/article/1054463.html)
- http://en.wikipedia.org/wiki/Northern_Ireland
- http://en.wikipedia.org/wiki/Snake_Island _(Black_Sea)
- 국제사법재판소 홈페이지 (http://www.icj-icj.org/hompage/index.php?lang=en)
- 한국국방연구원 홈페이지 (http://www.kida.re.kr/woww/dispute_detail.asp?idx=182)

【연표】

1. 망끼에와 에크레호 제도 분쟁 관련 연표

연 도	주 요 내 용
18세기 말 이래	영국이 두 제도에 대하여 다수의 행정적 · 사법적 · 입법적 조치 실행
19세기 초 이후	영국-프랑스 간 어업권 분쟁 발생
1839.8.2.	영국-프랑스 간 어업조약 체결
1950.12.29.	영국-프랑스 간 특별협정 체결(두 제도에 대한 주권 문제를 ICJ에 회부하기로 합의)
1951.1.5.	영국-프랑스 간 신어업조약 체결
1951.12.5.	영국이 두 제도에 대한 주권 문제를 ICJ에 제소
1953.11.7.	ICJ의 판결(만장일치로 영국에 승소 판결)

2. 루마니아-우크라이나 간 흑해 해양경계 분쟁 관련 연표

연 도	주 요 내 용
1829~1856	러시아가 오스만튀르크로부터 흑해 연안의 세르팡 섬을 할양받음
1947	파리평화조약 이후 루마니아가 세르팡 섬을 차지
1948.2월 이후	1991년까지 구소련이 세르팡 섬을 소유. 구소련의 해체 이후 우크라이나가 세르팡 섬을 영유.
1967~1991	구소련-루마니아 간 흑해 연안의 대륙붕 한계선 분쟁. 구소련의 해체 이후 우크라이나-루마니아 간 세르팡 섬의 영유권과 대륙붕/배타적 경제수역의 경계를 두고 분쟁.
1997	루마니아-우크라이나 간 국경 불가침을 재확인하는 우호조약 체결. 동시에 흑해 해양경계획정 문제를 양국 협상으로 미해결 시 ICJ에 상정하기로 합의하는 부속조약 체결
1998~2004	루마니아-우크라이나 간 24차례 협상 진행
2004.9.16.	루마니아가 흑해 해양경계획정 문제를 ICJ에 제소
2009.2.3.	ICJ의 판결(만장일치로 흑해의 양국 간 단일 해양경계선 획정)

3. 북아일랜드 분쟁 관련 연표

연 도	주 요 내 용
1171	잉글랜드 헨리 2세의 아일랜드 정복 및 지배
16세기 초 이래	헨리 8세의 아일랜드 지배 강화, 북부 아일랜드에 개신교도 대량이주
1800	영국-아일랜드 정식 합병
1916	더블린에서 아일랜드인들의 '부활절 봉기' 발발
1918	총선거에서 신페인의 압승, 아일랜드 의회 독립선언
1919~1921	아일랜드 독립전쟁
1922	영국-아일랜드 조약 체결, 아일랜드 자유국 성립
1922~1923	아일랜드 내전. 이후 아일랜드의 남북 분단 고착화
1949	아일랜드 자유국에서 아일랜드공화국(Republic of Ireland)으로 변경
1967	북아일랜드 민권운동 시작
1968	북아일랜드 분쟁의 본격적 시작
1974	서닝데일 협정(Sunningdale Agreement)
1985	영국-아일랜드 협정(Anglo-Irish Agreement)
1993	다우닝 가 선언(Downing Street Declaration)
1998	성(聖)금요일 협정(Good Friday Agreement) 체결
1999	신 · 구교 정파가 참여하는 북아일랜드 공동자치정부 수립
2005	IRA 군사위원회 완전 종전 선언
2006	성 앤드류 협정(St. Andrew Agreement) 체결
2009	영국 하원, 북아일랜드에 경찰 및 사법권 이양 법안 통과

12

한 땅에 두 나라, 이스라엘과 팔레스타인, '질긴 적대감'

1. 팔레스타인의 지정학적 여건과 그 역사
2. 분쟁의 서막
3. 2차대전 이후 분쟁의 진행: 네 차례의 전쟁
4. 평화 모색을 위한 기나긴 노력 진행; 협상의 체결과 그 한계
5. '출구 없는 혼돈', 평화는 뒷걸음질
6. 분쟁의 핵심 요소

한 땅에 두 나라, 이스라엘과 팔레스타인, '질긴 적대감'

권 오 신

이스라엘-팔레스타인 분쟁은 현상적으로 '출구 없는 혼돈'에 빠져 있다. 그 분쟁은 수천 년에 걸친 그들만의 리그, 그들만의 역사, 바로 그러한 갈등과 분쟁의 역사를 떠올리게 한다. 좀 더 구체적으로는 이스라엘이라는 신생국가가 탄생된 2차대전 이후에 전개된 전쟁과 폭력의 기록으로 접근하게 된다. 대내적으로 한 땅에 두 나라의 공존과 갈등을, 나아가 대외적으로도 강대국들의 이해관계가 중층적으로 작동됨으로써 증폭되어 '질긴 적대감'으로 전개되어 나가는 그 현상들을 읽어나가게 된다. 이 글에서는 그 배경, 과정, 그리고 핵심사안 등을 입체화시켜 본다.

그와 관련하여 중점적으로

1) 이스라엘-팔레스타인 문제의 역사적 배경을 살펴본다.
2) 팔레스타인 지역에 양측의 정착과정을 파악한다.
3) 분쟁의 서막과 2차 대전 이후의 분쟁의 진행 상황을 살핀다.
4) 분쟁의 핵심 사안들은 무엇인가를 추적한다.
5) 향후 전망/해결 방안에 대해 생각한다.

1. 팔레스타인의 지정학적 여건과 그 역사

이 장에서는 오늘날 분쟁과 갈등의 역사로 점철되는 그 지역의 역사적 배경을 우선적으로 파악해 볼 필요성에 근거하여 팔레스타인 지역은 어떤 의미가 있는지, 유대인과 아랍인의 개념은 기본적으로 무엇인지, 유대인들과 팔레스타인들은 어떻게 그 지역에 정착하는지, 나아가 팔레스타인 지역에 대한 시기별 지배세력은 어떻게 유지되었는지 등을 살펴본다.

1) 팔레스타인(Palestine) 지역

지중해의 동부에 면한 이집트와 시리아의 중간지역으로 구약성서에서 가나안으로 불리는 곳으로, 유대민족이 모세의 인도에 따라 이 땅에 들어와 일단 유대인의 땅이 되었으나 시대적 변천에 따라 유대인이 떠나게 되었으며, 2차 대전 후 이스라엘이 탄생한 지역을 의미한다.

역사적으로 보면 팔레스타인은 '필리스틴(Philistines)'이라는 말에서 유래되었다. 지중해 동안으로부터 요르단강 서안까지 동서 70~80km, 남북 300km에 이르는 이 문제의 땅은 필리스틴인이 이 지방으로 들어와 정복하면서 칭해지게 되었다. '필리스틴'이란 기원전 12세기 경 오늘날 이스라엘과 가자지구(Gaza Strip)에 해당하는 지중해 연안 평원에 정착했던 에게인들(Aegeans)을 지칭하는 의미로 사용되어져 왔는데, 훗날 로마 통치자들은 이 지역을 '팔레스티나(Palaestina)'라 칭하게 되었다. 셈계의 종족이든 아니든 간에 일반적으로 이 지역에 거주하는 사람들을 팔레스타인인이라고 통칭하게 된 것이다. 로마인들은 그 이전에 유대인들이 "가나안(Canaan)" 혹은 "유대 사마리아(Judea and Samaria)"로 불렸던 지명을 유대인의 민족정신을 말살하기 위해 명칭을 바꾸게 되었던 것이다.

전통적으로 팔레스타인은 막연히 시리아 남부 지역을 칭해 왔었는데, 팔레스타인 지역 경계선이 확정된 것은 1차대전 이후에 이르러서였다. 대전

후 국제연맹은 패전국 오스만 터키가 지배하던 중동 영토를 분할하여 영국과 프랑스에게 위임통치하기로 결정하였다. 그에 따라 1920년 상레모(San Remo)에서 진행된 전후처리 국제회의에서 시리아를 북부(시리아, 레바논)와 남부(팔레스타인)로 분할하게 되었다. 북부는 프랑스, 남부는 영국의 위임통치로 결정함으로써 결국 팔레스타인 경계가 확정된 것으로 현재 이스라엘, 이스라엘 점령지역(요르단강 서안, 가자 지구), 그리고 요르단을 포함하게 된 것이다.

팔레스타인 지역의 대표적 지세로는 연안의 평야지대, 중앙부의 고지, 고르 저지대, 그리고 요르단강 등으로 구별된다. 달리 보면 서쪽으로 지중해 동안, 북쪽으로 레바논과 시리아 남서부의 골란고원(Golan Heights), 동쪽으로 요르단강(Jordan River)-갈릴리호수(Sea of Galilee)-사해(Dead Sea)를 잇는 선, 그리고 남쪽으로는 홍해(Red Sea)로 둘러싸인 칼날 모양을 한 땅이다.

2) 유대인과 아랍인

유대인(Jews)은 고대 메소포타미아에서 유프라테스강을 건너 팔레스티나로 이주한 셈어족의 헤브라이어를 쓴 분파를 칭한다. 보통 헤브라이인이라고 불렸으나, 유대왕국을 건설한 후 이후부터 유대인이라고 불리게 되었으며, 오늘날 유대인이라 함은 인종적 개념을 넘어서 유대교에 기초한 생활태도를 고수하는 사람들을 지칭하는 개념으로 사용된다. 한편 아랍인은 일반론에서 보면 이슬람교를 믿는 지역에서 아라비아어를 사용하며, 이슬람 문화의 영향을 크게 받고 있는 민족을 전체적으로 의미하는 개념이다.

유대인과 아랍인에 대해서는 구약성서에 그 기원을 찾을 수 있는데, 그들은 같은 조상에서 유래한 것으로 나타나고 있다. 「창세기(Genesis)」에 따르면 아브라함(Abraham) 자손 가운데 이집트인 여종 하가르(Hagar)가 낳은 이스마엘(Ishmael)이 아랍인 시조이고, 부인 사라(Sarah)가 낳은 이

삭(Isaac)이 유대인 시조로 간주되고 있다.

두 이복형제가 자라면서 서로 경쟁하게 되자 사라는 하가르와 이스마엘 모자를 사막으로 내쫓았다. 이스마엘이 사막에서 고생 끝에 살아남아 퍼뜨린 자손들이 아라비아 반도를 중심으로 정착하여 아랍 민족을 형성하게 된다. 오늘날 아랍인에 대한 일반적 정의는 다음과 같다. 즉, 아라비아 반도를 중심으로 인근 지역에 분포하고, 아랍어를 공용어로 하며, 이슬람교를 신봉하는 사람들로서 그 규모는 약 6,000만 명 정도에 이르는 것으로 파악된다. 이 가운데 순수한 아랍인은 약 2,500만 명이고, 나머지 3,500만 명은 본래 각지 토착민들로서 나중에 이슬람교로 개종하고 아랍어를 쓰는 '문화적 아랍인'으로 보는 것이 타당하겠다. 한편 "팔레스타인 아랍인"이라는 그룹은 아랍인들 가운데 이스라엘 영토와 점령지에 거주하는 아랍인들을 지칭하며, 이들을 다시 세분해 보면 '이스라엘 아랍인', '점령지 아랍인', 그리고 '팔레스타인 난민'으로 분류되고 있다.

한편 이삭이 남긴 후손들은 모세의 영도로 이집트를 벗어나 40여 년간 시나이 반도의 사막을 헤매다 약속의 땅에 도착하였고, 그 지역에서 유대민족을 형성/유지하게 된다. "유대인" 명칭에 대해서도 다음과 같은 설명이 가능하겠다. 즉, 이삭의 둘째 아들이며 아브라함의 손자인 야곱(Jacob)의 넷째 아들 이름 유다(Judah)에서 유래한다고 볼 수 있다. 헤브라이 왕국이 남북으로 분열된 후(기원 전 931) 유다가 이복형제인 벤자민(Benjamin)과 함께 남쪽지역에 건국한 나라가 바로 유대(Judea)왕국이다. 이후 유대인이란 바로 유대왕국 사람을 의미하는 것으로 통용되었다. 북쪽에 세워졌던 이스라엘은 고대 동방 최초의 통일왕국인 앗시리아에게 정복(B.C. 722)된 후 흩어졌고, 점차 다른 민족에게 동화되었다. 유대왕국 사람들은 '바빌론유수'가 끝나고(B.C. 538) 팔레스타인으로 다시 돌아올 때까지 민족 고유의 주체성을 유지해 왔으나 이들이 정착했던 팔레스타인 땅이 로마의 속주로 편입된 후(B.C. 63) 정치적/종교적 탄압을 받았고, 그 후에도 지속된 로마의 압정에 대해 유대인들은 70년과 132~135년에 반란을 일으켰으나 결국 철저히 탄압을 받게 된다. 유대인의 대부분은 팔레스타인으로부터 추방이 시작되었고, 전 세계로 이산하게 된 것이다(통칭 '유대인의 이산'). 이후 1,800년 동안 유대인은 유랑생활을 생활하면서 '나라 없는 백성'이 되는 결과로 이어졌다.

3) 유대인의 팔레스타인 정착

원래 유대인의 조상들은 메소포타미아 지역에 거주했던 것으로 설명되고 있다. 아브라함의 인도로 '젓과 꿀이 흐르는 땅' 가나안(팔레스타인)으로 처음 이주한 것은 역사적으로 보면 기원전 2,000년 경이었던 것으로 파악된다. 강력한 세력들이 주변에서 세력을 팽창하면서 유대인들은 점차로 이집트로 밀려갔고, 람세스 2세 이후에는 노예로 전락하게 된다. 그러다가 기

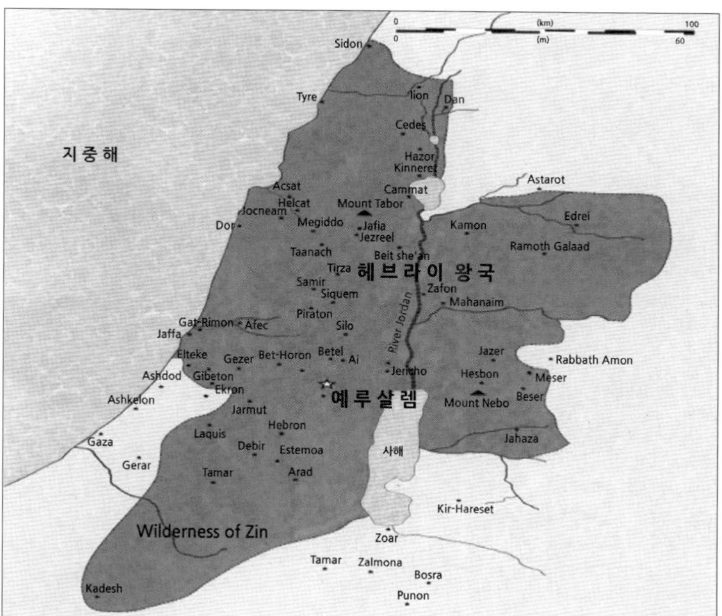

〈헤브라이 왕국〉

원전 13세기 경 모세(Moses)의 인도로 다시 가나안 땅으로 귀환하였다. 기원전 10세기 경 이집트가 쇠약해 진 틈을 타 시리아와 팔레스타인 일원에 헤브라이(Hebrew)왕국을 수립하였고, 예루살렘을 수도로 정하였다. 다윗(David)과 솔로몬(Solomon) 왕 시대를 거치면서 전성기를 누리게 되었다. 이후의 개략적인 역사는 다음과 같다.

▶ 솔로몬 사후 이스라엘(북쪽)과 유대왕국(남쪽)으로 분열(B.C.931)
▶ 이스라엘은 앗시리아에게(B.C. 722), 유대왕국은 신바빌로니아(칼데아 왕국)에게(B.C. 586)에게 멸망
▶ 유대인의 '바빌론유수'(−B.C. 538) 이후 바빌로니아를 점령한 페르시아의 다리우스 1세에 의해 해방된 후 팔레스타인으로 귀환하여 예루살렘을 재건

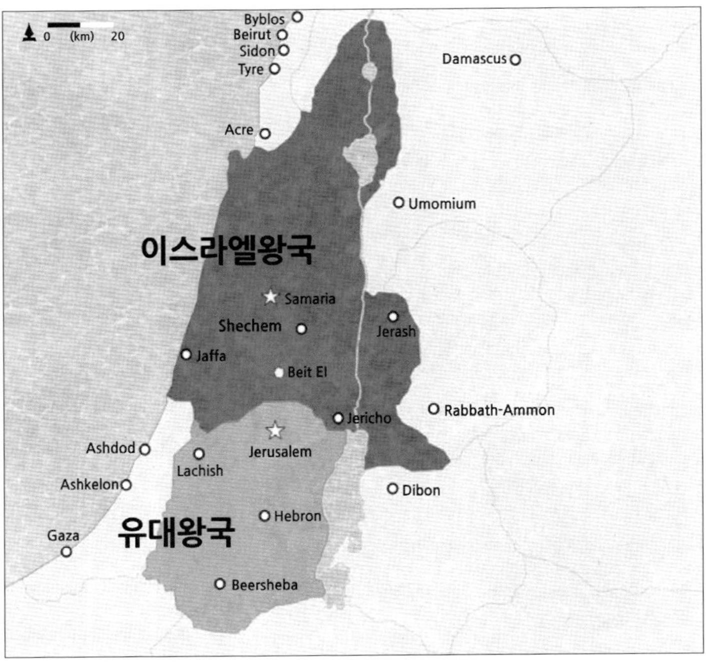

〈이스라엘왕국과 유대왕국〉

▶ 기원전 4세기에 알렉산더 지배, 기원전 1세기에는 로마 제국 치하에 들어감. 로마 치하에서 70년과 135년에 대규모 반란을 일으켰으나 로마는 예루살렘을 파괴하는 등 유대인 말살 정책을 펴자 유대인들은 세계 각지로 이산함.

▶ 세계로 흩어졌던 유대인들은 19세기 말에 '시오니즘(Zionism)'을 통해 팔레스타인으로 귀환 운동을 전개함

4) 팔레스타인 아랍인의 그 지역 정착

팔레스타인이라는 명칭을 낳은 '필리스타인'(지중해 연안의 에게인)인들이 이 지역에 들어온 것은 기원전 12세기 경으로 파악된다. 그 후 시간이 많이 흐르고, 아랍인들이 팔레스타인에 들어와서 로마를 물리치고 지배권을 장악한 것은 이슬람이 성립된 이후인 636년의 일이다. 이후 이 지역에서 아랍인들은 다수를 형성하여 실질적인 주인으로 살아가고 있었다. 그 후 400여년에 걸쳐 오스만터키(1516-1917) 지배를 받으면서 주민들은 거의 모두 이슬람교로 개종하였고, 팔레스타인 지역에서 아랍인의 지배는 확고하게 진행되었던 것이다. 그러나 아랍인들은 팔레스타인 지역에 아랍 국가를 한 번도 세운 적이 없었던 것은 사실이다. 2차 대전 이후 이스라엘이 건국될 때까지도 아랍인들은 팔레스타인을 별개의 독립지역으로 여기지 않고 시리아의 남부 일부로 간주하면서 생활해 왔는데, 결국 19세기 후반 시오니즘 발생과 유대인들의 이주운동이 전개되어 그 땅에는 이스라엘이라는 신생국가가 건국되기에 이른 것이다.

5) 팔레스타인 지역에 대한 역사적 지배 상황

팔레스타인 지역에 대한 역사적 전개와 지배 양상은 복잡하게 진행되었으나 간단히 정리해 보면 다음과 같다.

▶ 팔레스타인 지역이 처음으로 국가적 귀속상태는 이집트 지배(기원전 1550-1200)

▶ 팔레스타인 지역의 유대인 지배; 헤브라이 왕국 수립(기원전 1025)

▶ '필리스타인'들도 이 지역에 들어왔으나(기원전 12세기 경), 그들은 독자적인 국가를 건설하지 못하고 헤브라이 왕국에 편입

▶ 헤브라이 왕국의 남북 분열(기원전 931)

▶ 북쪽의 이스라엘은 앗시리아에게(기원전 722), 남쪽의 유대는 신바빌로니아에게(기원전 587) 멸망

▶ 바빌론 유수(기원전 587-538)

▶ 페르시아 지배(기원전 538-333)

▶ 헬레니즘 지배(기원전 332-164)

▶ 유대인에 의한 하스모니안(Hasmonean)왕국 지배(기원전 164-63)

▶ 로마 제국 지배(기원전 63-)와 동로마제국(비잔틴) 지배

▶ 이슬람 지배(636-); 7세기 중반부터 1차대전 종전까지 약 1,300년 동안 셀주크 터키, 이집트, 오스만터키 등의 이슬람 세력의 지배를 받으면서 팔레스타인은 완전히 이슬람 문명권으로 유지

2. 분쟁의 서막

1) 분쟁 전의 공존, 그리고 분쟁의 단서

기나긴 역사 과정 속에서 두 민족은 상이한 종교적 신념과 문화를 형성하게 된다. 그러나 고대사회에 그 지역에서의 일반적 생활행태는 유목생활 중심이었기에 토지 소유와 정착생활에 대한 집착이 크지 않았던 것이 사실이다. 따라서 두 민족이 팔레스타인 지역 내에서 혼재하며 살았지만 땅에 대한 소유개념이 명확하지 않았기에 비교적 평화롭게 공존해오고 있었다.

두 민족이 팔레스타인 지역을 생활터전으로 공유한 3,000년 역사에서 아랍 대 이스라엘 분쟁은 불과 최근 100여 년 사이에 나타난 현상으로서, 그 분쟁은 짧게는 2차 대전 직후 유엔에 의한 팔레스타인 분할 결정과 이스라엘 건국을 계기로 폭발하게 된 것이다. 다만 그 뿌리는 기나긴 역사 속에서 나름대로 이미 잉태되고 있었고, 구체적으로 19세기 후반 시작된 시오니즘 운동으로부터 출발되었다고 볼 수 있겠다.

2) 시오니즘(Zionism)

시온(Zion)이란 '성스런 산'을 뜻한다. 예루살렘 구시가지의 남서쪽에 해발 765m에 위치하며 솔로몬 왕이 성전을 건축했던 바로 그 언덕을 뜻하였는데 그런 점에서 시온산은 이스라엘의 신앙의 상징이라고 볼 수 있다. 점차 그 범위가 확대되어 예루살렘을 지칭하고, 나아가 '약속의 땅'을 상징하는 개념으로 전용되어 나갔다. 그에 따라 시오니즘은 하느님이 유대인에게 약속한 땅, 예루살렘으로 가서 유대인 국가를 만들자는 유대민족의 건국운동을 말한다. 19세기 후반에 중부 및 동부 유럽의 유대인들 사이에서 발생한 '유대인 민족국가 수립과 의식재건 운동'을 칭하는 것으로, 유대인의 이산이 있은 이후 유럽 사회에서 시대별로 다양한 차별과 배척을 경험한 유대인들이 궁극적으로 생존해야 한다는 절대적 여망에서 벌인 유대인 국가 건설 운동을 총칭한다고 말할 수 있다. 달리 말해 보면, 이스라엘이 하나님의 거룩한 백성이 된 그 '거룩한 땅(The Holy Land)'에로의 귀향을 의미하는 가장 강력한 표현은 어쩌면 바로 '시온'이었던 것이다.

시오니즘이라는 용어는 오스트리아의 언론인 번바움(Nathan Birnbaum)이 1886년 처음 사용하였고, 본격적으로 확산된 것은 오스트리아 저널리스트 헤르첼(Theodor Herzel, 1860-1904)이 쓴 〈유대 국가, Jewish State〉에서 근거한다고 볼 수 있겠다. 그가 주도하여 1897년 8월 스위스 바젤에서 197명의 대표가 참석한 가운데 제1차 세계시오니스트회의가 개최되었고, 그 결과로 "조국 시온의 언덕으로 돌아가 새로운 국가를 세우자"라는 바젤선언을 채택하기에 이른다. 이 회의는 유대인들이 자신들의 문제를 논의하기 위해 모인 최초의 것으로 유대인 역사에 획기적 의의를 가질 뿐만 아니라 이를 계기로 시오니즘 운동은 이념적인 운동에서 실천적이고 정치적인 운동으로 성격변화가 나타난다. 바젤회의를 계기로 산만했던 초기 시오니즘 운동은 하나로 통합되었고, 각 국가별로 유대인 조직이 수립되어 나갔다.

그 후 운동의 중심이 변화되는데 1차대전 후반기에 이르면 바이츠만(C. Weizmann) 등 영국계 유대인들이 영국을 중심으로 시오니즘 운동을 주도하게 된다. 2차대전 동안 히틀러가 자행한 유대인 대량학살로 인해 600만 명의 동포가 학살되자 유대인들의 시오니즘운동은 더욱 강하게 불타오르게 되고, 국가건설 만이 민족수난사를 마감하고 집단적으로 생존할 수 있다고 확신하기에 이른다. 2차대전이 끝나자 유럽뿐만 아니라 전 세계 유대인들이 팔레스타인으로 귀환이 늘어나게 되었고, 마침내 그 결과 1948년에는 이스라엘이라는 신생국가를 건국하게 된다.

3) 영국의 팔레스타인 위임통치가 남긴 모순정책

세계 1차대전이 발발하자 오스만터키는 독일 진영에 가담하였고, 터키가 참전하면서 이 유럽전쟁은 오스만제국령의 중동지역에도 영향을 미쳤다. 이렇게 되자 영국은 오스만터키의 약화와 전쟁에서의 승리를 위해 팔레스타인 지역을 미끼로 이율배반적인 약속을 하면서 아랍민족과 유대인들을 전략적으로 활용하는 모순된 정책을 활용해 나간다.

영국은 먼저 아랍민족의 협력을 얻어 오스만제국을 견제하기 위해 팔레스타인 지역에 아랍 독립국가를 창설시켜 준다는 약속을 한다. 당시 카이로 주재 영국 고등판무관 맥마흔(Henry Macmahon)은 1915년 3월부터 1916년 3월까지 10여 차례에 걸쳐 전시외교정책의 내용이 담긴 서한을 메카의 태수 후세인(Hussein)에게 주고 받았는데(맥마흔-후세인 서한), 그 내용은 아랍인들이 참전하면 종전 후 그 대가로 후세인이 요구하는 아랍지역의 독립(팔레스타인 지역의 아랍국가 건설 포함)을 보장해 준다는 것이었다. 그 서한이 정부 공식합의는 아니었지만 아랍인들 입장에서 보았을 때 나중에 팔레스타인 지역에 대한 자국영토 주장의 근거가 되었었다.

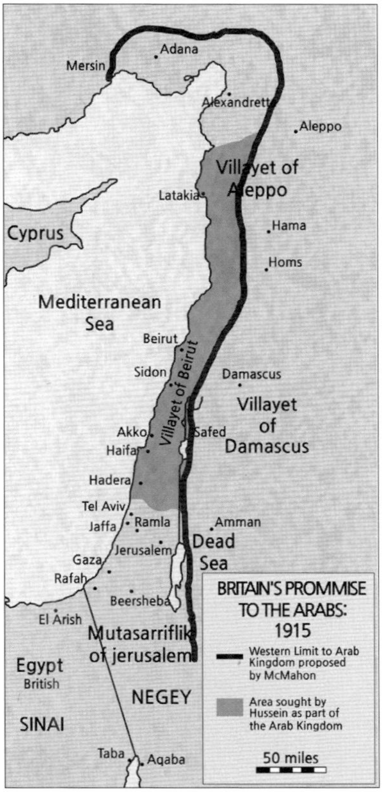

〈1915년 영국의 약속〉

영국은 유대인들에게도 비슷한 내용의 약속을 하면서 그들에게 전쟁 지원을 유도하게 된다. 복잡한 전개과정이 있었지만 결과적으로 1917년 11월 영국 외상 발포어(Lords Balfour)는 영국 국적의 유력한 유대인 로드쉴드(Rothshild)에게 서한을 보내 유대인의 향토(a national home)를 팔레스타인 지역에 건설하는 것에 호의를 보이겠다고 약속(발포어 선언)하였다. 이 선언은 유대인에게는 희소식이 되었지만 아랍인에게는 큰 충격을 불러일으켰다. 어쩌면 이 선언이 오늘의 팔레스타인 문제발생의 한 축이 되었던 것이다

발포어 선언에서의 유대인에 대한 공약과 맥마흔-후세인 서한에서의 영국의 서약에 대한 아랍인들의 해석 사이에서 생기는 모순은 제1차 대전 이후부터 1948년 이스라엘의 건국 때까지 유대인과 아랍인 사이의 갈등의 주요 요인으로 작용하게 되는 것이다. 제국주의 국가 영국이 자국의 이익을 위해 이렇게 모순된 약속을 양측과 진행시킴으로 인해 향후 양 진영에서의

갈등은 더욱 심화되어져 나갔던 것이다.

1차대전은 끝났다. 영국은 승전국의 일원으로써 전후 처리에서 유리한 고지를 점하게 되었고, 종전 후 양측의 약속을 모두 저버리고 1920년 4월 상 레모 회의에서 팔레스타인 지역을 이라크 및 요르단과 함께 자신의 위임통치로 설정하고, 시리아는 프랑스가 위임통치하기로 결정되었다. 영국의 팔레스타인 위임통치는 1920년 7월 1일 실질적으로 시작되었다. 그 후 시오니즘 영향으로 유대인의 팔레스타인지역으로 이주가 가속화되자 아랍인들의 감정을 자극하게 되었고, 그 결과 팔레스타인 지역에서 반유대 운동이 촉발되고 강화되어 나가게 된다.

영국의 위임통치가 진행 중인 가운데 2차대전이 진행되었고, 팔레스타인과 관련된 사안도 지속적으로 제시되고, 위원회들이 설립되어 그 문제를 논의하고 보고서가 제출되기를 수차례 반복되었다. 2차대전 종전 후에도 영국은 아랍민족과 유대인의 분쟁을 조정하기 위해 다양한 논의와 해결을 시도하였다. 그러나 그 사안은 양측의 완고한 주장에 따라 해결 기미를 찾을 수 없게 되었다. 결국 영국 당국은 1947년 4월 2일 유엔 사무총장에게 팔레스타인 문제에 관한 특별회의를 소집하도록 하여 이 난제를 유엔으로 이관시키고 만다. 복잡한 과정이 있었지만 간단히 말한다면 영국은 그 문제를 '유엔으로 이관'이라는 해법을 제시하면서 자국의 역할을 포기한 것이다. 영국의 입장에서는 포기였지만 이 문제는 양측 진영에게는 갈등을 더욱 심화시키는 계기로 작용되었다.

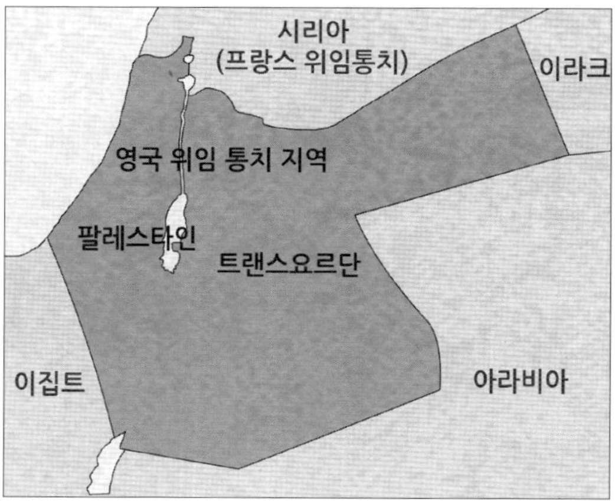

〈영국의 위임통치 지역〉

4) 유엔의 팔레스타인 분할안 채택

국제연합은 이 문제를 다루기 위해 11개 국가로 구성된 특별위원회(UN Special Committee on Palestine UNSCOP; 오스트레일리아, 캐나다, 체코슬로바키아, 과테말라, 인도, 이란, 네덜란드, 페루, 스웨덴, 우루과이, 유고슬라비아)를 구성하게 된다. 위원회는 팔레스타인 문제(팔레스타인 문제에 관련된 모든 사실을 조사하고 기록하며 이 문제와 관련된 즉, 유럽의 유대난민 문제 및 분쟁)에 관해 조사를 실시한 후 1947년 8월 보고서를 제출하였다. 결과적으로, 내부의 이견을 조정하지 못하고 팔레스타인 지역을 아랍인과 유대인 지구로 분할한다는 다수안(7개국 동의)과 아랍인과 유대인을 포괄하여 연방국가를 창설한다는 소수안(4개국 동의)의 두 가지 안을 건의하게 된다.

1947년 9월에 제2차 유엔총회가 개최되었고, 11월 29일에 표결을 통해 다수안을 채택함으로써(찬성 33, 반대 13, 기권 10표) 팔레스타인 지역을 아랍인 구역과 유대인 구역으로 분할하는 안이 채택되게 되었다. 팔레스타인 전 지역의 약 57%를 유대 국가에, 나머지 43%를 아랍국가에, 1% 미만의 예루살렘 지역을 국제지구로 분할하는 안이었다. 분할안이 채택되자 아랍측은 그 결의를 반대하고 항의하면서 실력으로 저지한다고 성명을 발표하였다. 반면에 유대인들은 그 안을 기꺼이 수락하게 된다. 한마디로 시오니즘 운동의 결과로 팔레스타인 분할결의는 유대인에게는 큰 승리로 간주되었다. 분할안이 통과된 후 유대인과 아랍인이 근접하여 거주하고 있

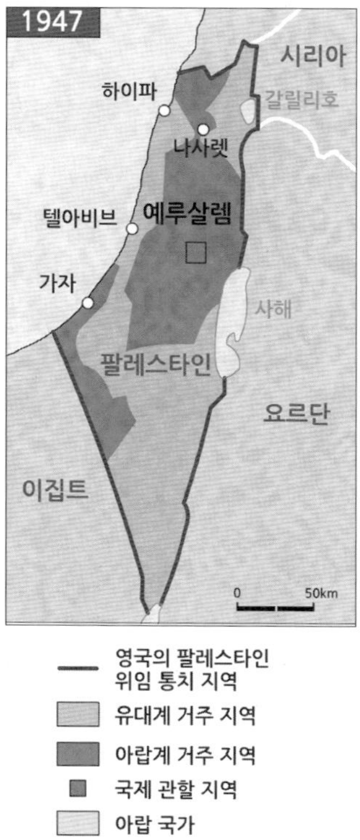

〈국제 연합의 분리 계획〉

던 예루살렘, 텔아비브, 야파와 주변지역에서는 두 진영 간의 충돌이 발생하였고, 주변지역으로 확산되면서 위기가 초래되었고, 이것은 향후 오늘날까지 진행되는 분쟁의 서곡으로 등장하였던 것이다. 유대인들은 1948년 5월 14일 텔아비브에서 다비드 구리온(David Ben-Gurion)을 수상으로 하는 이스라엘 국가 수립을 선포하기에 이른다. 이로써 영국의 26년에 걸친 팔레스타인 위임통치가 종료되었다.

유엔의 팔레스타인 문제 처리에 대한 결과로서 한 땅에 두 나라를 성립시킨다는 분할안이 채택됨으로서, 그리고 그 결과로서 신생국가 이스라엘이 건국됨으로써 이 지역에서의 분쟁과 갈등, 나아가 전쟁 등의 양상으로의 갈등은 오늘날까지 고착화되는 결과를 잉태시킨 것이다.

3. 2차대전 이후 분쟁의 진행 : 네 차례의 전쟁

1948년 이스라엘이 탄생되었다. 이스라엘의 독립은 곧 전쟁으로 이어졌다. 주변의 아랍측이 변화된 국제환경 속에서 이스라엘과 1948년부터 1973년까지 네 차례의 전쟁을 치르게 된다. 이 시기 세계질서는 냉전체제가 엄연한 현실로 작동되고 있었고, 팔레스타인 지역 분쟁은 이스라엘과 팔레스타인 양측의 관계를 넘어 국제문제화로 나아가는 과정 속에 진행된 것이다.

1) 제1차 중동전쟁(1948)

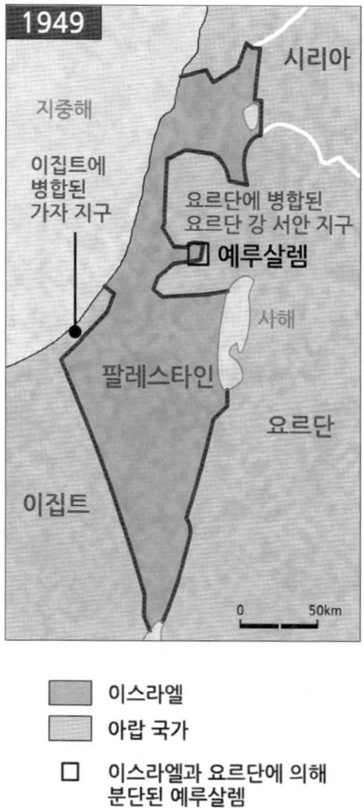

〈이스라엘 독립전쟁 이후〉

보통 아랍측에서 '팔레스타인 전쟁'으로 불리는 1차전쟁은 1948년 5월 14일에 이집트, 레바논, 요르단, 시리아, 이라크 등 5개 아랍국가들의 2만여 병력이 신생 이스라엘을 침공함으로써 시작되었다. 아랍인들은 이스라엘 국가건설 자체를 부정했을 뿐만 아니라 그 분할안은 아랍인에게 불리한 제안이었기 때문이다. 이스라엘은 반면에 이 전쟁 상황을 '독립전쟁' 또는 '해방전쟁'이라고 의미를 부여하게 되었다.

유엔안보리의 지속적인 중재로 1948년 11월 16일에 이르러 전쟁은 중지되었으며, 1949년 2월 14일 이스라엘과 이집트간에 휴전협정이 체결되었다. 이스라엘과 레바논(3월), 요르단(4월), 시리아(7월) 간에도 휴전협정이 성립됨으로써 종전에 이르렀다.

전쟁 결과로 이스라엘은 팔레스타인 지역의 78%를 차지하는 전과(이스라엘의 영토 확장)를 얻었고, 나머지 22% 중 가자 지구는 이집트, 동예루살렘을 포함하는 서안 지대는 요르단 통치하에 1967년 6월까지 놓이게 되었다. 예루살렘 지역이 분할되어 서예루살렘은 이스라엘의 통치하에 남게 되었다. 그리고 팔레스타인인 100만 명 정도가 난민(팔레스타인 난민의 발생)이 되었다. 즉 팔레스타인 난민의 역사가 시작된 것이다. 결국 이 문제는 오늘날까지도 중동지역의 최대 난제로 남게 되는 결과로 나타났다.

2) 제2차 중동전쟁(1956. 10)

'수에즈 전쟁' 혹은 '시나이 전쟁'으로 불리는 이 전쟁은 이집트의 나세르 대통령이 수에즈 운하를 국유화하고, 이스라엘의 유일한 홍해 진출로인 시나이 반도 옆 티란(Tiran)해협을 봉쇄한다는 선언을 계기로 시작되었다.

이집트가 수에즈운하의 국유화를 선언하자 영국과 프랑스가 공격에 나섰고, 이스라엘도 편승하여 공격 진영에 가담하였다. 국제연합은 긴급특별총회를 소집하여 11월 14일 즉시 철수와 유엔군 파견 결의를 채택하였다.

이스라엘은 이 전쟁의 초기 기습공격으로 아랍측 공군력을 괴멸시켰고, 결과적으로 가자 지구는 물론이고, 시나이 반도의 요충지를 점령하게 된다. 이 전쟁은 미국과 구소련이 영국과 프랑스 및 이스라엘의 이집트에 대한 군사공격을 비난하면서 군사력 철수를 요구하였고, 이들 국가들이 점령지에서 군대를 철수 시키면서 중단되었다(아랍권에서는 '3국 침략'이라고 부르고 있음). 당시는 냉전체제가 엄연한 현실로 유지되는 시대 상황이었고, 이 전쟁은 국제정치 핵심의제로 '국제화'되었다. 당시 이집트는 소련의 중동정책에서 전진기지 역할을 담당하게 되었다.

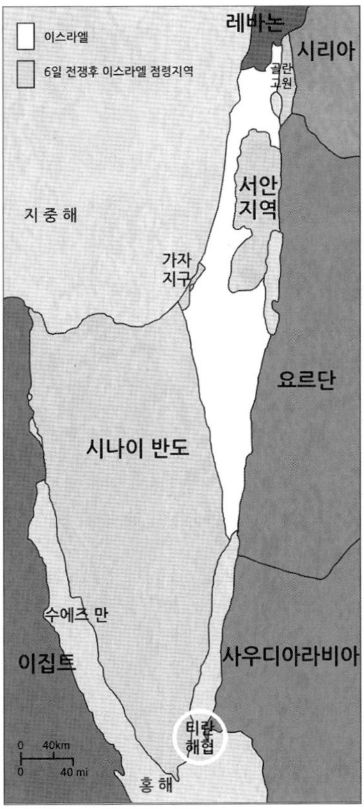

3) 제3차 중동전쟁(1967. 6)

이집트의 나세르 대통령이 티란해협을 다시 봉쇄하여 이스라엘이 홍해 진출 통로를 차단하고 동시에 시나이 반도에서 국제연합 평화유지군을 축출한 조치가 발단이 되었다.

시리아와 이집트는 각기 대내외적 이해관계를 고려하여 1966년 10월 군사동맹을 맺고 주변 아랍국가들과도 협력체제를 강화하면서 이스라엘에 대한 군사공격을 준비하였으나 이런 환경 하에서 이스라엘이 선제공격을 가했고(1967년 6월 5일), 전쟁은 6일 만에 종결되어(6월 9일 정전 실현, 6월 11일 종전) 통상 '6일전쟁'이라 칭해지기도 한다.

전쟁 결과로 이스라엘은 이 전쟁에서 시나이반도, 골란고원, 가자지구, 요르단강 서안 등 광대한 지역을 점령하는 대승을 거두게 된다. 이스라엘은 나머지 22%인 이집트 통치하에 있던 가자와 요르단의 통치하에 있던 동예루살렘을 포함하는 서안 지역을 모두 점령하였다. 유엔을 비롯하여 세계여론은 이스라엘이 모든 불법점령지에서 철수할 것을 요구했으나 이스라엘은 이를 묵살하고 점령지에 정착촌을 건설함으로써 비난을 사게 된다.

4) 제4차 중동전쟁(1973. 10)

영토를 상실한 후 이스라엘에 대한 분노에 불타던 아랍국가들은 '10월 전쟁', '욤키푸르(Yom Kippur; 10월 6일은 유대인의 성일인 욤키푸르, 즉 '대속죄일 '이라는 뜻) 전쟁', 또는 '라마단 전쟁'이라고 불리는 전쟁을 다시 유발하게 된다.

이집트의 사다트 대통령은 3차전쟁에서 상실한 지역을 회복하여 자신의 위상을 강화하기 위해 시리아의 아사드(Assad)대통령을 끌어들여 수에즈 지역과 골란고원 양 전선에서 이스라엘을 기습 공격하였다(10월 6일). 이스라엘은 전쟁 초기의 열세를 만회하고 골란고원에서 일방적으로 승리하고, 시나이반도의 이집트를 집중 공격하여 전세를 유리하게 전개하게 된다.

1973년 10월 28일 유엔이 긴급군을 수에즈 지역에 파견하였고, 그 해 11월 11일 이집트와 이스라엘이 휴전협정에 조인함으로써 이 전쟁도 이스라엘에 유리하게 종결되었다.

4. 평화 모색을 위한 기나긴 노력 진행 : 협상의 체결과 그 한계

팔레스타인 지역을 둘러싼 아랍 측과 이스라엘 측간의 분쟁은 네 차례의 전쟁을 치룬 후에 새로운 국면으로 접어들었다. 1977년 11월부터 미국 카터 대통령의 중재로 이스라엘의 베긴 수상과 이집트의 사다트 대통령 간의 회담을 거쳐 '캠프데이비드 협정'이 체결(1978. 9)과 국경획정 협정(1979. 3)을 이끌어냈다. 이 협정에서 이스라엘은 점령지였던 시나이 반도를 이집트에 반환하는 대신에 자국의 선박이 수에즈 운하를 이용할 수 있는 권리를 부여 받기에 이른다. 이집트는 이스라엘과 평화협정을 체결함으로써 국교를 수립하고, 평화관계를 정착시키고, 시나이반도를 되찾았다. 아랍국가들과 사전 조율 없이 독자적으로 조약을 체결하였기에 아랍세계로부터 거센 반발을 야기하였고, 고립되는 결과를 맞았다. 그러나 맹주격인 이집트가 이스라엘과 평화협정을 체결함으로써 중동지역의 안정분위기를 연출했다는 점에서 의미는 있었던 것이다.

팔레스타인인들은 잃어버린 자기들의 땅을 되찾기 위하여 다양한 지하조직을 결성하여 투쟁활동을 전개하기 시작하였다. 조직적인 투쟁활동이 본격화 된 것은 1964년 팔레스타인해방기구(PLO, Palestine Liberation

Organization)가 결성되면서부터이다. 1969년 PLO의 의장으로 취임한 아라파트는 무장투쟁조직을 결성하고, 게릴라전을 통해 이스라엘에 끊임없이 저항하였다. 그러한 와중에 PLO가 국제적 공인을 받게 된다. 1973년 11월 알제리에서 개최된 아랍정상회담에서 팔레스타인 지역의 유일하고 합법적인 대표로 승인되었다. 1974년 유엔에서도 팔레스타인해방기구는 단순한 테러집단이 아닌 정치적 실체로 인정하기에 이른다.

이스라엘 지배에 반대하는 팔레스타인 아랍인의 집단적 저항은 1987년 '인티파다(intifada)', 즉 인민봉기로 전개되었다. 가자 지구의 피난민 수용소에서 시작된 인티파다는 팔레스타인 전역으로 확산되었고, PLO와 하마스 등 테러조직들이 통합지도부를 형성하면서 기존의 학생조직, 여성조직, 노동자와 전문가 조직들을 유인물을 통해 동원시킬 수 있게 됨으로써 세력을 배가시킬 수 있었다. 당시 이스라엘 군의 탄압으로 4년 동안 1,400여 명 이상의 사상자 발생하기도 하였다.

1988년 11월 15일 PLO는 이스라엘의 점령지인 '동예루살렘을 중심으로 한 요르단 강 서안지구를 기반으로 팔레스타인 독립국가'를 선언하고, 이듬해 제네바에서 열린 국제연합 총회에서는 미국과 이스라엘을 제외한 회원국 다수의 지지를 얻어 독립국가로 인정받았다. 이로써 UN총회 결의에서 팔레스타인은 '국가로서의 지위'를 명시적으로 확보하게 되었다.

1991년 발생한 걸프전쟁과 소련의 붕괴는 팔레스타인 아랍인의 독립국가 건설에 중요한 전환점으로 작용되었다. 1993년 1월 노르웨이의 수도 오슬로에서 열린 이스라엘과 PLO 대표 간의 비밀협상을 시작으로 팔레스타인 문제는 평화적 해결 가능성이 열리게 되었다. 회의의 모토는 '땅과 평화를 교환 한다'는 것이었다. 회담 결과 9월에 중동평화협정(오슬로 협정)이 체결됨으로써 해결의 실마리 구축되었다. 오슬로 협정으로 언급되는 '팔레스타인 평화안'에서는 PLO와 이스라엘은 상호 그 존재와 대표성을 공식적으로 인정하게 된다. 협정의 1단계로 가자지구와 요르단 강 서안의 예리코(Jericho)에서 팔레스타인 아랍인의 자치가 실시되기도 하였다. 1994년 7

월 1일에는 아라파트 의장이 가자 자치지구에서 생활을 시작하였으며, 7월 5일에 아라파트 의장과 각료들이 예리고 자치지역에서 취임식을 거행하고 자치정부 수립을 공식 선언하게 된다.

1995년 9월 28일 워싱턴의 백악관에서 맺어진 제2차 중동평화 협정에서 라빈 이스라엘 총리와 아라파트 PLO 의장은 가자 지구와 요르단 강 서안지역에 팔레스타인 자치정부를 출범시킨다는데 최종 서명하였다. 그리고 그 협정에 따라 1996년 1월 20일 팔레스타인 아랍인의 자치정부 구성을 위한 총선거가 실시되어, 아라파트가 초대 대통령으로 선출되었다. 그러나 팔레스타인과 이스라엘 양 쪽 모두에는 합의를 반대하는 세력이 존재하였고, 그들의 역할과 작용은 분쟁해결을 퇴보시키는 작용을 하게 되었다.

1995년 11월에는 이스라엘 내의 반대파가 평화집회에 참가하고 있던 라빈 총리를 암살하는 사건이 발생하였다. 팔레스타인 자치정부가 출범한 이후에도 하마스 등 과격단체들에 의한 테러행위가 발생하여 평화협정을 위협하는 사태는 지속되었다. 그러한 테러행위는 1996년 5월 실시된 이스라엘 총선거에 결정적 영향을 미쳐 아랍국가에 대한 강경한 입장과 시오니즘을 강조하는 정당들이 총선거에서 세력을 크게 확대해 나가게 되었다.

이후 양측은 1998년 10월 25일 '와이리버협정(Wye River Memorandum)'을 체결하고, 이스라엘은 1967년에 점령한 요르단 강 서안을 팔레스타인 정부에 단계적으로 이양하기로 약속하였다. 1998년 12월까지 이스라엘의 1단계 철수가 완료되었으나, 이스라엘에 대한 팔레스타인의 적대행위와 폭력사태가 계속되자 이스라엘은 철수를 중단하면서 새로운 문제가 야기되었다. 사태의 전개과정에서 볼 수 있듯이 1차 인티파다가 종결되고, 2차 인티파다가 시작되기 전인 1990년대의 약 10년간 시기는 '평화협정의 시기'였고, 일정정도 평화 분위기가 진행된 것도 사실이지만 그런 협상분위기는 90년대 후반 들어 전망이 다시 불투명해진다.

1995년 5월에 새로운 총리로 선출된 노동당의 바라크는 2000년 8월에 양측 정상의 평화협상에 실패하고, 그 후 예루살렘의 알아크사 사원에서 팔레스타인과 이스라엘 순례자간에 충돌이 발생하게 된다. 2000년 9월 29일에 아랍인 거주지역에서 제2차 인티파다가 재개되었다. 반이스라엘 봉기인 인티파다로서 팔레스타인의 폭력적 데모와 간헐적 테러에 대해 이스라엘군은 보복을 감행하여 극도의 긴장이 팽배해졌다. 이러한 갈등 속에서 이스라엘 측의 민간인 피해가 발생함에 따라 강경 극우파가 득세하고 국내정치가 불안해 지면서 친아랍 온건 성향의 바라크 총리는 불명예 퇴진하기에 이른다.

2003년 11월 안보리 결의 1515호에서는 "UN, EU, 미국, 러시아"가 후원하며, 이스라엘/팔레스타인 분쟁에 대한 영구적인 두 국가 해결책으로 이끄는 로드맵, 즉 중동평화 프로세스를 제시하고 지지하는 결과가 나타났다. 이 로드맵은 2002년 6월 미국의 부시 대통령이 제시하면서 구상된 것이었다. '두 개의 국가 해법'을 통하여 진전을 추구하자는 의제에 미국이 동의함으로써 진전을 보이게 된다. 문제는 이스라엘과 팔레스타인 양 정부내에 강경 세력들이 활동하면서 그 프로세스가 효과적으로 실행되는데 어려움이 있게 되었다.

한편 2001년 2월에 당선된 극우파 성향의 샤론 총리는 팔레스타인에 대해 초강경 극우 정책을 전개하였고, 2004년에 예루살렘 등지에서 자살폭탄 테러가 발생하자 강경하게 대처하였다. 이스라엘의 가자 지구 공습으로 하마스의 지도자이자 반이스라엘 투쟁의 상징적 존재인 아메드 야신이 사망하면서, 양측 간 '피의 보복'이 지속되었다. 2004년 11월 PLO의 정신적 지도자이자 정부 수반인 야세르 아라파트가 사망한 후, 팔레스타인의 새 지도자로 마무드 압바스(Mahmoud Abbas)가 선출되고, 이스라엘의 샤론 총리가 관계 개선 의지를 제시하면서 중동 지역은 새로운 전기를 맞기도 하였다. 2005년 이스라엘은 가자 지구 내 유대인 정착촌의 주민을 모두 이주시키고, 군 병력을 철수하며, 1967년 이후 38년간의 가자 지구 점령에 종지부를 찍기도 하였다.

2006년 1월 총선에서 팔레스타인 이슬람주의 운동의 강경파인 하마스

(Hamas: 이슬람 저항운동 단체로서 '열정, 용맹'이라는 뜻) 세력이 팔레스타인 자치의회 다수당이 되었고, 2007년 6월 PLO의 주요 온건파 세력인 파타와의 내전 끝에 가자 지구를 점령하였다. 이스라엘의 입장에서는 하마스가 존재하는 한 팔레스타인과 평화협정을 체결하는데 한계가 있다는 입장이다. 그와 같은 상황에서 이스라엘은 하마스 정권을 압박하였고, 이에 하마스는 이스라엘 남부에 로켓 공격을 했고, 이스라엘도 군사작전과 봉쇄로 대응하였다. 2008년 6월에 이스라엘과 하마스 간 정전 협정이 체결되었으나. 12월 휴전협정 만료와 하마스의 휴전 연장 불가론이 발표됨으로써 해결의 기미는 다시 줄어들었던 것이다. 결국 상호 신뢰는 무너지고, 양측의 대립은 강화되어 나갔다.

5. '출구 없는 혼돈', 평화는 뒷걸음질

2008년 12월 27일, 이스라엘은 하마스가 지배하는 가자 지구를 공습하였다. 가자 지구를 전격 공습하고 지상전으로 확전하면서 하마스의 공격 중단을 요구하였고, 강경 하마스 정권을 온건 파타 정권으로 교체해 평화 협상을 유리하게 이끌려는 의도를 표출하였다. 이스라엘은 국제 사회의 휴전, 대화 촉구에도 불구하고 무차별 공격을 계속해 국제적 분노를 자아내게 되었다. 당시 22일 동안 지속된 이스라엘의 가자 지구 공습으로 6,500여 명이 숨지거나 다치는 등 막대한 인명, 재산 피해가 발생하기도 하였다.

이후 양측은 한편으로는 대화를 추진하면서도, 다른 한편으로는 상호 공격을 일삼는 구태를 반복해 나감으로써 문제해결을 어렵게 만들고 있다. 2011년 5월에 압바스 팔레스타인 수반과 하마스 최고지도자 간에 정파간 반목을 청산하고 단일정부 출범을 합의하여 내부적 결속을 다지는 모습도 보였다. 이것은 가자 지구를 하마스가, 요르단강 서안은 파타가 집권하는 비정상적 상황을 개선하고 민주적 통합정부를 수립하기 위해서는 긍정적 조짐으로 보이기도 한다. 그러나 점령지역에서 공격과 보복, 그것에 대한 재공격의 악순환이 반복되고 있고 무력충돌 가능성은 항시 존재한다고 보인다.

국제사회가 중재내지 지원해 온 평화협상은 이스라엘이 팔레스타인에 양도할 영토의 범위와 양도 시기, 유대인과 아랍인 모두가 성지로 생각하는 예루살렘 처리 문제, 팔레스타인 난민의 귀환 문제 등에서 합의가 이루어지지 한 '출구 없는 혼돈'은 지속될 것으로 판단된다.

이스라엘과 팔레스타인 양측에는 모두 강경파와 온건파가 존재한다. 양측 온건파는 '2개의 나라'가 공존해야 한다는 입장에 동의하고 있고, 강경파들은 상대방을 '완전 배제' 대상으로 간주한다. 양측의 강경파들이 득세하면서 분쟁의 악순환은 지속되고 평화는 뒷걸음질 치고 있는 현상이다. 따라서 양측 온건파의 주장이 채택되어야 '상호공존'은 가능할 것으로 보여 진다.

한마디로 분쟁과 관련하여 현재까지 50번 이상의 UN 안보리 결의가 채택되고, 분쟁 당사자들은 협상을 계속해 왔으나 해결전망은 매우 불투명한 실정이다. 이 분쟁은 정치경제적으로, 국제정치적으로, 국가테러리즘과 관련하여 제 세계에 파급효과를 가지고 있는 것이 사실이다. 뿌리 깊은 역사적, 종교적, 인종적 증오심으로 배경으로 하는 양 진영에서는 '이스라엘/팔레스타인의 국경 획정'이라는 현실적이고 분명한 논의를 매듭짓는 것이 당면한 분쟁을 합리적으로 해결하고 중동 평화로 가는 지름길이라고 보여 진다. 그러나 현재 이 혼돈의 색깔은 잿빛 구름이 드리운 암울한 색채로 채워져 있는 모습이다.

6. 분쟁의 핵심 요소

이쯤에서 다시 한번 현재 양측 분쟁의 핵심사안을 정리해 볼 필요가 있겠다. 결국 분쟁의 요인으로 관통되는 그 사안들을 파악하여 그 본질이 무엇인지를 이해하는 것이 나름대로 사태해결로 나아가는 지름길이라고 판단되기 때문이다. 이스라엘과 팔레스타인 분쟁의 핵심사안으로 점령지 문제(요르단강 서안/ 가자 지구/ 골란 고원), 정착촌 문제, 예루살렘 문제, 팔레스타인 난민 귀환 문제 등이 중요 의제인 것이다. 결국 영토 문제, 자결권의 문제, 인도주의적 문제로 나누어 볼 수 있겠다.

1) 영토 문제

1967년 중동전쟁에서 이스라엘이 자치한 가자 지구, 요르단 강 서안, 그리고 골란고원에 대한 합리적 처리와 단계적인 이양 문제가 핵심 사안들이다.

(1) 요르단강 서안(웨스트 뱅크)지역에는 예루살렘, 베들레헴, 벧엘, 나블러스, 헤브론 등 구약성서 성지들이 밀집한 지역이다. 서, 북, 남쪽으로는 이스라엘 영토로 둘러싸여 있고, 동쪽으로는 요르단과 접경하고 있다. 점령지 가운데서 이스라엘이 가장 집착하는 곳이고, 정착촌도 가장 많이 건설해 놓은 곳이다. 이스라엘 측은 '선안보 후반환' 입장이고, 이에 반해 팔레스타인 측은 '선반환 후협상'을 강조하고 있다.

(2) 가자 지구는 지중해에 면한 팔레스타인 자치정부의 통치구역이자 잠재적 영토로 상정되어 있는 곳으로 고대에는 필리스타인의 거주지였다. 1차 중동전쟁 이후 이집트에 귀속되어 있다가 3차 중동전쟁 이후 이스라엘이 점령하였다. 세계 최대 인구 밀집지역이면서 경작 불모지라는 척박한 조건이다. 경제적 상황도 나쁜 지역으로 하마스, 이슬람지하드 등 팔레스타인 테러단체들의 조직을 유지하고 있는 지역이다. 1994년 5월 이후 팔레스타인 자치정부에 소속/관리되고 있는 실정이다. 2005년 가자지구 내 유대인 정착촌의 주민을 모두 이주시키고 군 병력을 철수하며 점령을 마감했다. 그러나 그 후 이스라엘은 그 지역을 봉쇄하여 '가자지구는 하늘만 열린 감독'이 된 상황에 놓여 있다.

(3) 골란고원; 시리아 남부의 군사적인 전략 요충지이다. 요르단강을 포함한 이 지역은 하천들의 발원지로서 수자원 확보 면에서 중요하게 간주되는 지역이다. 이스라엘은 다른 점령지와 달리 골란고원은 1981년 자국영토

로 편입한 상태이다. 시리아는 즉각 반환을 요구하고 있으나, 이스라엘은 먼저 그 지역에서 활동하는 테러조직의 폐쇄를 요구하고 있다.

2) 정착촌 문제

요르단강 서안, 가자 지구, 골란고원 등 점령지에 현재 180개가 넘는 정착촌이 산재해 있으며 거기에 거주하는 유대인이 40여만 명에 이르고 있다. 국제법상으로는 불법점령지에 정착촌을 세운 것이다. 그 결과 팔레스타인인들은 각 도시와 마을 단위로 완전히 갇혀 살게 되었으며, 통행 허가를 위해서 중무장한 군인들이 지키는 검문소에서 몇 시간씩 기다리는 일은 일상이 된 것이다. 정착촌 건설을 비난하는 거듭된 UN결의안에도 불구하고 이스라엘의 역대 정권은 이를 무시했고 현재도 입장변화는 크게 없다. 이스라엘의 공식 입장은 추가 건설은 중단할 수 있지만 이미 만들어진 정착촌을 해체하는 것을 반대하고, 나아가 정착촌을 보호하기 위해 이스라엘군을 철수할 수 없다는 견해이다.

한편 서안 지대에서 안전보장을 명분으로 건설된 분리장벽(730km) 문제도 쟁점 사안이 되고 있다. 분리 장벽은 이스라엘인의 정착촌을 테러로부터 보호한다는 명분으로 2002년부터 건설되었다. 높이 약 8m, 총 길이 약 730km에 달하는 이 장벽은 명분에 부합되지 않고 오직 경계를 만들어 팔레스타인인의 자유로운 이주를 제한하는 장치, 즉 '이동의 자유 박탈'의 상징이 되기에 그 반발 또한 크다.

3) 예루살렘 문제

역사적, 종교적 중요성으로 인해 이스라엘과 팔레스타인 모두 수도로 선포하고 양보 불가 입장을 표명(4차 중동전쟁 이후 이스라엘에 편입 관할하에 있음)하고 있다. 현재 이스라엘 측의 공식 입장은 예루살렘은 분할되지 않은 완전한 이스라엘의 수도여야 한다고 주장하고 있고, 팔레스타인들도 예루살렘이 자신들의 수도라는 주장하고 있어 상호 양보 불가원칙을 천명하고 있는 실정이다.

4) 팔레스타인 난민 귀환 문제

현재 약 500여만 명에 이르는 난민들에 대해 이스라엘은 귀환을 허용하지 않을 뿐만 아니라 적극 반대하고 있다. 가장 큰 이유는 이스라엘 내의 유대인과 팔레스타인 인구 비율이 역전되는 것을 우려하기 때문이다. 귀환할 경우 약 500만 명의 유대인 숫자에 비해 780여만의 팔레스타인으로 인해 인구비율이 역전될 수 있음에 근거하여 반대하고 있는 것이다. 심지어 단계적 귀환조차도 수용하지 않고 있다. 그런 연유에서 팔레스타인 난민들은 50년이 지나도록 아랍국가에서 수용소 난민신분 상태 하에 놓여있는 상황이다.

'영토와 주민'이라는 핵심 쟁점을 가지고 있는 이스라엘과 팔레스타인 사이의 분쟁 상황을 바라보면 암담하다. 어쩌다 '고통 받는 땅'이 되었고, '희생자와 악당'이라는 주인공이 등장하게 되었단 말인가. 양측 모두 '역사의 포로'가 되었다는 평가가 있는데, 이것은 결국 기나긴 역사 속에서 파생된 "계속 싸울 수밖에 없다"는 운명론적 명제가 해빙될 수 있는 기제를 마련하지 못하기 때문인 것이리라. 인류는 상식적으로 "어떤 폭력도 지지할 수 없다"는 다른 명제를 신뢰하고 있지 않는가.

결국 결론은 이렇다. 즉 서로를 배척하고, 나아가 제거해야 하는 대상으로 간주하는 역사를 고집할 경우 공존은 불가능하다는 상식을 다시 한번 강조하지 않을 수 없다. 하나의 땅, 두 개의 나라, 60여 년 간의 분쟁, 그리고 '질긴 적대감'을 키워드로 하는 이 주제가 심지어 역사 속에서 사라졌으면 하는 기다림을 크게 키우고 싶다.

【참고문헌】

- 구동회 외, 『세계의 분쟁 : 지도로 보는 지구촌의 분쟁과 갈등』(푸른길, 2010)
- 유홍조, 『중동전쟁사』(서원, 1994)
- 전홍찬, 『팔레스타인 분쟁의 어제와 오늘』(부산대학교 출판부, 2003)

- 나지 알 알리 지음, 강주헌 옮김, 『열한 살의 한잘라: 팔레스타인의 양심, 나지 알 알리 카툰 집』(시대의 창, 2012)
- 노암 촘스키 지음, 유달승 옮김, 『숙명의 트라이앵글 1 & 2』(이후오피스, 2001)
- 마르완 비샤라 지음, 유달승 옮김, 『팔레스타인/이스라엘: 점령, 테러리즘, 그리고 미래』(한울, 2003)
- 다테야마 료지 지음, 유공조 옮김, 『팔레스타인: 아랍 vs 이스라엘, 그 역사와 현재』(가람 기획, 2002)
- 오가와 히데키 지음, 이종석 옮김, 『이스라엘 팔레스타인으로 가는 길』(르세상스, 2000)
- 일란 파페 지음, 유강은 옮김, 『팔레스타인 현대사: 하나의 땅, 두 민족』(후마니타스, 2009)

- 고부응, "에드워드 사이드의 팔레스타인 문제 해법: 이민족일국가론", 『세계문학비교연구』(세계문학비교학회, 2010)
- 유홍조, "UN의 팔레스타인 분할과 이스라엘의 건국", 『경희사학』 16 · 17 합집(1991.2)
- 윤형호, "미국, 이스라엘, 그리고 이스라엘-팔레스타인 평화 전망 모델: 오바마 행정부의 중도 조정자 역할과 이스라엘의 인식을 중심으로", 『한국중동학회논총』 제 31-1호(2010)
- 임재경, "아랍과 이스라엘(II): 팔레스타인 문제를 둘러싼 아랍세계 내부의 모순", 『창작과 비평』 94(1974)
- 이종택, "미-이스라엘 간 '특별한 관계'와 팔레스타인 평화", 『한국이슬람학회논총』 제 13-1집(2003)
- 장병옥, "이스라엘-팔레스타인 분쟁과 하마스", 『중동연구』 28-1집(2010)
- 최영철, 정상률, "팔레스타인 국가건설과정에서의 내적 갈등과 협력: PLO와 하마스 간의 관계를 중심으로", 『국제정치논총』 43-4(2003)
- 홍미정, "이스라엘의 야만적인 팔레스타인 점령정책: 이스라엘-팔레스타인의 영토 분쟁의 역사", 『월간 말』 통권 250호(2007. 4)

【연표】

연 월 일	주 요 내 용
1897. 8	스위스 바젤에서 제1차 세계시오니스트회의 개최
1915. 3~1916. 3	맥마흔-후세인 서한(팔레스타인 지역에 아랍국가 수립 약속)
1917. 11	발포어 선언(팔레스타인 지역에 유대인의 향토국가 수립 약속)
1920. 7	영국의 팔레스타인 위임통치 시작
1947. 4	팔레스타인 문제를 유엔으로 이관
1947. 11	유엔에서 다수안 채택 (팔레스타인 지역을 아랍인 구역과 유대인 구역으로 분할하는 안)
1948. 5. 14	이스라엘 국가 수립 선포
1948.5~1948. 11	제1차 중동전쟁('팔레스타인 전쟁' 혹은 '독립 전쟁')
1956. 10	제2차 중동전쟁('시나이 전쟁')
1967. 6. 5~6. 11	제3차 중동전쟁('6일 전쟁')
1973. 10	제4차 중동전쟁('10월 전쟁' 혹은 '욤키푸르 전쟁')
1978. 9	캠프데이비드 협정 체결
1987	제1차 인티파다(intifada, 인민봉기) 전개
1988. 11	PLO는 팔레스타인 독립국가 선언, 이듬해 유엔총회에서 인정
1993. 9	중동평화협정(오슬로협정) 체결
1995. 9	제2차 중동평화 협정 체결
1998. 10	와이리버(Wye River) 협정 체결
2000. 9	제2차 인티파바 재개
2011. 5	팔레스타인 단일정부 출범(파다 세력과 하마스 세력의 통합)

13
중남미 지역의 영토분쟁

중남미 지역의 영토분쟁

홍종규

중남미의 많은 국가들은 이웃 국가들과 영토분쟁을 겪고 있으며, 영토분쟁의 연원은 대부분 식민지 시대까지 올라간다. 스페인이 중남미 지역을 지배하였을 당시, 식민지의 경계는 불명확한 경우가 많았고 소수지만 아예 존재하지 않는 경우도 있었다. 이는 대체적으로 당시 식민지 시대의 경계들이 주로 외딴지역이나 산악 혹은 밀림지역이었고 따라서 정확한 경계나 특정 지명들에 대한 식민지 시대의 문서가 정확하지 않았기 때문이다.

오늘날 많은 분쟁들이 잠재적인 경제적 자원의 가치를 그 이유로 두고 있으나, 식민지 시대 이후 이러한 경계의 불확실함 또한 그 중요한 이유이기도 하다. 이러한 상황이 분쟁의 형태로 발전할지의 여부와 분쟁 발생을 결정하는 요인은 먼저 국내의 정치적 상황을 타개하고자 하는 정부 혹은 분쟁지역과 이해관계가 있는 정부나 개별적인 정치 세력과의 이해관계와 함께 중남미 국가들이 독립투쟁을 벌이면서 등장한 민족주의(nationalism) 또한 이러한 영토분쟁에 큰 요인을 차지하고 있다.

1. 미국과 멕시코의 영토분쟁

미국과 멕시코 사이의 영토분쟁은 1846년부터 1848년 사이 전개된 멕시코전쟁(U.S.-Mexican War)을 통해 해결되었다. 미국이 텍사스를 합병하자 발생된 이 전쟁은 처음 경계 분쟁(boundary dispute)으로 시작하였으나 이 전쟁의 결과는 영토 분쟁(territorial dispute)의 성격을 지니게 되었다. 멕시코 전쟁의 결과 멕시코는 미국에 의해 국토의 절반을 잃었기 때문이다. 이 멕시코전쟁은 멕시코의 영토였던 텍사스에 정착한 미국인들이 멕시코로부터 텍사스가 독립한 사건으로부터 출발한다.

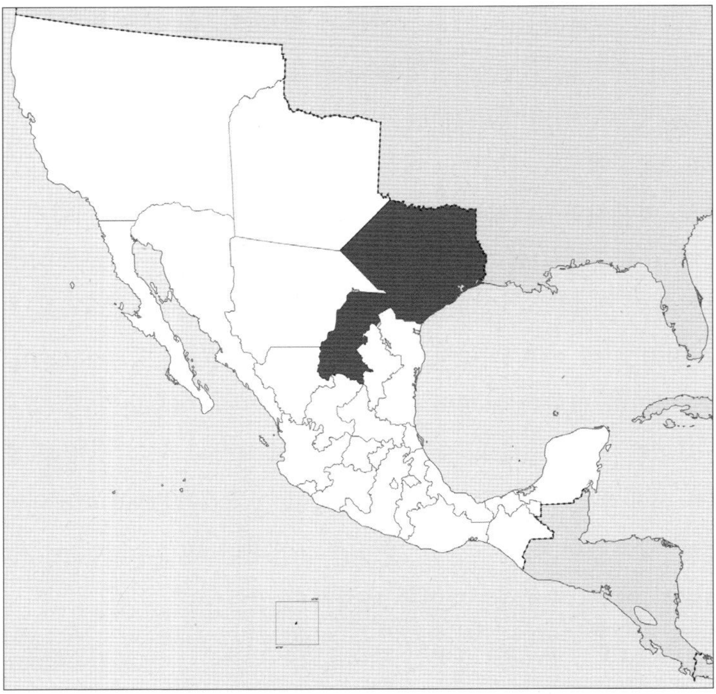

〈독립당시의 멕시코 영토와 코아우일라 이 테하스 지역
출처: http://en.wikipedia.org/wiki/File:Coahuila_y_Texas_(location_map_scheme).svg〉

1) 텍사스의 독립

1821년 독립한 멕시코는 1824년 9월 새로운 헌법을 채택하고 19개의 주(州)와 4개의 준주(準州)로 구성된 연방공화국을 확립하였다. 스페인령 텍사스는 코아우일라 이 테하스(Coahuila y Tejas)의 한 지역에 속하게 되었다. 텍사스 지역은 모세 오스틴(Moses Austin)과 그의 아들 스티븐 오스틴(Stephen F. Austin)이 1819년 경 스페인으로부터 300세대의 정착민을 이주시키기로 합의를 보고 이들이 정착하기 전까지는 인구가 희박하였다. 1821년 멕시코가 스페인으로부터 독립하자 스티븐 오스틴은 멕시코 정부와의 협상을 통해 이 지역에 대한 미국인들의 정착을 다시 확인하였고 1824년과 1828년 사이 900세대를 더 이주시키는데 허가를 받았다. 이를 통해 합법적인 정착민들 텍사스지역에 정착을 시작하였다. 이러한 합법적인 이주민들 이외에도 간간이 멕시코 정부의 허가를 받지 않은 이주민들 또한 텍사스에 정착하였다.

초기 멕시코 정부는 이들이 텍사스 지역에 정착하는 조건으로 종교를 가톨릭으로 개종하고 스페인어를 사용하며 스페인식의 성(姓)을 사용하도록 규정하였고 또한 노예제 폐지와 같은 멕시코의 법률을 따르도록 하였으나 멕시코 정부는 초기 독립의 혼돈 속에서 이러한 규정을 크게 강요하지는 못했다. 미국인의 정착이 점차 늘어나자 미국 정부는 1827년과 1829년 멕시코 정부로부터 텍사스 지역을 구매하고자 시도하였으나 실패하였다. 이는 미국인 정착민들이 이 지역에서 주요 세력으로 성장하였음을 보여주며 또한 미국 정부가 이 지역에 대하여 큰 관심을 갖고 있다는 것을 보여준다.

이러한 상황 속에서, 멕시코에 정착한 정착민들이 멕시코에 동화되지 않고 그들 스스로를 고립화한다는 보고서가 출판되자 멕시코 정부는 초기 미국인들의 정착을 환영하던 정책을 변경하여 1830년부터 미국인의 이주와 노예제를 금지하기 시작하였다. 당시 대다수의 미국 정착민들은 주로 많은 노동력이 필요한 면화를 재배하였고, 이를 위해 많은 수의 노예들을 사용하였는데 멕시코 정부의 노예제 금지정책은 이들에게 큰 타격을 주었다. 이러한 멕시코 정부의 강압정책에 불만을 가진 이주민들은 반란을 일으켜 1836년 3월 텍사스의 독립을 선언하고 1836년 4월 독립을 이끌어내고 텍사스 공화국(Republic of Texas)이 성립되었다. 텍사스 공화국은 1838년 미국과 프랑스를 비롯한 유럽의 여러 국가들에게 승인을 얻었으나 멕시코는 텍사스의 독립을 인정하지 않았다.

한편 독립한 텍사스 공화국은 곧 미국과의 합병을 요청하였다. 그러나 미국 내에서 친노예제 세력의 성장에 대한 우려와 멕시코와의 전쟁이 예측되었기 때문에 합병 제안은 거부되었다.

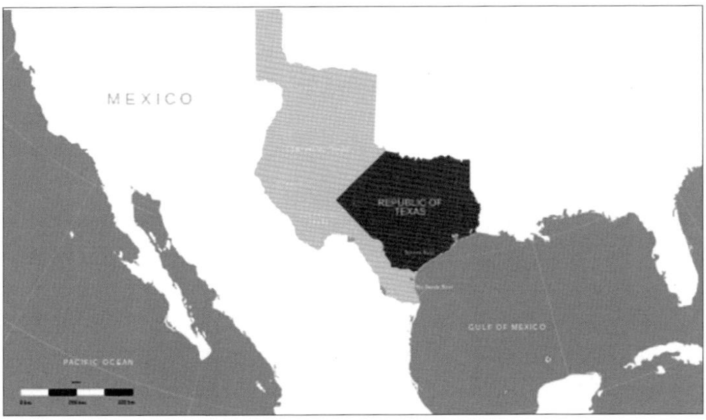

〈텍사스 공화국의 영토
출처: http://en.wikipedia.org/wiki/File:Republic_of_Texas_labeled.svg〉

2) 멕시코 전쟁(U.S.-Mexican War)

1844년 미국 대선에서 영토 확장과 텍사스 합병에 적극적인 민주당 후보 제임스 포크(James Polk)가 당선되자 미국 내에서 텍사스 합병에 대한 논의가 적극적으로 전개되기 시작하여 1845년 12월 텍사스는 노예주로 미국 연방에 가입하였다.

1844년 당시 멕시코의 대통령 산타 안나(Antonio Lopez de Santa Anna)는 텍사스의 합병은 선전포고라고 선언하였고 나아가 주미멕시코대사를 통해 "합병하면 즉시 개전"이라고 경고하였으나 1844년 12월 산타 안나가 실각되고 온건한 호세 호아킨 데 에레라((Jose Joaquin de Herrera)가 대통령이 되자 전쟁을 회피할 수 있는 외교적 노력이 진행되었다. 하지만 텍사스의 독립과 합병에 대한 멕시코 국내 여론은 악화되었고 보수적인 군인들이 실권을 잡게 되고 텍사스가 미국에 합병되자 멕시코는 미국과의 국교를 단절하였다.

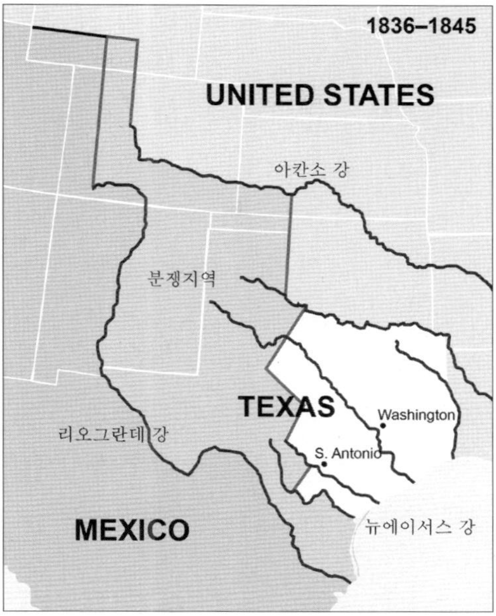

〈미국과 멕시코가 주장한 국경
출처: http://en.wikipedia.org/wiki/File:Wpdms_republic_of_texas.svg〉

이러한 상황에서, 텍사스를 합병한 미국은 멕시코와의 국경을 리오그란데(Rio Grande) 강을 주장하였고, 반면 멕시코는 뉴에이서스(Nueces) 강을 서로의 경계선으로 하자고 주장하였다. 1845년 12월 포크 대통령은 양국의 국교를 재개하여 경계를 확정 짓고 아울러 뉴멕시코와 캘리포니아 두 지방을 사들이고자 시도하나 어떠한 성과도 거두지 못하였다. 1846년 4월 25일 뉴에이서스 강을 건너 리로그란데 강까지 진출한 미군이 두 강사이의 분쟁지역에서 멕시코군의 습격을 받아 16명의 사상자가 발생하였다. 이에 대해 포크 대통령은 멕시코 군이 국경을 넘어 미국 영토 안에서 미국인의 피를 흘리게 하였다고 주장하고 1846년 5월 국회의 승인을 받아 멕시코에 선전포고를 하여 멕시코 전쟁이 시작되었다.

1847년 1월 까지 약 5만의 미군은 연이은 승전을 통해 뉴멕시코와 캘리포니아 일대를 점령하였고 9월에는 멕시코의 수도인 멕시코시티를 함락하였다. 이에 멕시코 정부는 미국에 강화를 제의하였고 1848년 2월 과달루페 이달고(Guadalupe Hidalgo) 조약을 통해 전쟁은 막을 내렸다. 이 조약의 결과 미국은 50만 평방 마일(136만㎢)의 영토를 1,500만 달러에 사들이는 동시에 멕시코의 대미 부채 325만 달러를 탕감하였다. 이 지역은 현재 텍사스, 콜로라도, 애리조나, 뉴멕시코, 와이오밍의 일부, 캘리포니아, 네바다, 유타의 전체 면적이다. 오늘날 애리조나와 뉴멕시코의 일부분이 되고 있는 나머지 지역, 개즈던(Gadsden) 지방은 1853년 개즈던 조약을 통해 1,000만 달러에 매입을 하였다. 또한 텍사스 주와 멕시코의 국경은 리오그란데 강으로 하는 것이 확정되었다.

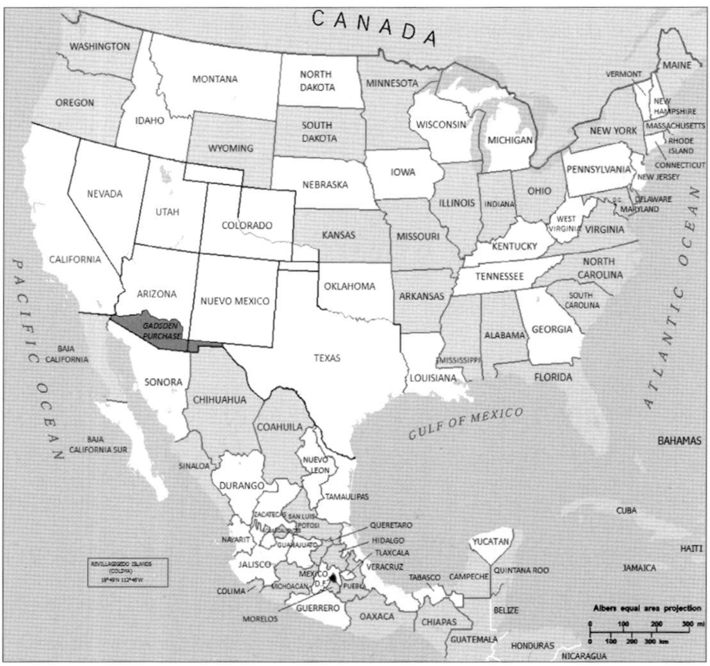

〈과달루페 이달고 조약 이후 멕시코 영토
출처: http://en.wikipedia.org/wiki/File:Mexican_Cession_in_Mexican_View.PNG〉

2. 아르헨티나와 영국의 영토분쟁

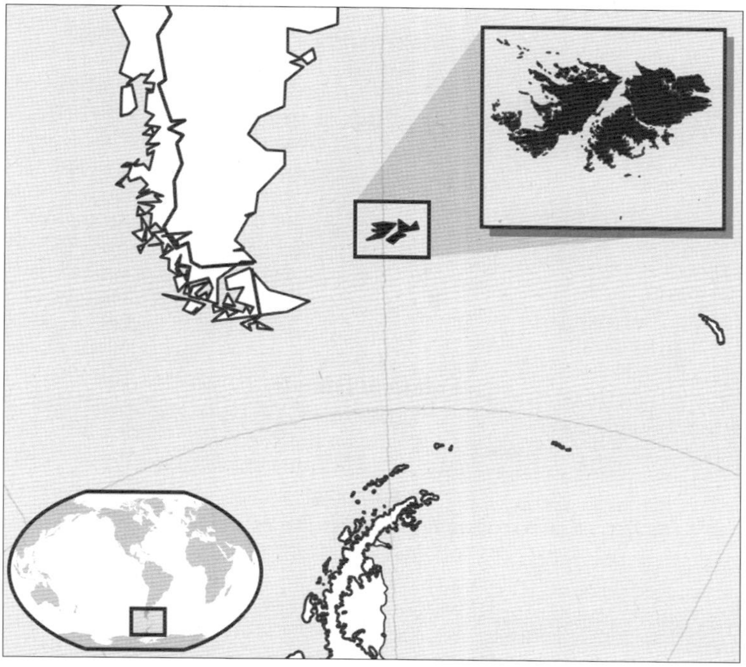

〈포클랜드 군도의 위치
출처: http://en.wikipedia.org/wiki/File:Falkland_Islands_in_its_region_(globe_zoom%2Binset).svg〉

포클랜드 군도(Falkland Islands/Islas Malvinas)를 둘러싼 아르헨티나와 영국간의 갈등은 식민지배 후의 영토 귀속문제 및 섬의 정치적 · 경제적 이해관계로 인해 무력분쟁으로 이어진 영토분쟁이다. 포클랜드에 대해 아르헨티나는 과거 스페인의 영토였던 섬을 독립과 함께 자국이 당연히 승계한다는 논리이고 영국은 지속적인 점유 및 섬 주민들의 자결권에 기초하여 자국의 영토임을 주장하고 있다.

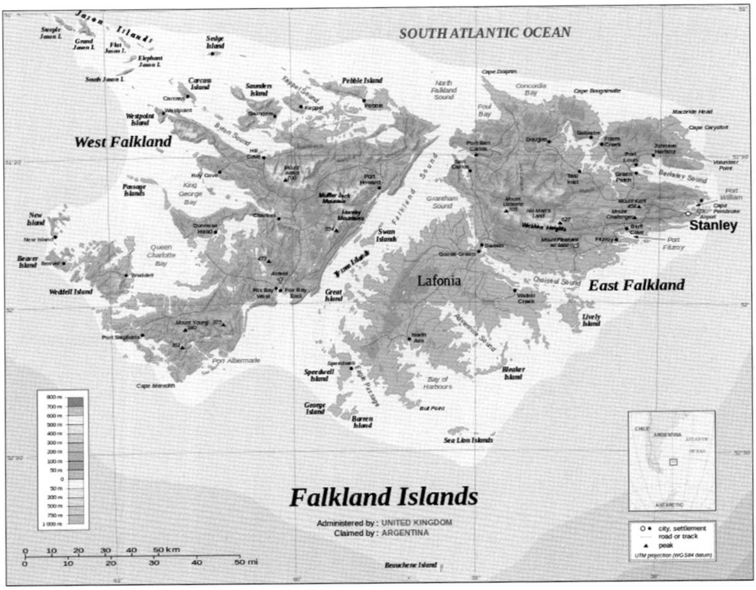

〈포클랜드 군도
출처: http://en.wikipedia.org/wiki/File:Falkland_Islands_topographic_map-en.svg〉

1) 포클랜드 분쟁의 배경

포클랜드 군도는 동 포클랜드와 서 포클랜드라는 큰 두 섬과 사우스조지아스, 사우스샌드위치 섬 등을 포함한 200여 개의 섬들로 이루어진 군도(群島)이며 아르헨티나에서는 말비나스(Malvinas)로 불리고 있다. 포클랜드 군도는 아르헨티나의 동쪽으로 480㎞ 정도, 영국과의 거리는 12,173㎞ 떨어져 있다. 오늘날 이 섬의 주민은 약 2,900명이며 대부분은 영국계로 이루어져 있다.

이 섬의 최초 발견자에 대하여서는 영국과 아르헨티나 사이에 의견 충돌이 존재한다. 아르헨티나에서는 16세기 초 포루투갈과 스페인 사람들로 구성된 마젤란 탐험대가 최초로 발견했다고 주장하고 있으며, 영국은 16세기 말 영국의 항해서 존 데이비스(John Davis)가 최초로 발견했다고 주장하고 있다. 하지만 이 두 주장 모두 정확한 기록은 존재하지 않는다. 최초의 상륙은 1690년 영국인 항해사 존 스트롱(John Strong)이었으며, 그가 섬의 이름을 포클랜드 자작(Viscount Falkland)의 이름을 따 포클랜드라고 명명하였다. 최초의 상륙은 영국인이었으나, 1764년 프랑스인들 처음 정착을 시작하였다. 이들은 이 섬의 이름을 레 마루인(Les Malouines)이라 칭하였다. 이는 처음 이 섬에 정착한 사람들이 프랑스의 생 말로(Saint-Malo) 지역출신이었기 때문이다. 말비나스는 바로 이 명칭에서 유래되었다. 그러나 프랑스는 1766년 스페인에게 보상을 받고 포클랜드 군도에 대한 권한 넘기게 되고 이후 약 50여 년간 스페인이 이 섬을 식민 지배한다. 같은 해 1766년 영국인들 또한 포클랜드 군도에 들어와 정착하기 시작하다 1774년 퇴거하였다.

한편 1816년 아르헨티나의 독립이후, 1826년 아르헨티나는 스페인의 포클랜드 군도 영유권에 대한 승계자로 자신의 소유임을 최초로 공식선언하고 1828년 주둔군을 파견하였다. 더불어 1828년 아르헨티나는 섬의 주지사로 루이스 베르네트(Luis Vernet)를 임명하고 바다표범의 사냥권한도 주었다. 이에 대하여 영국은 1833년 자신의 영유권을 확인하기 위해 전함을 보내 아르헨티나 거주민과 관료를 모두 강제 퇴거시키고, 천 명 이상의 자국민들이 이주시키고 자국영토에 편입시켰다.

2) 포클랜드 전쟁

제2차 세계대전이후의 탈식민의 물결에 따라 아르헨티나는 포클랜드 섬의 반환을 다시 주장하게 되었다. 아르헨티나는 다음과 같은 주장을 들어 포클랜드 군도에 대한 영유권을 주장하였다.

첫째, 아르헨티나는 스페인의 유산을 물려받았다.

둘째, 베르네트가 원정하여 말비나스의 통치권을 재수립 1828년부터 1833년까지 지배한 바 있다.

셋째, 말비나스는 지리적으로 아르헨티나와 최단거리에 위치하고 있다.

넷째, 현재와 같은 말비나스의 식민정책은 시대착오적이며, 더구나 현지 주민들의 경제적 현실을 도외시하고 있다.

그러나 이미 포클랜드 군도의 주민 대부분은 영국에서 이주해 온 사람들이었기 때문에 아르헨티나로의 영유권이전을 반대하였다.

1965년 12월 유엔총회는 잔존하는 모든 식민지들의 빠른 독립을 촉구하는 결의를 채택하고, 나아가 포클랜드를 둘러싼 분쟁의 존재를 언급하면서 영국이 섬주민들의 이익을 유념하여 평화로운 해결책을 찾는 협상에 임하도록 요청하였다. 그 후 아르헨티나의 페론(Juan Peron) 정부가 집권하면서 포클랜드 영유권 문제를 다시 제기하였다. 1973년 11월 유엔 사무총장 쿠르트 발트하임(Kurt Waldheim)은 아르헨티나가 포클랜드의 영국에 의한 식민지 상태를 끝낼 것을 요구했고, 영국이 영유권에 대한 토론을 마비시킨 것을 규탄했다. 나아가 영국이 주장하는 주민의 자결권 존중 문제에 대해 현재 상황이 아닌 19세기 섬 주민을 기준으로 토론되어야 한다는 점을 명확히 하였다. 1973년 12월 유엔총회는 식민지지배 상태를 청산하기 위해 양국이 영유권 분쟁의 평화로운 해결에 이를 것을 요구하는 결의를 채택했다.

이후 1982년 2월까지 양국 간에 여러 차례 협상이 있었으나 모두 결렬되었으며, 1982년 4월 2일 아르헨티나는 포클랜드를 침공하였다. 영국은 전쟁을 예상치 못해 포클랜드 군도에 군 병력을 주둔시키지 않았으나 곧 모든 군사력을 동원 1982년 6월 15일 포클랜드 군도를 탈환하였다. 이 전쟁을 통해 영국군 255명과 아르헨티나군 649명, 민간인 3명이 숨졌다.

아르헨티나가 포클랜드를 침공한 배경에는 영유권 협상을 진행해봤자 이익이 없으며 또 더 이상 진행하고 싶지 않았던 영국의 소극적인 협상태도, 영국군의 포클랜드 군도 주둔군의 감소, 아르헨티나의 레오폴도 갈티에리(Leopoldo Fortunato Galtieri Castelli)의 군사독재정권을 유지하기 위함과 동시에 당시 아르헨티나의 추락하던 경제 상황을 타개하고 국제적 주목을 받고자 전쟁에 뛰어들었다고 보고 있다.

3) 현재 상황

아르헨티나에서는 포클랜드에서의 패배로 인해 1982년 7월 17일 칼티에리 정부가 실각하였다. 이후 아르헨티나와 영국 당국은 1989년 외교적 협상을 게시하여 1990년에는 포클랜드 근해에 타국 조업선단에 의한 새로운 조업을 방지하려는 목적으로 영국-아르헨티나 200마일 공동협력구역을 설치하였으며, 공동협력구역 중 아르헨티나의 200마일 경계와 겹치는 곳으로 아르헨티나가 순찰하였다. 또한 1995년 9월에는 포클랜드 해저분지의 석유 매장분을 공동으로 탐사하기로 합의하였다. 1996년에는 영국의 대규모 통상외교단이 아르헨티나를 방문함으로써 양국 간의 관계개선이 회복되었음을 상징적으로 보여주었다. 1999년에는 아르헨티나 인들이 자유롭게 포클랜드 군도에 드나들 수 있게 되었으며, 양국의 해군은 합동군사훈련을 최초로 실시하였다.

하지만 2012년 아르헨티나에서는 포클랜드 전쟁 30주년을 맞이하여 영국의 포클랜드 점령에 반대하는 격렬한 시위가 벌어졌고, 영국 국방부는 당시 헬기 조종사로 복무 중이었던 윌리엄 왕자를 6주간 포클랜드에서 훈련을 시켰으며 더불어 자국의 전함을 남대서양에 파견시켰다. 나아가 영국이 섬 주변에 석유생산을 위한 준비 작업에 나서자, 아르헨티나는 선박의 섬 접근을 막는 해상봉쇄를 단행하였다. 나아가 크리스티나 페르난데스(Cristina Elisabet Fernandez de Kirchner) 대통령은 전쟁 30주년 행사에서 “무력침공은 군부 독재자들의 결정이었을 뿐 국민의 의사는 아니었다”고 말하면서도 “영국이 1만 4,000㎞나 떨어진 포클랜드 섬의 영유권을 주장하는 것은 터무니없는 일”이며 “포클랜드 섬은 아르헨티나의 대륙붕에 있는 우리의 영토”임을 강조했다. 데이비드 캐머런 영국 총리 또한 추모사를 통해 영국의 역사를 지킨 용사들을 자랑스럽게 여기며 포클랜드에 대한 영국의 권리를 단호히 지키고 포클랜드에 대한 어떤 협상이나 양보의 여지도 없다는 것을 분명히 했다.

한편 미국의 오바마 행정부는 2010년 포클랜드에 대한 협상을 지지한다고 입장을 표명해 영국을 자극했고 영국정부가 반발하자 이후 이 문제에 대한 입장 표명을 자제하고 있다. 남미지역 국제기구인 남미국가연합은 아르헨티나의 포클랜드 영유권을 지지하고 있으며 영국이 포클랜드에 대한 영유권 협상에 나설 것을 요구하고 있다. 나아가 2013년 3월 크리스티나 페르난데스 대통령은 교황과 면담을 갖고 교황이 "포클랜드 문제에 개입해 달라"고 요청하기도 하였다. 같은 해 포클랜드 거주민들을 대상으로 영국정부가 실시한 주민투표에서는 영국 영토로 남는 편을 택하겠다고 투표한 주민이 98.8%에 이르고 있다.

3. 칠레-페루-볼리비아의 영토분쟁

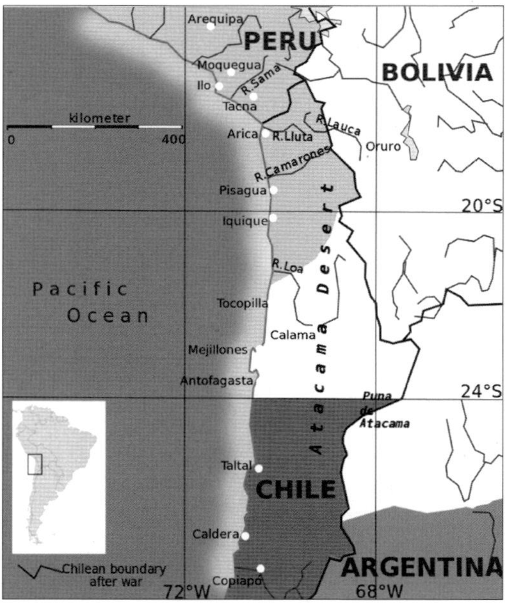

〈태평양 전쟁(1879–1883) 이전의 페루, 볼리비아, 칠레의 경계
출처: http://commons.wikimedia.org/wiki/File:Map_of_the_War_of_the_Pacific.en.svg〉

1) 태평양 전쟁(Pacific War)

1818년 스페인으로부터 독립을 선언한 칠레는 19세기 말엽 남쪽지역을 장악해 나아가기 시작하였고, 1881년 아르헨티나와 조약을 맺어 마젤란 해협에 대한 칠레의 영유권을 확장했다. 한편 1879년 4월 칠레는 페루와 볼리비아 연합군을 상대로 아타카마 사막의 초석지대를 놓고 전쟁을 벌였다(태평양 전쟁). 이 전쟁은 볼리비아가 칠레의 초석 수출회사에 과세를 강화하자, 칠레는 안토파가스타(Antofagasta) 주를 점령하면서 타라파카

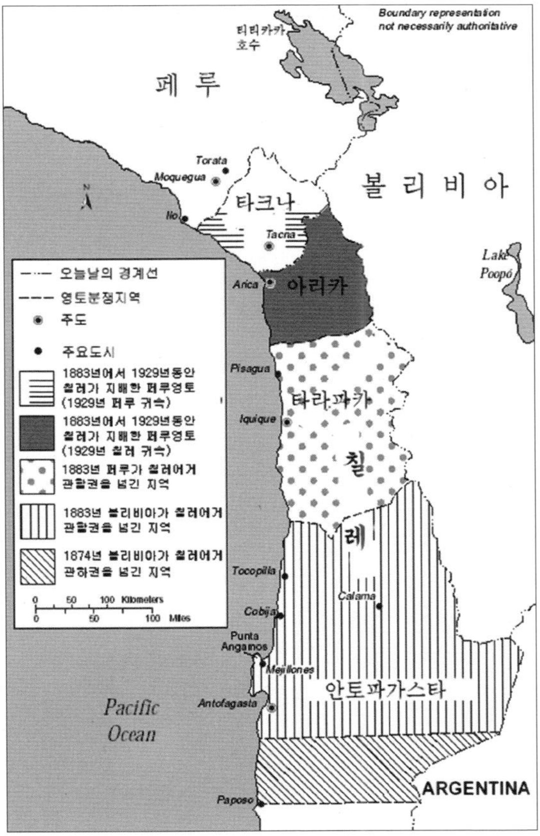

〈태평양 전쟁이후 경계의 변화
출처: http://commons.wikimedia.org/wiki/File:War_of_the_Pacific_LOC_map.png〉

(Tarapaca) 주의 초석자원 획득을 목적으로 페루에도 선전포고를 했다. 1880년 타크나(Tacna)전투에서 페루 · 볼리비아 동맹군에게 결정적 타격을 가한 결과, 칠레는 1884년 강화조약으로 안토파가스타와 광물자원이 풍부한 타라파카 · 아리카(Arica) 주와 리토랄(Litoral) 주를 병합했으며, 이로 인해 페루는 3만5천㎢ 넓이의 태평양 해역에 대한 관할권을 칠레에 넘겼고, 볼리비아는 영토 상당 부분과 400㎞에 달하는 태평양 연안을 상실하면서 내륙국이 됐다. 그리고 1929년 타크나 주는 페루에게, 아리카는 칠레에 각각 귀속이 확정됐다.

2) 분쟁과정

〈페루와 칠레 사이의 해경경계 분쟁
출처: http://commons.wikimedia.org/wiki/File:Maritime_Claims_of_Peru_and_Ecuador.svg〉

칠레와 페루는 1952년과 1954년 해상 경계선에 관한 조약을 체결했으며, 칠레 정부는 이 조약을 통해 해상 국경선이 확정됐다고 주장하고 있으나 페루 정부는 국경선이 아닌 어업권을 다룬 것으로 간주하고 있다.

1952년 볼리비아에서 민족혁명운동(MNR)이 집권하면서 칠레 측에 아타카마 사막지대의 탄화수소 및 수자원문제와 해양에의 출구를 찾고자 칠레와 협상은 시도했으나 실패하였고, 1962년 8월 14일 볼리비아는 라우카(Lauka) 강의 수리문제로 칠레와 외교관계를 단절했었다.

이어 1975년 2월 볼리비아의 반세르(Hugo Banzer)와 칠레의 피노체트(Augusto Jose Ramon Pinochet Ugarte)의 협상으로 외교관계가 재개되었고 1975년 반세르 대통령은 칠레와 페루의 국경선을 따라 50㎞의 회랑을 재개해 줄 것을 칠레 측에 요구하였고, 칠레의 피노체트는 해안에서 라 파스에 이르는 폭 8㎞의 영토와 영해에 상당하는 볼리비아 측의 새로운 영토와 교환조건을 제시하여 볼리비아가 이를 수락한 바 있다. 그러나 볼리비아의 민족주의자들이 칠레 측의 영토교환조건에 반발하였고 결국 1977년 볼리비아는 페루 측에 볼리비아의 영해진출을 위한 출구 제공에 협조를 요구하면서 칠레 측에는 영토교환조건의 제시를 철회할 것을 요구한 후 1978년 칠레와 제2차 국교단절사태에 돌입하여 오늘에 이르고 있다.

이들 국가의 영토분쟁은 현재까지 이어져 오고 있다. 2011년 에보 모랄레스 볼리비아 대통령은 "칠레 정부는 볼리비아의 태평양진출 요구를 수용해야 한다"고 주장했으며 자국의 태평양 진출 문제와 관련해 세바스티안 피녜라 칠레 대통령에게 협상에 나설 것을 촉구하고, 이를 거부하면 국제사법재판소(ICJ)에 제소하겠다는 뜻을 밝혔다.

이에 대해 칠레 정부는 "칠레와 볼리비아 간의 국경은 1904년 양국 간에 체결된 평화우호조약에 따라 정해진 것"이라며 "볼리비아가 태평양 진출 문제를 국제 문제화하면 양국 관계가 심각하게 훼손될 수 있다"고 경고했다. 또한 페루 정부는 태평양 해상국경선의 변경을 요구하며 칠레를 2008년 국제사법재판소(ICJ)에 제소하였다. 페루 정부는 ICJ 제소를 통해 현재 칠레 정부가 관할하는 3만5천㎢ 넓이의 태평양 해역에 대한 영유권을 재협의해야 한다고 주장하고 있다.

4. 남극 문제

영국인 탐험가 제임스 쿡(James Cook)이 유럽인 최초로 1773년 1월 남극권에 돌입한 이후 남극은 많은 유럽인들에 의해 탐험되기 시작하였다.

남위 60도 이남의 바다와 남극대륙을 일컫는 남극은 지구의 마지막 남은 원시대륙으로서 지구 육지 표면의 10분의 1을 차지한다. 이는 한반도의

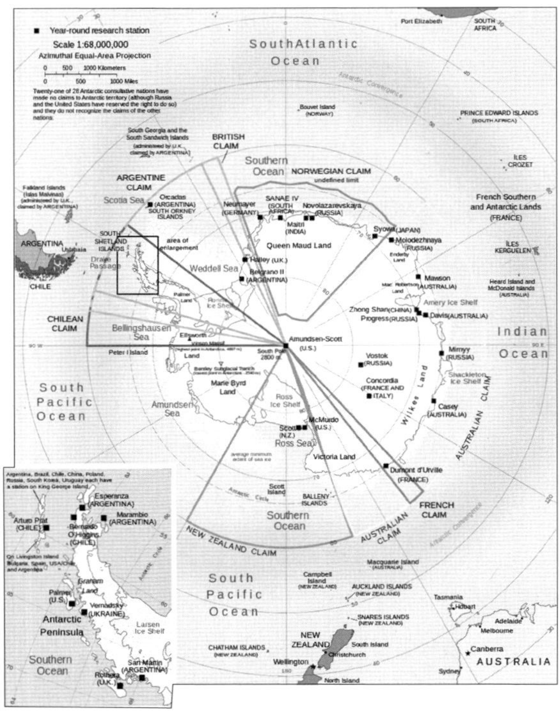

〈각국이 주장하는 남극 영토
출처: http://en.wikipedia.org/wiki/File:Antarctica.CIA.svg〉

62배, 남한의 140배가 넘고 중국과 인도를 합친 것과 같은 크기로 약 1천 4백만㎢에 이르는 지구상에서 다섯 번째의 크기를 가진 대륙이다. 또한 남극은 인류가 100년 정도 사용할 수 있는 원유와 천연가스자원, 지구담수의 65%에 달하는 수자원 및 각종지하자원이 존재하는 것으로 알려졌다. 아울러 남극대륙은 99.7%가 평균두께 2,160m의 얼음으로 덮여있으며 얼음의 양은 3천만㎦로(지구 담수의 70%) 이 얼음이 다 녹는다면 전 세계 해수면이 60~70m 높아지는 것으로 분석되고 있다.

이러한 남극대륙은 예전에 남반구에 위치한 호주, 뉴질랜드, 칠레, 아르헨티나와 어업관련 산업이 활발했던 영국, 노르웨이, 프랑스 등 7개국에 의해 영유권이 주장되어왔다. 따라서 미국, 러시아 등 영유권 주장 유보국가들은 지속적인 남극활동을 보장 받기위해 남극을 관리하는 국제기구의 필요성을 인식하고, 미국의 요청에 의해 1959년 12월 1일 12개국이 워싱턴에서 남극조약에 서명하게 되었다(1961년 발효). 모두 14개 조문으로 구성된 남극조약은 남위60도 이남의 빙하와 해안을 포함한 지역의 평화적용과 과학연구의 완전한 자유보장을 표명하고, 남극에 대한 기존의 영유권 주장을 동결할 것을 명시하고 있다. 조약운영의 실질적 권한은 12개 원초서명국과 과학기지 설치 등을 통해 실질적으로 남극 연구 활동을 수행하고 있는 국가들이 가지고 있다. 이들 국가를 남극조약 협의당사국(ATCP, Antarctic Treaty Consultive Party)이라 지칭하며, 이들 국가들만이 매년 개최되는 남극조약 협의당사국회의에서 투표권을 행사할 수 있다. 우리나라는 1989년 10월 9일 남극조약협의당사국 지위를 획득하였다. 남극조약에는 12개 원초서명국과 추후 가입된 34개국을 합쳐 총 47개국(2009년 7월 현재)이 가입되어있고 그중 협의당사국 지위를 갖고 있는 나라는 총 28개국이다

남극조약 체결 후 남극에 대한 영유권 주장은 동결되었으나, 그럼에도 불구하고 남극조약 체결이전 남극에 대한 영유권을 주장한 7개국은 오늘날까지 그들이 주장하였던 경계를 놓고 영유권 분쟁을 벌이고 있다. 특히 서

로간의 영유권이 중복되는 영국, 칠레, 아르헨티나 사이에서 갈등이 첨예화되고 있다. 영국은 2012년 약 43만 7,000㎢에 이르는 영국령 남극대륙 일부 지역에 "퀸엘리자베스랜드"라는 지명을 명명하자 아르헨티나는 이 지역이 아르헨티나령에 속하는 지역이라며 강력하게 반발하였다. 영국은 남위 60도 이남, 서경 20~80도에 이르는 지역을 자국령으로 설정하고 있는데 남미 대륙의 남쪽 끝을 양분하는 아르헨티나와 칠레 역시 이 지역 영유권을 주장하고 있기 때문이다.

【참고문헌】

- Allcock, John B., Arnold, Guy., Day, Alan J. Day., Lewis, D. S., Poultney, Lorimer., Rance, Roland and Sagar, D. J. *Border and Territorial Disputes 3rd*, Essex: Longman Current Affairs, 1992.
- Encyclopædia Britannica, Inc, Encyclopædia Britannica.
- Francis, Michael J. *Encyclopedia of Latin America: Amerindians through The Age of Globalization*, New York: Facts On File, Inc, 2010.
- Keen, Benjamin and Haynes, Keith. *A History of Latin America 8th Edition*, Boston and New York: Houghton Mifflin Harcourt Publishing Company, 2009.
- 姜錫永,「南美諸國의 國境 및 領土紛爭」,『중남미문제연구』 제3집 (1983), 103-120.
- 교육과학기술부, 외교통상부, 농림수산식품부, 환경부, 국토해양부, 「남극연구활동 진흥기본계획 2012~2016」, 2012.
- 구동희, 이정록, 노혜정, 임수진, 『세계의 분쟁』 서울: (주)푸른길, 2010.
- 김학림, 『유엔에서의 영토문제 논의현황과 사례분석』, 서울: 동북아역사재단, 2009.
- 배진수, 윤지훈, 『세계의 영토분쟁 DB와 식민침탈 사례』, 서울: 동북아역사재단, 2008.
- 연합뉴스, 한국일보, 중앙일보, The Guardian, 주간동아.
- www.wikipedia.org

【연표】

연월일	주요 내용
1690.	존 스트롱, 포클랜드 상륙
1764.	포클랜드에 프랑스인 정착 시작
1766.	프랑스, 포클랜드의 관할권을 스페인에 넘김
1776.	영국인들, 포클랜드에 정착 시작(1744년 퇴거)
1810. 9. 16.	멕시코, 독립선언
1816. 7. 9.	아르헨티나, 독립선언
1818. 2. 12.	칠레, 독립선언
1821. 7. 28.	페루, 독립선언
1821. 9. 27.	멕시코 독립
1825. 8. 6.	볼리비아 독립
1826.	아르헨티나, 포클랜드에 대한 영유권 주장
1828.	아르헨티나, 포클랜드에 주지사 및 주둔군 파견
1833.	영국, 포클랜드에 전함 파견. 아르헨티나 거주민 및 관료 강제 퇴거. 영국영토에 편입.
1835. 10. 2. ~ 1836. 4. 21.	텍사스 혁명
1836. 3. 2.	텍사스 공화국 독립
1845. 12. 29.	텍사스 공화국, 미국 합병
1846. 2. 19.	텍사스 공화국 권력이양
1846. 4. 25. ~ 1848. 2. 2.	멕시코 전쟁
1848. 2. 2.	과달루페 이달고 조약 체결(미국-멕시코)
1879. 2. 14. ~ 1883. 10. 20.	태평양 전쟁
1982. 4. 2. ~ 1982. 6. 14.	포클랜드 전쟁(영국-아르헨티나)

14 아프리카의 분할과 영토분쟁

1. 유럽의 초기 아프리카 진출 배경과 동기
2. 인종주의적 제국주의와 아프리카 쟁탈전
3. 베를린 회의와 대륙 분할 완료
4. 대표적 영토분쟁 사례

아프리카 분할과 영토분쟁

정 병 국

몽골군은 25년(1202~1227년)의 짧은 기간 동안 로마군이 400년 동안 정복한 것보다 더 넓은 땅과 더 많은 사람을 정복하였다. 전성기 몽골제국은 연면적 28백만~31백만 ㎢의 땅을 차지하였는데, 이는 대략 아프리카 넓이(3천만 ㎢)이며, 구소련에다 중국이나 미국을 합친 면적과 비슷하다.

우연의 일치가 되겠지만 근대 유럽인들도 합심하여 1880년대부터 20~30년의 단 기간에 아프리카대륙의 대부분을 철저히 분해하였다. 그 전에 해안에 조금 장악한 것을 제외한 90%가 이 짧은 기간 동안 공략한 것이다. 그것도 칭기즈칸 군처럼 항복하면 봐주고 떠나기도 하는 것이 아니라 분해할 때처럼 철저히 착취하면서 관리하였다.

유독 유럽 사람들이 아프리카를 포함한 세계를 찾아서 공략할 수 있게 된 배경은 무엇일까? 그것은 아무래도 16~18세기에 이룩한 과학혁명과 그것을 기반으로 하여 쌓은 산업 혁명 덕분이었을 것이다. 무생물을 동력으로 하는 엔진과 각종 기계가 없었다면, 나침반과 망원경이 없었다면, 뉴턴이 완성한 천문학과 역학이 없었다면 아무 것도 가능하지 않았을지 모른다. 식민지 개발에 가장 앞섰으면서도 산업혁명에 뒤진 스페인과 포르투갈은 결국 본격적인 식민경쟁에 얼굴을 내밀지 못하였음을 볼 때, 아프리카 쟁탈전에서는 특히 산업혁명이 중요하다.

정치사상적 측면에서 본다면, 제국주의는 곧 식민주의와 동의어였고, 제국주의적 경제 팽창이 상품과 자본 시장 그리고 원료 공급지로서 식민지를 찾았다는 주장이다. 그런데 최근 역사가들은 아프리카 식민 개발을 제국주의의 경제외적 요인에서 찾으려 한다. 이를테면 식민지를 가져야 행세를 할 수 있다는 일종의 유행 따르기 경쟁심리가 다분하다는 말인데, 매우 설득력 있게 들린다.

1880년대부터 갑자기 아프리카 쟁탈전에 불이 붙은 이유는 무엇보다도 1870~1871년 이탈리아와 독일의 통일로 유럽과 세계에서 힘의 판도가 틀어져, 독일을 배제하고 무슨 큰 일을 할 수 없게 된 것이다. 외교 천재 비스마르크는 통일전쟁을 하면서 알자스-로렌을 빼앗아 프랑스에게 뼈에 사무친 원한을 샀으니, 프랑스의 식민지 사업을 지원하여 달래줄 필요가 있었고, 아울러 영국도 견제하려는 일석이조를 노리고 1884년 베를린회의를 소집하여 유럽국들의 식민지 사업에 질서를 잡으려 하였다. 이 회의는 아프리카 분할의 신호탄이 되어 곧장 아프리카 해체가 완료되었다.

아프리카는 지금 54개국으로 유엔 회원국 수(193)의 1/4이 넘는다. 그러니 영토나 국경 분쟁이 얼마나 많고 복잡하겠는가? 흔히 말하는 것처럼 유럽인들이 현지 종족, 종교, 언어, 자연환경 등 모든 여건을 무시하고 국경선을 직선으로 그었기 때문에 모든 분쟁이 발생한 것은 아니다. 여기서는 콩고 동부, 르완다, 부룬디 등이 개입되는 아프리카 대호수 지역, 남수단이 분리 독립되었고 다르푸르 인권유린이 진행 중인 수단, 지도자의 오판으로 나라의 바다 쪽 땅덩어리를 떼어 주어 국경전쟁이 일어난 에티오피아-에리트리아 국경지역 등 3개 분쟁사례를 선택하여 그 역사적 배경과 진행과정을 밝히고자 한다. 이 세 분쟁들 중에는 순수한 국경 분쟁도 있고, 종교, 종족, 자원이 얽힌 복합분쟁도 있는데, 사실 다른 나라 또는 지역의 영토 또는 국경 분쟁들도 대부분 복합적 분쟁의 성격을 띤다고 보면 될 것이다. 특히 수단의 다르푸르 분쟁 같은 경우 기후변화에 따른 가뭄과 사막화 현상이 분쟁의 근본 원인이라는 점은 눈여겨 볼 필요가 있다. 대체로 물이 귀한 아프리카 대륙에서는 이와 비슷한 사례가 이미 많고, 앞으로 더욱 늘어날 가능성이 높기 때문이다. 일종의 오늘날 유행하는 분쟁 양상이 아닌가 한다.

1. 유럽의 초기 아프리카 진출 배경과 동기

1490년대 포르투갈 탐험대는 인도 연안에 도달할 수 있었는데, 아프리카는 이러한 과정에서 발견 · 탐사되었다. 뒤이어 15세기 말 콜럼버스가 아메리카 대륙을 발견하였고, 1560년대 부터 네덜란드, 프랑스, 영국이 대서양 횡단 모험에 나서고 이어서 인도양과 태평양에 진출하였다. 유럽인들이 이렇게 장거리 항해를 통해 지리적 발견을 한 데 이어 많은 해외 식민지를 정복할 수 있었던 배경은 시장 경제, 정치적 다원화와 지적인 자유가 과학기술을 발전시키고, 이에 따라 군사기술 혁신을 가져왔기 때문이었다. 먼저 지도제작법, 항해표, 망원경, 기압계, 태양고도측정기, 나침반 같은 기구들을 발명하고, 조선기술도 향상시켰기 때문에 장거리 항해를 정확하게 할 수 있었던 것이다.

또한 18세기 증기기관의 실용화(1776)를 포함한 산업혁명은 선박 엔진뿐 아니라 모든 산업분야에 혁명을 가져왔다. 산업혁명의 근원은 물론 16세기 중엽부터 18세기 초 사이에 이루어진 과학혁명에 있으며, 과학혁명 중에서도 유럽의 다른 대륙 탐험 및 지배와 관계가 깊은 것은 코페르니쿠스(Nicolaus Copernicus 1473~1543)에서 시작하여 케플러(Johannes Kepler, 1571~1630), 갈릴레오(Galileo Galilei, 1564~1642) 등을 거쳐 뉴턴(Isaac Newton, 1642~1727)에서 완성되는 천문학과 우주구조 분야와 데카르트(Rene Decartes, 1596~1650), 호이겐스(Christian Heugens, 1629~1695)를 거쳐 역시 뉴턴에서 완성되는 고전역학(classical mechanics) 분야였다. 산업혁명의 발상지인 동시에 발전의 견인차는 역시 영국이었는데, 영국이 이렇게 산업혁명을 주도하게 되는 배경에는 과학혁명 외에도 일찍 정치적 다원화가 못지않게 중요하였다. 영국은 1688년 명예혁명으로 왕권을 최대한 제약하고 의회와 젠트리(gentry)를 포함하는 엘리트층의 권리를 확대함으로써, 세계 최초로 포용력 있는 정치제도(inclusive political institution)를 만들고, 이를 통하여 자유경쟁시장경제 체제를 근간으로 하는 포용력 있는 경제제도(inclusive economic institution)를 확립하였기 때문이다.

산업혁명이 유럽 강대국들의 아프리카 분할에 중요한 의미를 가지는 까닭은 산업혁명의 성공 여부에 따라 유럽 세력의 판도가 바뀌었기 때문이다. 아프리카 서 · 남해안을 거쳐 인도에 닿고, 미주와 아주 대륙을 발견하면서 식민지 정복에 선두를 제압하였던 포르투갈과 스페인은 산업혁명을 거치면서 세계쟁탈전에서 탈락하고 말았다. 1588년 세계 최강의 스페인 무적함대가 예상을 완전히 뒤엎고 영국 해군에 패퇴한 것은 그 신호탄으로 볼 수 있다. 이 두 나라 지도층과 국민들은 중남미를 포함한 피정복국들에서 약탈한 금은보화로 챙긴 돈으로 무엇이든 필요한 것들을 사기만 할 뿐 힘들여 농공업 혁신을 할 필요가 없다고 믿은 결과 산업혁명이 발붙일 여지가 없어졌다. 산업혁명은 개인들뿐 아니라 나라들 사이에도 힘과 소득 격차를 넓힌 것이다. 아프리카 쟁탈전(scramble for Africa)은 결국 산업혁명에서 승리하여 세계 최강국으로 떠오른 영국이 선두로 나서고, 프랑스와 후발 주자 독일이 제휴하여 경쟁하는 3파전으로 압축된 것이다.

2. 인종주의적 제국주의와 아프리카 쟁탈전

제국주의라는 용어가 식민주의와 같은 뜻으로 쓰일 정도로 제국주의와 세계 식민지 쟁탈은 서로 밀접한 관계에 있다. 제국주의는 19세기 중반 프랑스 나폴레옹 3세(1808~1873)의 팽창주의적 야심에 대한 독설적 표현으로 사용되었으며, 1870년대에 영국 보수당 디즈레일리(Benjamin

Disraeli, 1804~1881)의 식민주의적 해외팽창정책을 경멸적으로 표현하는 데 쓰임으로써, 사실상 '식민주의'와 동의어가 되었다.

아프리카에 대한 제국주의적 식민정책은 15세기 후반 대항해 시대 개막과 함께 포르투갈과 스페인이 앞장서 아프리카 서부 해안으로 진입함으로써 시작되었다. 이때부터 1860년대까지는 유럽인들은 포르투갈- 앙골라, 모잠비크; 네덜란드- 케이프 일대; 영국- 기니 만 골드코스트(현 가나), 케이프 일대; 프랑스- 알제리, 세네갈 등 아프리카 해안선 일대를 주로 탐험가와 선교사들을 보내어 장악하였으며, 그 면적도 대륙 전체 면적의 10% 정도에 불과하였다. 또한 이 기간에 속하는 1770년~1820년 사이에는 미국과 라틴아메리카 국가 등 주로 유럽이민들이 정착한 일부 식민지들은 독립을 달성하기도 하였다. 흔히 1860년대 이전 식민시기는 '구제국주의'로, 1870년대 이후 식민시기는 '신제국주의'로 불린다.

그러면 제국주의, 특히 신제국주의 시대에 유럽 나라들은 왜 아프리카를 포함한 전 세계에서 식민지 쟁탈전을 벌였는가? 여기에 대한 가장 전형적인 대답은 산업국가의 시장 확대 욕구라는 경제적 동기에서 찾는다. 19세기 후반부터 영국, 프랑스, 독일, 미국, 일본 등 산업 선진열강들은 거의 과잉으로 늘어난 공산품 판매시장과 공산품 제조에 필요한 원료 공급지로서 해외 식민지를 추구했다는 주장이다. 그러나 최근 연구 결과에 의하면, 상품 또는 투자 시장으로서 식민지의 가치나 비중이 크지 않았음이 판명되고 있음에 비추어 주로 홉슨(John Hobson, 1858~1940)과 마르크스 · 레닌주의자들이 개발한 제국주의의 경제적 해석은 설득력을 잃어가고 있다. 슘페터(Joseph Schumpter, 1883~1950)는 제국주의를 사회학적으로 분석하려고 시도하였는데, 그는 제국주의를 "국가가 무력팽창을 무제한적으로 하려는 무목적적인 성향"이라고 정의하면서, 경제적 동기보다는 인간, 특히 지배자의 비합리적이며 전쟁과 정복을 지향하는 본능적 성향을 강조한다. 홉스봄(Eric Hobsbawm)은 "경쟁열강들에게 식민지 획득은 그 자체 가치와 상관없이 하나의 신분적 상징이 되었으며, 미국조차 유행을 따라야 한다고 느꼈으며, 식민지에 대한 경제적 · 전략적 이해가 적었던 독일도 영국이나 프랑스보다 훨씬 작은 식민지 영토를 가지는 데 분노하였다. 유권자들은 개혁보다는 남의 영토를 정복하는 따위의 영광을 주겠다면 더 관심을 보인다."고 하면서 식민지 쟁탈의 경제외적 동기를 강조하였다. 폴 케네디(Paul Kennedy)는 루스벨트(Theodore Roosevelt) 미국 대통령이 1900년 초 보였던 중국 문호개방 등 제국주의적 외교행태에 대해 "세계 속의 국가 이익에 대한 냉정한 계산에 입각한 것이라기보다는 국내외의 관측자들에게 어떤 인상을 심어놓으려는 의욕과 미숙한 외교정치 스타일, 그리고 민족 중심적인 순진성을 반영한 것"이라고 비판하였다.

제국주의적 식민팽창에는 인종주의가 지배이념으로 자리 잡고 있다. 대표적 백인 우월 인종주의인 앵글로-색슨주의는 앵글로-색슨 인종은 민주주의적 제도, 과학적 산업기술, 인간의 자유 그리고 시민의 권리를 최고로 발전시켜 우월성을 증명하였으므로, 모든 곳에서 야만주의를 억누르고 전 세계의 문명화 수준을 높여야 하는 천부적 사명감을 가지고 있다고 주장한다. 19세기 후반에는 앵글로-색슨주의에 소위 과학적 인종주의가 가세하여 인종이 전부가 되었다. 다윈주의는 낮은 인종들은 문명화된 인종들에 의해 지배되어야 한다는 견해에 과학적 지위를 부여하였다.

3. 베를린 회의와 대륙 분할 완료

19세기 후반 이탈리아 통일(1870), 독일 통일(1871), 일본의 메이지 유신 개혁(1868년 개시), 남북전쟁(1861~1865) 이후 미국의 생산력 급증 등으로 기존 영국-프랑스-러시아 세계열강 대열에 독일 · 이탈리아 · 미국 · 일본의 4개 신흥국들이 합류하였다. 특히 독일과 이탈리아 통일로 1648년 베스트팔렌 조약 이래 중부 유럽에 존재해 온 힘의 공백완충 공간이 사라져 열강들이 서로 국경을 맞대고 대치하게 되었다. 통일과정에서 독일이 알자스- 로렌을 합병하고, 프랑스는 복수전을 계획하고, 독일은 이에 대비하여 프랑스에 대한 예방 선제공격을 계획하는 식의 긴장 시나리오가 전개되었다. 인구, 석탄 · 주철 · 소맥 생산과 무역총액을 기준으로 평가된 영 · 독 · 불 · 러 4개국의 권력지표의 변화를 보면 당시 독일 위협론의 실체를 어느 정도 파악할 수 있을 것이다: 1871~1914년 동안 영국의 권력지표 변동은 66.2 → 57.3(감소), 프랑스 48.8 → 46.5(감소), 러시아 51.0 → 57.6(약간 상승)이었던 반면, 독일은 34.6 → 63.7로 거의 배로 급등하면서, 절대지표 수치에서도 1위를 차지하였다. 이러한 힘의 판도 변화가 비스마르크(Otto Eduard Leopold von Bismark, 1815~1898)의 천재적 외교정책과 어우러져 신제국주의의 아프리카 쟁탈전이 벌어진 결과, 제1차 세계대전 발발 전까지 이탈리아 침략군을 격퇴한(1896) 에티오피아와 미국 노예출신 흑인 나라인 라이베리아 두 나라를 제외한 아프리카 모든 지역을 유럽국들이 깡그리 나누어 먹어치웠다.

이러한 국제질서 변화가 왜 유럽이 아니라 주로 아프리카에서 식민지 경쟁을 가져왔는가?

이는 자리가 잡힌 중심부에서는 변화가 일어나기 어려워 유럽의 정치적 투쟁이 주변부로 확장되었기 때문이었다. 여기서 비스마르크는 프랑스에 대한 식민지 확보 지원이 프랑스의 독일에 대한 원한을 완화할 수 있을 것이라고 판단하고, 독일 자신도 식민지 경영에 참여하기로 작정하였다. 그는 주변부에서의 식민지 경영이 유럽국들의 독일 견제 동맹을 피하는 수단이 될 수 있으리라고 기대하고, 그들의 격렬한 경쟁을 주변부로 돌리기로 작정하였다. 이에 비스마르크는 프랑스의 해외경영을 적극 지원하였는데, 물론 그는 이를 통해 프랑스가 식민지 확보에 관심을 쏟느라 알자스-로렌을 잊고, 영국과 대립하도록 유도하려는 계략을 숨기고 있었다. 그런데 주변부 중에서도 강탈공세가 왜 아프리카에 집중된 것일까? 그것은 아시아의 경우 거의 모든 나라들이 오랜 세월에 걸쳐 확고하게 기반을 다져온 독립국들로서 유럽국들이 임의로 국경선을 그어 그들이 즐겨 쓰는 무주지(terra nullius) 선점이론을 내세워 분할할 수 없을 뿐 아니라, 정복하여 식민지화하려면 강력한 물리적 저항을 제압해야 되었기 때문에, 대체로 부족별로 나누어져 중앙집권 국가를 형성하지 못한 아프리카를 마음 놓고 분할하는 것이 좋다고 판단하였기 때문이었다.

이런 전략의 일환으로 비스마르크는 1884년 11월 베를린 서아프리카회의(Berlin West Africa Conference, 1884년 11월 15일~1885년 2월 26일)를 소집하였다. 회의는 비스마르크가 주재하고, 독일, 영국, 프랑스, 이탈리아, 오스트리아-헝가리, 스웨덴-노르웨이, 스페인, 포르투갈, 덴마크, 벨기에, 네덜란드, 러시아, 터키, 미국 등 14개국 대표가 참석하였다. 그러나 회의에는 단 한 명의 아프리카 대표도 참석하지 않았고, 아프리카 사람들의 관심사항은 주요안건이 되지 못하였다. 회의 개최의 직접적 배경은 벨기에 국왕 레오폴드 2세(1865~1909 재위)가 1878년부터 콩고분지를 공략(1885년 사유화)함으로써 포르투갈이 콩고강 어귀에 대한 특별권을 침해당하게 되어 이의를 제기하자, 영국이 그곳에서 자유무역을 허용받는 조건으로 포르투갈의 기득권을 인정하여, 프랑스를 포함한 유럽 다른 나라들의 분노를 사게 된 데 있었다. 베를린회의는 폐막일 일반의사록(General Act, GA)1)을 채택하여 독일령 동아프리카를 포함한 콩고분지 중립화(GA Ch. I), 노예무역 금지(GA Ch. II), 콩고자유국이라는 독립국을 창설(레오폴드 2세의 권리 인정, GA Ch. III))함으로써 포르투갈의 주장 기각, 모든 나라에 대해 콩고 강과 니제르 강 에 대한 자유운항 보장(GA Ch. IV & V), 아프리카 연안에서 새로운 식민지나 보호령을 획득하려면 다른 서명국들에게 통고하여야 하며, 그 지역에 유효한 점령과 적절한 권위를 행사할 의무(GA Ch, VI) 등을 선언하였다. 회의에서 독일과 프랑스는 영국을 고립화하는 데 성공하였는데, 그 대표적인 것이 일반의사록 제VI장으로 이는 영국이 여태까지 해군력과 상업력을 이용하여 누려왔던 비공식적인 지배를 인정하지 않음을 의미한다. 회의 후 약 20년에 걸쳐 아프리카는 영국이 이집트, 수단, 케냐, 우간다, 잔지바르, 잠비아, 짐바

브웨, 말라위, 남아공, 스와질랜드, 레소토, 보츠와나에 이르는 동부의 대부분과 감비아, 시에라레온, 가나, 나이지리아를 포함한 서부 해안지역 일부를, 프랑스가 튀니지, 모로코, 알제리, 모리타니아, 말리, 니제르, 차드, 중앙아, 세네갈, 기니, 코트 디 브와르, 적도 기니, 가봉, 콩고공화국 등 북서부 대부분과 지부티, 마다가스카르 등 동부 극히 일부를, 독일이 동부의 르완다, 부룬디, 탄자니아, 서부의 나미비아, 카메룬, 토고 등을, 포르투갈이 서부의 기네-비소, 카포 베르데, 상토메 프린시페, 앙골라와 동부 모잠비크, 벨기에가 콩고민주공화국을, 이탈리아가 리비아, 에리트리아, 소말리랜드를 각각 차지함으로써 완전히 분해되었다. 1900년 주요국들의 식민지 보유 수를 보면, 영국 50, 프랑스 33, 독일 13, 포르투갈 9, 미국 6, 중국 5, 터키 4, 네덜란드 3, 스페인 3, 덴마크 3, 러시아 3, 오스트리아 2, 이탈리아 2 등 총 136개였다.

아프리카 분할은 크게 대항해 시대 초기부터 1860년대까지 기간 동안의 구제국 시대, 1870년대부터 1918년 제1차 세계대전 종전까지 기간의 신제국주의 시대, 1919년 베르사유 조약 이후 시대 등 3단계로 나눌 수 있겠는데, 베르사유 강화협정에서는 독일의 아프리카 식민지가 모두 영국, 프랑스, 벨기에 등으로 이관되었다. 특히 1885년 베를린회의에서 1914년 제1차 세계대전 기간 동안 영국은 아프리카 인구의30%, 프랑스는 15%, 포르투갈은 11%, 독일은 9%, 벨기에는 7%, 이탈리아는 1%를 각각 지배하에 두었다.

끝으로 베를린회의에서도 웨스트레이크(John Westlake) 등 기존 유럽 중심주의 법학자들의 의견이 그대로 반영되어, 자신들의 종족을 보존하는 데 필요한 정부(government)를 영위할 능력이 없는 비문명화된(uncivilised) 종족은 자신들이 사는 지역에 대해 주권(sovereignty)을 행사할 자격을 가지지 못하므로, 그 지역을 무주지(terra nullius)로 간주하여 유럽인들이 점유(occupation), 취득(acquisition), 전유(appropriation) 등 어떠한 방식으로든 이를 가질 수 있다는 논리가 적용되었다. 그러므로 아프리카를 분할하는 회의에 아프리카인들이 한 명도 참석하지 않은 것은 중요한 의미를 지닌다. 그들은 법적으로도 그 자리에 참석할 필요가 없었던 것이다.

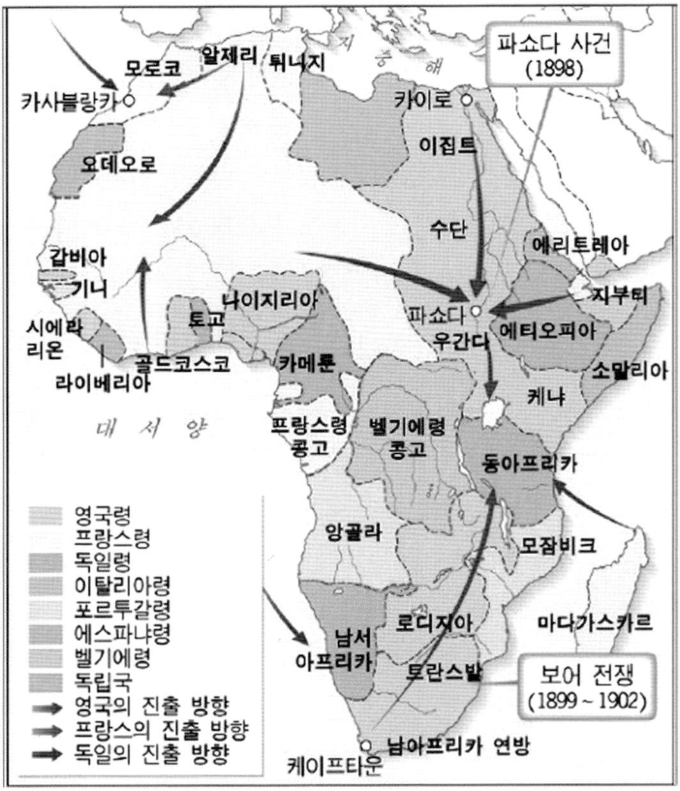

〈베를린 회의(1884~1885) 후 아프리카쟁탈전(Scramble for Africa)
자료출처: runningboy.tistory.com, "제국주의의 아프리카 분할", 『세계사 토픽』, 2013년 4월 24일〉

4. 대표적 영토분쟁 사례

1) 아프리카 대호수 지역 분쟁

빅토리아 호수를 포함한 몇 개의 큰 호수 주변의 아프리카 중동부 지역을 아프리카 대호수 지역(African Great Lakes Region)이라고 하며, 이 지역 중 콩고민주공화국과 르완다 및 부룬디 간의 국경지역에서 벌어지고 있는 종족분쟁을 흔히 대호수 지역분쟁이라고 한다. 이 종족분쟁은 주의깊게 보지 않으면 추적하여 파악하기 쉽지 않을 정도로 전개과정이 매우 복잡하다. 이 지역 분쟁은 국경분쟁이나 영토분쟁보다는 거의 르완다와 부룬디의 후투족(Hutu)과 투치족(Tutsi) 간의 피나는 싸움이 콩고민주공화국 내전으로까지 번진 종족분쟁 성격이며, 광물 자원 독점을 둘러싼 경제적 요소도 상당히 포함하지만, 종교적 갈등은 포함하지 않는다. 분쟁 관련국들의 종족 분포를 보면, 콩고민주공화국(이하 콩고)에는 반투족계(후투족)가 80%를 차지하고, 르완다와 부룬디에는 농업에 종사하는 후투족이 80~85%, 유목민인 투치족이 10~14%를 차지한다. 투치는 15세기에 사막화로 건조하게 된 에티오피아로부터 가축을 끌고 남하하여 다수족인 후투를 정복 · 지배하였다. 양국은 1899~1916년 독일의 지배를 받다가 1916년부터 45년간 벨기에의 위임통치를 받았는데, 벨기에 식민주의자들도 소수 투치가 인종적으로 우세하다고 판단하여 투치를 우대하여 등용한 결과 1962년 독립 후에도 양국에서 모두 투치가 후투를 지배하게 되었다. 그후 부룬디에서는 투치가 계속 집권하였으나, 르완다에서는 후투가 투치를 몰아내고 권력을 장악하였다. 그 결과 부룬디에서는 투치에 의한 후투 학살이, 르완다에서는 후투에 의한 투치의 학살이 각각 일어났다.

● 르완다

르완다에서 후투와 투치의 갈등은 1994년 4월 르완다와 부룬디 대통령이

탑승한 르완다 전용기의 미사일 격추를 계기로 격화되었다. 르완다의 집권 후투족들은 투치의 르완다 애국전선(RPF)을 배후세력으로 지목하고 3개월 동안 50만 명의 투치를 살해하였으며, 이 때 많은 투치가 콩고로 피난하였다. 당시 콩고(자이르)의 모부투 대통령은 이들 투치 난민들을 탄압함으로써, 1997년 5월 이들의 지원을 받는 카빌라(Laurant-Desire Kabila) 반군에 의해 타도 당하게 되는 원인이 되었다. 투치의 RPF 반군은 즉각 대대적 반격을 가하여 후투가 완패당하고, 강경 후투 지도자들은 콩고(당시 자이르)로 망명하여 반군을 조직하였다. 이로써 현재 르완다 대통령(2000년 4월 집권)은 RPF 대표였던 투치의 폴 카가메(Paul Kagame)이다.

● 부룬디

부룬디에서는 독립 후에도 소수 투치가 계속 집권하면서 1972년 정부가 후투 10만 명을 학살하였고, 그 때문에 후투 4만 명이 인근 콩고와 르완다로 피난하였다. 1993년 4월 최초 자유선거에서 후투 출신 은다다예가 대통령에 당선되었으나, 투치 장교들에 의해 살해당함으로써 내전이 발생하여 10만 명 이상이 사망하고 인구의 20%가 주변국으로 탈출하는 사태가 벌어졌다. 1996년 7월 투치 주도 군사 쿠데타가 다시 발생하여 부요야(Buyoya Pierre, 1987~1993년 기 집권)가 대통령으로 재집권하였다. 부요야는 2001년 11월 내전을 종식시키기 위해 후투 측과 18개월씩 교대로 통치하기로 합의하였으며, 이에 따라 그는 2003년 5월 후투의 은다이제예(Domitien Ndayizeye) 부통령에게 권력을 이양하였다. 2005년 후투 출신 피에르 은쿠룬지자(Pierre Nkurunziza)가 최초의 민주적 선거로 대통령으로 선출되어 집권하고 있다.

● 콩고민주공화국, DRC

한편 상기한 1994년 4월 르완다로부터 콩고로 탈출한 투치계 난민들을 탄압하였던 콩고의 장기 독재자 모부투는 콩고 내 투치계 소수민족이 결성한 콩고해방민주세력연합(ADFL)에 의해 1997년 5월 타도되었는데, 이때 르완다, 부룬디, 우간다 정부가 모두 ADFL을 지원하였다. 투치의 지원을 받아 집권한 ADFL의 카빌라 대통령이 1998년 르완다의 투치를 포함한 모든 외국군 철수를 요구하자, 배신감을 느낀 투치는 M23 무장단체를 조직하여 카빌라를 공격하면서 내전으로 비화하였다. 이 내전에는 짐바브웨, 앙골라, 나미비아, 차드 등은 카빌라를 지원하고, 르완다, 부룬디, 우간다는 반군을 지원하였다. 이 와중에 2001년 1월 카빌라가 암살당하고, 아들 조셉 카빌라(Joseph Kabila)가 대통령직을 계승하여 오늘에 이른다. 유엔평화유지군 17천 명이 파견되고, 내전으로 540만 명이 사망하였다. 르완다의 지원으로 세를 확대한 투치계 M23가 2012년 11월 콩고 동부 고마(Goma) 시를 점령하였다가 국제사회의 중재로 약 열흘 만에 철수하는 등 콩고의 정세는 아직도 몹시 불안정한 상태이다.

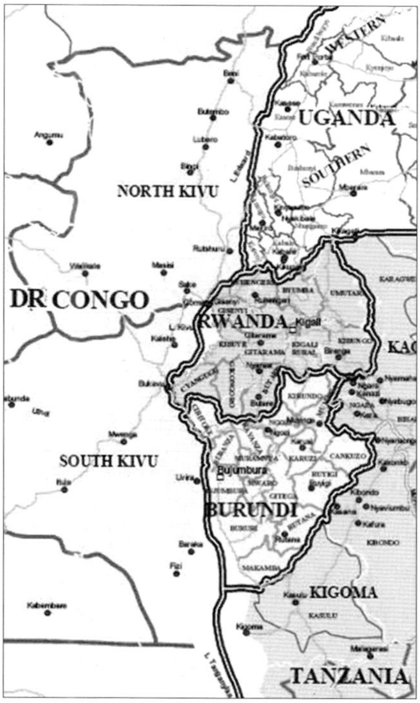

〈아프리카 대 호수 분쟁지역. 자료출처: nancen.tistory.com, "아프리카 대호수 지역의 난민들: 끝없는 망명생활," 난민인권센터 난민자료실〉

2) 수단 분쟁(남수단 분리 독립과 다르푸르 분쟁)

수단과 남수단의 오랜 분쟁은 2011년 8월 남수단이 분리 독립함으로써 일단 해결되었으나 특히 원유수익 배분을 둘러싸고 갈등이 계속되고 있어 분쟁이 대형화할 소지를 안고 있고, 수단 서부 국경 쪽에 위치한 다르푸르와 수단 간의 분쟁은 여전히 진행 중이다. 수단분쟁은 아프리카 대호수 지역의 국제적 분쟁과는 달리 수단 안의 내란적 분쟁이고, 종족 보다는 종교와 자원 문제의 성격이 짙다.

●남수단 분리 독립

남수단의 역사는 1898년 영국이 이집트와 공동으로 수단을 통치하기 시작하면서 수단 북부와 남부를 분리하여 통치한 데서 시작된다. 1956년 남 · 북부가 하나로 독립하자, 이슬람교 아랍계인 북부와 기독교 및 토착신앙 아프리카계 흑인 남부는 종교적, 인종적, 문화적 이질감이 심하였다. 북부 아랍계 정부는 모든 면에서 인프라가 열악한 남부를 소외시키고, 이슬람교와 개명 등 이슬람식 문화를 강요하자, 남부는 반발하고, 북부 정부는 아랍계 민병대 잔자위드(Janjaweed)를 앞세워 무자비하게 탄압하였다. 1955~1972년 제1차 내전에서 1백만 명 이상이 사망하였으며, 1983~2005년 제2차 내전에서 남 수단의 수단인민해방운동(SPLM)은 수단인민해방운동(SPLA)을 조직하여 조직적으로 저항하며 분리 독립을 요구하였는데, 이 과정에서 250만 명 이상이 희생당하였다. 이 두 차례 내전에서 남 수단에서만 250만 명 넘게 사망하였다.

가까스로 2005년 1월 포괄적 평화협정이 체결되어 남 수단은 6년 자치권 행사 후 2011년 국민투표로 분리여부를 결정하기로 합의되었다. 이에 따라 실시된 2011년 1월 국민투표에서 분리가 99% 지지를 얻은 결과 2011년 7월 9일 남 수단은 남수단공화국(이하 남수단)으로 분리 독립하고, 같은 해 9월 193번째 회원국으로 유엔에 가입하였다.

독립 후 석유자원 수익을 놓고 남 · 북 수단 간에 갈등이 심화되고 있다. 수단 원유의 75%는 남수단에서 생산되어 수단은 원유수익이 대폭 줄어들어 경제적으로 크게 타격을 받게 된 반면, 북동쪽 홍해로 가는 원유 수출 송유관은 수단이 보유하고 있어 남수단은 송유관 사용료를 지불하여야 한다. 수단은 송유관 사용료를 배럴당 36$이나 요구하였으나 2012년 8월 남수단이 수출용 원유는 9.48달러, 미정제 원유는 11달러을 지급하고, 석유 수입 타격 보전금으로 36억달러를 별도 지원하기로 합의하였으나, 남수단은 석유를 훔친다고 수단을 비난하고, 수단은 송유관 사용료를 제대로 내지 않는다고 남수단을 비난하면서 무력충돌까지 일어났다.

남수단 분리 독립은 1993년 에리트리아가 에티오피아로부터 분리 독립한 것과 비슷한 사례이나, 제국주의가 아프리카에 그어놓은 국경선이 재조정되는 과정의 일환이라고 볼 수 있다. 그러나 특히 석유자원을 놓고 2012년부터 무력충돌이 빈번한데다, 재정이 어려워진 수단정부가 개인에 대한 석유보조금을 삭감하고, 물가를 올려 수단 내에서도 시위가 끊이지 않아 불만이 남수단으로 전가될 수 있어, 양국 간 충돌 소지는 더욱 높아지고 있다. 남수단은 케냐와도 영토분쟁 중이다. 남수단 내에서도 여야 간 알력, 부족들 간의 갈등, 수단 측의 공격에 의한 원유생산 중단 등으로 정치 · 경제정세가 불안정한 상태이다. 특히 수단과 남수단 국경 중간쯤에 위치하면서 원유 매장량이 풍부하고 비옥한 목초지를 가지고 있으면서 남수단 영토로 되어 있는 아비에이(Abyei) 지역은 주민투표 자격권자에 대한 이견으로 최종지위 결정이 지연되고 있다.

●다르푸르 사태

수단 서부에 위치한 다르푸르(Darfur)는 기독교인이 다수인 남수단과 달리 수단과 마찬가지로 주민들이 같은 무슬림이다. 다만 수단 무슬림은 피부가 검지 않은 아랍계이고, 다르푸르 무슬림은 비아랍계 흑인이다. 따라서 다르푸르 분쟁은 종교보다는 인종 또는 종족과 경제 문제들과 관련되어 있고, 더 근본적 원인은 기후변화로 인한 가뭄과 사막화라는 자연재해에서 찾을 수 있다. 그 전에는 다르푸르 농민들과 아랍계 유목민들이 상부상조하며 지냈으나, 1970년대부터 가뭄과 사막화가 지속되자 물이 부족해진 현지 농민들이 아랍계 유목민들의 진입을 막기 시작하였던 것이다. 이렇게 양측 간의 충돌위기가 고조되어도 수단정부가 외면하고 다르푸르 지역 비아랍계 무슬림에 대해 정치적 차별을 가하면서 아무런 생계대책을 세워주지 않자, 비아랍계 무슬림들은 수단해방군(SLA)과 정의평등운동(JEM) 등 반군단체들을 결성하여 2003년 2월부터 수단정부와 충돌하였으며, 수단정부는 아랍계 민병대 잔자위드(Janjaweed)를 앞세워 무자비한 살상범죄를 자행하였다.

〈수단–남수단 송유관
자료출처: pann.news.nate.com 20110707003236 o.jpg〉

2006년 5월 아프리카연합(AU)의 노력으로 수단정부와 SLM의 일파인 미니미나위단이 나이지리아 수도 아부자에서 잔자위드 민병대와 반군이 참여하는 임시정부를 구성하자는 평화협정에 서명하였으나, SLM의 또다른 계파인 알레 타히드 누르 그룹과 JEM의 거부로 분쟁 종식에 실패하였다. 다르푸르 사태로 30만 명이 사망하고, 270만 명이 난민으로 추락하였고, 2009년 3월 국제형사재판소(ICC)는 바시르(Bashir) 수단 대통령에 대해 체포영장을 발부한 상태다. 2006년 아프리카연합(AU) 평화유지군이 파견된 데 이어, 2008년 유엔 평화유지군이 대신 주둔하고 있으나, 충돌이 끊이지 않고 800만 다르푸르 주민들의 삶이 파괴되어, 인구의 2/3가 빈곤선 이하에서 살고 있다.

3) 에티오피아 – 에리트리아 국경분쟁

에리트리아도 2천 년 동안 에티오피아 왕국의 영토였으나, 1890년 이탈리아에 병합되고, 에티오피아는 1935년 무솔리니에 의해 점령당할 때까지 독립을 유지한 채, 각각 다른 국가 정체성이 형성되었다. 1950년 12월 유엔은 다른 정체성과 이해관계를 가진 에리트리아의 의사를 무시하고 에리트리를 자치주로서 에티오피아에 귀속시키기로 결정하였다. 이것은 당시 에티오피아가 사실상 아프리카 유일의 독립국으로서 유엔 창설회원국이라는 사실이 반영되었을 것으로 추정된다. 1962년 에티오피아가 에리트리아를 자치주가 아니라, 주(province)로서 병합하자, 에리트리아는 에리트리아자유전선(ELF)을 결성하여 독립투쟁을 벌였다.

나중에 ELF에서 분리하여 형성된 에리트리아인민자유전선(EPLF)이 ELF를 제압하고 1985년과 1988년 두 차례 에티오피아에 승리를 거두었다. 1990년대 초 붕괴된 소련으로 부터 지원이 끊긴 에티오피아의 공산정권이 급격히 약화되자, 에티오피아 내에 멜레스(Meles Zenawi, 1991~2012년 에티오피아에서 집권) 주도로 형성된 반군세력인 에티오피아인민혁명민주전선(EPRDF)과 이사이아스(Isaias Afewerke, 현 에리트리아 대통령)가 이끄는 EPLF가 공동으로 게릴라전을 펴서 1974년부터 에티오피아에서 집권하고 있었던 멩기스투 공산정권을 1991년 타도하고, 멜레스는 에티오피아에서 총리로 집권하고, 이사이아스는 1993년 5월 에리트리아를 에티오피아에서 분리 독립시켜 대통령이 되었다. 멜레스가 게릴라 동지에게 영토를 떼어 독립국을 안겨줌으로써 역사적인 분쟁의 불씨를 남긴 것이다.

에리트리아가 독립한 지 5년 만인 1998년 5월 대규모 국경전쟁이 일어나 7만 명이나 사망하고, 에리트리아는 전 국토가 황폐화할 정도로 막대한 피해를 당하였다. 충돌한 계기는 양국 국경 부근의 작은 마을인 바드메(Badme)의 귀속을 둘러싸고 갈등이 계속된 상황에서 에리트리아가 별도 통화(Nacfe)를 도입하여 에티오피아와 경제적인 유대를 결별한 데 대응하여 에티오피아 정부가 1997년 11월 양국 간 교역 결재수단을 달러로 한정한다는 보복조치를 취함으로써 에리트리아 경제가 큰 타격을 입은 것이었다. 아프리카연합기구(OAU= 아프리카연합 AU의 전신)의 중재로 2000년 6월 18일 적대행위가 중지되고, 이어서 유엔평화유지군이 배치되었으며, 같은 해 12월 포괄적 평화협정이 체결되어 평화가 회복되었다. 현재에도 동 평화협정에 의해 설치된 국경선획정위원회는 바드메를 에리트리아에 귀속한다는 결정을 내렸으나 에티오피아가 이를 거부하고 있고, 에리트리아는 에티오피아가 국경선획정위원회 결정을 준수하지 않는다는 이유를 들어 유엔평화유지군의 활동을 방해하고 있으며, 에리트리아 독립으로 홍해로 나아가는 바닷길이 막혀 경제발전과 국가안보에 엄청난 제약을 받고 있는 에티오피아로서는 현상타파가 오히려 절실한 상황임에 비추어, 분쟁이 재연될 가능성이 상존하는 상황이다.

에티오피아-에리트리아 분쟁은 양국 간에 종교, 인종 또는 종족, 언어 등 아무런 이질감이 없어 분리될 명분이 없음에도 불구하고 국가지도자의 단견으로 섣불리 분리를 허용한 특이한 국경분쟁 사례라고 할 수 있다.

〈에티오피아-에리트리아 국경분쟁
자료출처: 한국국방연구원(KIDA) 세계분쟁 데이터 베이스, 2012년 9월〉

【참고문헌】

(우리말 단행본)

- 구동희 · 이정록 · 노혜정 · 임수진, 『세계의 분쟁』, 푸른길, 2012.
- 김영식, 『과학혁명』, 아르케, 2002.
- 김용구, 『세계외교사』, 서울대학교출판문화원, 2009.
- 노영민, 『현대사의 비극들– 잊혀진 자들을 위한 기록』, 장백, 2011.
- 박지향, 『제국주의 신화와 현실』, 서울대출판부, 2007.
- 오기평, 『세계외교사』, 박영사, 2010.
- 정상수, 『제국주의』, 책세상, 2009.

(우리말 논문)

- 이석우, "아프리카 식민지 문제와 영토분쟁에 관한 국제법적 고찰", 『국제법학회 논총』 제49권 제2호(통권 제99호)(2004년 8월), 대한국제법학회.
- 최동주, "저개발국 내전 형 분쟁의 사회경제적 배경: 아프리카 분쟁의 대안적 분석모델 모색", 『국제지역연구』 제9권 제4호(2006년 1월 30일), 한국외대 국제지역연구센터.

(번역본)

- 벤자민 코헨, 김연노 옮김, 『제국주의론』, 탐구당, 1973.
- 볼프강 몸젠, 백영미 옮김, 『제국주의의 이론』, 돌베개, 1983.
- 폴 케네디, 이일수 · 전남석 · 황건 옮김, 『강대국의 흥망』, 한국경제신문사, 1995.

(외교부 참고자료)

- 외교부 남동아프리카과, 『에티오피아–에리트리아 분쟁』, 2008년 4월 10일.
- 외교부 아프리카과, 『다르푸르 정세』, 2013년 4월 3일.

  ──────, 『DR 콩고 동부지역 정세』, 2013년 5월 23일.
- 외교부 중동1과, 『남수단 국내정세』, 2013년 4월 3일.

  ──────, 『수단–남수단 Abyei 분쟁 관련 검토』, 2013년 1월 8일.

(영어 단행본)

- Acemoglu, Daron & James Robinson. *Why Nations Fail– The Origins of Power, Prosperity, and Poverty*. New York: Crown Business, 2012.
- Hobsbawm, Eric. *The Age of Empire 1875–1914*, London: Orion Publishing Group, 1987.
- Landes, David. *The Wealth and Poverty of Nations*, New York: W. W. Norton &

Company, 1999.
- Schumpeter, Josef. *Imperialism and Social Classes*, Cleveland: A Meridian Book, 1951.

(영어 논문)

- Bariagaber, Assefaw. "United Nations Peace Mission in Africa: Transformations and Determinants". *Journal of Black Studies* Vol 38, No. 6(July 2008), 830–849.
- Harbom, Lotta, & Peter Wallensteen. "Armed Conflicts, 1946–2008". *Journal of Peace Research* Vol. 46, No .4(July 2009), 577–589.
- Jibril, Nejib. "The Binding Dilemma: From Bakassi to Badme– Making States Comply with Territorial Decisions of International Judicial Bodies". *American University International Review* 19:63(3 January 2004).
- Koponen, Juhani. "The Partition of Africa: A Scramble for a Mirage". *Nordic Journal of African Studies* 2:1(1993), 117–135.
- Rodney, Walter. "The Imperialist Partition of Africa". *Monthly Review* 2 (11 April 1970), 103–114.

(기타)

- *Encyclopedia Britanica* Vol. 1. 1971. "Africa". Encyclopedia Britanica, INC., U. S. A.
- http://www.about.com. "General Act of the Berlin Congress on West Africa"(26 February 1885).
- http:// kasieconomics.com. "Scramble for Africa: Berlin Conference of 1884–1885 to Divide Africa"(March 30, 2013).
- runningboy.tistory.com. "제국주의의 아프리카 분할". 『세계사 토픽』(2013년 4월 24일).

【연표】

연 도	주 요 내 용
1434~1499	포르투갈, 아프리카 해안 항해 – 1488 바르톨로뮤 디아스(Bartolomeu Dias), 전설적 기독교 나라인 에티오피아를 찾으라는 국왕 주앙 2세의 명령에 따라 서아프리카 해안을 따라 남진하다 희망봉 상륙 – 1497~1499 바스쿠 다 가마(Bascu da Gama), 희망봉과 동아프리카 해안(케냐까지 북상)을 거쳐 인도로 가는 뱃길 개척
1492	콜럼버스(Christopher Columbus), 아메리카 대륙 발견
1520~1521	마젤란(Ferdinand Magellan), 태평양 횡단
1543~1687	과학혁명
1588	영국 해군, 스페인 무적함대 격파
1648	30년 전쟁 종료 및 베스트팔렌 조약으로 교회에 대한 국가 주권 우위 확립
1700년대 중반 ~ 1800년대 말	산업혁명(1776년 제임스 와트, 증기기관 개량 · 실용화)
1870~1871	이탈리아 통일과 독일 통일로 영 · 불 위주 유럽의 정치질서가 도전받으며, 신제국주의 시대(1870~1918) 도래
1884.11.15~ 1885.2.26	베를린 서아프리카회의(비스마르크 주재)
1885~1912	에티오피아와 라이베리아를 제외한 전 아프리카 대륙 분할 (partition of Africa) 완료
1919	제1차 세계대전 종료 후 베르사유 평화조약에서 독일의 아프리카 식민지가 영국, 프랑스, 벨기에로 분할 이관
1972~	부룬디 투치족(소수 집권)과 후투족(다수 피지배 층) 간 충돌 – 1972과 1993.4. 투치족이 후투족 각각 10만 명씩 학살 – 1996.7.부터 투치와 후투 간 18개월씩 교대 집권
1993	에리트리아, 에티오피아에서 분리 독립
1994~	르완다 소수 투치와 다수 후투 간 투쟁 – 1994.4. 르완다와 부룬디 대통령 탑승 전용기 격추를 계기로 후투가 투치 50만 명을 살해하였으나, 투치가 반격, 현재까지 집권
1997.5.	1994년 상기 투치 50만 명 학살 때 콩고로 망명한 투치 난민의 지원을 받아 카빌라가 콩고 대통령으로 집권 – 콩고에서는 그 후 후투계의 저항으로 잦은 내전 발생
1998.5.~2000.6.	에티오피아–에리트리아 국경 충돌 7만 명 사망
2003.5.~	다르푸르의 비아랍계 무슬림과 수단 정부의 아랍계 민병대가 충돌, 30만 명 사망, 270만 명 난민 발생 – 2009.3. 국제형사재판소(ICC), 바시르 수단 대통령에 체포영장 발부
2011.7.9	남수단공화국, 수단에서 분리 독립 – 제1차 내전(1955~1972)에서 100만 명 이상, 제2차 내전(1983~2005)에서 250만 명 이상 사망

찾아보기

ㅇ

ㅈ

ㅊ

세계 영토분쟁의 과거와 현재

지은이 세계영토분쟁연구회
펴낸이 김헌영(金憲榮)
펴낸곳 강원대학교 출판부
24341 춘천시 강원대학길1
T.033)250-7356 / f.033)242-7355
등 록 춘천시 제28호
발행일 2014년 2월 20일 초판
2019년 2월 28일 2쇄
2022년 3월 25일 3쇄
ISBN 978-89-7157-340-2 값 15,000 원